高职高专金融类"十二五"规划系列教材

保险实务

BAOXIAN SHIWU

主　编　梁　涛　南沈卫

副主编　孙迎春　赵海荣　朱　杰

中国金融出版社

责任编辑：王　君　单翠霞
责任校对：张志文
责任印制：陈晓川

图书在版编目（CIP）数据

保险实务（Baoxian Shiwu）/梁涛，南沈卫主编．—北京：中国金融出版社，
2012.7
高职高专金融类"十二五"规划系列教材
ISBN 978 - 7 - 5049 - 6441 - 0

Ⅰ．①保…　Ⅱ．①梁…②南…　Ⅲ．①保险业务—高等职业教育—教材
Ⅳ．①F840.4

中国版本图书馆 CIP 数据核字（2012）第 130385 号

出版
发行　**中国金融出版社**

社址　北京市丰台区益泽路 2 号
市场开发部　（010)63266347，63805472，63439533（传真）
网上书店　http://www.chinafph.com
　　　　　　（010)63286832，63365686（传真）
读者服务部　（010)66070833，62568380
邮编　100071
经销　新华书店
印刷　利兴印刷有限公司
尺寸　185 毫米 × 260 毫米
印张　17.75
字数　391 千
版次　2012 年 7 月第 1 版
印次　2015 年 1 月第 2 次印刷
定价　35.00 元
ISBN 978 - 7 - 5049 - 6441 - 0/F.6001
如出现印装错误本社负责调换　联系电话（010）63263947

前　言

　　本书是 21 世纪高职高专精品教材，主要供金融、保险、投资与理财专业的学生使用，也可用做保险公司入职员工的培训教材、保险中介资格考试的辅助教材及保险行业从业人员的自学教材。

　　加入世界贸易组织以来，随着我国保险市场的进一步改革和开放，保险业发展突飞猛进。保险作为风险管理最科学、最有效、最普遍、最经济的一种手段，已经引起社会各界的高度重视。

　　市场经济的发展对高等院校经济类和金融管理类专业人才的培养提出了更高、更新的要求，保险实务的教学内容及精品教材建设也必须顺应市场经济发展的趋势，教材的内容要符合保险业发展的实际需求。

　　为此，我们组织了一些多年从事金融和保险的研究、教学的一线教师和长期在保险公司工作的员工，在借鉴他人长处的同时，结合保险市场现状及其发展趋势，充分考虑到财经类高职高专学生的基础和特点，从学生"必需"、"够用"、"实战"的知识角度组织教材内容，力求做到使学生学以致用。在内容体系上，注重理论与实际的紧密结合，每个教学项目都适当安排了一些知识链接、拓展阅读、案例分析和综合实训，帮助学生加深理解保险知识，熟练进行案例分析，提高保险业务的实际操作技能。

　　本教材的编写特色体现在以下四个方面：

　　1. 项目体例。本教材的编写采取最新的"教学项目"、"教学任务"和"教学活动"的编排体例，目的明确，任务突出。

　　2. 注重实务。用案例教学法讲解各个教学任务和活动。以实务导演理论，既夯实了基础，又符合高职高专的教学要求。

　　3. 更新知识。本教材全面反映了保险行业最具代表性的新规则、新成果、新理念、新知识。

　　4. 体系规范。鉴于保险行为的规范性和务实性，本教材选择的都是典型案例，依据最新的保险法律法规和国际惯例进行分析，并利用图表介绍业务流程和业务规则。

　　本教材由辽宁金融职业学院金融系保险教研室主任梁涛副教授、南沈卫老师主编并负责总纂，孙迎春、赵海荣、朱杰任副主编。具体编写分工是：梁涛编写教学项目8；南沈卫编写教学项目5、教学项目9；孙迎春编写教学项目3、教学项目4；赵海荣编写教学项目6、教学项目7；朱杰编写教学项目1、教学项目2。

　　在本教材写作过程中，我们学习和借鉴了许多同行的理论观点，查阅并摘用了保险界最新学术研究文献及数据资料，在此对相关作者表示感谢！同时，由于时间和水平有限，缺点和错误在所难免，敬请广大读者批评指正。

梁　涛

二〇一二年四月

目　录

风险与风险管理

FENGXIAN YU FENGXIAN GUANLI

【知识目标】

◇ 风险的基本概念

◇ 风险的特征和构成要素

◇ 风险的不同种类划分

◇ 风险管理的含义

◇ 风险管理的流程和步骤

◇ 风险管理的方法

【能力目标】

◇ 能够准确描述风险的概念和特征

◇ 能够识别不同种类的风险

◇ 能够掌握风险管理的操作流程

◇ 能够掌握管理风险的具体方法

【引导案例】

人生面临的风险

【案情介绍】

人的一生可能面临许多风险。人一出生，就开始有风险，但所遭受的风险概率是不同的。一般来说，如果遭遇某种风险的概率低于十万分之一，我们还能坦然视之，可以忽略；但如果风险概率提高到万分之一，就必须小心谨慎了；如果只有几百分之一甚至是几分之一呢？我们还会无动于衷吗？你能确定这样的事不会发生在你的头上吗？表1-1列示的风险概率资料揭示了人的一生的风险指数。

表 1-1　　　　　　　　　　　　　人的一生的风险指数

风险事故	发生概率
受伤	1/5
难产（行将生育的妇女）	1/6
车祸	1/12
心脏病突然发作（如果您已超过 35 岁）	1/77
在家中受伤	1/80
受到致命武器的攻击	1/260
死于心脏病	1/340
家中成员死于突发事件	1/1 700
死于中风	1/1 700
患乳腺癌（女性）	1/2 500
死于车祸	1/5 000
染上艾滋病	1/5 700
被谋杀	1/11 000
死于突发事件	1/12 900
自杀：女性/男性	分别为 1/20 000 和 1/5 000
死于火灾	1/50 000
溺水而死	1/50 000
自己不吸烟而配偶吸烟，二手烟污染而死于肺癌	1/60 000

【本案分析】

　　常言道"天有不测风云，人有旦夕祸福"。在我们生活的世界里，风险就像空气充斥在我们的周围，随着经济、科技的不断发展，风险的种类也日益增多。风险是无时无刻不客观存在着的。

学习任务一
全面认识风险

【学生任务】

　　◇ 要求学生通过本任务的学习能够建立起风险时时刻刻都存在的意识。
　　◇ 要求学生能够根据所学知识正确地识别风险。

◇ 要求学生能够正确地把握风险的构成要素，了解风险的构成。

◇ 要求学生能够正确地认识各种风险归属的类别。

◇ 要求学生能够根据所学的知识完成课后的综合实训。

【教师任务】

◇ 指导学生上网查找相关资料。如风险客观存在的案例，各种风险带来的巨大灾害的案例等。

◇ 提示学生完成作业所需要关注的主要知识点。如正确识别风险，把握风险的构成要素等。

◇ 对学生的作业完成情况进行公正评价并及时跟进，准备回答学生可能提出的问题和异议等。

教学活动1　全面认识风险

【活动目标】

通过本部分的教学活动，了解风险的含义；掌握风险的特征；熟悉风险的构成要素，理解其真正含义，并可以用自己的语言加以表达。

【知识准备】

一、风险的含义

所谓风险，是指人们在从事某种活动或决策的过程中，预期未来结果的随机不确定性，即出现正面效应和负面效应的不确定性。从经济学的角度讲，正面效应就是收益，负面效应就是损失。保险是通过其特有的处理风险的方法，对被保险人提供保险经济保障的，即当被保险人由于偶然事件的发生而遭受经济损失时，由保险人给予保险赔偿或给付保险金。因此，保险理论上的风险是指偶然事件的发生引起损失的不确定性。

具体而言，该定义包括三层含义：一是风险是偶然发生的事件，即可能发生但又不一定发生的事件。二是风险发生的结果是带来损失，即经济的或非经济的利益的非故意的、非计划的、非预期的减少。人们总是通过损失来感受风险的存在，并凭借损失的大小来评估风险的大小。没有损失，人们就感觉不到风险。三是事件发生所引起的损失程度是不确定的，即风险在发生之前，其发生的时间、地点和损失程度是不确定的，人们难以准确预期。

🖱 【知识链接】

"风险"一词的由来

统计学、精算学、保险学等学科把风险定义为一件事件造成破坏或伤害程度的可能性或概率。通用的公式是风险（R）＝伤害程度（H）×发生的可能性（P）。这个定义带有明显的经济学色彩，采用的是成本—收益的逻辑。但有意思的是，人们通常只从伤害的可能性角度来了解"风险"，因此疏忽了风险所带来的潜在收益。这些学科从各自的角度对风险进行了定义，其中有代表性的有两种。

人类学者、文化学者玛丽·道格拉斯认为："知识是不断变化的社会活动的产物，并总处于建构过程中。因此，尽管风险在本质上有其客观依据，但必然是通过社会过程形成的。风险是社会产物，是集体建构物。而由于环境的不同，每一种社会生活形态都有自身特有的风险列表。"

比较而言，贝克的定义似乎更具有洞察力和学理性，揭示了风险的现代性本质。他认为风险是"一种应对现代化本身诱致和带来的灾难与不安全的系统方法。与以前的危险不同的是，风险是具有威胁性的现代化力量以及现代化造成的怀疑全球化所引发的结果。他们在政治上具有反思性"。贝克与玛丽等人一样，把风险视为一种认知，但承认其也是客观存在的，是一种辩证的统一。贝克认为，风险是一种"虚拟的现实，现实的虚拟"。

二、风险的特征

通过风险的定义，我们不难发现风险具有以下特征：

（一）风险具有客观性

风险是客观存在的。自然界的地震、台风、洪水等灾害，人类社会中的瘟疫、意外事故等风险，都是客观存在的，不以人的意志为转移，它们是独立于人的意志之外而存在的。人们只能以相应的风险管理方法，在一定的时间和空间内改变风险存在和发生的条件，降低风险发生的频率和损害程度，但不能完全排除风险。正是风险的客观性，决定了保险经纪的必要性。

（二）风险具有普遍性

风险无处不在，无时无刻不围绕在我们周围。在现代社会，个人及家庭、企事业单位、机关团体乃至国家都面临着各种各样的风险，风险渗入社会经济生活的方方面面，存在于某一事件或过程的多个环节之中。随着科学技术的发展和生产力的提高，人们面临着更多前所未有的新风险，如核能应用在解决了能源短缺的同时也带来了核辐射、核污染的风险。风险的普遍性是保险产生与发展的必要条件。

（三）风险具有损失性

只要风险存在，就一定有发生损失的可能。损失是风险发生的后果，不仅会造成人员的伤亡，而且会造成生产力的破坏、社会财富的灭失和经济价值的减少，始终使人类处于担惊之中。因此，人们才不断地寻求分担风险、转嫁风险的方法，保险就是其中最有效的方法之一。这里必须指出，保险并不是保证风险不发生，而是保证消除风险发生的后果，即对风险造成的损失进行赔偿。风险的损失性也是保险需求产生的原因，离开了可能发生的损失，谈论风险就没有任何意义了。

（四）风险具有不确定性

就个体而言，风险具有不确定性。风险的不确定性主要表现在如下三个方面：一是空间上的不确定性。以火灾为例，就总体来说，所有的建筑物都面临火灾的风险，并且也必然有些建筑物会发生火灾。但是具体到哪一栋建筑物发生火灾，则是不确定的。二是时间上的不确定性。比如人总是要死的，但是何时死，在健康状况正常的情况下是不可预知的。三是损失程度的不确定性。比如在台风区、洪涝区，人们知道或大或小都要遭受台风或洪水的袭击，但是却无法预知未来年份发生的台风或洪水是否会造成财产损失或人身伤害及其程度等。正是风险的不确定性使之成为可保风险。

（五）风险具有可测定性

就风险总体而言，风险事故的发生往往呈现出明显的规律性，因此，根据数理统计原理，随机现象一定要服从于某种概率分布，也就是说，对一定时期内特定风险发生的频率和损失率是可以根据概率论原理加以正确测定的，即把不确定性化为确定性。最典型的例子就是生命表，它表明虽然死亡对于个体来说是偶然事件，但是通过对某一地区的人口的各年龄段死亡率的长期观察统计，就可以准确地得出该地区各年龄段稳定的死亡率。风险的可测定性奠定了保险费厘定的基础。

（六）风险具有可变性

风险的可变性是指在一定条件下，风险可转换的特征。风险的可变性主要表现在如下三个方面：一是风险性质的变化。如车祸，在汽车没有普及以前为特定风险，现在汽车成为交通工具后，车祸成为基本风险。二是风险量的变化。随着人们认识风险和抵御风险能力的增强，风险在一定程度上能得到控制，风险发生的频率和损失程度可降低。如人们加强身体锻炼，患病的几率就会减少等。三是风险种类的变化。随着科技的进步、社会的发展，某些风险在一定时间和空间范围内会消失，如解放后我国消灭了天花。但任何一项新活动的开始，无论是政治的、经济的还是技术的，都可能伴随有新风险的产生。风险的可变性为保险的发展创造了空间。

📖 【拓展阅读】
世界上最早的汽车保险

世界上最早的一份汽车保险出现在 1898 年，当时给汽车上保险的车主最担心的"马路杀手"不是汽车而是马。美国旅行者保险有限公司在 1898 年给纽约布法罗的杜鲁门·马丁上了第一份汽车保险，因为马丁非常担心自己的爱车会被马冲撞。

当时美国全国只有 4 000 多辆汽车，而马的数量达到了 2 000 万匹，马车仍然是主要的交通工具。一百多年之后，如今的美国有 2.2 亿辆汽车，而马的数量已经减少到 200 万匹。一个多世纪前还被视为新鲜事物的汽车保险如今已经成为再平常不过的事情了。

三、风险的结构

风险的结构即风险的要素。一般认为，风险由风险因素、风险事故和损失构成，这些要素共同作用，决定了风险的存在、发展和发生。

（一）风险因素

风险因素又称风险条件，是指引起或增加风险事故发生的机会，或扩大损失程度的原因和条件，是风险事故发生的潜在原因。如酒后驾车、车辆制动系统有故障是导致车祸发生的风险因素；对于建筑物来说，风险因素是指其建筑材料与建筑结构等；对于人体来说，风险因素是指其健康状况和年龄等。风险因素可以分为物质风险因素、道德风险因素和心理风险因素。

1. 物质风险因素。物质风险因素是指有形的，并能直接影响事物物理功能的风险因素，即某一标的物所具有的足以引起或增加风险发生的机会和损失程度的客观原因。例如，汽车厂家生产的刹车系统有问题会导致车祸的发生。干燥的气候会引起或增加火灾发生的机会，潮湿的路面容易引起车祸等。

2. 道德风险因素。道德风险因素是指与人的品德修养有关的无形因素，即指由于人的不诚实、不正直或不轨企图，促使风险事故发生。这是一种主观因素，侧重于人的恶意行为。例如诈骗、纵火、抢劫、贪污等恶意行为。

3. 心理风险因素。心理风险因素是指与人的心理状态有关的无形因素，即指由于人的不注意、不关心、侥幸或存在依赖保险心理，以致增加风险事故发生的概率和损失程度的因素。例如，由于房东的疏忽，外出时忘记锁门，结果小偷进屋偷走家具，造成了财产损失等。道德风险因素和心理风险因素有时也可以被统称为人为风险因素。

（二）风险事故

风险事故又称风险事件，是造成损害的直接原因。风险事故使风险的可能性转化为现实，即发生风险。如火灾造成企业财产的焚毁，则火灾就是造成损失的直接原因，它使发生火灾的可能性变成了火灾现实，所以火灾本身就是风险事故。

风险事故与风险因素的区分有时并不是绝对的。某一事件，在一定条件下可能是造成损失的直接原因，则它成为风险事故。然而在其他条件下，这一事件可能是造成损失的间接原因，它便成为风险因素。如下冰雹使得路滑而造成车祸，导致人员伤亡，此时冰雹是风险因素，车祸是风险事故。若冰雹直接击伤行人，则它就是风险事故。在这里，判定风险事故和风险因素的标准就是看是否直接引起损失。

（三）损失

损失作为风险管理和保险经营的一个重要概念，是指非故意的、非计划的和非预期的经济价值的减少，这是狭义损失的概念。这里的损失符合两个方面的条件：一是非故意的、非计划的、非预期的观念；二是经济价值减少的观念，即损失必须能够用货币来衡量，两者缺一不可。如恶意行为、折旧以及面对正在遭受损失的物资可以抢救而不抢救造成的后果，分别属于故意的、计划的和预期的，因而不能称为损失。再如记忆力的衰退，虽然符合第一个条件，但不符合第二个条件，因而也不是这里所说的损失。广义的损失，既包括物质上的损失，又包括精神上的损失。

损失，在保险实务中又可分为直接损失和间接损失。直接损失是指承保风险造成的财产本身的损失；间接损失是指由于直接损失进一步引发或带来的无形损失，包括额外费用损失、收入损失和责任损失等。

（四）三者的关系

风险是由风险因素、风险事故和损失三者构成的统一体，它们之间存在着一种因果关系，简单表述如下：

1. 风险因素的存在决定了风险事故和损失发生的可能性，从而决定了风险事故发生的频率和损失程度的大小。

2. 风险由风险因素决定，通过风险事故来表现，以损失来量度。

3. 风险因素的多样性及其作用时间、方向、强度、顺序等不确定性决定了风险事故发生的不确定性和损失的不确定性。因此，对风险损失是很难准确估测的。

三者之间的关系如图 1-1 所示。

图 1-1 风险构成要素之间的关系

教学活动 2 学会区分不同类别的风险

【活动目标】

通过本部分的教学活动，加深理解风险的含义，并能够区分各种风险所属的类别，从而为风险管理中的风险识别奠定基础。

【知识准备】

为了更好地认识风险、识别风险和处理风险，便于管理风险，人们按照不同的标准对风险进行分类，主要有如下几种划分标准。

一、按风险的性质划分

（一）纯粹风险

纯粹风险是指只有损失机会而无获利机会的风险。其所致的结果只有两种，即损失和无损失，而无获利的可能性。在现实生活中，纯粹风险是普遍存在的。例如，火灾、疾病、意外事故等都可能造成巨大损害。但是，这种损害事故何时发生，损害后果多大，往往无法事先确定，于是它就成为保险的主要对象。人们通常所称的"风险"，也就是指这种纯粹风险。

（二）投机风险

投机风险是指既有损失机会也有获利机会的风险。其所致的结果有三种：损失、无损失和盈利。以买卖股票为例，股票价格下跌可使投资者蒙受损失，股票价格不变投资者无损失也无盈利，但是股票价格上涨却可使投资者获得利益。在保险业务中，投机风险一般是不能列入可保风险之列的。

（三）二者的区别

1. 纯粹风险的损失是绝对的，对整个社会而言是一种社会的净损失；投机风险的损失是相对的，对整个社会而言，各经济主体间得失是相对的，一般不会形成社会的净损失。

2. 纯粹风险的发生较规则，重复性强，只要条件基本相同，就会重复出现。因此运用数理统计能较好地测定并把握其运动规律；投机风险的运动规律性较差，这是由于导致投机风险发生的基本条件通常是无法重现的，所以难以运用数理统计手段研究其运动规律。

二、按产生的原因划分

（一）自然风险

自然风险是指因自然力的不规则变化引起的种种现象而导致对人们的经济生活和物质生产及生命安全等造成的损失。地震、水灾、火灾、风灾、冻灾、虫灾以及各种瘟疫等都是经常大量发生的自然风险。自然风险是保险人承保最多的风险。

📖【拓展阅读】

四川汶川大地震

2008 年 5 月 12 日 14 时 28 分，中国发生了震惊世界的四川汶川特大地震灾害，这是新中国成立以来破坏性最强、波及范围最广、救灾难度最大的一次地震。震级是自昆仑山大地震（8.1 级）后的第二大地震，达里氏 8 级，最大烈度达 11 度，余震 3 万多次，涉及四川、甘肃、陕西、重庆等 10 多个省（自治区、直辖市）417 个县（市、区）4 667 个乡（镇）48 810 个村庄。灾区总面积约 50 万平方公里，受灾群众 4 625 万多人，其中极重灾区、重灾区面积 13 万平方公里，造成 69 227 名同胞遇难、17 923 名同胞失踪，需要紧急转移安置受灾群众 1 510 万人，房屋大量倒塌损坏，基础设施大面积损毁，工农业生产遭受重大损失，生态环境遭到严重破坏，直接经济损失达 8 451 亿多元，引起的崩塌、滑坡、泥石流、堰塞湖等次生灾害举世罕见。这次地震使受灾地区人民生命财产和经济社会发展蒙受了巨大损失。

自古以来，自然风险一直是人类社会面临的主要风险之一，如何应对它成为人类面临的难题，保险是很好的处理自然风险的方式。

（二）社会风险

社会风险是指由于个人或团体的行为，包括过失行为、不当行为及故意行为对社会生产及人们的生活造成损失的可能性。例如盗窃、抢劫、玩忽职守及故意破坏等行为对他人的财产或人身造成损失的可能性。

（三）政治风险

政治风险又称为国家风险，是指在对外投资和贸易过程中，因政治原因或订约双方所不能控制的原因，使债权人可能遭受损失的风险。例如，因出口产品输入国发生战争、内乱而中止货物进口，造成出口商的损失；因本国变更外贸法令，使输出货物无法送达输入国，造成合同无法履行而形成的损失等。

（四）经济风险

经济风险是指在生产和销售等经营活动中由于受各种市场供求关系、经济贸易条件等因素变化的影响，或者决策者决策失误，对前景预期出现偏差等，导致经济上遭受损失的风险。比如，生产增减、价格涨落、经营亏盈等方面的风险。

（五）技术风险

技术风险是指伴随着科学技术的发展、生产方式的改变而发生的风险。例如核辐射、空气污染、噪音等。

三、按风险的对象划分

（一）人身风险

人身风险是指可能导致人的伤残、死亡或损失劳动能力的风险。如疾病、意外事故、自然灾害等。这些风险都会造成经济收入的减少或支出的增加，影响本人或其所赡养的亲属经济生活的安定性。

（二）财产风险

财产风险是指导致一切有形财产毁损、灭失或贬值的风险。如建筑物有遭受火灾、地震、爆炸等损失的风险；船舶在航行中，有遭受沉没、碰撞、搁浅等损失的风险等。

（三）责任风险

责任风险是指个人或团体因疏忽或过失造成他人的财产损失或人身伤害，根据法律规定，应负经济赔偿责任的风险。如驾驶汽车不慎撞伤行人，构成车主的第三者责任风险；专业技术人员的疏忽或过失造成第三者的财产损失或人身伤亡，构成职业责任风险等。

【知识链接】

责任风险

责任风险又分为过失责任风险和无过失责任风险两种。过失责任风险是指团体或个人因疏忽、过失而产生的侵权行为，致使他人财产受损或人身受到伤害；无过失责任风险也叫绝对责任风险，如根据合同、法律规定，雇主对其雇员在从事工作范围内的活动中造成身体伤害所承担的经济给付责任。

（四）信用风险

信用风险是指在经济交往中，权利人与义务人之间，因一方违约或违法给对方造成经济损失的风险。例如，借款人不按期还款，就可能影响到贷款人资金的正常周转，从而使贷款人因借款人的不守信用而遭受损失。

四、按产生的环境划分

（一）静态风险

静态风险是指自然力的不规则变动或人们行为的错误或失当所导致的风险。静态风险一般与社会的经济、政治变动无关，在任何社会经济条件下都是不可避免的。如由于自然力量不规则变动所造成的风险如洪水、台风、疾病等；由于人类行为错误或失当造成的风险如盗窃、诈骗、恶意伤害、碰撞等。

（二）动态风险

动态风险是指由社会经济、政治、科技发展等社会经济结构的变动所导致的风险。比如，人口的增加，资本的成长，技术的进步，消费者爱好的转移，政治体制的改革等，都可能引起动态风险。

（三）静态风险与动态风险的区别

1. 损失不同。静态风险对于个体和社会来说，都是纯粹损失而无获利的可能，因此多属于纯粹风险；而动态风险对一部分个体可能有损失，但对另一部分个体则可能获利，从社会总体上看也不一定有损失，有时会有获利，因此包含纯粹风险和投机风险。

2. 影响范围不同。静态风险通常只影响少数个体，影响范围比较小；而动态风险的影响则比较广泛，往往会带来连锁反应。

3. 发生特点不同。静态风险在一定条件下具有一定的规律性，也就是服从概率分布；而动态风险则不具备这一特点，无规律可循。

五、按影响程度划分

（一）基本风险

基本风险是指由非个体的或至少是个体不能阻止的因素所引起的风险。基本风险是一种团体风险，可能影响到整个社会及其主要生产部门，且不易防止。例如，失业、战争、通货膨胀、地震等都属于基本风险。

（二）特定风险

特定风险是指只影响个体而非整个社会的风险，它通常由特定因素引起，是由个人、家庭或企业来承担损失的风险。例如，盗抢、火灾等引起的财产损失风险，对他人财产损失和身体伤害所负的法律责任的风险等，都属于特定风险。

基本风险和特定风险的界限不是绝对的。对某些风险来说，会因时代背景和人们观念的改变而有所不同。如失业，过去被认为是特定风险，而现在被认为是基本风险。

学习任务二
认识风险管理

【学生任务】
◇ 要求学生了解风险管理的有关基本知识。
◇ 要求学生熟悉风险管理的流程。
◇ 要求学生在面对各种风险时，能够根据风险自身的特点制定有效的风险管理措施。
◇ 要求学生能够区分风险与保险、风险管理与保险之间的关系。

【教师任务】
◇ 指导学生上网查找相关资料，如关于风险管理学的相关内容。
◇ 提示学生完成作业所需要关注的主要知识点，如对风险管理的流程和风险管理的方法要重点掌握，才能够在实际工作中对各种风险进行相应的风险管理。
◇ 指导学生总结并掌握风险与保险、风险管理与保险之间的区别。
◇ 对学生的作业完成情况进行公正评价并及时跟进，准备回答学生可能提出的问题和异议等。

教学活动1　掌握风险管理的含义

【活动目标】

通过本部分的教学活动，熟练掌握风险管理及其相关的专有名词，理解其真正含义，并可以用自己的语言表达。

【知识准备】

一、风险管理的含义

风险管理是人类为了生存必然要采取的措施之一，古已有之。但是真正现代意义的风险管理起源于20世纪50年代的美国。随着社会的发展和科技的进步，现实生活中的风险因素越来越多，无论企业还是家庭，都日益认识到进行风险管理的必要性和迫切性。因此，经过半个多世纪的实践和理论探索，风险管理已经被公认为是管理领域内的一项重要职能，并在此基础上形成了一门新的学科，即风险管理学。在20世纪70年代，风险管理学这门新兴学科开始在世界范围内得到广泛传播。

由于风险的客观存在，必然要求经济单位和个人承担风险成本，特别是在市场经济条件下更是如此。因此，每一个经济单位和个人都需要系统地认识、识别自己所面临的各种风险，并力求尽可能地降低风险成本，以实现经济利益的最大化。这就要求各个经济单位和个人必须对所面临的风险进行系统分析，并进行有效的管理，这就是风险管理。所谓风险管理，是指经济单位和个人通过风险识别、风险估测、风险评价，对风险实施有效的控制，妥善处理风险所致损失，期望达到以最小的成本获得最大安全保障的管理活动。

对风险管理含义的理解需要把握以下几点：

1. 风险管理应遵循不同的经营管理目标和策略。不同的组织和机构的经营环境与管理目标不同，风险管理的具体手段也会有差异。风险管理以减少各种组织面临的不确定、实现相应的管理目标为宗旨。

2. 系统、全面、动态的风险分析。在整个风险管理决策框架和方法中，风险分析既包括通过完善客观概率估计方法去提高风险识别与估计能力，也包括提升管理者主观认知风险和风险分析、判断的能力。

3. 风险管理不应仅仅关注纯粹风险和静态风险。风险管理除了关注纯粹风险和静态风险外，还应关注投机风险和动态风险，既关注灾害性风险管理，也关注财务性风险管理。各类组织都面临着对飞速发展环境的某种不适应性，风险管理的范围越来越宽泛，适用的领域越来越广，全面的风险管理也将受到日益广泛的重视。

4. 组织架构和整体思维并重。风险管理不但应当强调具体组织框架、风险管理的具体工具与具体方法的应用上，还应当强调风险管理的决策框架和整体思维框架的至关重要性。尤其对保险业这种注重长期战略定位的行业而言，更是如此。

5. 风险管理的范围已由个人和企业深入社会的方方面面。风险管理的范围既包括个人、家庭、企业的风险管理，也包括政府部门、国际机构和跨国机构的风险管理；既包括私营部门的风险管理，也包括公共部门的风险管理；既包括经济风险的处置与管理，也包括社会风险的处置与管理。近年来，整合性风险管理的思维和策略框架开始受到广泛的关注，它基于单个独立的框架对企业整体风险进行分析和评估。

📖 **【拓展阅读】**

美国如何抓安全生产

　　新华社纽约 2006 年 1 月 22 日电。美国西弗吉尼亚州萨戈煤矿最近发生爆炸，12 名矿工遇难。这一事件成为美国各大媒体的头条新闻，因为在美国煤炭矿业已经多年没有发生过死亡人数超过 3 人的生产事故。

　　20 世纪 40 年代以来，围绕煤矿安全生产，美国先后制定了十多部法律，安全标准越来越高。1968 年，美国弗吉尼亚州法明顿的一个煤矿发生瓦斯爆炸事故，造成 78 人死亡。此后美国政府迅速制定了新的《矿业安全和卫生法》，于 1969 年 12 月 31 日由总统签署并颁布实施。《矿业安全和卫生法》以及相关配套规则的实施，加上新技术的推广采用，使美国煤矿业生产走上事故低发的新阶段。20 世纪前 30 年，美国煤矿每年平均因事故死亡的有 2 000 多人；到 20 世纪 70 年代，年死亡人数下降到千人以下；1990—2000 年，美国共生产煤炭近 104 亿吨，死亡人数 492 人，平均百万吨煤人员死亡率为 0.0473；2004 年美国生产煤炭近 10 亿吨，但煤矿安全事故中总共死亡 27 人；2005 年这一数字更是降低到 22 人。

二、风险管理的分类

　　风险管理按其管理的主体不同，可分为个人风险管理、家庭风险管理、企业风险管理、国家风险管理和国际风险管理五大类。

　　1. 个人风险管理。是指个人为实现生活稳定和工作的安全，对可能遭遇的种种不测在经济上所做的各种准备和处理，如储蓄等。

　　2. 家庭风险管理。是指一个家庭为保障其收入稳定和生活安定，对可能遭受的自然灾害或意外事故所采取的有效措施，如粮食储备等。

　　3. 企业风险管理。是指企业为实现生产、经营和财务稳定与安全，对可能遭受的各种风险损害所采取的有效措施，如建立消防组织、购置消防器材等。

　　4. 国家风险管理。是指一个国家为了应付经济、政治、战争、社会以及巨灾风险损害而采取的各种处理措施，如设立进口配额，强制实施社会保障制度等。

　　5. 国际风险管理。是指跨国公司、国际企业、国际组织为了应付涉及国际间的各种风险而采取的各种处理措施。

🖱 **【知识链接】**

风险管理的产生

　　第一次世界大战时期及战后，德国出现了近乎天文数字的恶性通货膨胀，发生了严重的经济危机，因此，提出了包括风险管理在内的企业经营管理问题。在这种情况下，德国开始研究企业风险，并制定了若干经营政策，以保护企业为目的。德国的风险政策，基本上是经营学者研究的对象，1930年开始在一些德语国家有过讨论，后来逐渐失去了影响力。随着美国风险管理引入德国，便形成了德国风险政策与美国风险管理的折中性学术观点。

与德国的防止通货膨胀、保护企业这一出发点不同，美国最初是在第一次世界大战期间通货紧缩的情况下，从费用管理的角度出发，把风险管理作为经营管理的手段提出来的，即以如何节约保险费的支出，并获得合理的经济补偿为出发点。美国于1929—1933年陷入了严重的经济危机，面对经济衰退、工厂倒闭、工人失业、社会财富遭到巨大损失的灾难，人们开始思索能否采取措施来减少或消除风险给人们带来的种种灾难性后果，能否采取科学的方法，对风险实施有效的控制和处理。于是，20世纪30年代在美国产生了风险管理的基本构思，风险管理作为一门新兴管理学科便形成了。

教学活动2 风险管理的流程

【活动目标】

通过本部分的教学活动，掌握风险管理的步骤，以及了解各个步骤之间的联系，理解其真正含义。

【知识准备】

风险管理是一种决策过程，需要通过几个步骤和环节来对风险进行分析和处理，各环节相辅相成，通常包括以下几个主要环节。

风险管理的具体流程如图1-2所示。

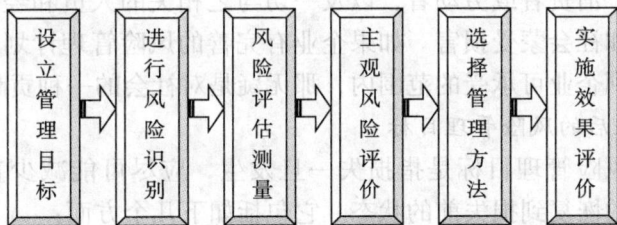

设立管理目标 → 进行风险识别 → 风险评估测量 → 主观风险评价 → 选择管理方法 → 实施效果评价

图1-2 风险管理的流程示意图

一、设立管理目标

风险管理的基本目标是以最小的风险管理成本获得最大的安全保障效益，即风险管理就是要以最少的费用支出达到最大限度地分散、转移、消除风险，以实现保障人们经济利益和社会稳定的基本目的。所谓风险管理成本就是在开展风险管理过程中，投入的人力、物力、财力以及放弃一定收益机会的机会成本。安全保障则是指风险管理的效果，是预期损失的减少和实际损失及时有效的经济补偿。最大安全保障就是要使预期损失减少到最低限度和实际损失能够得到最大的经济补偿。

风险管理目标的确定取决于不同社会、企业乃至个人的不同需要，取决于在何种程度上运用风险管理技术。比如，企业风险管理的目标可以是在巨灾中求生存，可以是稳定企业生存规模并保持一定的增长势头，可以是减少费用开支，可以是改善安全生存环境等。选择何种风险管理目标，对这个风险管理计划的实施，尤其是进行风险管理决策具有重要的意义。

风险管理的具体目标可以分为损失发生前的目标和损失发生后的目标。

（一）损失发生前的风险管理目标

损失发生前的风险管理目标是指避免或减少风险事故形成的机会，将损失的可能性和严重性降到最低程度。它包括如下几个方面：

1. 经济目标。风险管理必须经济合理，只有这样，才可以保证其总目标的实现。所谓经济合理，就是尽量减少不必要的费用支出和损失，尽可能使风险管理计划成本降低。但是费用的减少会影响到安全保障的程度。因此，如何使费用和保障程度达到均衡是实现该目标的关键。

2. 安全系数目标。就是将风险控制在可承受的范围之内。风险管理者必须使人们意识到风险的存在，而不是隐瞒风险。这样有利于人们提高安全意识，主动配合风险管理计划的实施。与此同时，风险管理者应给予人们足够的安全保障，以减轻企业和员工对潜在损失的烦恼和忧虑。

3. 合法性目标。企业并不是独立于社会之外的个体，它受到各种各样法律规章的制约。因此，必须对自己的每一项经营行为、每一份合同都加以合法性的审视，以免不慎涉及官司而蒙受财力、人力、时间或名誉的损失。风险管理者必须密切关注与企业相关的各种法律法规，保证企业经营活动的合法性。

4. 社会责任目标。一个企业遭受损失时，受损的绝不只是企业本身，还有企业的股东、债权人、客户、消费者或劳动者，以及一切与之相关的人员和经济组织。损失严重时，甚至会使国家和社会蒙受损害。如果企业有完善的风险管理计划，通过控制或转移等方式使损失降低到企业可承受的范围内，那无疑是对社会的一种贡献。

（二）损失发生后的风险管理目标

损失发生后的风险管理目标是指损失一旦发生，应尽可能减少直接损失和间接损失，努力使损失标的恢复到损失前的状态。它包括如下几个方面：

1. 生存目标。当企业发生了重大损失后，它的首要目标是生存。一个企业要持续存在，通常需要具备四个要素：生产、市场、资金和管理。如果损失事件对其中某个要素产生了破坏作用，就会导致企业无法生存。企业的风险管理计划应充分考虑损失事件对生存要素的影响程度，将损失后企业的生存放在首要位置。所以，损失发生后应首先解决人们的吃、穿、住、行、医等问题，并注重鼓励人们树立战胜灾害、重建家园的信心。这就要求做好灾后经济补偿安排、谋生知识教育以及心理训练等工作，以便在灾后使人们具备生存条件。

2. 持续经营目标。持续经营是指不因为损失事件的发生而使企业生产经营活动中断。虽然生产经营活动中断并不一定会导致企业破产，但是，企业的竞争者却可能利用这段空当时间抢走企业原有的市场份额，影响其市场地位。因此，企业的风险管理者应尽可能在损失后保证生产经营的持续性，这是实现收益、偿还债务，并实现收益持续增长的前提条件。

3. 获利能力目标。企业发生损失，管理者很关心的一个问题就是损失事件对企业或获利能力的影响。因此，必须把损失控制在一定范围内，使得企业获利水平不会低于预期的最低报酬率。

4. 收益稳定目标。收益的稳定性对企业来说是很重要的，因为它可以帮助企业树立正常发展的良好形象，增强投资者的投资信心。风险管理应有益于保持企业的收益稳定。

5. 发展目标。企业必须不断地发展，以求获得长期生存。因此，必须建立高质量的风险管理计划，及时有效地处理各种损失结果，使企业在损失发生后能迅速地取得补偿，为企业继续发展创造良好的条件。

6. 社会责任目标。企业及时有效地处理风险事故带来的损失，可以减轻对国家经济的影响，保护与企业有关的人员和经济组织的利益，从而有利于企业承担社会责任，树立良好的社会形象。这就要求当企业恢复生产后，应弥补因自身受灾对他人产生的影响，如及时偿还贷款、补齐拖欠销售商的商品、补发职工工资等。

损失发生前和损失发生后的风险管理目标的有效结合，构成了完整而系统的风险管理目标。

二、进行风险识别

在确定了风险管理目标的条件下，应该根据某种科学方法全面系统地认识并区别种种风险，这就产生了风险的识别。风险的识别是风险管理中的重要环节和基础程序，没有风险的识别，就难以准确地估测风险，难以选择风险处理的方法，甚至会丧失对未知风险进行管理的机会。因而，风险识别在整个风险管理中具有重要意义。

（一）风险识别的含义

所谓风险识别，就是经济单位和个人对所面临的以及潜在的风险加以判断、归类整理，并对风险的性质进行鉴定的过程。其内容主要包括感知风险和分析风险两个方面。感知风险就是通过对风险的调查、了解，对风险进行判断；分析风险是指通过对风险的类别进行归纳、区分，认识风险产生的原因和条件，掌握风险所具有的性质。风险识别是一个连续的、不间断的过程，只有使风险的识别经常化、制度化，才能使风险管理顺畅地进行。

（二）风险识别的方法

在生产经营过程中，企业面临着各种不同性质风险的威胁，因此必须采取有效方法识别这些风险。识别风险的方法有很多种，常见的方法有如下几种：

1. 风险清单分析法。风险清单分析是风险识别中的一个有效方法。它的具体做法是，风险管理者将公司所面临的各种风险逐一列出，开出一个清单；然后，分析它们的变化方向、程度以及相互之间的联系，采取不同的措施，分别进行管理。

2. 流程图分析法。这一方法是将企业从投入到产出，直至产品销售到客户手中的整个流程都绘制出来，以展示企业生产经营的全过程。风险管理者对各个阶段、各个环节进行调查分析，找出风险因素，识别潜在的各类损失。该方法能够揭示出可能给公司带来严重财务后果的瓶颈环节。

3. 财务报表分析法。这一方法是根据企业的资产负债表、利润表、财产目录和其他营业表等，对企业的固定资产和流动资产的分布及经营状况进行分析研究，以确定企业的潜在损失。该方法能够用来识别必须被保障的主要财产面临的风险，了解可能导致的损失形态，从而采取对策。

4. 问卷识别法。这一方法是指利用专业人员所掌握的丰富知识而设计的问卷来识别风险。常见的有保单对照法，这种方法是将保险公司现行出售的保险单所载明的风险种类与风险分析调查表进行融合，形成问卷用以调查风险。企业可以根据这一问卷与企业已有的保单加以对照比较，分析和识别存在的风险。

除了以上常用的四种方法外，还有现场调查法，即直接观察企业的生产环境、工人的操作过程、工作程序等，找出潜在的风险因素；损失统计法，即根据以往的统计资料记录，发现潜在损失；环境分析法，即考察企业的内部环境和外部环境，分析潜在的风险因素。各种风险识别的方法都有其自身的特点。风险管理者可以根据企业的性质、规模和技术条件，以及自身的特长，选择某种方法或几种方法的组合来进行风险识别。

三、风险评估测量

风险评估测量是指在风险识别的基础上，通过对所收集的大量详细损失资料加以分析，运用概率论和数理统计，估计和预测风险发生的概率和损失程度。风险估测不仅使风险管理建立在科学的基础上，而且使风险分析定量化，为风险管理者进行风险决策、选择最佳管理方法提供了可靠的科学依据。风险估测的内容包括估测损失频率和损失程度两个方面。损失频率是指一定时期内损失可能发生的次数，取决于风险单位数目、损失形态和风险事故；损失程度是指每次损失可能造成的规模，即损失金额的大小。

风险估测需要对风险进行重要程度的排序。按照各种风险对企业生产、经营和财务方面的影响不同，而将风险分成三类：一是致命风险，是指那些损失一旦发生将导致企业破产的风险；二是重要风险，是指那些损失的发生虽然不会导致企业破产，但使得企业只有大量举债才能维持正常经营的风险；三是一般风险，是指那些损失的发生将影响企业的经营但不会造成财务上较大影响的风险。风险管理者不仅需要确定风险所可能引起的损失的数量，还需要确定企业吸纳这些损失的能力。

四、主观风险评价

主观风险评价是在风险识别和风险估测的基础上，结合其他因素对风险发生的概率、损失程度进行全面考虑，评估风险发生的可能性及其危害程度，并与公认的安全指标相比较，以衡量风险的程度，并决定是否需要采取相应的措施。

处理风险，需要一定的费用，费用与风险损失之间的比例关系直接影响风险管理的效益。通过对风险性质的定性、定量分析和比较处理风险所支出的费用，来确定风险是否需要处理和处理的程度。风险评价可以分为定性风险评价、定量风险评价和综合风险评价。

五、选择管理方法

为实现风险管理目标，根据风险评价结果，选择最佳风险管理技术与实施方法是风险管理中最为重要的环节，风险管理方法的选择也就是风险管理的决策过程。

风险管理方法分为控制型和财务型两大类，前者的目的是降低损失频率和减少损失程度，重点在于改变引起意外事故和扩大损失的各种条件；后者的目的是以提供基金的方式，降低发生损失的成本，即对无法控制的风险所作的财务安排。这些方法将在下面的内容中详述。

六、实施效果评价

实施风险管理的决策是将风险管理的各个方面贯彻落实。比如，如果决定实施损失控制，就需要购买防灾设施和安全装置等；如果决定购买保险来转移风险，就需要选择保险公司、保险险种，考虑保险费的合理性等。风险管理效果的好坏，取决于是否能以最小的风险成本取得最大的安全保障，在实务中还要考虑风险管理与企业整体管理目标是否一致等。风险管理决策总是与未来的不确定性相联系的，所以应该将风险管理的实施结果，反馈到上述各个阶段，对风险管理方式的实用性及有效性情况进行分析和评估，及时发现风险管理决策与目标的差异程度，并根据不断变化的内部条件和外部环境进行调整，以实现风险管理目标、达到风险管理的最佳效果。

风险管理的实施及效果评价是风险管理的最后一步，也是至关重要的一步。这是因为：第一，风险管理不是发生在真空中的。而在这个世界上，情况总是不断地发生变化，新的风险因素会不断出现，旧的风险因素则会由于存在环境发生变化而消失。在去年使用的对付风险的有效方法，在今年也许就不是那么有效了。第二，任何人都是有可能犯错误的。通过检查和评估，可以使风险管理者及时发现错误、纠正错误，减少成本；控制计划的执行，调整工作方法；总结经验，改进风险管理。

教学活动 3　选择风险管理方法

【活动目标】

通过本部分的教学活动，掌握两种重要风险管理方法，并能在面对具体的风险时可以选择出具体采用何种风险管理的方法最合适。

【知识准备】

风险管理方法分为控制型的风险管理方法和财务型风险管理方法两大类。

一、控制型风险管理方法

控制型风险管理方法的实施是指在风险分析的基础上，针对企业所存在的风险因素采取控制方法以消除风险因素，或减少风险因素的危险性。主要表现为在事故发生前降低事故发生的频率，在事故发生时将损失减少到最低限度。控制型风险管理方法主要包括风险回避和风险控制。

（一）风险回避

风险回避是指回避风险发生的可能性，设法排除风险，并将损失发生的可能性降到零。它是一种处理风险的消极的方法。例如，一家公司为了不因销售伪劣产品而受起诉，而选择不生产这些产品；一个人为了避免离婚而选择不结婚等。但是，并不是所有的风险都可以回避，回避某一类风险，可能面临另一类风险。例如，为了避免飞机失事造成的死亡或残疾而选择不坐飞机，但选择其他的方法比如自己开车、坐火车和乘公交车等也存在着相应的风险。而且，在很多情况下，风险回避虽然有可能性，但不一定具有可行性。比如，为了避免吃饭时被噎死而选择根本就不吃饭，这是不可行的。另外，风险回避可能会造成利益受损。例如，开发某种新产品肯定会面临风险，但在回避这些风险的同时，也意味着放弃了新产品开发可能带来的巨额利润。

风险回避的方法一般用于以下两种情况：一是当某特定风险所致损失频率较高和损失程度较高的情况；二是处理风险的成本大于其产生效益的情况。

（二）风险控制

风险控制是指在风险损失发生之前、发生时或发生之后，有针对性地采取具体有效的措施，消除或减少可能引起损失的各种因素、减少损失程度的一种风险处理方法。风险控制主要适用于风险所致损失频率较高且损失程度较低的风险类型，主要包括损失预防和损失抑制两种方式，两者都是较为积极的方法。

1. 损失预防。损失预防是指在风险事故发生前，采取处理风险的具体措施，其目的在于通过消除与减少风险因素而达到降低损失发生频率的目的。例如，人们不抽烟并注意饮食习惯的话，得心脏病的概率将会显著降低；每个司机都安全驾驶的话，汽车交通事故的发生概率会大大降低等。

损失预防的措施通常有两种：一是工程物理法，是指损失预防措施侧重于风险单位的物质因素的一种方法，如防火建筑结构设计、防盗装置的设置等；二是人类行为法，是指损失预防侧重于人们行为教育的一种方法，如职业安全教育、消防教育等。

2. 损失抑制。损失抑制是指在风险事故发生时或发生之后，采取的各种防止损失扩大的措施。例如，百货商场可以用洒水装置快速扑灭大火，从而减少损失；防火门和防火墙可以用于控制火势的蔓延等。

二、财务型风险管理方法

由于种种因素的制约，人们对风险的预测不可能绝对准确，而防范损失的各项措施都具有一定的局限性，所以某些风险事故的损失后果是不可避免的。财务型风险管理方法是指通过事故发生前所作的财务安排，来解除事故发生后给人们造成的经济困难和精神忧虑，为生产自救、恢复企业经济、维持正常生活等提供财务基础。其主要方法包括风险自留和风险转移。

（一）风险自留

风险自留是指对风险的自我承担，即由经济单位或个人承担风险事故造成的风险损失的方法，是一种非常重要的财务型风险管理技术。通常在风险所致频率和程度较低、损失在短期内可以预测以及最大损失不影响企业或单位财务稳定时采用风险自留的方法。风险自留可以是主动的自留，也可是被动的自留。

1. 主动的风险自留是指在识别风险的基础上，根据自己的经济承受力和经济上的合理性、可行性决定的自留，它使经济单位或个人有意识、主动地承担风险成本。例如，企业可能有意识地自留那些雇员的小偷小摸等行为的风险。

2. 被动的风险自留是指未能识别出风险而被迫承担风险成本，它是因无法准确预测风险或缺乏足够信息的情况下的被迫行为。在现实生活中，被动的风险自留大量存在。例如，个人或家庭往往认为意外不会降临到自己头上，而不进行任何保险安排。

（二）风险转移

风险转移是指一些单位或个人为避免承担风险损失，而有意识地将损失或与损失有关的财务后果转嫁给另一些单位或个人去承担的一种风险管理方法。这种以转移风险为特征的财务处理方法包括非保险转移和保险转移。

1. 非保险转移。所谓非保险转移是指风险管理单位将损失的责任转移给非保险业的另一个经济单位，而不是转移给保险公司的管理技术。主要有以下几种非保险转移方式。

（1）通过合同转移风险。合同转移是将自己面临的损失风险借助协议或合同，将损失的法律责任或财务后果转移给其他个人或组织（非保险公司）承担，从而达到转移风险的目的。具体方法包括出售、租赁、分包等。例如，某企业出口自己生产的产品，在合同中有这样一个条款："尽管产品的所有权直到货物交货时才转移给买方，买方仍须对货物在运输过程中的损失负责"。此外，还可以通过签订免责协议来转移风险。例如，医院在给生命垂危的病人实施手术之前，会要求病人家属签一份协议，协议规定，若手术失败，医生不负责任。在该协议中，医生并非转移带有风险的活动（手术），而是转移可能的责任风险。

（2）通过衍生金融工具进行套期保值。传统的风险管理主要针对纯粹风险，通过保险和风险控制等措施进行。但从 20 世纪末开始，风险管理越来越多地涉及金融风险管理，利用期权、期货、远期与互换等金融衍生工具将价格波动的风险转移给投机者的风险转移方式。衍生工具应用在风险管理上，一个最基本的用途就是帮助企业将风险转移到资本市场上，从而扩大了风险转移的范围。套期保值涉及投机风险的转移。

（3）通过公司法人化转移风险。如果一家公司归个人所有，那么其应当承担无限责任，用自己的全部个人财产来偿还可能出现的债务。但如果公司法人化，变为有限责任公司的话，作为公司股东最多只会损失投入的股本，而其他风险则转移给了债权人。

（4）委托保管。委托保管是指将个人财产交由他人进行保护、服务或处理等。这种安排通常规定，受托人只对因自己的过失而造成的财产损失向委托人负赔偿责任。但是，也有一些委托保管业务作出一些特殊规定，使财产所有者可以通过合同的方式将某些特定的风险转移给受托人，受托人再将他所承担的风险转移给一家保险公司。例如，在西方的裘皮大衣的委托业务中，这种方式就很普遍。作为受托人的寄售公司向存放裘皮大衣的委托人承诺，不论是谁的过失，公司都将对裘皮大衣存放期间所发生的一切损失负赔偿责任。然后，寄售公司再向保险公司投保，将可能发生的损失转移给保险公司。

非保险转移的优点在于应用范围很广、费用低廉、灵活性强。特别是经济活动过程中出现的各种风险，往往保险公司不予承保。因此，非保险转移方法有着广泛的空间。

然而，非保险转移常常受到法律的限制，而且，有些风险根本就无法通过非保险转移方法来处理。

2. 保险转移。保险转移是指风险管理单位或个人通过购买保险产品，将某一类风险或某几类风险以保险合同的形式转嫁给保险公司，当保险合同约定的事故发生时，由保险公司承担赔偿或给付责任的风险管理方式。对于企业和个人来说，通过缴纳保险费，可以将自身面临的风险转移给保险公司，即以较小的成本支出，来转嫁大额的不确定性损失。由此看来，保险并没有改变企业或个人所面临的风险，只是通过一个事先安排，利用保险基金来补偿保险事故发生所导致的经济损失。

风险管理方法的选择适用如图 1-3 所示。

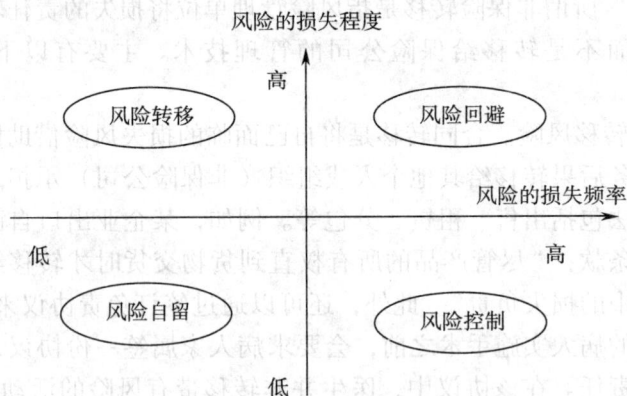

图1-3　风险管理方法的选择适用

除了上述四种主要的风险管理方法以外，风险管理者还可以使用两种或多种方法的组合来处理风险。在现实生活中，具体选择哪一种方法最为合理，要根据风险的不同特性，并结合行为主体本身所处的环境和条件而定。

教学活动4　掌握风险与保险的关系

【活动目标】

通过本部分的教学活动，了解风险与保险的关系，风险管理与保险的关系，从而加深对风险与保险以及风险管理的认识。

【知识准备】

一、风险与保险的关系

1. 风险是保险产生和存在的前提。无风险则无保险。风险是客观存在的，时时、处处威胁着人的生活、物资、财产的安全，是不以人的意志为转移的。风险的发生直接影响社会生产过程的继续进行和家庭正常的生活，因而产生了人们对损失进行补偿的需要。保险是一种被社会普遍接受的经济补偿方式，因此，风险是保险产生和存在的前提，风险的存在是保险关系确立的基础。

2. 风险的发展是保险发展的客观依据。社会进步、生产发展、现代科学技术的应用，在人类社会克服原有风险的同时，也带来了新的风险。新的风险对保险提出了新的要求，促使保险业不断设计新的险种、开发新的业务。从保险的现状和发展趋势来看，作为高风险系统的核电站、石油化学工业、航空航天事业、交通运输业的风险，都可以纳入保险的责任范围。

3. 保险是风险管理传统且有效的措施。人们面临的各种风险损失，一部分可以通过控制的方法消除或减少，但不可能全部消除。面对各种风险造成的损失，若单靠自身力量解决，则不得不提留足够的后备基金。这样既造成资金浪费，又难以解决巨额损失的补偿问题，从而，转移就成为风险管理的重要手段。保险作为转移方法之一，长期以来被人们视为传统的处理风险的手段。通过保险，把不能自行承担的风险集中转嫁给保险人，以小额的固定支出换取巨额风险的经济保障，使保险成为处理风险的有效措施。

4. 保险经营效益受风险管理技术的制约。保险经营效益的大小受多种因素的制约，风险管理技术作为非常重要的因素，对保险经营效益产生了很大的影响。如对风险的识别是否全面，对风险损失的频率和造成损失的严重程度估计是否准确，哪些风险可以承保，哪些风险不可以承保，保险的范围应有多大，程度如何，保险成本与效益的比较等，都制约着保险的经营效益。

【拓展阅读】
卡特里娜飓风

2005 年 8 月 29 日，卡特里娜飓风登陆美国路易斯安那州和密西西比州。根据报道，此次飓风可能造成数以万计的房屋被淹和数十万户家庭断电，100 多万人流离失所。卡特里娜飓风的袭击让美国一下子损失了巨额财富，有人把这次飓风灾害与 2004 年年底发生的印度洋海啸相比，称之为"美国的海啸"，也有人说这是"天灾 9·11"。这个世界上的超级大国也是保险业最发达的国家面对灾情也不得不放下架子接受世界各国的援助，难怪有媒体称美国简直就像个第三世界国家。由此可见，在当今世界上，风险管理和保险在抵御人类面临的风险方面还任重道远。

二、风险管理与保险的关系

风险管理与保险之间，无论是在理论渊源上，还是在各自作为一种经济活动与经济制度的发展中，都有着密切的联系。

1. 风险管理与保险研究的对象都是风险。风险是风险管理与保险的共同基础，两者只是覆盖的程度不同。风险的存在，是保险存在的前提，无风险便无保险。但保险公司不是风险的唯一承担者，更不是对所有可能存在的风险都进行承保。因为风险的存在与发生，其性质、形态都远比保险内容复杂、广泛得多。因此，风险管理研究的视角高于保险的领域，范围也广于保险。保险仅是风险管理的几种方法之一，其本身只着眼于可保风险的分散与转嫁，而风险管理则是将各种风险独立出来考虑，从全局的观点进行综合治理。对于风险管理的研究，需要有保险学、经营学、管理学的理论及其他专业技术知识。而用保险学的理论进行风险管理的研究，也丰富了风险管理科学的内容。

由于社会经济的发展和科学技术的进步，风险的内容在变化，决定了风险管理与保险研究内容的发展变化。经济生活中风险内涵的发展，对风险管理与保险提出了发展变化的需要。这种需要的变化体现为风险管理中对人力资源、金融风险和信誉风险的研究的必要性。在保险经营中则体现为对综合险种和新险种的需求，从而推动风险管理与保险的共同发展。

2. 风险管理与保险的估测科学基础相同。风险管理和保险均是以概率论和大数定理作为分析管理方法和经营的科学依据。两者准确估测预期损失率，才能达到以最小的成本获得最佳安全保障的经济目的。概率论和大数定理为其损失率的准确计算提供了科学的方法。

3. 风险管理与保险相辅相成、相得益彰。一般地讲，保险人对风险管理有着丰富的经验和知识，企业与保险人合作，会使企业更好地了解风险，并通过对风险系统地分析，提出哪些风险需要保险，投保什么险种等，由此又促进了风险管理。同时，由于企业加强和完善了风险管理，就需要保险提供更好的服务，以满足企业的发展要求，这又促进了保险的发展。

风险与风险管理综合实训

【实训目标】

通过本部分实训，使得学生能够在理论上和实务中掌握风险和风险管理的基本理论，掌握风险管理的流程和方法，并能够区分不同种类的风险。

【实训任务】

一、重要名词

风险　风险因素　风险事故　损失　纯粹风险　投机风险　人身风险　财产风险　责任风险　信用风险　基本风险　特定风险　风险管理　风险识别　风险估测　风险回避　风险控制　风险自留　风险转移

二、思考讨论

1. 什么是风险？它有哪些特征？
2. 风险是由哪些要素构成的？
3. 风险管理的程序是怎样的？
4. 风险管理的方法有哪些？怎样进行选择？
5. 风险与保险有怎样的关系？

三、案例分析

一支烟蒂毁了一座城市

【案情介绍】

事件发生在西欧一座古老的城市。一天，一艘停泊在该城河边装有1万吨化肥的货船突然冒出了淡淡的白烟，烟雾迅速变得越来越浓烈，黑色的浓烟和红色的火舌瞬时腾空而起。船员想利用船上的设施扑灭大火，但无济于事，火势很快从一个船舱蔓延到另外两个船舱。当消防队员赶到时，烟火已经蔓延到了大半条船。消防员布置了十几支水枪向船舱内猛射，然而火势有增无减。船上的输油管道因受热而先后爆炸，大量油料外泄，更是火上浇油，形成一片火海。

这条船上装载的是硝酸铵农药，硝酸铵在高温条件下会发生化学反应成为爆炸品，近乎于炸药，火势如不能及时扑灭，万吨硝酸铵的爆炸威力是令人不寒而栗的。消息传开，岸上的人们纷纷逃离，城市秩序大乱，政府当局一时也找不到良策。

由于火势失控引起了爆炸，爆炸产生的震波和冲击使得大批高楼像玩具积木般地轰然倒下。城外几十个大型油库在冲击波的作用下，一个接一个地瘫了下去，然后又引起了一场更大规模的爆炸。烟和火主宰了这座城市，逃难的市民堵塞了所有通往郊区的公路，似乎世界末日已经来临。大火烧了几天几夜，才渐渐熄灭。

事后，该国政府成立专门调查组，对这起火灾起因进行了周密详细的调查，最后的根源锁定在一名普通的船员身上。经调查，是这名船员在吸烟后，不经意间将尚未熄灭的烟蒂扔进了装载着硝酸铵的船上引起的。一只烟蒂就这样毁了一座城市，给无数家庭造成了无法挽回的损失。

【本案分析】

巨大的灾难往往起源于一时的疏忽，损失的发生恰恰来源于微小的因素。本案中，正是由于这名普通船员一时的疏忽大意，认为一只小小的烟蒂不会有什么危险，最终酿成了大祸。

本案中风险因素是心理风险因素，心理风险因素是指与人的心理状态有关的无形因素，即指由于人的不注意、不关心、侥幸，或存在依赖保险心理，以致增加风险事故发生的概率和损失程度的因素。该项风险属于纯粹风险、社会风险、财产风险、动态风险、特定风险。通过本案，我们应当牢记：对于任何情况，我们都不能疏忽大意，风险管理的意识必须时刻保留在头脑之中。

【参考文献】

[1] 池小萍：《保险学案例》，北京，中国财政经济出版社，2008。

[2] 郑祎华、孙迎春：《保险业务》，沈阳，辽宁大学出版社，2007。

[3] 王健康、周灿：《保险学概论》（第2版），北京，电子工业出版社，2010。

[4] 白广申、迟美华：《保险实务》，大连，大连出版社，2011。

[5] 刘淑娥等：《保险基础知识》，北京，清华大学出版社，2008。

[6] 吴定富：《保险原理与实务》，北京，中国财政经济出版社，2005。

[7] 刘连生：《保险概论》，北京，中国金融出版社，2002。

[8] 孙祁祥：《保险学》，上海，复旦大学出版社，2006。

[9] 郑祎华：《保险学基础》，上海，上海财经大学出版社，2008。

[10] 中国保险相关网站、《中国保险报》。

教学项目二

保险概述

BAOXIAN GAISHU

【知识目标】

◇ 保险的概念和构成要素
◇ 保险的基本特征和种类
◇ 可保风险必须满足的条件
◇ 保险的职能和作用
◇ 保险产生和发展的历史

【能力目标】

◇ 能够准确描述保险的概念和特征
◇ 能够掌握纯粹风险成为可保风险必须满足的条件
◇ 能够判断一项活动是否是保险
◇ 能够根据不同的分类标准将保险进行分类
◇ 能够辨析保险与类似制度的异同

【引导案例】

如果当初买了保险

【案情介绍】

　　张强和李娜结婚已经 3 年，由于收入都不算高，目前他们还买不起房子。于是他们与许多夫妇一样选择租房，并为买房攒钱。不幸的是，有一天他俩不在家的时候，小偷闯入了他们的房子，偷走了摄像机、贵重衣物、珠宝首饰以及家中的现金，几乎将结婚时的贵重财产洗劫一空，损失总计 4 万多元。他们没有购买家庭财产保险，只好自己承担了这些损失，使得他们的买房计划遭到了很大挫折。

　　什么地方出问题了？夫妇俩犯了一个常识性的错误，那就是在他们的财务计划中没有给予风险和保险足够的重视。英国前首相丘吉尔曾经说过："如果我能办到，我一定把'保险'这两个字写在家家户户的门上，以及每一位公务人员的手册上，因为我深信：通过保险，每一个家庭只要付出微不足道的代价，就可以免除遭受万劫不复的灾难。"

【本案分析】

在我们生息繁衍的世界上，无论科学技术多么发达，人类征服自然、改造自然的力量多么强大，因自然、社会、人为等因素造成的损害总是不能完全避免的。为了应付各种原因造成的灾害事故给人类社会带来的不利影响，人们在长期的生产和生活实践中总结出许多预防的措施。面对突如其来的灾害事故造成的巨大损失，企业、家庭或个人首先渴望的是获得物质补偿以恢复生产和稳定生活，这样就逐步形成了保险这种经济活动。

学习任务一
初步认识保险

【学生任务】

◇ 要求学生通过本任务的学习能够对保险有正确的认识。

◇ 要求学生能够掌握构成保险的要素，从而能够判断保险活动。

◇ 要求学生能够了解现代保险的特征。

◇ 要求学生能够正确区分保险与储蓄、保险与赌博以及保险与救济的关系。

◇ 要求学生了解保险的职能和作用，发挥其积极的作用，避免其消极的作用。

◇ 要求学生能够根据所学的知识完成课后的综合实训。

【教师任务】

◇ 引导学生重新对保险有正确的认识。

◇ 提示学生完成作业所需要关注的主要知识点。如如何判断一项活动是否构成保险，区分保险与储蓄、保险与赌博以及保险与救济。

◇ 对学生的作业完成情况进行公正评价并及时跟进，准备回答学生可能提出的问题和异议等。

教学活动1　保险的基本概念

【活动目标】

通过本部分的教学活动，掌握保险的概念，了解保险的构成要素，从而能够判断什么样的活动是保险活动。

【知识准备】

一、保险的含义

历来各国保险界的学者都在尝试从功能、制度、形式、技术、性质、目的以及其他层面给"保险"下定义，但是，由于经济活动与人类需求的演进，保险的内涵也跟着演变，也使得没有一个统一的"保险"概念能够准确地表明什么是现今的"保险"。保险学界习惯从经济角度和法律角度去界定保险。

从经济的角度来讲，保险是一种经济关系，是分摊损害的一种财务安排。在保险关系中，投保人把损害风险以交付保险费的方式转移给保险人，由于保险人集中了大量同质的风险，因而能借助大数法则来预测损害发生的概率，并据此制定保险费率，通过向大量投保人收取保险费形成保险基金来补偿其中少数被保险人的意外损害。因此，保险既是一种经济关系，又是一种有效的财务安排，它使少数不幸的被保险人的损害，以保险人为中介，得以在全体被保险人中进行分摊。

从法律意义上解释，保险是一种合同行为，体现的是一种民事法律关系。保险关系是保险双方当事人以签订保险合同的方式建立起来的一种民事法律关系。民事法律关系的内容体现为主体间的权利义务关系，而保险合同正是投保人与保险人约定保险权利义务关系的协议。根据保险合同的约定，投保人有交纳保险费的义务，保险人有收取保险费的权利，被保险人有在合同约定事故发生时获得经济补偿或给付的权利，而保险人有提供合同约定的经济补偿或给付的义务。这种保险主体间的权利义务关系正是保险这种民事法律关系的体现。

保险既是一种经济制度，同时也是一种法律关系。保险这一经济制度对于国民经济有着重要作用。所以，世界上大多数国家均将调整这种保险关系的准则用法律形式固定下来，借以巩固这一经济补偿制度。《中华人民共和国保险法》（以下简称《保险法》）第二条规定："本法所称保险，是指投保人根据合同约定，向保险人支付保险费，保险人对于合同约定的可能发生的事故因其发生所造成的财产损失承担赔偿保险金责任，或者当被保险人死亡、伤残、疾病或者达到合同约定的年龄、期限等条件时承担给付保险金责任的商业保险行为。"

能够判断一项活动是不是保险，前提是要了解保险的构成要素。保险的构成要素是从事保险活动所应具备的必要因素，主要包括可保风险、大量同质风险的集中与分散、保险费率的厘定、保险基金的建立与保险合同的建立等。

二、可保风险的含义

风险的存在是保险业产生和发展的自然基础，没有风险就不可能有保险，但保险人并非承保一切风险，而是只对可保风险承保。因此，可保风险也就成为了保险的第一要素。

作为可保风险，从广义理解，指可以利用风险管理技术来分散、减轻和转移的风险；从狭义理解，则是指可以用保险方式来处理的风险。可保风险一般限于纯粹风险，这种风险是不可抗力的风险，其所致的损失应该是实质的损失，但并非所有的纯粹风险都是可保风险。至于投机风险，在目前的保险技术条件下，还不是保险公司承保的风险。因此，现实中有许多风险都不能成为可保风险，作为可保风险必须具备以下几个要素。

（一）风险必须是纯粹风险

保险公司所承保的风险，大都是纯粹风险，即有损失可能而无获利可能的风险；一般是静态风险而非动态风险，即在社会机构及结构条件不变的情况下可能发生的风险。投机风险、动态风险则不属于可保风险，原因在于它们的运动不规则、重复性差、规律性不强，难以使用大数法则准确地预测和估量，而且与保险的经济补偿的职能相违背。

（二）风险的发生具有不确定性

可保风险的不确定性主要有三层含义：风险是否发生是不确定的；发生的时间是不确定的；发生的原因和结果是不确定的。

（三）风险应该使大量标的均有遭受损失的可能性

由于保险需要大数定律作为保险人建立的稳定保险基金的数理基础，只有一个标的或少量标的所具有的风险，是不具备这种基础的。要准确地认识风险，则必须通过大量的风险事故，才可能对风险进行测定，认识风险的运动规律。

（四）风险导致的损失应当具有严重性

风险发生所知损失如果太小，就没有通过保险转移的必要。因此，风险发生要具有导致重大或比较重大损害的可能性，才会产生保险需求，保险供给也才可能因此产生。

（五）大量保险标的不能同时遭受损失

即指风险具有分散性，否则保险人收取的保险费建立的保险基金无法补偿所有的损失。

（六）风险具有可测定性

风险只有具有现实的可测性，才能掌握其发生的规律，从而制定和厘定费率。

应当指出，可保风险是个相对的概念。随着保险需求的不断扩大以及保险基数的日益进步，可保风险的范围也会随之改变。

三、风险的集中与分散

保险公司分散风险、分摊损害的功能是通过大量的具有相同性质风险的经济单位的集合与分散来实现的。大量的投保人将其面临的潜在风险或将要发生的风险以参加保险的方式转嫁给保险公司，保险公司则通过承保形式，将同种性质的分散性风险集合起来，当发生保险合同约定事故时，又将少数人遭遇的风险损失及伤害分摊给全体投保人。因此，保险的经济补偿和给付过程，既是风险的集合过程，又是风险的分散过程。保险风险的集合和分散应具备两个前提条件：

（一）大量风险的集合

一方面是基于风险分散的技术要求，另一方面是概率论和大数法则原理在保险经营中得以运用的前提。

（二）同质风险的集合

所谓同质风险，是指风险单位在种类、品质、性能、价值等方面大体相近。如果风险为不同质风险，那么风险损失发生的概率就不同，无法进行统一集合和分散。此外，不同质风险损失发生的频率和程度都是有差异的，若对不同质风险进行集合和分散，则会导致保险经营财务的不稳定。

四、保险费率的厘定

保险是一种经济保障活动，而从经济角度看则是一种特殊的商品交换行为，因此，确定保险商品的价格，即厘定保险费率，便构成了保险的基本要素。需要指出，保险费率厘定的含义与保险人在保险市场上的产品定价不同。保险费率厘定主要根据保险标的的风险状况确定，根据保险标的的费率，确定保险人应收取的保险费。而保险产品的定价，除要考虑风险状况外，还要考虑其他因素，如市场竞争对手的行为，市场供求的变化，保险监管的要求和再保险人承保的条件等。当然，保险费率的厘定是保险产品定价的基础。

五、保险基金的建立

保险要实现风险损失的分摊及损失的经济补偿，其基本前提是保险人要将投保人交纳的保费集中起来形成保险基金。保险基金是用以补偿或给付因自然灾害、意外事故和人体自然规律所导致的经济损失、人身损害以及收入损失，并由保险公司筹集、建立起来的专项货币基金。它主要来源于保险公司的开业资金和向投保人收取的保险费，其中保险费是主要来源。保险基金的存在形式是各种准备金，如未到期责任准备金，未决赔款准备金等。当保险基金处于暂时闲置状态时，保险人可以将保险基金重新投入社会再生产过程加以运用。可见，保险基金既是保险人赔付保险金的基础，又是保险人从事资金运作活动的基础。保险基金的规模大小，制约着保险企业的业务发展规模。

六、保险合同的订立

保险关系作为一种经济关系，主要体现了投保人与保险人之间的商品交换关系，这种经济关系需要有关法律对其进行保护和约束，即通过一定的法律形式固定下来，这种法律形式就是保险合同。没有保险合同的订立，就没有保险关系的建立，就不可能明确地约定保险双方当事人、关系人之间的权利和义务。因而，保险合同是保险双方当事人各自享有权利和履行义务的法律依据，保险合同的订立是保险的一个基本要素。

【知识链接】

什么是保险基金

保险基金（Insurance Fund）指专门从事风险经营的保险机构，根据法律或合同规定，以收取保险费的办法建立的、专门用于保险事故所致经济损失的补偿或人身伤亡的给付的一项专用基金，是保险人履行保险义务的条件。

保险基金是一种社会后备基金。社会后备基金的主要形式如下：集中形式的后备基金、自保形式的后备基金和保险形式的后备基金。而保险形式的后备基金即保险基金是保险机构通过签订合同向被保险人收取保险费而形成的一种后备基金，用于因保险事故造成的损失的补偿。它的运动过程包括三个阶段：保险费收取；资金的积累和运用；经济补偿。

七、保险的特征

保险的特征是指保险活动与其他经济活动相比较所表现出的基本特点，主要包括如下几个方面。

（一）经济性

保险是一种经济保障活动。保险的经济性主要体现在保险活动的性质、保障对象、保障手段、保障目的等方面。保险经济保障活动是经济活动的一个有机组成部分，其保障对象即财产和人身直接或间接属于社会生产中的生产资料和劳动力两大经济要素；其实现保障的手段，最终都必须采取支付货币的形式进行补偿或给付；其保障的根本目的，无论从宏观角度还是从微观角度看，都是为了有利于经济发展。

保险的经济性还表现为在市场经济条件下，保险是一种特殊的劳务商品，体现了一种特殊的等价交换的经济关系。这种经济关系直接表现为个别保险人与个别投保人之间的交换关系，间接表现为在一定时期内全部保险人与全部投保人之间的交换关系。此外，从经营的角度看，经营商业保险业务的保险公司属于商业性机构，经营主要目标之一就是提高经济效益，追求利润最大化。但是，商业保险公司追求利润最大化，必须是建立在保险经济效益与提高社会效益相一致的基础上。

（二）互助性

保险具有"我为众人，众人为我"的互助特性。没有互助性，也就失去了保险的意义。保险商在一定条件下，分担了个别单位或个人所不能承担的风险，从而形成了一种经济互助关系。这种经济互助关系通过保险人用多数投保人缴纳的保险费建立的保险基金对少数遭受损失的被保险人提供补偿或给付而得以体现。

当然，在现代商业保险条件下，由于保险公司的出现，作为一种中间性机构来组织风险分散和经济补偿，从而使互助性的关系演变成一种保险人与投保人直接的经济关系，但这种关系并不改变保险的互助性这一基本特征。

（三）法律性

从法律角度看，保险具有明显的法律性质。由于保险是一种合同行为，所以保险的法律性主要体现在保险合同上。保险合同的法律特征主要有：保险行为是双方的法律行为；保险行为必须是合法的；保险合同双方当事人必须有行为能力；保险合同双方当事人在合同关系中的地位是平等的。

保险的法律性，不仅体现在保险本身是一种合同行为，法律是保险行为的规范和实现的条件，而且法律也是保险组织和某些保险业务活动产生的前提条件。此外，对保险的监督管理也是以法律为依据的。

（四）科学性

保险是以科学的方法处理风险的一种有效措施。现在保险经营以概率论和大数法则等科学的数学理论作为基础，保险费率的厘定、保险准备金的提存等都是以科学的数理计算作为依据的。

教学活动 2　保险与类似制度的比较

【活动目标】

通过本部分的教学活动，正确区分保险与储蓄、保险与赌博以及保险与救济的关系，了解现代保险的特征，进一步对保险活动加以掌握。

【知识准备】

一、保险与储蓄

保险与储蓄都是以现在的剩余资金来作为未来的准备，即同为"未雨绸缪"之计，因而都体现一种有备无患的思想。尤其是人身保险的生存保险及两全保险的生存部分，几乎与储蓄难以区分。但是，两者属于不同的经济范畴，有着明显的差异，主要体现在以下几个方面。

（一）性质不同

保险是通过投保人缴纳保险费，将风险转移给保险人，靠集体的财力为风险损失提供足够的保障，是互助行为；储蓄是个人留出一部分财产作准备，以应对将来的需要，无须求助他人，完全是一种自助行为。

（二）目的不同

对投保人而言，参加保险的目的是以小额的保费支出将不确定的风险转嫁给保险人，使被保险人获得生产、生活安定的保障；而对于储户而言，参加储蓄的目的则是多种多样的，主要用于预计的费用支出。

（三）权益不同

保险一般是以自愿为原则，投保人投保自愿、退保自由，但投保人退保后所领取的退保金一般少于其所交纳的保险费。然而，如果投保人没有退保，一旦发生保险事故，被保险人获得保险金却又可能大大超过投保人所交纳的保险费；而在储蓄中，储户存款自愿、取款自由，对自己的存款有完全的主张权，所领取的是本金和利息之和，既不会小于本金，也不会大大超过本金。

（四）运行机制不同

保险行为主要受风险损失的不确定性影响，而且需要特殊的计算技术，必须需要概率论方法来计算保险费率等，体现了保险经营的复杂性；储蓄主要受利息、物价水平、工资收入以及流动性偏好等因素的影响，相对于保险来说，不需要特别复杂的技术进行计算。

二、保险与赌博

从表面来看，保险与赌博具有许多相似之处，如二者都是以随机事件为基础，都可能以较小的支出获得较大的回报，都存在给付的确定性与反给付的不确定性等。但事实上，二者存在着本质的区别，主要表现如下。

（一）机制不同

保险是控制客观存在的纯粹风险的方法，它能够转移风险，风险损失在被保险人之间平均分担，达到互助共济处理善后的目的。而赌博产生的是一种新的投机风险，它主动创造风险，把确定的成本转变为不确定的收益。

（二）目的不同

投保人属于风险厌恶者，其参加保险的目的是为了转嫁风险、获得保险的保障，从而获得经济生活的稳定；而赌博者则属于风险爱好者，他愿意付出比期望值更小的成本来获得大额的钱财，或者说，赌博的目的通常是图谋暴利。

（三）社会后果不同

保险是受国家鼓励和支持的事业，保险合同受法律保护，参与保险意义重大；赌博则会给家庭和社会经济生活带来不安定因素，甚至引发刑事犯罪，除了部分国家和地区经特许设有经营性赌城外，一般都明令禁止赌博，赌博行为不受国家法律保护。

三、保险与救济

救济是指国家、社会团体对生活无来源、丧失工作能力、生活在"贫困线"或最低生活标准以下的个人和家庭，以及突然遭受自然灾害或意外事故的个人和家庭提供货币、实务或服务等帮助的一种社会保障制度。保险和救济都是当人们陷入一种经济困境时，获得经济上补偿的一种制度安排，都属于善后对策。但是，二者的根本性质是不同的，它们的区别十分明显，主要体现在以下几个方面。

（一）提供保障的主体和保障对象不同

保险保障是由保险人提供的，是一种商业行为，保障对象都是合同约定的或法律规定的被保险人或受益人，是相对比较明确的；而社会救济由政府、个人或单位提供，救济的对象往往事先不确定，而且十分广泛。

（二）权利和义务不同

保险双方当事人按照保险合同的约定，都要享有相应的权利、承担相应的义务。从总体上讲，保险双方的权利和义务是对等的，双方都要受保险合同的约束；而救济是一种任意的、单方面的施舍行为，其出发点是基于人道主义精神，救济者提供的是无偿援助，救济双方没有对等的权利和义务而言。

（三）保障开始的前提和保障的可靠性不同

保险保障是根据保险合同的约定或法律规定，无论保险事故造成的损失大小，符合约定都应进行经济补偿，因而被保险方能够得到及时可靠的保障；而救济对被救济人的困难程度是有一定要求和限制的，只有当被救济人的经济困境达到一定限度时，救济才会开始，而且被救济者得到的救济不取决于实际损失，而是救济方的心愿和能力，所得的保障也是临时的、不稳定的。

（四）提供保障的资金来源不同

保险保障基金主要来源于投保人缴纳的保险费，其形成有科学的数理依据；而民间救济的资金是救济方自己拥有的，政府救济的资金则来源于国家财政。

教学活动3　保险的职能和作用

【活动目标】

通过本部分的教学活动，从保险的职能和作用角度对保险加以学习和了解，发挥其积极的作用，避免其消极的作用，进一步对保险活动加以掌握。

【知识准备】

一、保险的职能

保险的职能是保险内在固有的功能，它是由保险本质和内容所决定的。保险的职能包括基本职能和派生职能。保险的基本职能是保险的原始职能，是保险固有的职能，并且不会随着时间和外部环境的改变而改变。保险的派生职能是随着保险业的发展和客观环境的变化，在基本职能的基础上派生出来的职能。一般认为，保险的基本职能是分散风险和经济补偿，保险的派生职能是融通资金和防灾防损。

（一）保险的基本职能

1. 分散风险职能。从本质来说，保险是一种分散风险、分摊损失的机制。这种风险机制是建立在灾害事故发生的偶然性和必然性这一对立统一的矛盾基础之上的。任何一个要求参加保险的单位和个人，都会认识到现实生活中存在着各种各样的自然灾害和意外事故，并有可能造成财产损失或人员伤害，这就是风险发生的必然性。但实际上遭受灾害损失的单位或个人，相对于全部被保险人来说总是极少数，即风险事故是偶然发生的。因此，众多的被保险人只要缴纳少量的保险费，就可以建立起巨大数额的保险基金。保险基金是将一定时期内可能发生的自然灾害和意外事故所导致的经济损失的总额，在有同质风险的投保人之间平均化了，使少数人的经济损失由所有投保人平均分担，从而使单个人难以承受的损失变成多数人可以承担的损失，这实际上是把风险损失均摊给有同质风险的所有投保人。

2. 经济补偿职能。保险从产生时起，其目的就是对保险标的发生保险事故后导致的经济损失进行补偿，因而，经济补偿是保险的基本职能。经济补偿是指在保险活动中，保险人作为组织者和经营者，通过与投保人订立保险合同的方式，集合众多遭受同样风险威胁的被保险人，按损失分摊原则向每一个投保人收取保险费，建立保险基金，用以对某些被保险人因约定保险事故造成的损失给予经济补偿，从而实现保险独特的社会功能。它主要体现在两个方面：一是财产保险的损失补偿功能，即在发生保险事故、造成损失后，根据保险合同，保险人按所保标的的实际损失数额给予赔偿；二是人身保险的保险金给付功能，即在被保险人发生意外事故或生活到规定期限后，保险人根据保险合同约定的保险金额进行给付。

（二）保险的派生职能

1. 融资职能。融资职能是指保险人将保险资金中的暂时闲置部分，以有偿还的方式重新投入社会再生产过程，以扩大社会再生产规模的职能。保险具有"事前收费，事后补偿"的特点，因而使保费收入和保额赔付经常在时间上不一致，这就为保险人进行资金运用提供了可能。同时，保险人为了使保险经营稳定，必须壮大保险基金，这也要求保险人对保险资金进行运用。因此，保险派生了融资的职能。而且，资金运用与承保业务并称为保险企业的两大支柱。保险融资的来源主要包括资本金、总准备金或公积金、各项保险准备金以及未分配的盈余。保险融资的渠道主要包括银行存款、购买有价证券、购买不动产、各种贷款、委托信托公司投资、经管理机构批准的项目及公共投资、各种票据贴现等。保险的资金融通职能，使保险业参与到社会资金的整体循环过程中，在对各种风险进行合理控制的基础上实现保险资金的保值增值，同时为社会经济的繁荣发展作出贡献。

2. 防灾防损职能。保险业是经营风险的行业。保险人作为保险经营者，为了稳定经营，需要分析、预测、评估哪些风险可以作为承保风险，哪些风险可以进行分散，哪些风险不能承保。由于人为因素与风险发生的可能性具有相关性，通过人为的预防措施，可以减少损害的发生。因此，保险又派生出了防灾防损的职能。在发达国家的保险经营活动中，该职能受到广泛重视，保险人通过分析潜在的损害风险，评估保险标的的风险管理计划，提出费用合理的替代方案和采取损害管理措施等风险管理服务来实现保险的防灾防损职能。保险的防灾防损职能，既有社会效益，又具有经济效益。

二、保险的作用

保险的作用是保险职能在履行过程中所发挥出来的经济和社会影响，是保险在实施其职能时所产生的客观效应。在不同的社会发展时期，由于保险所处的经济条件不同，保险职能在人们的实践中表现出来的效果也不一样，所以保险的作用也不尽相同，分别体现为在微观经济中的作用和在宏观经济中的作用。

（一）保险在微观经济中的作用

保险在微观经济中的作用，是指保险对企业、家庭和个人所起的保障作用。主要表现在以下几个方面。

1. 有助于受灾企业及时恢复生产经营。在社会生产过程中，自然灾害和意外事故是客观存在和不可避免的，尤其是重大灾害事故的出现，会破坏企业的资金循环，缩小企业的生产经营规模，甚至中断企业的生产经营过程，使企业蒙受经济损失。但是，如果企业参加了保险，在遭受保险责任范围内的损失时，就能够按照保险合同的约定，从保险公司及时获得赔款，尽快地恢复生产或经营活动。

2. 有助于企业加强自身的经济核算。财务型的风险管理方法之一就是通过保险方式将风险转移给保险公司。如果企业参加了保险，就能够把企业不确定的大额灾害损失转变为固定的少量的保费支出，并摊入企业的生产成本和流通费用，使企业以缴纳保险费为代价，将风险损失转嫁给了保险公司。这样企业就不会因灾害损失而影响经营成本的均衡，既符合企业经营核算制度，又保证了企业财务成果的稳定。如果企业不参加保险，为了不因灾害损失而使生产经营中断、萎缩或破产，企业就需要准备一些风险准备金。这种完全自保型的风险管理财务手段，对绝大多数企业来说，既不经济，难度也很大。

3. 有助于加强企业的风险管理。保险本身就是风险管理方法之一，而保险防灾防损职能的发挥，更促进了企业加强风险管理。保险公司常年与各种灾害事故打交道，积累了较为丰富的风险管理经验，可以帮助投保企业尽可能地消除风险的潜在因素，达到防灾防损的目的。保险公司还可以通过保险费率这一价格杠杆调动企业防灾防损的积极性，共同搞好风险管理工作。尽管保险对自然灾害、意外事故造成的损失进行经济补偿，但是风险一旦发生，就可能造成社会财富的损失，被保险企业也不可能从风险损失中获得额外的利益。因此，加强风险管理符合企业和保险公司的共同利益。

4. 有助于安定人们的生产生活。灾害事故的发生对于个人及家庭而言都是不可避免的。家庭财产保险可以使受灾的家庭恢复原来的物质生活条件；人身保险可以转嫁被保险人的生、老、病、死、残等风险，对家庭的正常生活起到保障作用。也就是说，保险这种方式，可以通过保险人赔偿或给付保险金，帮助被保险人及其关系人重建家园，使获得保险保障的个人及家庭的生活能够保持一种安定的状态。在社会主义条件下，生产的目的是为了最大限度地满足人们日益增长的物质文化生活需要，我国人民的生活水平不断提高，但总体来说水平还不高，劳动保险的覆盖面还比较窄，灾害救济的水平也比较低，只能满足最低生活需要，不足以保障受灾公民恢复原来的生活水平。因此，保险对居民提供的生活保障，是社会救济和社会保险的重要补充。

5. 有助于保证民事赔偿责任的履行，保障受害的第三者的利益。在日常生活及社会活动中，难免发生因致害人等的过错或无过错行为导致受害的第三者遭受财产损失或人身伤亡引起的民事损坏赔偿责任。致害人等可以作为被保险人，将这种责任风险通过责任保险转嫁给保险人。这样，既可以分散被保险人的意外责任风险，又能切实保障受害的第三者的经济利益。

（二）保险在宏观经济中的作用

保险在宏观经济中的作用是指保险功能的发挥对全社会和国民经济总体所产生的经济效应。它具体表现在以下几个方面。

1. 有利于保障社会再生产正常进行。在现代经济社会中，国民经济各部门是相辅相成的，各个经济主体之间存在着千丝万缕的联系。社会再生产过程包括生产、分配、交换和消费四个环节，这四个环节互相联系、互为依存，在时间上继起，在空间上并存。但是，社会再生产过程会因遭遇各种自然灾害和意外事故而被迫中断和失衡。其中任何一个环节的中断和失衡，都将影响整个社会再生产过程的均衡发展，最终会影响整个国民经济的发展，甚至影响世界经济的发展。保险的经济补偿能及时和迅速地对这种中断和失衡发挥修补作用，从而保证社会再生产的连续性和稳定性。

2. 有利于促进社会经济不断发展。在现代化的生产中，企业分工越来越细，计划要求越来越高。大到国家，小到企业，都有自己发展的长远规划和战略目标。这些规划和目标都是根据当年或以前的国民经济情况制定的，很难预料规划实施以后会遇到多大的灾害事故。既有可能发生生产经营中止或缩小，也有可能造成各种间接损失，引起一系列的反应，影响国民经济计划的执行。由于保险具有经济补偿和给付保险金的职能，任何企事业单位，只要平时缴付少量的保险费，一旦发生保险责任范围内的灾害事故，就可以立即得到保险的经济补偿，消除因自然灾害或意外事故造成的经济损失引起的企业生产中断的可能，保证国民经济持续地朝着既定的规划目标发展。

3. 有利于推动科技进步。科学技术对经济发展的促进作用越来越明显，科技进步是经济发展最主要的推动力。采用新技术可以提高企业的劳动生产率，加快产品升级换代，扩大市场份额。而且现代社会的商业竞争也越来越趋向于高新技术的竞争，在商品价值方面，技术附加值的比重也越来越大。但是，对于熟悉了原有技术工艺的经济主体来说，采用新技术和开发新产品会面临很大的风险。保险则可以对采用新技术和开发新产品带来的风险提供保证，促进企业开发新技术、新产品，推动科学技术向现实生产力转化，推动科学技术不断发展。

4. 有利于对外经济贸易发展，增加外汇收入。保险在对外贸易和国际交往中是必不可少的环节。按照国际惯例，进出口贸易都必须办理保险。这样，一方面，如果进出口商品发生保险责任范围内的损失，保险公司可以进行损失补偿，这必然会促进国际贸易的发展；另一方面，对于进出口商品，进出口企业要争取由己方来负责保险，这样可以减少保险外汇的支出；此外，当一国进入世界保险市场参与再保险业务时，也应在保持保险外汇收支平衡的基础上，努力争取保险外汇顺差。

5. 有利于保障社会稳定。保险是一种社会互助共济的经济形式。参加保险，一方面是转移风险，把可能发生的风险转移给保险人；另一方面也帮助了别人。因为参加保险的绝大多数人是为了获得保障，而不是为了赔款。保险确立的是一种人与人之间的互相关心、互相爱护、互相帮助的关系和精神，有助于社会的文明和进步。同时，为了谋求社会福利，国家可通过推行社会保险，达到保障人们的基本生活稳定、促进社会安全的目的。

【拓展阅读】
保险的消极作用

在我国社会主义市场经济条件下，保险表现出来的作用既有积极作用，又有消极作用。这些消极作用可以说是在保险产生以后，社会不得不付出的代价。主要表现在以下几个方面。

1. 产生道德风险，出现保险欺诈。保险产生后，道德风险也随之产生，出现了形形色色的保险欺诈现象。例如，为了获得保险金而杀害被保险人的事件在国外屡有发生。

2. 增大相应的费用支出。一方面，伴随着保险的产生，开设机构、开办业务、雇佣工作人员等，使社会支出中新增加了一笔保险公司的业务费用支出；另一方面，其他职业的工作者借保险之机漫天要价。例如，有的原告律师在重大责任保险案件中，索价高昂，大大超过原告的经济损失，以图在原告多得赔款的同时自己多得诉讼费用。此外，保险欺诈带来的勘察定损乃至侦破费用，事实上也使保险经营成本增大，费用开支增加。

学习任务二
了解保险的分类

【学生任务】

◇ 要求学生通过本任务的学习能够了解掌握保险的分类。

◇ 要求学生通过对保险分类的分析，探讨保险关系的表现极其具体内容。

◇ 要求学生通过将具有相同特征的险种进行归类，能够正确认识和区分不同险种险别的特点。

◇ 要求学生能够根据所学的知识完成课后的综合实训。

【教师任务】

◇ 引导学生从不同的角度对具有相同特征的险种进行归类。

◇ 提示学生完成作业所需要关注的主要知识点：根据不同的分类标准，可以将保险分为哪些不同的类型。

◇ 对学生的作业完成情况进行公正评价并及时跟进，准备回答学生可能提出的问题和异议等。

教学活动 掌握保险的分类

【活动目标】

通过本部分的教学活动，熟练掌握保险根据不同的标准进行的不同分类，理解其真正含义，并可以在保险实务中加以正确应用。

【知识准备】

随着经济的发展和社会的进步，人类风险保障技术日臻成熟，保险产品也不断推陈出新。在当代保险市场上，保险险种已逾百种，科学地对这些险种进行分类，将为人们更好地掌握保险工具并运用于生产和生活提供必要的通道。通过掌握保险的分类方法以及各种类别保险的不同性质和作用，对于保险公司、保险中介机构而言，可以迅速、准确地帮助投保人选择和设计保险产品，提供优质的保险咨询服务，并且对保险人还有宏观地把握保险的险种经营、扩大市场份额的特殊意义；对于保险监督和管理者而言，掌握保险的分类，认识各种保险之间的异同，是进行保险业监管的前提。

【知识链接】
保险分类的基本方法

由于对保险分类的角度和标准不同，保险分类存在较大的差异。这种差异主要表现为保险的理论分类、保险的使用分类和保险的法律分类。

1. 保险的理论分类。它侧重于对保险总体特征的认识和对保险本身运动规律的把握，按保险标的、保险业务、保险的实施方式或保险的经营动机等标准来对保险进行分类。

2. 保险的使用分类。它来自于保险公司的业务实践。保险公司根据自身业务发展的需要，往往按经营业务的重点、业务量、保险公司现有规模或保险市场需求等标准，来对保险进行分类。

3. 保险的法律分类。它与保险的理论分类、实用分类的最主要差别在于，它受限于一国的法律体系，故保险的法律分类因国而异，体现各国对保险业进行宏观管理的目的。我国《保险法》将保险分为财产保险和人身保险两大类。

一、按保险标的的不同划分

到目前为止，国际上按保险标的或保险对象划分业务种类，尚未有一个统一的标准，但各个国家为了便于管理，都在各自管理保险业务的法令或条例中作了不同的规定，归纳起来大致可分为财产保险、人身保险、责任保险和信用保证保险四大类。这也是一种最基本的分类方法。

（一）财产保险

财产保险是以财产及其相关利益为标的的保险。保险人承保各种标的因自然灾害或意外事故造成的物质或其他利益的损失。财产保险标的的内容最为广泛，在非人身保险中除了责任保险和保证保险的标的外，几乎都是财产保险的范畴。财产保险又可分为广义财产保险和狭义财产保险。广义的财产保险包括有形财产保险和无形财产保险，主要有财产损失保险、责任保险、信用保证保险等；狭义的财产保险仅指以物质财富及其利益为保险标的的保险。为了更清楚地说明问题，我们这里所讨论的是狭义的财产保险。

（二）人身保险

人身保险是以人的生命、身体或健康作为保险标的的保险。保险人对被保险人在保险期间内死亡、残疾、疾病等事故，或者在保险期满后不论是否伤亡进行给付保险金。由于人身保险的保险标的的价值无法用货币衡量，因此其保险金额可根据被保险人的经济生活需要和投保人缴纳保险费的能力由保险双方协商确定。人身保险大致可以分为人寿保险、人身意外伤害保险和健康保险三种。

（三）责任保险

责任保险是以被保险人的民事赔偿责任为保险标的的保险，凡是根据法律规定，被保险人因疏忽或过失，造成他人的人身伤害或财产损失应付的经济赔偿责任，由保险人代为赔付。如汽车肇事、船舶碰撞、产品缺陷、医生误诊等原因造成他人的人身伤害或财产损失，车主、船东、产品制造商、医生等责任者应对受害者负经济赔偿责任。通过参加责任保险，他们可以将此类经济赔偿责任转嫁给保险公司，由保险公司进行赔偿。责任保险主要有公众责任保险、产品责任保险、雇主责任保险和职业责任保险。责任保险对保护受害人的经济利益和维护正常的社会秩序有着重要的意义。

（四）信用保证保险

信用保证保险是保险人为被保险人向权利人提供的一种信用担保业务，保险人对权利人因义务人不履行义务或由欺诈犯罪行为而蒙受的经济损失负经济赔偿责任。这实际上是一种担保业务，按担保对象的不同，分为信用保险和保证保险。信用保证保险对促进买卖、借贷、租赁投资等活动和巩固信用关系有积极作用。

二、按保险实施的方式不同划分

按保险实施的方式不同，可将保险划分为强制保险与自愿保险。

（一）强制保险

强制保险又称法定保险，是指国家通过颁布法律或法规规定凡是在规定范围内的单位或个人，不管愿意与否必须参加的保险。强制保险具有全面性与统一性的特点，表现在：凡是在法律规定范围内的保险对象，不论是法人或是自然人，不管是否愿意，都必须依法参加保险。强制保险的实施办法在各个国家不尽一致，有的险种在这个国家属强制保险，而在另一个国家则属于自愿保险。在我国，机动车交通事故责任强制保险（简称交强险）就是一种强制保险。

【拓展阅读】

交强险

机动车交通事故责任强制保险（简称交强险）是我国首个由国家法律规定实行的强制保险制度。《机动车交通事故责任强制保险条例》规定：交强险是由保险公司对被保险机动车发生道路交通事故造成受害人（不包括本车人员和被保险人）的人身伤亡、财产损失，在责任限额内予以赔偿的强制性责任保险。

（二）自愿保险

自愿保险是指在自愿协商的基础上，由投保人与保险人双方当事人在平等互利、等价有偿的原则基础上通过协商，采取自愿方式订立保险合同而建立的保险关系。自愿保险投保人可以自由决定是否投保，向谁投保，是否中途退保，也可以自己选择保险金额、保障范围、保障程度和保险期限等。保险人也有自愿决定是否承保、如何承保的权利。为适应人们的多种需求，保险市场中大多数保险业务一般都采用自愿保险的方式，商业保险基本上都属于自愿保险。

三、按承保风险的不同划分

按承保的风险不同，保险可分为单一风险保险和综合风险保险两种。

（一）单一风险保险

单一风险保险主要是针对某一特定风险而进行承保的保险。例如，水灾保险仅对特大洪水事故承保损失赔偿责任。

（二）综合风险保险

综合风险保险是指对两种或两种以上的可保风险提供保险保障的保险。综合风险承保的责任范围很广，风险具有多样性。例如，我国目前所实行的财产保险，其保险责任包括火灾、洪水、暴风雨等多种自然灾害和意外事故，其责任范围所列明的风险多样、复杂。综合风险保险通常是以基本险加附加险的方式出现的。当前的保险品种基本上都具有综合保险的性质。

四、按业务承保方式的形式不同划分

根据保险业务的承保方式不同，将保险划分为原保险、再保险、重复保险和共同保险。

（一）原保险

原保险是指保险人与投保人之间通过订立保险合同而建立的一种保险关系的保险。在原保险合同关系中，投保人通过缴纳保险费，将保险风险转移给保险人，当保险标的发生责任范围内的损失时，保险人对被保险人进行损失赔偿或保险金给付。

（二）再保险

再保险又称"分保"，是指保险人在原保险合同的基础上，通过签订合同，将其所承保的部分风险和责任转给其他保险人的保险。在再保险业务中，分保合同的双方当事人都是保险人，一方为原保险人（再保险分出人），另一方为再保险人（再保险分入人）。再保险也就是将风险在保险人之间进行转嫁，这种风险转嫁方式是保险人对原始风险的纵向转嫁，即第二次风险转嫁。再保险是原保险的对称，是原保险的进一步延续，也是可保风险的纵向转移和第二次转移。在保险合同的主体、保险标的和保险合同的性质等方面，再保险与原保险存在明显的差别。

（三）重复保险

重复保险是指投保人对同一保险标的、同一保险利益、同一保险事故分别向两个或两个以上的保险人订立保险合同，保险金额总和超过保险价值的一种保险。在这种情况下，若发生保险事故造成保险标的的损失需按一定方法在保险人之间进行赔款的分摊计算。重复保险容易引发道德风险，法律对重复保险的要求和规定也比较严格。《保险法》第四十一条规定，重复保险的保险金额总和超过保险价值的，各保险人的赔偿金额的总和不得超过保险价值。除合同另有规定外，各保险人按照其保险金额总和的比例承担赔偿责任。

（四）共同保险

共同保险简称为"共保"，是由两个或两个以上的保险人联合起来对同一保险标的、同一保险利益、同一可保风险签订一份保险合同的一种保险。在保险损失发生时，各保险人按各自承保的保险金额比例分摊损失。共同保险是对可保风险的横向转移，但仍是第一次转移，这是它与再保险的主要区别。

（五）几种保险方式的比较

1. 再保险与原保险的区别。

（1）合同主体不同。原保险合同主体一方是保险人，另一方是投保人与被保险人；

而再保险合同主体双方均为保险人。

（2）保险标的不同。原保险合同中的保险标的既可以是财产及其利益、责任和信用，也可以是人的身体或生命；再保险合同中的保险标的只能是原保险人承保被保险人的保险合同中的一部分责任。

（3）合同性质不同。原保险合同中的财产保险合同属于补偿性质，人身保险合同属于给付性质；再保险合同全部属于补偿性质，再保险人按合同规定分摊原保险人所支付的赔款或保险金。

2. 共同保险和再保险的区别。在共同保险中，每一个保险人直接面对投保人，风险在各个保险人之间被横向分散；在再保险中，投保人直接面对原保险人，原保险人又与再保险人发生业务关系，投保人与再保险人没有直接的联系，二者通过原保险人发生间接关系，风险在各个保险人之间被纵向分散。

3. 共同保险与重复保险的区别。在共同保险中，几家保险公司事先达成协议，联合起来共同承保，投保人与各保险人之间只有一个保险合同；在重复保险中，投保人与各保险人分别签订保险合同，因而存在多个保险合同。共同保险的保险金额不高于保险价值，而重复保险的保险金额超过保险价值。

五、按保险经营的目的不同划分

按照保险经营的目的分类，可将保险分为政策保险、商业保险和社会保险。

（一）政策保险

政策保险是指政府为了某种政策目的，委托商业保险公司或成立专门政策性保险经营机构，运用商业保险的技术开办的一种保险。如目前我国的出口信用保险就是由专门的出口信用保险公司来经营的。政策性保险的特点主要表现在它的经营政策的优惠性和经营目标的非营利性，以实现政府的某一经济政策或社会政策为目标。实际上，很多国家政府都对政策性保险业务给予补贴。

（二）商业保险

商业保险是以盈利为目的的一种保险，它是指投保人根据合同约定，向保险人支付保险费，保险人对于合同约定的风险事故导致的被保险人的财产损失承担赔偿责任；或当被保险人死亡、伤残、疾病，或者达到合同约定的年龄、期限时承担给付保险金责任。商业保险多数为自愿保险，但也有少量为强制保险。

（三）社会保险

社会保险是一种为丧失劳动能力、暂时失去劳动岗位或因健康原因造成损失的人口提供收入或补偿的一种社会和经济制度。它由政府举办，不以盈利为目的，是国家社会保障制度的最重要组成部分，主要项目包括养老保险、失业保险、工伤保险、生育保险和医疗保险。在现实生活中，有许多风险是商业保险不能解决的，如大规模的失业、贫困化等问题。如果对这些风险不加管理，就会造成社会动荡，直接影响经济发展，所以只能依靠社会保险的办法来解决。社会保险一般都是强制保险。

（四）商业保险与社会保险的区别

1. 在实施方式上，商业保险大多采取自愿原则，只有少数险种（如机动车第三者责任险）是强制性险种；社会保险一般是依据法律或行政法规规定，采取强制方式实施。

2. 在管理方式上，商业保险是由保险公司根据投保方的需要和缴费能力所提供的保险，采用商业化管理方式，经营主体只要符合保险法要求的条件并得到保险监管部门的批准，就可以经营商业保险业务；而社会保险是维持国民基本生活需要的制度，在管理上，要求由权威性的机构进行统一管理。

3. 在经营目的上，商业保险的经营主体在为社会提供丰富保险产品的同时，以盈利作为经营的目的；而社会保险是国家举办的，以社会安定为宗旨，促进社会安定，注重社会效益，不以盈利为经营目的。

4. 在保障程度上，商业保险采取市场经营原则，实行多投多保、少投少保的保障原则，可以提供充分的保障；而社会保险是政府为解决有关社会问题而对国民实行的一种基本经济保障，具有保障国民最基本生活的特点，保障程度低。

5. 在保险费负担上，商业保险的保险费由投保人自己负担；社会保险的保险费一般是由国家、单位和个人三方共同负担。

6. 在保障关系上，商业保险遵循对等原则，被保险人获得的保障取决于投保人为其缴纳的保险费；而社会保险不遵循对等原则，而是有利于低收入阶层，相对于他们缴纳的保险费来说，低收入者获得了更高的保障，这实际上是通过一定方式把高收入者的保障转移给低收入者，从这一点看，社会保险能起到一定的"转移支付"作用。

学习任务三
了解保险的发展

【学生任务】

◇ 要求学生了解海上保险、财产保险和人身保险的起源与发展，了解保险发展的历史经过。

◇ 要求学生了解我国保险业的发展历史。

◇ 要求学生了解现今世界保险业的发展趋势，了解保险的未来。

【教师任务】

◇ 指导学生上网查找有关保险发展历史的相关资料。

◇ 指导学生上网查找有关我国保险发展历史的相关资料。

◇ 指导学生上网查找有关世界保险发展趋势的相关资料。

◇ 将学生所查资料与课本资料结合，对保险业的发展简史及发展趋势进行介绍。

教学活动1 了解保险的起源与发展

【活动目标】

通过本部分的教学活动，了解海上保险、财产保险和人身保险的起源与发展，了解保险发展的历史经过，以加深对保险的理解。

【知识准备】

保险业真正起源于海上保险。从保险发展的历史来看，海上保险早于陆上保险，财产保险先于人身保险。

一、海上保险的起源与发展

海上保险是一种最古老的保险，近代保险业首先是从海上保险发展而来的。

（一）共同海损是海上保险的萌芽

公元前2000年，地中海一带就有了广泛的海上贸易活动。当时由于船舶构造非常简单，航海就成为一种很大的冒险活动。要使船舶在海上遭遇风浪时不致沉没，一种最有效的抢救办法就是抛弃部分货物，以便减轻船舶的载重量。为了使被抛弃的货物能从其他受益方获得补偿，当时的航海商提出了一条共同遵守的原则，即"一人为众，众为一人"。这个原则后来被《罗地安海商法》所采用，并正式规定为："凡因减轻船只载重量而投弃入海的货物如为全体利益而损失的，须由全体分摊归还。"这就是著名的"共同海损分摊原则"，它可以说是海上保险的萌芽。但共同海损是船主与货主分担损失的方法而非保险补偿，对它是否属于海上保险的起源尚有争议。

（二）船货抵押借款是海上保险的雏形

保险界的大多数学者认为"船货抵押借款制度"是海上保险的雏形。公元前800年至公元前700年，船货抵押借款就从古希腊、古罗马传到意大利，在中世纪盛行一时。船货抵押借款又称冒险借贷，它是指船主把船舶或船上的货物作为抵押品向放款人取得航海资金的借款，具体办法是：如果船舶安全完成航行，船主归还贷款，并支付较高的利息；如果船舶中途沉没，债权即告结束，船主不必偿还本金和利息。这种方式的借款实际上是最早形式的海上保险。该借款实际上等于海上保险中预先支付的损失赔偿款，船货抵押借款利息高于一般借款利息，其高出的部分实际上等于海上保险的保险费。此项借款中的借款人、贷款人以及用做抵押的船舶和货物，实质上与海上保险中的被保险人、保险人以及保险标的物相同。船货抵押借款后因利息过高被罗马教皇禁止，后来逐渐改用缴付保费的形式，于是出现了保险契约或保险单，近代保险制度由此诞生。

随着海上贸易中心的转移，海上保险制度也从意大利经葡萄牙、西班牙传入荷兰、英国和德国。在一些经济发展较快的国家和地区，专门从事保险业务的机构也开始出现，如英国皇家交易保险公司和伦敦保险公司等。此外，一些富裕的、有实力的商人也开始独立承保保险业务，迄今已有300多年历史的劳合社，就是由私人保险商组成的。1871年，英国议院通过《劳合社法》后，劳合社向政府注册，取得了法人资格，并且发展成为英国海上保险的中心。迄今，劳合社依然是国际保业中最有影响力的保险组织。继海上保险产生之后，其他各种保险也随着经济发展脱离其原始形态而产生、发展起来。

二、财产保险的起源与发展

继海上保险之后形成的是火灾保险，火灾保险是财产保险的前身，海上保险也包括了火灾保险。最初的火灾保险可以追溯到1118年冰岛成立的互助社，该社对火灾及家畜死亡所致的损失进行赔偿。但真正意义上的火灾保险是在伦敦大火之后发展起来的。1666年9月2日，英国伦敦发生大火，起因是皇家面包店的烘炉过热。大火持续了5天，有13 000栋房屋和90个教堂被烧毁，20万人无家可归，造成了不可估量的财产损失。这场大火促使人们重视火灾保险。次年，一个名叫尼古拉斯·巴蓬的牙科医生独资开办了一家专门承保火灾保险的营业所，开创了私营火灾保险的先例。由于业务发展，他于1680年邀集了3人，筹集4万英镑，设立了一个火灾保险合作组织。巴蓬的火灾保险费率是根据房屋的租金和结构计算的，砖石建筑的费率定位为2%的年房租，木屋的费率为5%。正因为使用了差别费率，巴蓬有"现代保险之父"的称号。

1710年，英国查尔斯·波文创办了伦敦保险人公司，后改为太阳保险公司，开始承保不动产以外的动产保险，是最早的股份公司形式的保险组织，也是英国存在最古老的保险公司之一。美国于1752年由本杰明·富兰克林在费城创办了第一家火灾保险社。到了19世纪，欧美的火灾保险公司如雨后春笋般涌现，承保能力大为提高。如1871年芝加哥一场大火造成1.5亿美元的损失，其中1亿美元是保了险的。至20世纪中期，在世界各国由于火灾保险的保险责任范围的不断扩大，火灾保险逐渐被更名为财产保险。

三、人身保险的起源与发展

人身保险的产生与海上保险的发生是分不开的。15世纪末，随着海上贸易的发展，海上保险逐渐发展起来。当时的奴隶贩子将他们贩运的奴隶作为货物投保海上保险。到了16世纪，又发展承保旅客被海盗绑架而需支付赎金以及船上船员如遇到意外伤害，由保险人给予经济补偿，这些都是人身保险的早期形式。

1689年，法国国王路易十四为了筹集战争经费采用了"佟蒂法"，这是养老年金的起源。由于这种办法不偿还本金，引起了相互残杀，后被禁止。但"佟蒂法"引起了人们对生命统计研究的重视。英国数学家和天文学家埃德蒙·哈雷于1693年根据德国布雷斯劳市1687—1691年的市民按年龄分类的死亡统计资料，编制了一张生命表，为现代人寿保险奠定了数理基础。1762年，辛普森和多德森组织创办的公平保险社正式营业，首次将生命表用于计算人寿保险的费率，从此人寿保险经营开始建立在科学的保险技术基础之上，标志着现代人寿保险的开始。这是在保险基础理论研究方面取得的突破性成果，使后人可以用概率论和数理统计的科学方法经营人寿保险，从而推动了人寿保险向更为广阔的领域发展。

工业革命以后，机器的大量使用以及各种交通工具的发明和推广使人身职业伤亡和意外事故增多，这为广泛开展人身保险业务开辟了市场。加上人身保险带有储蓄性质，年金能够提供养老收入，准备金能用于投资，这又加速了人身保险的发展。如今在西方的人身保险业务中，可以称得上是无险不保，险种无奇不有。如芭蕾舞演员的脚尖保险、唱歌演员的嗓子保险、滑稽演员的酒糟鼻子保险等。

教学活动2　了解我国保险发展简史

【活动目标】

通过本部分的教学活动，了解中国保险业的发展历史，从而对我国保险业的产生与发展有个纵观的了解。

【知识准备】

一、旧中国保险业的发展历史

（一）外商保险公司垄断时期

旧中国的保险业是随着帝国主义势力的入侵而出现的。19世纪初，当中国仍处于闭关自守状态时，已完成工业革命的英国率先用枪炮强行打开了我国门户，其保险商开始抢占中国市场，近代保险制度也随之传入中国。1805年，英国保险商向亚洲扩张，在中国开设了第一家保险机构，称为"谏当保安行"或"广州保险会社"。经过两次鸦片战争，以英国保险商为首的一些帝国主义国家的保险商，凭借一系列强加于我国的不平等条款及其在华特权，进一步在中国增设保险机构。

外商保险公司在中国的出现是帝国主义经济侵略的产物，这些保险公司凭借不平等条款及其在华特权，携其保险经营的技术和雄厚资金，利用买办在中国为所欲为地扩张业务领域，并用各种手段实行垄断经营，长期霸占中国保险市场，攫取了大量的高额利润。到19世纪末，已形成了以上海为中心，以英商为主的外商保险公司垄断中国保险市场的局面。

（二）民族保险业的诞生和兴起

鸦片战争后，外商保险公司对中国保险市场的掠夺，激起了中国人民振兴图强维护民族权利，自办保险的民族意识。一些有识之士，民族资产阶级思想的传播者，如魏源、洪仁轩、郑观应等人，开始把西方的保险知识介绍到国内，并主张创办自己的保险事业，为创建我国的保险业作了舆论准备。

19世纪中叶，外国保险公司在华势力急剧扩张的同时，民族保险业也脱颖而出。1865年5月25日，中国人自己创办的第一家保险公司"义和公司保险行"在上海诞生，它打破了外商保险公司独占我国保险市场的局面，为以后民族保险业的兴起开辟了道路。此后，相继出现的民族保险公司有保险招商局、仁和水险公司、常安保险公司、万安保险公司等。从1865年到1911年中华民国成立之前，华商保险公司已有45家，设在上海的有37家，设在其他城市的有8家。1907年，上海的9家华商保险公司组成历史上第一家中国人自己的保险同业工会组织——"华商火险工会"，用以抗衡洋商的"上海火险协会"，这反映出民族保险业开始迈出联合团结的第一步。

上述情况表明，我国民族保险业在辛亥革命前已兴起和形成。但这一时期的民族保险业的资本和规模都不大，相对于外商保险公司仍处于弱势地位。

（三）民族保险业的发展时期

第一次世界大战期间，由于帝国主义国家忙于战争，暂时放松了对中国的经济侵略，使中国的民族工业有了迅速发展的机会。到1917年，华商火险工会已有会员14家，其中兼营水险的有12家，于是改名为华商水险工会，在1928年又改名为上海保险公会。第一次世界大战结束后，帝国主义卷土重来，又有许多外商来华开设保险公司。当时的保险市场为外商保险公会操纵，保险条款、费率均由外商规定，而且规定不得与华商保险公司共保和分保。后因华商保险公会开展分保业务，自己制定费率，并使用中文保险单，迫使外商保险公会作出了让步，保险单上中英文并列，但在有争议时仍以英文条款为准。

20世纪20年代后期，第一次国内革命战争时期，内地富豪聚集上海，游资充斥，银行为了吸收更多资金，竞相开设保险公司。交通、中南、国华、东莱四家银行合股开办了安平保险公司，四名银行开办了四名保险公司，金城银行独资开办了太平水火保险公司。20世纪30年代是旧中国保险业的鼎盛时期。1931年，以国民党资本为后盾的中国银行开办了中国保险公司。1935年，中央信托局成立了保险部。外商保险公司看到中国保险业阵营不断壮大，不得不改变策略，与华商搞合作经营与分保。但是，大部分中国民族保险公司资金微薄，难以与外商公司竞争，要依靠外商保险公司分保。

（四）抗日战争时期的民族保险业

1937年抗日战争爆发，在上海的中央信托局保险部迁往重庆，几家规模较大的保险公司也把业务重心转移到重庆，有的还在中国香港和新加坡设立分支机构。随着国民党政府迁都重庆，重庆逐渐成为该时期的保险中心。当时重庆有华商保险公司50余家，其中新设立的有20余家。

1941年12月太平洋战争爆发，日军侵入上海租界。英国、美国、法国等国的保险公司纷纷停业。日本便在上海和其他沦陷地区开设保险公司，大部分是人寿保险公司。敌伪政权也开设了一些保险公司。在敌伪统治时期，上海又出现了一些保险公司，但大部分是利用保险吸收的资金进行投机。

抗日战争胜利后，国民党官僚资本保险公司纷纷将其总公司迁往上海，并对日伪保险公司进行了接管，外商保险公司也在上海复业，上海又成为旧中国的保险业中心。在国民党政权行将覆灭之前，经济面临全面崩溃，并发生恶性通货膨胀，保险公司无法正常经营。部分保险公司签发外币保险单，以图保值，大部分华商公司处境艰难，奄奄一息。1949年4月20日，中国人民解放军胜利渡过长江，先后解放了南京和上海，宣告了中国半殖民地保险业的结束。

二、新中国保险事业的创立和发展

中华人民共和国的诞生开创了中国历史的新纪元，从而也揭开了中国保险史的新篇章，使保险事业发展步入社会主义轨道，为社会主义建设事业和人民福利服务。

（一）整顿改造旧的保险业，建立人民保险事业

1949年5月上海解放后，在上海市军管会财政经济接管委员会金融处设立了一个保险组，专门负责接管官僚资金的保险机构和管理私营保险公司。当时共接管了官僚资本

保险机构 21 家，实行监管的有 2 家。对私营保险业施行重新登记，并缴存规定的保险金，经批准后复业。当时复业的华商保险公司有 63 家，外商保险公司有 42 家。与新中国成立前比较，华商保险公司减少了 2/3，外商保险公司减少了 1/3，淘汰了不少投机性保险公司。

其他城市解放后，在原有私营保险公司的基础上，由当地国营银行拨资建立了一些国营或公私合营的保险公司，如哈尔滨的公私合营新华保险公司、沈阳的国营东北保险公司。1949 年 10 月 20 日，中国人民保险公司在北京成立，宣告了新中国统一的保险机构的诞生，从此揭开了中国保险事业崭新的一页。

（二）人民保险事业的蓬勃发展

中国人民保险公司刚成立时主要经营的业务是火灾保险与运输保险，沿海口岸还承保运输兵险，并强调保险必须与防灾相结合。与此同时，对旧的保险制度作了一系列改革，修改了保险单，扩大了保险责任范围，降低了费率和简化了手续。在国民经济恢复时期，中国人民保险公司相继开办了团体和个人人寿保险、国家机关和国有企业财产强制保险、旅客意外伤害保险、物资运输保险和运输工具保险等业务，并试办了农村畜牧保险和棉花收获保险。

进入第一个五年计划后，中国人民保险公司在机构方面作了整顿和精简，并贯彻自愿原则办理农业保险业务，停办了部分强制保险，并在巩固业务的基础上试办了一些新的业务。据统计，1949—1958 年的 10 年内，各种保险费收入总计 16 亿元，共支付赔款 3.8 亿元，上缴国库 5 亿元，积累保险资金 4 亿元，拨付防灾费用 2 300 万元，结余的资金都存入银行作为信贷资金使用。在这一时期里，社会主义保险事业取得了可喜的成就，完成了对私营保险业的社会主义改造任务，在全国范围内建立了比较完整的社会主义保险体系，普遍设立了保险机构，制定了新的规章制度，恢复开办了许多业务，培养了一大批保险干部，并与世界上大部分国家和地区建立了直接或间接的分保关系和货损、船损检验的代理关系。

由于对保险的积极作用认识不足，1958 年 10 月在西安召开的全国财贸工作会议决定停办国内保险业务，对外保险业转入中国人民银行综合国外局办理，编制人数只定为 30 人。

（三）新中国保险事业发展的新阶段

党的十一届三中全会以后，经过拨乱反正，1979 年的人民银行分行行长会议提出恢复国内保险机构和业务。经国务院批准，国内保险业务从 1980 年起开始恢复，这使我国保险事业获得新生。1985 年，党的十二届四中全会把建立各种保险制度提高到"是保证经济体制改革顺利进行取得的成功的重要条件，也是社会安定和国家长治久安的根本大计"的地位，这充分显示了社会主义的中国保险事业有着强大的生命力和广阔的发展前景，各级党政领导也越来越重视和支持保险事业的发展。

1986 年 10 月，交通银行在开业后不久由其上海分行开展保险业务，从而打破了我国保险市场上独家经营保险业务的局面。1992 年，美国友邦保险公司经中国人民银行批准在上海开设分公司，之后，日本的东京海上火灾保险公司经批准也在上海开设了分公司。它标志着我国保险市场迈出了国际化的第一步。1995 年《保险法》的颁布实施，为规范我国保险市场提供了有力的法律依据，也为我国保险市场创造了良好的法律环境。1998 年 11 月 18 日，中国保险监督管理委员会正式成立，中国保险业从此有了独立的监管机构，保险监管开始走向专业化和规范化的道路。2001 年 12 月 11 日，中国成为世界贸易组织的正式成员。中国保险市场也抓住了加入世界贸易组织的契机，迎接世界保险市场的挑战和竞争。

教学活动 3　了解保险业的发展趋势

【活动目标】

通过本部分的教学活动，了解世界保险业的发展趋势，对世界保险业的未来有整体的了解。

【知识准备】

随着世界保险业的迅速发展，保险在国民经济中的地位不断上升，保险调节社会的功能不断增强。纵观现代保险业务发展，大体呈现了如下的发展趋势。

一、保险市场自由化

保险市场自由化是为了适应市场经济的发展，满足投保人或被保险人的客观要求而采取的必要政策。保险市场的自由化主要体现在以下几个方面。

1. 放宽费率管理制。过高的保险费率必然损害被保险人的利益，使保险企业获得不合理的利润。适度地放宽费率管制，对于保险企业的竞争十分有利，除具有地域性的业务仍采用管制费率外，凡是具有国际性的业务，其费率的厘定尽可能自由化。

2. 保险服务自由化。由于民众的保险意识提高，消费者对保险商品的需求在内容和形式上都有很大的变化。保险企业为了满足消费者的保险需求，必须开发新险种，为被保险人服务。这样，必须放宽对保险商品的管制，准许保险企业开辟新的服务领域。

3. 放宽保险公司设立的限制。根据保险业法律的规定，只要符合设立条件的申请者，就让其成立公司，特别是在保险业不发达的国家，增加保险市场的主体，有利于改变保险市场卖方垄断的局面，形成竞争态势。

二、保险业务国际化

国际贸易的不断发展，为保险业创造了许多走向世界的机会。保险业务逐渐趋向世界性，各国之间的差异性不大，因此承保技术如不符合国际标准，将无法参与竞争。随着高科技的发展，保险标的的价值也提高很快，如核电站、卫星、航天飞机等，这些标的是国内保险市场难以独自承担的，必然会在国际市场寻求保障，因此，保险业务日益具有国际性。

三、从业人员专业化

保险是专业性和技术性很强的行业，一般而言，为了在激烈竞争的保险市场上发展业务，增加市场份额，除降低费率外，关键是在承保技术上的创新。所以，保险组织的业务人员必须具有较高的专业技术知识水平。对于保险公司高级管理人员以及核保、理赔和财务人员要经常进行专业训练，保险代理人和保险经纪人要经过专业考试并取得资格后才能开展业务。

四、保险管理现代化

现代社会是信息社会，是在激烈竞争中立于不败之地的关键。对保险展业、理赔、投资中反映出来的大量信息的处理，最有效的是实行计算机管理。在经济发达国家中，使用计算机网络处理保险业务已成为保险业发展和管理业务的重要手段。使用计算机处理业务，既节约了大量人力，又显著提高了工作效率，经济效益十分明显。用计算机处理各种保险赔案，也加快了赔案的处理速度，提高了保险人的信誉，而且还可改善服务质量，增强保险人的业务竞争能力。在硬件改造换代的时候，保险人也应十分注意软件水平的提高，任何现代科学技术都需要人去掌握，世界保险业的发展将对保险人的硬件和软件管理水平提出更高的要求。

保险概述综合实训

【实训目标】

通过本部分实训，使学生能够在理论上和实务中掌握保险的专有名词和基本理论，掌握保险的基本分类，并区分判断一项活动是不是保险，哪些风险保险公司可以承保。

【实训任务】

一、重要名词

保险　可保风险　保险基金　经济补偿　财产保险　人身保险　责任保险　信用保证保险　强制保险　自愿保险　再保险　重复保险　共同保险　政策保险　商业保险社会保险

二、思考讨论

1. 你对保险是怎样认识的？
2. 保险是由哪些要素构成的？
3. 什么是可保风险？可保风险需要具备哪些条件？
4. 保险有何职能和作用？
5. 原保险与再保险有何区别？
6. 共同保险和重复保险有何区别？
7. 我国保险业的发展历史是怎样的？
8. 保险业的发展呈现出哪些趋势？

三、情景模拟

清晰界定保险范畴

【模拟场景】

请根据学习过的知识和案例，判断下列哪些活动属于保险的范畴：

1. 电视机厂保证在 1 年内对电视机的质量负责。
2. 轮胎生产厂家承诺对一种新的充气轮胎在 50 000 公里内的路面故障进行保修。
3. 新住宅建筑商承诺对房屋的结构缺陷保修 10 年。
4. 票据的联合签署人同意在原始债务人无法偿债的情况下偿还贷款。
5. 一大群房主同意共同补偿今年由于火灾引起的房屋损失。
6. 政府规定参加工作的公民退休之后可以得到最低的生活保障金。
7. 政府向受灾地区的灾民进行经济和物质的供应。
8. 居民把资金存入银行到期取得本金及利息。

【实务操作】

根据所学知识深刻理解保险的概念及其本质，正确地把握保险的构成要素，将保险与类似制度进行比较，从而把握保险的特征。所以以上各项活动均不是保险。

【参考文献】

［1］何惠珍：《保险基础》，北京，科学出版社，2010。

［2］兰虹：《保险学基础》（第二版），成都，西南财经大学出版社，2005。

［3］冯展宾：《保险学基础》，北京，电子工业出版社，2010。

［4］刘连生、申河：《保险学教程》，北京，中国金融出版社，2010。

［5］张代军：《保险实务》（第二版），北京，经济科学出版社，2007。

［6］王健康、周灿：《保险学概论》（第 2 版），北京，电子工业出版社，2010。

［7］白广申、迟美华：《保险实务》，大连，大连出版社，2011。

［8］刘淑娥等：《保险基础知识》，北京，清华大学出版社，2008。

［9］池小萍：《保险学案例》，北京，中国财政经济出版社，2008。

［10］郑祎华、孙迎春：《保险业务》，沈阳，辽宁大学出版社，2007。

［11］郑祎华：《保险学基础》，上海，上海财经大学出版社，2008。

［12］中国保险相关网站、《中国保险报》。

保险基本原则

BAOXIAN JIBEN YUANZE

【知识目标】

◇ 保险利益原则的内容和作用

◇ 可保利益的构成条件

◇ 最大诚信原则的主要内容

◇ 违反最大诚信原则的法律责任

◇ 近因原则的内容及认定方法

◇ 损失补偿原则的具体内容

◇ 损失补偿原则派生原则的内容

【能力目标】

◇ 能够运用保险利益原则判定保险合同的效力

◇ 能够将采取最大诚信的原因向客户解释清楚

◇ 能够在保险展业过程中很好地贯彻最大诚信原则

◇ 能够运用近因原则判定保险公司是否承担相应责任

◇ 能够运用损失补偿原则计算赔款金额

◇ 能够在理赔实务中很好地运用代位求偿等派生原则

【引导案例】

保险公司是否应当承担赔偿责任

【案情介绍】

2011 年 1 月 1 日，郭晓仁将其所有的丰田轿车向保险公司投保车辆损失保险和第三者责任保险，保险期限一年，保险金额 30 万元。2011 年 4 月 13 日，被保险人将该车出卖给张晓云并移转占有。买卖合同约定：张晓云当日向郭晓仁支付现金 20 万元，待过户手续办理完毕时再补足余款。

　　由于种种原因张晓云一直未办理车辆过户手续，2011 年 5 月 21 日保险车辆与他车相撞，损失 15 万元。张晓云于是向保险公司提出索赔，保险公司以张晓云不是被保险人为由拒赔。郭晓仁遂以被保险人名义向法院起诉，要求保险公司承担赔偿责任。一审法院认定车辆所有权未发生转移，郭晓仁对车辆具有保险利益，判决保险公司向郭晓仁承担赔偿责任。

【本案分析】

　　上述案例表明：保险的基本原则是保险学理论的核心内容，这些原则不仅是保险学最重要的内容，也是保险实践中必须遵循的原则，许多合同条款甚至法律、法规遗漏的难题，都要依据这些基本原则来解决。本案中郭晓仁具有保险利益，在保险合同有效期内，保险公司应当承担赔偿责任。

学习任务一
保险利益原则

【学生任务】

　　◇ 要求学生课前预习相关内容，搜集相关资料，并结合目前我国保险行业开展业务的实际情况，说明为什么在许多有关保险的诉讼案件当中，保险公司最终不承担赔偿或者给付责任，并就相关问题写出 800 字以上的书面作业。

　　◇ 实训过程中以小组为单位就所研讨问题进行代表性发言，按小组选出若干份作业在班上进行点评；学生间相互评出每一份书面文章的优劣；学生对作业进一步修改后提交教师，以便教师进行评价。

【教师任务】

　　◇ 指导学生上网查找相关资料，例如保险公司经营管理方面的法律法规及其具体案例、保险经营实务的具体案例与规定等；启发学生理解关于保险利益及保险利益原则的意义和作用。

　　◇ 提示学生完成书面文章作业所需要关注的主要知识点。如保险利益的概念、特征，与相近的保险专业名词的区别与联系，保险法规的相关监管规定等。

　　◇ 指导学生分组，在小组内对学生进行不同的分工，对学生书面文章作业完成情况及时跟进，督促其按时完成。

　　◇ 对各小组进行的课堂点评适时指导，对于选出的作业予以及时、客观、公正的评价，准备回答学生有可能提出的异议等。

教学活动 1　掌握保险利益原则的含义

【活动目标】

通过本部分的教学活动，熟练掌握保险利益和保险利益原则，理解其真正含义，并可以在保险实务中加以正确应用。

【知识准备】

一、保险利益的含义

保险利益，也称为可保利益，根据《保险法》第十二条的相关规定，是指在签订和履行保险合同的过程中，投保人对保险标的所具有的法律上承认或者认可的利益。可保利益是指投保人或被保险人对保险标的所具有的法律上承认的经济利益，这种经济利益因保险标的的完好、健在而存在，因保险标的的损毁、伤害而受损。

保险利益体现的是投保人或被保险人与保险标的之间的合法的经济利益关系。例如，某人拥有一套住房，如果房子安全存在，他可以居住，或者出租、出售以获得利益；但是，如果房子损毁，他不仅无法居住，更谈不上出租、出售，经济上显然要遭受到损失。又如，某家庭的主要工资收入者，如果他身体健康，能正常上班工作，他就能为家庭带来一定的经济收入；但是，如果他不幸遭受意外事故而伤残或死亡，则不仅使其家庭减少经济收入，而且由于治疗还要增加其家庭的经济支出。

二、保险利益的构成条件

投保人或被保险人对保险标的所拥有的任何的利益并不是都可以成为保险利益，保险利益的构成必须具备下列条件。

（一）保险利益必须是合法的利益

投保人或被保险人对保险标的的利益必须是法律承认或者认可，并受到法律保护的利益，即在法律上可以主张的利益。违法行为所产生的利益，不能成为保险利益。例如，以盗窃、诈骗、贪污、走私等手段所获取的财物都不能成为保险合同的标的物，由此而产生的利益不能构成保险利益。

（二）保险利益必须是确定的利益

这里确定的利益包括已经确定的利益和能够确定的利益。已经确定的利益指事实上的利益即现有的利益，如投保人已取得财产所有权或使用权而由此享有的利益；能够确定的利益指客观上可以实现的利益即预期利益，如货物运输保险的保险金额可以按货物到达目的地的销售价格确定，其中包括预期利润。又如，果农可对自己种植的果树的未来收获进行投保，这些均为预期利益。预期利益是基于现有利益于未来可能产生的利益，必须具有客观依据，仅凭主观预测、想象可能会获得的利益不能成为保险利益。

（三）保险利益必须是经济上的利益

所谓经济上的利益是指投保人或被保险人对保险标的的利益价值必须能够使用货币衡量，因为保险的目的是为了弥补被保险人因保险标的出险所遭受的经济损失，这种经济损失正是基于当事人对保险标的所拥有的经济利益为前提。如果当事人对保险标的不具有经济利益或者具有的利益不能用货币计量，则保险赔偿金或保险金的给付就无法实现。所以，无法用货币衡量其价值的利益不能成为可保利益。

三、保险利益原则

保险利益原则指的是投保人对保险标的的应当具有的可保利益，如果投保人对保险标的的不具有可保利益，签订的保险合同无效；或者保险合同生效后，投保人或被保险人失去了对保险标的的可保利益，保险合同也随之失效。

可保利益是订立保险合同的前提条件，也是保持保险合同效力的重要条件。无论是财产保险还是人身保险，投保人只有对保险标的的具有可保利益，才有条件或有资格与保险人订立保险合同，否则，签订的保险合同为非法的或无效的合同。而在保险合同生效履行过程中，如果投保人或被保险人失去对保险标的的可保利益，保险合同随之失效。

四、贯彻保险利益原则的意义

（一）作为保险人赔偿或给付保险金的最高限额

保险作为一种经济补偿制度，其宗旨是补偿被保险人因保险标的出险所遭受的经济损失，但不允许被保险人通过保险而获得额外的利益。所以，为了使被保险人既能够得到足够的、充分的补偿，又不会由于保险而获得额外的利益，就必须以投保人或被保险人在保险标的上所具有的经济利益，即可保利益作为保险保障的最高限度。

投保人依据可保利益确定保险金额；保险人在可保利益的限度内支付保险赔款或保险金。可见，可保利益既为投保人取得保险保障，也为保险人的保险补偿提供了客观的依据。否则，保险保障和保险赔偿就无法可依，无章可循，从而也可能使被保险人通过保险而获得额外的利益，这既有悖于损失补偿原则，又容易诱发道德风险和赌博行为。

（二）可以防止道德风险行为的发生

保险赔偿或保险金的给付是以保险标的遭受损失或保险事件的发生为前提条件，如果投保人或被保险人对保险标的的无可保利益，那么该标的受损，对他来说不仅没有遭受损失，相反还可以获得保险赔款，这样就可能诱发投保人或被保险人为谋取保险赔款而故意破坏保险标的的道德风险。反之，如果有可保利益存在，即投保人或被保险人在保险标的上具有经济利益，这种经济利益因保险标的受损而受损，因保险标的的存在而继续享有，这样投保人或被保险人就会关心保险标的的安危，认真做好防损防险工作，使其避免遭受损害。即使有故意行为发生，被保险人充其量也只能获得其原有的利益，因为可保利益是保险保障的最高限度，保险人只是在这个限度内根据实际损失进行赔偿，因此也无利可图。

在人身保险方面，可保利益的存在更为必要，如果投保人可以以任何人的死亡为条件而获取保险金，其道德风险发生的后果是不堪设想的。在保险利益原则的规定下，由于投保人与保险标的之间存在利害关系的制约，投保的目的是为了获得一种经济保障，一般不会诱发道德风险。

（三）可以避免赌博行为的产生

保险和赌博或者博彩在某种程度上具有一定的相似性，就单个保险合同来说，保险与赌博同样决定于偶然事件的发生而获得货币收入或遭受货币损失。从表面上看，保险同赌博相似，都具有射幸因素。如果按5‰的保险费率计算，一年交10元的财产保险费用，其结果或者是发生保险事故而得到2 000元的赔款；或者是保险事故不发生而只交保险费却得不到保险赔款。赌博则要么得到数倍收益，要么输掉全部本金。买彩票也是一样，中彩，可以获得多于本金数倍的货币收入；反之，则连本金都有去无回。

但从实质上看，二者毫无共同之处。保险是基于人类互助共济的精神，千家万户帮一家，通过保险补偿被保险人由于保险风险所造成的经济损失，从而保障社会再生产的顺利进行，保障人民生活的安定。而赌博是基于个人的私利，以图不劳而获，是一种损人利己的行为，与保险"互助共济"的精神是格格不入的。所以，为了使保险区别于赌博，并使其不成为赌博，要求投保人对保险标的必须具有可保利益，被保险人只有在经济利益受损的条件下，才能得到保险赔偿，从而实现保险补偿损失的目的。如果保险不以可保利益存在为前提，则将与赌博无异。

教学活动2　区分不同的保险利益

【活动目标】

通过本部分的教学活动，熟练掌握保险利益和保险利益原则，理解其真正含义，在保险实务中能够正确区分不同险种的保险利益。

【知识准备】

一、财产保险的保险利益

财产保险利益体现的是投保人或被保险人与保险标的之间的经济利益关系，这种经济利益关系在财产保险中来源于投保人对保险标的所拥有的各种权利。

（一）财产所有权

财产所有人对其所拥有的财产具有可保利益，因为如果财产遭受损害，其所有人将蒙受经济损失。如房屋的所有权人可以为房屋投保家庭财产险；货物的所有人可为货物投保运输保险等。

（二）财产经营权、使用权

虽然财产并不为其所有，但由于其对财产拥有经营权或使用权而享有由此而产生的利益及承担相应的责任，所以财产的经营者或使用者对其负责经营或使用的财产具有可保利益。例如，企业的经营者，可以为其经营的财产投保企业财产险。又如租车人在承租期间对其所租用的车辆具有可保利益，因为如果车辆完好，他可根据租车合同的规定使用，以实现其租车的目的。但是，如果车辆受损，其必须对车主赔偿损失。

（三）财产承运权、保管权

财产的承运人或保管人对其负责运输或保管的财产具有可保利益，因为虽然他们不是该财产的所有人，但他们与其具有法律认可的经济利害关系。即承运人如果将货物安全运达目的地，承运人可以向托运人收取运费；如果货物在运输途中遭受损失，则承运人必须对托运人赔偿损失。同样，仓储公司要对受托仓储的货物和商品的安全负责，如果货物在仓储期间受损，仓储公司要对货主承担赔偿责任；反之则可取得保管费收入。

（四）财产抵押权、留置权

抵押和留置都是债权的一种担保，当债权不能获得清偿时，抵押权人或质权人有从抵押或出质的财产价值中优先受偿的权利。抵押人为债务人，抵押权人为债权人。债务人提供给债权人作为抵押担保的财产，虽然并不转移其所有权或占有权，但当债务人不能依约偿还借款时，债权人有权处理抵押财产，从中受偿。所以，抵押权人对抵押财产具有经济上的利害关系，即可保利益。留置与抵押的区别是债权人在债权受偿之前拥有对债务人作为清偿债务担保的财产的占有权，即留置权。当债务人不能依约偿还债务时，留置权人同样有权处理留置的财产，因而也具有可保利益。

财产保险不仅要求投保人在投保时对保险标的具有可保利益，而且要求可保利益在保险有效期内始终存在，特别在发生保险事故时，被保险人对保险标的必须具有可保利益。如果投保人或被保险人在订立保险合同时具有可保利益，但在保险合同履行过程中失去了可保利益，则保险合同随之失效，保险人不承担经济赔偿责任。但根据国际惯例，在海上保险中对可保利益的要求有所例外，即不要求投保人在订立保险合同时具有可保利益，只要求被保险人在保险标的遭受损失时，必须具有可保利益，否则就不能取得保险赔偿。如英国1906年《海上保险法》第六条第一款规定："被保险人在保险合同生效时，对保险标的可以不具有利害关系，但是，在保险标的发生损失时，被保险人对保险标的必须具有利害关系。"这是由于海上保险的利益方比较多，经济关系复杂，保险合同经常随物权的转移而转让，保险标的不受被保险人所控制。而财产保险的目的是补偿被保险人所遭受的经济损失，所以海上保险只要求被保险人在保险标的受损时具有可保利益即可。

财产保险可保利益价值的确定是依据保险标的的实际价值，也就是说，保险标的的实际价值即为投保人对保险标的所具有的可保利益的价值。投保人只能根据保险标的的实际价值投保，在保险标的实际价值的限度内确定保险金额，如果保险金额超过保险标的的实际价值，超过部分无效。我国《保险法》第五十五条规定："保险金额不得超过保险价值。超过保险价值的，超过部分无效，保险人应当退还相应的保险费。"

二、人身保险的保险利益

人身保险的保险利益来源于投保人与被保险人之间所具有的各种利害关系，国际上对人身保险的保险利益的产生依据有两种原则，利益主义原则和同意主义原则，我国采用的是利益和同意相结合的原则。

（一）人身关系

人身关系指投保人以自己的生命和身体作为保险标的。任何人对自己的生命和身体都具有最大的利害关系，因而具有可保利益。

（二）亲属关系

亲属关系指投保人的配偶、子女、父母等家庭成员，由于家庭成员之间具有婚姻、血缘、抚养和赡养关系，从而也具有经济上的利害关系，所以投保人对其家庭成员具有可保利益。

（三）雇佣关系

由于企业或雇主与其雇员之间具有经济利益关系，因而，企业或雇主对其雇员具有可保利益。所以，企业或雇主可以作为投保人为其雇员订立人身保险合同。

（四）债权债务关系

由于债权人债权的实现有赖于债务人依约履行义务，债务人的生死存亡，关系到债权人的切身利益，所以，债权人对债务人具有可保利益。但债权人的生死安危与债务人并无利害关系，不影响债务人债务的履行，因此债务人对债权人无可保利益。

对于人身保险可保利益的来源，特别是当投保人为他人投保人身保险时，可保利益的确定要依据本国的法律，因为各国对人身保险可保利益的立法有所不同。如英美法系的国家基本上采取"利益主义原则"，即以投保人与被保险人之间是否存在金钱上的利害关系或其他私人之间的利害关系为判断依据，有利害关系则有可保利益。而大陆法系的国家大多采取"同意主义原则"，即不论投保人与被保险人之间有无利害关系，只要取得被保险人的同意，就视为具有可保利益。还有一些国家采取"利益和同意相结合的原则"，即投保人与被保险人之间具有经济上的利害关系或其他利害关系有可保利益；而投保人与被保险人之间没有利害关系，但征得被保险人同意也具有可保利益。我国保险立法和实务基本上是实行"利益和同意相结合的原则"。我国《保险法》第三十一条第一款规定："投保人对下列人员具有保险利益：（1）本人；（2）配偶、子女、父母；（3）前项以外与投保人有抚养、赡养或者扶养关系的家庭其他成员、近亲属。"第三十一条第二款规定："除前款规定外，被保险人同意投保人为其订立合同的，视为投保人对被保险人具有保险利益。"

人身保险则着重强调投保人在订立保险合同时对被保险人必须具有可保利益，保险合同生效后，就不再追究投保人对被保险人的可保利益问题，法律允许人身保险合同的可保利益发生变化，合同的效力仍然保持。这是因为人身保险合同生效后，保险合同为被保险人或受益人的利益而存在，而非投保人，即当保险事故或保险事件发生时，只有被保险人或受益人有权领取保险金，享受保险合同规定的利益。所以人身保险合同生效后强调投保人对被保险人的可保利益毫无意义。而且法律规定受益人必须由被保险人指定，如果由于受益人的故意行为致使被保险人受到伤害，受益人则丧失受益权。这就能够有效地防范受益人谋财害命，从而保障被保险人的人身安全和利益。

此外，人身保险具有储蓄的性质，被保险人或受益人所领取的保险金相当部分是投保人或被保险人所缴纳的保险费和利息的积累。所以，人身保险的可保利益只要求在投保时存在。人身保险由于保险标的是人的生命或身体，是无法估价的，因而其可保利益也无法以货币计量。所以，人身保险金额的确定是依据被保险人的需要与支付保险费的能力。

学习任务二
最大诚信原则

【学生任务】

◇ 要求学生课前预习相关内容，结合已经学过的保险利益原则来理解最大诚信原则的相关内容，能够用自己的语言来简单描述最大诚信原则与相近保险概念的联系、区别及其作用。

◇ 要求学生扩大课外阅读，掌握行业发展的前沿趋势，结合本部分内容，说明为什么人身保险业务和财产保险业务都要遵守最大诚信原则，根据自身理解在课堂提问中口头表达。

◇ 将学生随机分组，按小组选出典型回答在课堂上进行点评，学生间相互评出每一口头表达情况的优劣，教师进行综合评价。

【教师任务】

◇ 提示学生完成口头表达所需要关注的主要知识点。如最大诚信原则的概念、内容，与相近的保险专业名词的区别与联系，保险相关业务的国际惯例等。

◇ 指导学生分组，在小组内对学生进行不同的分工，对学生口头表达作业完成情况及时跟进。

◇ 对各小组进行的课堂点评适时指导，对于选出的作业予以及时、客观、公正的评价，准备回答学生有可能提出的异议等。

教学活动1 掌握最大诚信原则的含义

【活动目标】

通过本部分的教学活动，熟练掌握最大诚信原则，理解其真正含义，并可以在保险实务中加以正确应用。

【知识准备】

一、最大诚信原则的含义

诚实信用是世界各国立法对民事、商事活动的基本要求，也是保险活动应当遵循的基本原则。诚信就是诚实和恪守信用，诚实是指一方当事人对另一方当事人不得隐瞒、欺骗；恪守信用是指任何一方当事人都必须善意地、全面地履行自己的义务。保险合同关系属于民商事法律关系，自然也必须遵守诚信的原则。但是，在保险活动中对当事人诚信的要求要比一般民事活动更为严格，要求当事人具有"最大诚信"，这主要源于海上保险。

因为在海上保险中，投保的船舶和货物往往远离保险人，保险人无法对投保的财产作实地查勘，只能根据投保人的陈述来决定是否承保及以什么条件承保。因此，投保人的陈述是否正确属实，对于保险人是至关重要的，由此确定了最大诚信原则。例如英国1906 年《海上保险法》第十七条规定："海上保险合同是建立在最大诚信原则基础上的合同，如果任何一方不遵守这一原则，另一方可以宣告合同无效。"以后这一原则被运用于各种保险，成为保险的基本原则之一。

最大诚信原则的基本含义是：保险双方在签订和履行保险合同时，必须以最大的诚意，履行自己应尽的义务，互不欺骗和隐瞒，恪守合同的认定与承诺，否则保险合同无效。最大诚信原则从产生至今已经有两个多世纪，成为保险业的基本准则，特别是在海上保险合同中要求的更加严格、更加具体。

二、确定最大诚信原则的原因

（一）坚持最大诚信原则是为了确保保险合同的顺利履行，维护保险双方当事人的利益

从理论上说，该原则适用于保险双方当事人。但是，在实践中，更多的是体现在对投保人或被保险人的要求。这是因为投保人或被保险人对保险标的的情况最为了解，其之所以要求投保，就是意识到危险的存在，欲把标的的危险转嫁给保险人。而对保险人来说，由于保险标的的广泛性和复杂性，对保险标的具体情况除了调查所得以外，了解甚少，主要是根据投保人的陈述来决定是否承保、如何承保以及适用的费率。如果投保人陈述不实或有意欺骗，将会误导保险人作出错误的决策，从而损害保险人的利益，所以特别要求投保人或被保险人遵守最大诚信原则。

（二）保险合同的规范性和附合性决定了保险人也必须遵循最大诚信原则

至于对保险人诚信的要求主要是通过保险业法和政府的监管来实现。因为各国保险立法对保险企业的设立、业务范围、保险单的内容、保险费率的制定、偿付能力、准备金的提存以及破产清算等都作了严格的规定；同时，政府还成立专门的监管机构对保险企业日常的经营活动进行监督和管理，确保保险人规范、稳健经营，从法律上和制度上对保险人履行最大诚信原则提供了保证。

三、最大诚信原则的主要内容

最大诚信的主要内容包括告知与陈述、保证、弃权与禁止反言。早期的保险合同及有关法律规定中的告知与保证是对投保人与被保险人的约束，现代保险合同及有关法律规定中的告知与保证是对投保人、保险人等保险合同关系人的共同约束，弃权与禁止反言的规定重要是约束保险人的。

（一）告知与陈述

告知也称披露，是指投保人在签订保险合同时，应该将其知道的或推定应该知道的有关保险标的物的重要事实如实向保险人进行说明。陈述不同于告知，具体指在洽谈签约过程中，投保人对于保险人提出的问题进行的如实答复。我国《保险法》第十七条第

一款规定："订立保险合同，采用保险人提供的格式条款的，保险人向投保人提供的投保单应当附格式条款，保险人应当向投保人说明合同的内容。"

告知义务是指在保险合同订立过程中，当事人依法应将与合同订立有关的重要事实如实向对方陈述或说明的义务。如有关投保人和被保险人的详细情况，有关保险标的的详细情况，危险因素及危险增加的情况，以往损失赔付情况，以往遭到其他保险人拒绝承保的事实等。我国《保险法》第十七条第一款规定的告知义务的履行期限是"订立保险合同"，即保险合同订立过程中，保险合同成立之前，也就是从申请订立合同开始至合同正式成立结束。

告知的内容仅限于与保险标的或被保险人有关的一切重要事实。根据我国《保险法》第十六条规定，可以把"重要事实"定义为"足以影响保险人决定是否同意承保或者提高保险费率的事实"。如人身保险中被保险人的年龄、性别、健康状况、既往病史、职业等如实告知保险人；将财产保险中保险标的的价值、品质、风险状况等如实告知保险人。

告知包括口头和书面的陈述。告知的形式，在国际上主要有两种：

1. 无限告知。即法律对告知的内容没有作具体的规定，只要是事实上与保险标的的危险状况有关的任何重要事实，投保人都有义务告知保险人，就是前述所说的告知。

2. 有限告知。也称为询问回答告知，即投保人对保险人询问的问题必须如实告知，对询问以外的问题，投保人无须告知，就是前述所说的陈述。

无限告知对投保人的要求比较高，法国、比利时以及英美法系国家的保险立法均采用无限告知的形式。但大多数国家的保险立法是采用询问告知的有限告知形式，我国也是采用这一形式。告知不仅要求投保人或被保险人在订立保险合同时把有关保险标的的重要事实告知保险人，而且要求在保险合同有效期内，若保险标的的危险情况发生变化，也应及时告知保险人；如果有重复保险，要告知保险人；在保险标的所有权发生转让时，要告知保险人；在保险事故发生后向保险人索赔时，应如实申报保险标的受损情况，提供各项有关损失的真实资料和证明。对于保险人而言，在订立保险合同时应当主动向投保人说明合同条款的内容，特别是明确说明责任免除条款；在保险事故发生或在合同约定的条件满足后，应当按合同的约定履行赔偿或给付义务。

（二）保证

所谓保证是指保险人要求投保人或被保险人对某一事项的作为或不作为，某种事态的存在或不存在作出允诺。保证是最大诚信原则的另一项重要内容。保证是保险人签发保险单或承担保险责任所需投保人或被保险人履行某种义务的条件，其目的在于控制危险，确保保险标的及其周围环境处于良好的状态中。

保证的内容属于保险合同的重要条款之一，保证可以分为以下几种：

1. 根据保证事项是否已存在可分为确认保证与承诺保证。

（1）确认保证。是投保人或被保险人对过去或现在某一特定事实的存在或不存在的保证。确认保证是要求对过去或投保当时的事实作出如实的陈述，而不是对该事实以后的发展情况作保证。例如投保人身保险时，投保人保证被保险人在过去和投保当时健康状况良好，但不保证今后也一定如此。

（2）承诺保证。是投保人对将来某一事项的作为或不作为的保证，即对该事项今后的发展作保证。例如投保家庭财产保险时，投保人或被保险人保证不在家中放置危险品；投保家庭财产盗窃险，保证家中无人时，门窗一定要关好、上锁。这些都属于承诺保证。

【知识链接】
英国的保证制度

英国确立保证制度的原因主要在于18世纪晚期通信很不发达。例如，被保险人保证船舶将在某天起航，而被保险人没有遵守这一承诺。这一情况很难甚至不可能通知保险人。保险人作出是否承保以及保费多少的决定主要依赖被保险人当初的承诺，因而被保险人就特定事件的承诺对保险人非常重要。如果被保险人未履行承诺，即使由于被保险人不能控制的原因，承保风险也已经发生变化，保险人面临一个与其同意承保的风险根本不同的风险。再者，那时，当保险人确定风险范围时，比现在更加依赖被保险人的承诺，因为它很难获得保险船舶或被保险人的资讯。总之，要求被保险人严格遵守保证，是为了使保险人在无法直接控制船舶和货物，极难评估风险的情况下，将承保风险限定在合同订立时预期的范围内，不改变合同订立及履行的基础。例如，某船的船长进行走私活动，船东知道这一情况并未加以制止，后来该船在某国被扣留。由于船东（即被保险人）违反合法航行的默示保证，自走私开始时保险合同就已无效，保险人对船舶被扣的损失不负责任。

2. 根据保证存在的形式可分为明示保证与默示保证。

（1）明示保证。是将保证的内容以文字或书面的形式载明于保险合同中，成为保险合同的条款。例如我国机动车辆保险条款"被保险人必须对保险车辆妥善保管、使用、保养，使之处于正常技术状态"即为明示保证。明示保证是保证的重要表现形式。

（2）默示保证。是指保证的内容在保险合同中并未载明，但却为订约双方在订约时都非常清楚的一些重要事项。与明示保证不同，默示保证不通过文字来说明，而是根据有关的法律、惯例及行业习惯来决定，默示保证与明示保证具有同等的法律效力，对被保险人具有同等的约束力。默示保证在海上保险中运用比较多，如海上保险中常见的默示保证有三项：①参加保险的船舶必须有适航能力；②船舶要按预定的或习惯的航线航行；③船舶必须从事合法的运输业务。

【拓展阅读】
保证与告知

保证与告知都是对投保人或被保险人诚信的要求，但二者还是有区别的。对此英国著名的大法官曼斯菲尔德是这样解释的："告知与保证不同，告知仅须实质上正确即可，而保证必须严格遵守。例如，被保险船舶保证于8月1日开航，而延迟至8月2日才解缆，这即为违反保证条款。"可见，告知强调的是诚实，对有关保险标的的重要事实如实申报；而保证则强调守信，恪守诺言，言行一致，许诺的事项与事实一致。所以，保证对投保人或被保险人的要求比告知更为严格。此外，告知的目的在于使保险人能够正确估计其所承担的危险；而保证则在于控制危险。

（三）弃权与禁止反言

弃权是指保险合同一方当事人放弃他在保险合同中可以主张的某种权利，通常是指保险人放弃合同解除权与抗辩权。禁止反言是指保险合同一方既然已放弃他在合同中的某种权利，将来不得再向他方主张这种权利，保险实践中，它主要用于约束保险人。禁止反言的基本功能是要防止欺诈行为，以维护公平、公正，促成双方当事人之间本应达到的结果；在保险合同中，只要订立合同时，保险人放弃了某种权利，合同成立后便不能反悔，至于投保人是否了解事实真相在所不问。

事实上，无论保险人还是投保人，如果任意弃权可以主张的某种权利，将来都不能反悔，但从保险实践看，这一规定主要约束保险人。关于弃权与禁止反言的问题，往往涉及保险人、代理人和投保人三者之间的关系。保险代理人为谋取多收入代理费，往往对保险标的或投保人的声明事项不作严格审核，而以保险人的名义向投保人作出承诺，签发保险单，并收取保险费。一旦合同生效以后，发现投保人违背了保险条件，就产生了弃权行为。因为保险代理人本可以拒保，或附加条件承保。从保险代理关系上讲，保险代理人是以保险人的名义进行代理行为，这可视为保险人的弃权行为。保险人不能解除保险代理人已接受的不符合保险条件的保险单，即所谓禁止反言。例如，某企业为职工投保团体人身保险，在提交的被保险人名单上，已注明某被保险人因肝癌病休两个月，但因代理人未严格审查，办理了承保手续，签发了保单，日后该被保险人因肝癌死亡，保险人不能因该被保险人不符合投保条件而拒付保险金。

教学活动2　掌握最大诚信原则的适用

【活动目标】

通过本部分的教学活动，熟练掌握最大诚信原则，理解其真正含义，并可以在保险实务中加以正确应用，了解违反最大诚信原则的法律后果。

【知识准备】

一、告知的违反及其法律后果

（一）投保人或被保险人违反告知义务的情形

1. 漏报。投保人一方由于疏忽对某些事项未予申报，或者对重要事实误认为不重要而遗漏申报。

2. 误告。指由于对重要事实认识的局限，包括不知道、了解不全面或不准确而导致误告，但并非故意欺骗。

3. 隐瞒。即投保人明知某些事实会影响保险人承保的决定或承保的条件而故意不告知。

4. 欺诈。即投保人一方怀有不良的企图，捏造事实，弄虚作假，故意作不实告知。

（二）各国法律对违反告知义务的处分

对于以上违反告知的行为，不管投保人或被保险人的动机如何，都会给保险人的利益带来不同程度的损害。因此，各国法律原则上都规定，只要投保人或被保险人违反告知义务，保险人有权宣告保险合同无效或不承担赔偿责任。

1. 投保人过失不履行如实告知义务的法律责任。如果投保人违反告知义务的行为是因过失、疏忽而致，即前述的漏报和误告，保险人有权解除保险合同，对在合同解除之前发生保险事故所致的损失，不承担赔偿或给付责任，但可以退还保险费。我国《保险法》第十六条第五款规定："投保人因重大过失未履行如实告知义务，对保险事故的发生有严重影响的，保险人对于合同解除前发生的保险事故，不承担赔偿或者给付保险金的责任，但应当退还保险费。"

2. 投保人故意不履行如实告知义务的法律责任。如果投保人故意隐瞒事实或者欺诈，不履行告知义务，保险人有权解除保险合同，若在保险人解约之前发生保险事故造成保险标的物损失，保险人不承担赔偿或给付责任，同时也不退还保险费。我国《保险法》第十六条第二款规定："投保人故意或者因重大过失未履行前款规定的如实告知义务，足以影响保险人决定是否同意承保或者提高保险费率的，保险人有权解除合同。"第四款规定："投保人故意不履行如实告知义务的，保险人对于保险合同解除前发生的保险事故，不承担赔偿或者给付保险金的责任，并不退还保险费。"

3. 投保方未就保险标的物危险程度增加的情况通知保险人的法律责任。这是针对财产保险而言的，当财产保险的保险标的物危险增加时，被保险人应及时通知保险人，保险人有权要求增加保险费，或者保险人有权解除合同。但是，若被保险人未及时通知保险人，对危险程度增加而导致的保险事故，保险人可以不承担赔偿责任。我国《保险法》第五十二条第一款规定："在合同有效期内，保险标的的危险程度显著增加的，被保险人应当按照合同约定及时通知保险人，保险人可以按照合同约定增加保险费或者解除合同。"第二款规定："被保险人未履行前款规定的通知义务的，因保险标的的危险程度显著增加而发生的保险事故，保险人不承担赔偿保险金的责任。"

4. 投保人或被保险人谎称发生了保险事故的法律责任。投保人或被保险人在未发生保险事故的情况下，谎称发生了保险事故，向保险人提出赔偿或者给付保险金的请求的，保险人有权解除保险合同，并不退还保险费。我国《保险法》第二十七条第一款规定："未发生保险事故，被保险人或者受益人谎称发生了保险事故，向保险人提出赔偿或者给付保险金请求的，保险人有权解除保险合同，并不退还保险费。"此种情况就是实务中常说的骗赔，有可能涉嫌违法犯罪，可能要承担相应的刑事责任。

（三）保险人违反告知义务的情形及处理

1. 保险人在订立保险合同时未履行免责条款说明义务的法律责任。保险人在订立保险合同时未履行责任免除条款的明确说明义务，该责任免除条款无效。我国《保险法》第十七条第二款规定："对保险合同中免除保险人责任的条款，保险人在订立合同时应当在投保单、保险单或者其他保险凭证上作出足以引起投保人注意的提示，并对该条款的内容以书面或者口头形式向投保人作出明确说明，未作提示或者明确说明的，该条款不产生效力。"

2. 保险人在保险业务活动中违法经营的法律责任。保险人在保险业务活动中隐瞒与保险合同有关的重要情况，欺骗投保方，或者拒不履行保险赔偿义务，或者阻碍投保方履行如实告知义务，或者诱导投保方不履行如实告知义务，构成犯罪的，依法追究刑事责任。不构成犯罪的，由金融监管部门对保险公司处以 1 万元以上 5 万元以下的罚款，对有关工作人员给予处分，并处以 1 万元以下的罚款。

3. 保险人在保险业务活动中不正当竞争的法律责任。保险人在签订保险合同的过程中，承诺向投保人、被保险人或者受益人给予非法的保险费回扣或者其他利益的，由金融监督管理部门责令改正，对保险公司处以 1 万元以上 5 万元以下的罚款。

二、保证的违反及其法律后果

无论是明示保证还是默示保证，保险活动中约定的保证事项均为重要事项，它是订立保险合同的条件和基础，因而各国立法对投保人或被保险人遵守保证事项的要求极为严格。凡是投保人或被保险人违反保证，不论其是否有过失，也不论是否对保险人造成损害，保险合同即告失效，或保险人拒绝赔偿损失或给付保险金，而且除人寿保险外，保险人一般不退还保险费。

对于下列几种情况，保险人不得以被保险人破坏保证为由主张保险合同无效或者解除保险合同：

1. 因客观环境变化致使被保险人无法履行保证事项；

2. 因国家法律、法令、行政规定等变更，致使被保险人不能履行保险事项，或履行保证事项导致违法；

3. 投保人或被保险人破坏保证是保险人事先弃权所致，或保险人发现破坏保证行为仍保持沉默，也视为弃权。

【案例分析】
保险公司是否承担赔偿责任

【案情介绍】

某市商业银行向保险公司投保火险附加盗窃险，在投保单上写明每天 24 小时行警值班。保险公司予以承保并以此作为减少保险费的条件。后来银行被盗，丢失电脑等设备，遂向保险公司提出赔偿要求。保险公司经调查得知被盗那天有半小时行警不在岗。请问：保险公司是否承担赔偿责任？

【本案分析】

最大诚信原则中的保证对投保人遵守保证事项的要求极为严格，只要违反保证条款，不论这种违反是否对保险人造成损害，也不论与保险事故的发生是否有因果关系，保险人均可解除合同，不承担赔付责任。在上述案例中，银行在投保时保证 24 小时有行警值班，但被盗那天有半小时行警不在岗，无论失窃是否发生在这半小时内，保险公司都不承担赔偿责任。

学习任务三
近因原则

【学生任务】

◇ 要求学生课前预习相关内容，结合已经学过的保险利益原则、最大诚信原则来理解近因原则的相关内容，能够用自己的语言来简单描述近因原则与相近保险概念的联系、区别及其作用。

◇ 要求学生扩大课外阅读，掌握行业发展的前沿趋势，结合本部分内容，说明为什么在许多人身保险业务和财产保险业务中发生了保险保障范围内的事故，而保险公司却不承担相应的责任，根据自身理解在课堂提问中口头表达。

◇ 将学生随机分组，按小组选出典型回答在课堂上进行点评，学生间相互评出每一口头表达情况的优劣，教师进行综合评价。

【教师任务】

◇ 提示学生完成口头表达所需要关注的主要知识点。如近因原则的概念、内容，与相近的保险专业名词的区别与联系，保险相关业务的国际惯例等内容。

◇ 指导学生分组，在小组内对学生进行不同的分工，对学生口头表达作业完成情况及时跟进。

◇ 对各小组进行的课堂点评适时指导，对于选出的作业予以及时、客观、公正的评价，准备回答学生有可能提出的异议等。

教学活动　掌握近因原则的含义

【活动目标】

通过本部分的教学活动，熟练掌握近因原则；理解其真正含义，并可以在保险实务中加以正确应用。

【知识准备】

一、近因原则的含义

当保险标的遭受损害时，被保险人能否得到保险赔偿或取得保险金，取决于导致损害事故发生的原因是否属于保险责任。若属于保险责任，保险人责无旁贷必须承担损失赔偿或给付保险金；若是除外责任，保险人就可以免责。但是，在保险实践中，保险标的的损害并不总是由单一的原因造成的，致使损害发生的原因经常是错综复杂的，其表现形式也是多种多样，有的是同时发生，有的是不间断地连续发生，有的则是时断时续地发生，而且这些原因有的属于保险责任，有的不属于保险责任，对于这些因果关系复杂的索赔案件，保险人应如何判定责任归属呢？这就要根据近因原则。

所谓近因，是一种能动有效的近因，不是指在时间或空间上与损失结果最为接近的原因，而是指促成损失结果的最为直接、最为有效或是起决定作用的原因。反之，引起保险标的物损失的间接的、不起决定作用的因素，称为远因。

导致保险标的损失发生的近因，如果是属于保险责任范围内的，保险人就应承担赔偿损失或者给付保险金的责任；如果不属于保险责任范围的，保险人就不承担相应的责任，这就是所谓的近因原则。

英国1906年《海上保险法》第五十五条第一款规定："依照本法规定，除保险单另有约定外，保险人对于由所承保的危险近因造成的损失，负赔偿责任，但对于不是由所承保的危险近因造成的损失，概不负责。"近因原则是保险理赔中必须遵循的重要原则。坚持近因原则，有利于正确、合理地判定损害事故的责任归属，从而有利于维护保险双方当事人的合法权益。

二、近因的确定方法

损失与近因存在着逻辑上直接的因果关系，因而，要确定近因和损失的因果关系。确定因果关系的基本方法有以下几种。

（一）顺序法

按照事件发展的逻辑顺序从原因推断结果，即从事件链上的最初事件出发，按逻辑关系推断下一个可能的事件，若事件链是连续的，初始事件依次引起下一事件，直至最终事件损失发生，那么最初事件就是最终事件的近因。假如事件链是间断的，在这一过程的某一个阶段，事件链上的两个环节之间没有明显的联系，则损失的近因肯定是另外某一原因。

（二）逆序法

按照事件发展的逻辑顺序从结果推断原因，也就是说从损失的结果出发，按逻辑关系自后往前推，在每一个阶段上按照"为什么这一事件发生"的思考找出前一事件。假如追溯到最初事件，事件链之间相互联系，则最初事件为近因。如果中间有间断，新介入的事件成为近因。

三、近因原则的应用

从理论上来说，近因原则比较简单，但在实践中要从错综复杂的众多原因中找出近因则有相当的难度。而近因的判定正确与否，关系到保险双方当事人的切身利益。那么如何确定损失近因？由于在保险实务中，致损的原因是各种各样的，因此如何确定损失近因，要根据具体的情况作具体的分析。

（一）单一原因致损近因的判定

单一原因致损，即造成损失的原因只有一个，则该原因就为近因。如果该近因属于保险责任范围，保险人就应履行赔偿责任；反之，不负赔偿责任。例如，货物在运输途中遭受雨淋而受损，如果被保险人在水渍险的基础上加保淡水雨淋险，保险人应负赔偿责任；如果被保险人只投保水渍险，则保险人免责。

（二）多种原因同时致损近因的判定

如果多种原因同时致损，即各原因发生无先后之分，且对损害结果的形成都有直接与实质的影响效果，则原则上它们都是损失的近因。若多种原因都属保险责任，对其所致的损失，保险人必须承担赔偿责任；若都为除外责任，保险人不负赔偿责任。若多种原因中既有保险责任，又有除外责任，如果它们所导致的损失能够分清，保险人则对承保的危险所造成的损失予以负责；如果保险危险与除外危险所导致的损失无法分清，此种情形在理论上有两种处理意见：一种是主张损失由保险人与被保险人平均分摊，另一种是主张保险人可以完全不负赔偿责任。

（三）多种原因连续发生致损近因的判定

连续发生的多种原因，即各原因依次发生，持续不断，且具有前因后果的关系。若损失是由两个以上的原因所造成，且各原因之间的因果关系未中断的情况下，其最先发生并造成一连串事故的原因为近因。如果该近因为保险责任，保险人应负责赔偿损失；反之不负责。例如，敌机投弹引起火灾，造成保险财产的损失。虽然保险财产的损失是由火灾引起的，但火灾是敌机投弹的结果，所以，敌机投弹是保险财产损失的近因，而敌机投弹属战争行为，不属于火灾保险的责任范围，因此，保险人不予赔付。又如，包装食品投保水渍险，在运输途中海水渍湿外包装，致使食品受潮而发生霉变损失。虽然食品损失的直接原因是霉变，而霉变不属于水渍险的责任范围，但霉变却是海水渍湿外包装使水汽侵入食品造成的结果，所以近因是海水渍湿，因此，保险人应承担赔偿责任。

（四）多种原因间断发生致损近因的判定

在一连串连续发生的原因中，有一项新的独立的原因介入，导致损失。若新的独立的原因为被保风险，保险责任由保险人承担；反之，保险人不承担损失赔偿或给付责任。例如，投保人身意外伤害保险的张某骑车不幸被汽车撞倒，造成伤残并住院治疗，在治疗过程中张某因急性心肌梗塞而死亡。则近因为心肌梗塞，属于新介入的独立原因，属除外责任，保险人不负责任，只对其意外伤残按规定支付保险金。

【案例分析】
准确运用近因原则界定责任

【案情介绍】

某供电局在太平洋财产保险公司投保了供电责任保险。2007年9月某一天早晨，天降暴雨，并伴有大风，该供电局辖区内的一电线杆被刮倒。当天晚上途经此处的王某触电身亡。王某家属要求供电局赔偿丧葬费、赡养费等共计6万元。供电局认为事故是由自然灾害引起的，自己没有过错，不应当承担责任。王某家属遂将供电局告上法院。法院审理后认为，供电局没有对线路及时抢修，也未采取其他有效防范措施，导致王某触电身亡，应当承担侵权责任，判令供电局赔偿王某丧葬费、赡养费等4万元。供电局依据法院判决向保险公司提出索赔。保险公司认为，发生此次事故的原因是暴风雨，而根据《供电责任保险条款》，暴风雨等自然灾害属于责任免除内容，保险公司不应当承担保险责任。而供电局坚持法院判决的认定，认为其所管理的供电线路因自身工作过失导致了王某的死亡，而工作过失正是保险责任的范围，供电局因此产生的民事赔偿责任，保险公司应当承担。后经双方协商达成一致，保险公司承担赔偿责任。

【本案分析】

该案例中王某的死亡原因是关键，资料告诉我们原因有两个：前因是暴风雨造成的电线杆被刮倒以致电线漏电；后因是供电局没有及时抢修，也未采取防范措施的工作过失。如果供电局及时抢修或采取紧急措施，王某不会触电死亡。这种工作过失行为（后因）并不是前因的必然结果。按照《供电责任保险条款》，该原因属于保险责任，因此保险公司应当承担赔偿责任。

学习任务四
损失补偿原则

【学生任务】

◇ 要求学生课前预习相关内容，结合前面已经学习过的保险基本原则来理解损失补偿原则的相关内容，能够用自己的语言来描述代位求偿原则的含义。

◇ 要求学生扩大课外阅读，搜集相关资料，说明为什么在许多有关保险的诉讼案件当中，保险公司最终不承担或者部分而不是全部承担赔偿或者给付责任，并就相关问题写出 800 字以上的书面作业。

◇ 实训过程中以小组为单位就所研讨问题进行代表性发言，按小组选出若干份作业在班上进行点评；学生间相互评出每一份书面文章的优劣；学生对作业进一步修改后提交教师，以便教师进行评价。

【教师任务】

◇ 指导学生上网查找相关资料，例如保险公司理赔业务方面的法律法规及其具体案例，启发学生理解关于损失补偿原则的意义和作用。

◇ 提示学生完成书面文章作业所需要关注的主要知识点。如损失补偿原则的概念、特征，与相近的保险专业名词的区别与联系，保险法规的相关监管规定等。

◇ 指导学生分组，在小组内对学生进行不同的分工，对学生书面文章作业完成情况及时跟进，督促其按时完成。

◇ 对各小组进行的课堂点评适时指导，对于选出的作业予以及时、客观、公正的评价，准备回答学生有可能提出的异议等。

教学活动 1 掌握损失补偿原则的含义

【活动目标】

通过本部分的教学活动，熟练掌握损失补偿原则，理解其真正含义，并可以在保险实务中加以正确应用。

【知识准备】

一、损失补偿原则的含义

在意外情况导致损失时提供经济补偿是保险的基本职能，也是保险活动的出发点和归宿，因而损失补偿原则同样也是保险的重要原则。

损失补偿原则是指保险合同生效后，如果发生保险责任范围内的损失，被保险人有权按照合同的约定，获得全面、充分的赔偿；保险赔偿是弥补被保险人由于保险标的遭受损失而丧失的经济利益，投保人或者被保险人不能因保险赔偿而获得额外的利益。

损失补偿原则包括两层含义：一是损失补偿以保险责任范围内损失的发生为前提；二是损失补偿以被保险人的实际损失为限。保险人的赔偿额不仅包括保险标的的实际损失价值，还包括被保险人花费的施救、诉讼等费用。我国《保险法》第五十七条第二款规定："保险事故发生后，被保险人为防止或者减少保险标的的损失所支付的必要的、合理的费用，由保险人承担；保险人所承担的数额在保险标的损失赔偿金额以外另行计算，最高不超过保险金额的数额。"

坚持损失补偿原则体现了保险活动的宗旨，即确保被保险人通过保险可以获得经济保障，同时又要防止被保险人利用保险从中牟利，从而保证保险事业健康、有序地发展。损失补偿原则主要适用于财产保险以及其他补偿性保险合同，人身保险属于损失补偿原则的例外，其根本原因是人的生命、身体和健康是不能够用确定金额的货币来衡量的。

二、损失补偿原则的应用

（一）被保险人请求损失赔偿的条件

1. 被保险人对保险标的必须具有可保利益。根据前述可保利益原则，财产保险不仅要求投保人或被保险人投保时对保险标的具有可保利益，而且要求在保险合同履行过程中，特别是保险事故发生时，被保险人对保险标的必须具有可保利益，否则就不能取得保险赔偿。

2. 被保险人遭受的损失必须是在保险责任范围之内。被保险人遭受的损失必须是保险责任范围内的损失，才能要求保险赔偿，否则保险人不承担赔偿责任。

3. 被保险人遭受的损失必须能用货币衡量。如果被保险人遭受的损失不能用货币衡量，保险人就无法核定损失，从而也无法支付保险赔款。

（二）保险人履行损失赔偿责任的限度

坚持损失补偿原则，就要求保险人在履行赔偿责任时，必须把握三个限度，以保证被保险人既能恢复失去的经济利益，又不会由于保险赔款而额外受益。

1. 以实际损失为限。当投保财产遭受保险责任范围内的损失时，保险人按合同规定承担赔偿责任，其支付的保险赔款，不得超过被保险人的实际损失。实际损失是根据损失当时财产的实际价值来确定的，而财产的价值与市价有关，所以实际损失通常要根据损失当时财产的市价确定（定值保险和重置价值保险例外）。例如，某幢房屋按实际价值 200 万元投保，因火灾遭受全损，损失当时市场房价跌落，该房屋的市价为 180 万元，则保险人就会按照市价，即实际损失赔偿被保险人 180 万元。

2. 以保险金额为限。保险金额是保险人承担赔偿责任的最高限额，所以保险赔款不能超过保险金额，只能低于或等于保险金额。如上例，假设损失当时市场房价上涨，该房屋的市价是 220 万元，这时虽然被保险人的实际损失是 220 万元，但由于保险金额是 200 万元，所以保险人只能以保险金额为限，赔付 200 万元。

3. 以可保利益为限。可保利益是保险保障的最高限度，保险赔款不得超过被保险人对遭受损失的财产所具有的可保利益。财产保险中，如果保险标的受损时财产权益已全部转让，则被保险人无权索赔；如果受损时保险财产已转让，则被保险人对已转让的财产无索赔权。例如，在抵押贷款中，借款人为取得 700 万元贷款而将价值 1 000 万元的房屋抵押给银行，银行为保证贷款的安全，将抵押品——房屋投保财产保险，由于银行对该房屋只有 700 万元的可保利益，所以当房子遭受损失时，保险人只能根据可保利益最多赔偿被保险人 700 万元。

（三）损失补偿原则的例外

1. 人身保险的例外。由于人身保险的保险标的是无法估价的，人的生命或身体机能，其可保利益也是无法估价的。所以人身保险合同是给付性保险合同，而不是补偿性保险合同，人身保险的保险金额是根据被保险人的需要和支付保险费的能力来确定的。

2. 定值保险的例外。定值保险是指保险合同双方在订立保险时，约定保险标的的价值，并以此确定保险金额，视为足额保险。当保险事故发生时，保险人不论保险标的的损失当时的市价如何，其计算公式为：保险赔款 = 保险金额×损失程度（%）。在这种情况下，保险赔款可能超过实际损失。

3. 重置价值保险的例外。重置价值保险是指以被保险人重置或重建保险标的所需费用或成本确定保险金额的保险。为了满足被保险人对受损的财产进行重置或重建的需要，保险人允许投保人按超过保险标的的实际价值的重置或重建价值投保，发生损失时，按重置费用或成本赔付。这样就可能出现保险赔款大于实际损失的情况，所以重置价值保险也是损失补偿原则的例外。

教学活动 2　掌握损失补偿的派生原则

【活动目标】

通过本部分的教学活动，熟练掌握损失补偿原则的两个派生原则，理解其真正含义，并可以在保险实务中加以正确应用，在实训中能够准确判断与计算。

【知识准备】

一、代位追偿原则

代位追偿原则，也称做代位求偿原则，是损失补偿原则的派生原则，意指在财产保险中，保险标的发生保险事故造成推定全损，或者保险标的由于第三者侵权责任导致保险损失，保险人按照合同的约定履行保险赔偿责任后，依法取得对保险标的的所有权，或者取得向对保险标的损失负有赔偿责任的第三者的追偿权。

坚持代位追偿原则是为了防止被保险人由于保险事故的发生，从保险人和第三者责任方同时获得双重赔偿而额外获利，确保损失补偿原则的贯彻执行。因为损失补偿原则要求被保险人获得的补偿不得超过其所遭受的损害。而当保险事故是由第三者责任造成时，被保险人有权依据保险合同向保险人请求赔偿，也有权依据侵权事实向造成损害的第三者请求赔偿。由于被保险人同时拥有两方面的损害赔偿请求权，那么被保险人行使请求权的结果，将使其就同一保险标的的损害获得双重的或者多于保险标的实际损害的补偿，这不符合损失补偿的原则。所以在被保险人取得保险赔偿后，应当将向第三者请求赔偿权转移给保险人，由保险人代位追偿。

坚持代位追偿原则同样是为了维护社会公共利益，保障公民、法人的合法权益不受侵害。社会公共利益要求致害人应对受害人承担经济赔偿责任，如果致害人因受害人享受保险赔偿而免除赔偿责任，这不仅使得致害人通过受害人与保险人订立保险合同而获益，而且损害保险人的利益，这不符合社会公平的原则。所以，通过代位追偿，既使得致害人无论如何都应承担损害赔偿责任，同时也使得保险人可以通过代位追偿从过失方追回支付的赔偿费用，从而维护保险人的合法权益。

代位追偿原则是对损失补偿原则的补充和完善，所以代位追偿原则与损失补偿原则同样只适用于各种财产保险，而不适用于人身保险。我国《保险法》第四十六条规定："被保险人因第三者的行为而发生死亡、伤残或者疾病等保险事故的，保险人向被保险人或者受益人给付保险金后，不享有向第三者追偿的权利，但被保险人或者受益人仍有权向第三者请求赔偿。"在财产保险合同中，保险人不得对被保险人的家庭成员或者其组成人员行使代位请求赔偿的权利，除非被保险人的家庭成员或者其他成员故意造成保险事故。

代位追偿原则中的代位追偿的主要内容包括权利代位和物上代位。

（一）权利代位

权利代位即追偿权的代位，是指在财产保险中，保险标的由于第三者责任导致保险损失，保险人向被保险人支付保险赔款后，依法取得对第三者的索赔权。我国《保险法》第六十条规定："因第三者对保险标的的损害而造成保险事故的，保险人自向被保险人赔偿保险金之日起，在赔偿金额范围内代位行使被保险人对第三者请求赔偿的权利。"《海商法》第二百五十二条规定："保险标的发生保险责任范围内的损失是由第三人造成的，被保险人向第三人要求赔偿的权利，自保险人支付赔偿之日起，相应转移给保险人。"

在财产保险中，当保险标的发生损失，既属于保险责任，又属于第三者负有经济赔偿责任时，被保险人有权向保险人请求赔偿，也可以向第三者责任方请求赔偿，如果被保险人已从责任方取得全部赔偿，保险人可免去赔偿责任；如果被保险人从责任方得到部分赔偿，保险人在支付赔偿金时，可以相应扣减被保险人从第三者已取得的赔偿。如果被保险人首先向保险人提出索赔，保险人应当按照保险合同的规定支付保险赔款，被保险人取得保险赔款后，应将向第三者责任方追偿的权利转移给保险人，由保险人代位行使向第三者追偿的权利。被保险人不能同时取得保险人和第三者的赔款而获得双重或多于保险标的实际损害的补偿。

【知识链接】

代位追偿权产生的条件

代位追偿权的产生必须同时满足下列三个条件：

1. 损害事故发生的原因及受损的标的，都属于保险责任范围。只有保险责任范围内的事故造成保险标的的损失，保险人才负责赔偿，否则，保险人无须承担赔偿责任。受害人只能向有关责任方索赔或自己承担损失，与保险人无关，也就不存在保险人代位追偿的问题。

2. 保险事故的发生是由第三者的责任造成的，肇事方依法应对被保险人承担民事损害赔偿责任，这样被保险人才有权向第三者请求赔偿，并在取得保险赔款后将向第三者请求赔偿权转移给保险人，由保险人代位追偿。

3. 保险人按合同的规定对被保险人履行赔偿义务之后，才有权取得代位追偿权。因为代位追偿权是债权的转移，在债权转移之前是被保险人与第三者之间特定的债权关系，与保险人没有直接的法律关系。保险人只有依照保险合同的规定向被保险人给付保险赔偿金以后，才依法取得对第三者请求赔偿的权利。

保险人在代位追偿中享有的权益范围是以其对被保险人赔付的金额为限，如果保险人从第三者责任方追偿的金额大于其对被保险人的赔偿，则超出的部分应归被保险人所有。这是由于保险代位追偿的目的在于防止被保险人取得双重赔款而获得额外的利益，从而保障保险人的利益。但同样地，保险人也不能通过行使代位追偿权而获得额外的利益，损害被保险人的利益。

当第三者造成的损失大于保险人支付的赔偿金额时，被保险人有权就未取得赔偿部分对第三者请求赔偿。例如，我国《保险法》第六十条第三款规定："保险人依照本条第一款规定行使代位请求赔偿的权利，不影响被保险人就未取得赔偿的部分向第三者请求赔偿的权利。"

保险人取得代位追偿权的方式一般有两种：一是法定方式，即权益的取得无须经过任何人的确认；二是约定方式，即权益的取得必须经过当事人的磋商、确认。根据我国《保险法》第六十条的规定，保险人代位追偿权的取得是采用法定方式，保险人自向被保险人赔偿保险金之日起，在赔偿金额范围内代位行使被保险人对第三者请求赔偿的权利。但是在实践中，保险人支付保险赔款后，通常要求被保险人出具"权益转让书"：从法律规定上看，"权益转让书"并非权益转移的要件，所以，被保险人是否出具"权益转让书"并不影响保险人取得代位追偿权。但这一文件能起到确认保险赔款时间和赔款金额，同时也就确认了保险人取得代位追偿权的时间和向第三者追偿所能获得的最高赔偿额的作用。

虽然保险人支付保险赔款后即依法取得代位追偿权，但由于代位追偿权是被保险人转移其债权的结果，因此，被保险人与第三者之间债权的关系如何，对保险人能否顺利履行和实现其代位追偿权是至关重要的。所以，法律对被保险人放弃对第三者的请求赔偿权所应承担的责任作了规定。我国《保险法》第六十一条规定："保险事故发生后，保险人未赔偿保险金之前，被保险人放弃对第三者请求赔偿的权利的，保险人不承担赔偿保险金的责任。保险人向被保险人赔偿保险金后，被保险人未经保险人同意放弃对第三者请求赔偿的权利的，该行为无效。被保险人故意或者因重大过失致使保险人不能行使代位请求赔偿的权利的，保险人可以扣减或者要求返还相应的保险金。"被保险人不仅不得弃权或过失而侵害保险人代位追偿的权益，同时还负有协助保险人向第三者追偿的义务，包括提供必要的文件和其所知道的有关情况。保险代位追偿的对象为对保险事故的发生和保险标的的损失负有民事赔偿责任的第三者，它可以是法人，也可以是自然人。

（二）物上代位

物上代位是指保险标的遭受保险责任范围内的损失，保险人按保险金额全数赔付后，依法取得该项标的的所有权。物上代位通常产生于对保险标的作推定全损的处理。所谓推定全损是指保险标的遭受保险事故尚未达到完全损毁或完全灭失的状态，但实际全损已不可避免；或者修复和施救费用将超过保险价值；或者失踪达一定时间，保险人按照全损处理的一种推定性的损失。由于推定全损是保险标的并未完全损毁或灭失，即还有残值，而失踪可能是被他人非法占有，并非物质上的灭失，日后或许能够得到索还，所以保险人在按全损支付保险赔款后，理应取得保险标的的所有权，否则被保险人就可能由此而获得额外的利益。

保险人物上代位权是通过委付取得的。所谓委付是指保险标的发生推定全损时，投保人或被保险人将保险标的的一切权益转移给保险人，而请求保险人按保险金额全数赔付的行为。委付是一种放弃物权的法律行为，在海上保险中经常采用。委付的成立必须具备一定的条件：第一，委付必须由被保险人向保险人书面提出；第二，委付应就保险标的的全部提出请求；第三，委付不得附有任何条件；第四，委付必须经过保险人的同意。

被保险人提出委付后，保险人应当在合理的时间内将接受委付或不接受委付的决定通知被保险人。如果超过合理的时间，保险人对是否接受委付仍然保持沉默，应视做不接受委付的行为，但被保险人的索赔权利并不因保险人不接受委付而受影响。在保险人未作出接受委付的意思表示以前，被保险人可以随时撤回委付通知。但保险人一经接受委付，委付即告成立，双方都不能撤销，保险人必须以全损赔付被保险人，同时取得保险标的物的代位权，包括标的物上的权利和义务。

由于保险标的的保障程度不同，保险人在物上代位中所享有的权益也有所不同。我国《保险法》第五十九条规定："保险事故发生后，保险人已支付了全部保险金额，并且保险金额等于保险价值的，受损保险标的的全部权利归于保险人；保险金额低于保险价值的，保险人按照保险金额与保险价值的比例取得受损保险标的的部分权利。"也就是在足额保险中，保险人按保险金额支付保险赔偿金后就取得对保险标的的全部所有权。在这种情形下，由于保险标的的所有权已经转移给保险人，保险人在处理标的物时所获得的利益如果超过所支付的赔偿金额，超过的部分归保险人所有。此外，如有对第三者损害赔偿请求权，索赔金额超过其支付的保险赔偿金额，也同样归保险人所有，这一点与代位追偿权有所不同。而在不足额保险中，保险人只能按照保险金额与保险价值的比例取得受损标的的部分权利。由于保险标的的不可分性，所以保险人在依法取得受损保险标的的部分权利后，通常将该部分权利作价折给被保险人，并在保险赔偿金中作相应的扣除。

二、重复保险分摊原则

重复保险分摊原则是指在重复保险的情况下，当保险事故发生时，各个保险人应采取适当的分摊方法分配赔偿责任，使被保险人既能得到充分的补偿，又不会超过实际损失而获得额外的利益。

由于重复保险是投保人以同一保险标的、同一可保利益，同时向两个以上的保险人投保同一种危险，且保险金额总和超过保险标的的价值，这就有可能使得被保险人在保险事故发生时，就同一标的损失从不同保险人处获得超额赔款，这就违背了损失补偿原则的要求。为了防止被保险人由于重复保险而获得额外的利益，故确立了重复保险分摊原则，由各保险人按相应的责任，共同公平地分摊损失赔款，使被保险人所获得的赔款总额与其实际损失相等。可见，重复保险分摊原则也是由损失补偿原则派生的，是损失补偿原则的补充和体现，同样也只适用于财产保险等补偿性保险合同，不适用于人身保险。我国《保险法》第五十六条规定："重复保险的投保人应当将重复保险的有关情况通知各保险人。"投保人不履行该项义务，其后果与违反告知义务相似，保险人有权解除保险合同或宣告保险合同无效。

在重复保险的情况下，当发生保险事故，对于保险标的所遭受的损失，由各保险人分摊，分摊的方式有以下几种。

（一）比例责任分摊方式

比例责任分摊方式即各保险人按其所承保的保险金额与总保险金额的比例分摊保险赔偿责任。其计算公式为

某保险人承担的赔款金额 ＝损失金额 ×（该保险人承保的保险金额／
各保险人承保的保险金额总和）

（二）限额责任分摊方式

限额责任分摊方式是指不以保险金额为基础，而是在假设没有他保情况下，各保险人依其承保的保险金额而应负的赔偿限额与各保险人应负赔偿限额总和的比例承担损失赔偿责任。其计算公式为。

各保险人承担的赔款 ＝ 损失金额 ×（该保险人的赔偿限额／各保险人赔偿限额总和）

限额责任分摊方式与比例责任分摊方式的共同点是各保险人都是按照一定的比例分

摊赔款责任；二者的区别是计算分摊比例的基础不同，前者是以保险金额为计算基础，后者则以赔偿责任为计算基础。

（三）顺序责任分摊方式

顺序责任分摊方式即由先出单的保险人首先负责赔偿，后出单的保险人只有在承保的标的损失超过前一保险人承保的保额时，才依次承担超出的部分。

在保险实务中，各国较多采用的是比例责任和限额责任分摊方式，因为顺序责任分摊方式下各承保公司承担的责任有欠公平。我国规定采用比例责任分摊方式赔偿。我国《保险法》第五十六条第二款规定："重复保险的各保险人赔偿保险金的总和不得超过保险价值。除合同另有约定外，各保险人按照其保险金额与保险金额总和的比例承担赔偿保险金责任。"

保险基本原则综合实训

【实训目标】

通过本部分实训，使得学生能够在理论上和实务中掌握保险基本原则的重点专有名词和基本理论，掌握损失补偿原则中重复保险情况下的不同理赔方式，并区分不同方式计算各个保险公司的赔款数额。

【实训任务】

一、重要名词

保险利益　保险利益原则　最大诚信原则　重要事实　确认保证　承诺保证　明示保证　默示保证　近因原则　代位追偿原则　权利代位　物上代位　委付　推定全损　重复保险

二、思考讨论

1. 什么是保险利益原则？为什么保险合同的成立必须具有保险利益存在？
2. 什么是最大诚信原则？其主要内容有哪些？
3. 什么是近因原则？如何判定损失近因？
4. 什么是代位追偿原则？
5. 保险人代位追偿权的产生必须具备哪些条件？
6. 委付的成立必须具备哪些条件？
7. 试比较权利代位与物上代位的区别。

三、情景模拟

比例责任赔款分摊计算

【模拟场景】

某项财产的保险金额总和是 60 万元，投保人与甲、乙两家保险公司订立合同的保险金额分别为 50 万元、30 万元，此即为重复保险。假定在此保险有效期内，该财产发生火灾损失 40 万元，则甲、乙两家保险公司运用比例责任分摊方式应如何分摊赔偿责任？

【实务操作】

采用比例责任分摊方式：

甲保险公司承担的赔款 = 40 × 50/（50 + 30）= 25（万元）

乙保险公司承担的赔款 = 40 × 30/（50 + 30）= 15（万元）

即甲、乙两家保险公司各承担 25 万元和 15 万元的赔款，赔款总额为 40 万元，正好等于被保险人的实际损失。

限额责任赔款分摊计算

【模拟场景】

同上述模拟场景，该项财产的保险金额总和是 60 万元，投保人与丙、丁两家保险公司订立合同的保险金额分别为 50 万元、30 万元。假定在此保险有效期内，该财产发生火灾损失 40 万元，则甲、乙两家保险公司运用限额责任分摊方式应如何分摊赔偿责任？

【实务操作】

假如在没有重复保险的情况下，丙保险公司应承担 40 万元的赔偿责任，丁保险公司应承担 30 万元的赔偿责任。现按照限额责任分摊方式计算：

丙保险公司承担的赔款 = 40 × 40/（40 + 30）= 22.857（万元）

丁保险公司承担的赔款 = 40 × 30/（40 + 30）= 17.143（万元）

即丙公司承担赔款 22.857 万元，丁公司承担赔款 17.143 万元，两家保险公司赔款总和也是 40 万元。

【参考文献】

［1］孙祁祥：《保险学》（第四版），北京，北京大学出版社，2009。

［2］张洪涛、郑功成：《保险学》（第三版），北京，中国人民大学出版社，2008。

［3］杨忠海：《保险学原理》，北京，清华大学出版社，2008。

［4］刘连生、申河：《保险学教程》（第二版），北京，中国金融出版社，2010。

［5］刘平：《保险学原理与应用》，北京，清华大学出版社，2009。

［6］孙迎春：《保险实务》，大连，东北财经大学出版社，2008。

教学项目四

保险合同

BAOXIAN HETONG

【知识目标】

◇ 保险合同的概念、特征、分类

◇ 保险合同的表现形式

◇ 保险合同的构成要素，即其主体、客体和内容

◇ 保险合同的订立

◇ 保险合同的履行

◇ 保险合同争议的解决

【能力目标】

◇ 能够准确描述保险合同与一般商业合同的联系与区别

◇ 能够识别保险合同的不同分类

◇ 能够掌握保险合同签订的操作流程

◇ 能够掌握保险合同的不同履行方式

◇ 能够运用各种方法处理保险合同的相关争议

【引导案例】

车主获赔超过购车款

【案情介绍】

　　齐女士花 4 万元从北京购买了一辆新车购置价为人民币 15 万元的二手桑塔纳汽车，不料使用了刚刚一年就在自家楼下被盗。因为齐女士给这辆汽车投保的是不定值保险，按照相关保险条款计算下来，保险公司应付给齐女士的金额超出了 4 万元。因保险公司不认可这种计算方法，齐女士将其告上了法庭。本市第二中级人民法院对此案作出终审判决，判令保险公司赔偿齐女士保险车辆被盗损失人民币 42 960 元，超过其当初的购车款。

【本案分析】

　　法院经审理认为，原告齐女士与被告保险公司之间签订的保险合同是双方当事人真实意思的表示，且不违背法律规定，合法有效。原告依约履行了支付保险费的义务后，被告理应按照保险合同的约定承担保险责任。按照相关计算标准，投保车辆的实际价值为投保时新车购置价人民币 15 万元减去折旧金额 15 万元×64.2% 的价格，应为人民币53 700 元。再依据《盗抢险条款》第四条第三款"全车损失，在保险金额内计算赔偿，并实行 20% 的免赔率"的规定，被告保险公司应赔付给原告的金额为 53 700×80% 即人民币 42 960 元。

学习任务一
全面认识保险合同

【学生任务】

　　◇ 要求学生在课前预习相关内容，结合已经学过的保险知识和经济法知识来理解保险合同的相关内容，能够用自己的语言来描述保险合同与一般的民商事合同及相关概念的联系与区别。

　　◇ 要求学生扩大课外阅读，掌握保险业务发展的前沿趋势，结合本部分内容，说明在保险业务中保险合同的重要作用，根据自身理解，结合具体案例写出不少于 800 字的书面课后作业。

　　◇ 将学生随机分组，按小组选出若干份作业在课堂上进行点评，学生间相互评出每一份书面文章的优劣；学生对作业进一步修改后提交教师，以便教师进行评价。

【教师任务】

　　◇ 指导学生在相关专业网站上查找所需资料，如保险公司保险合同管理方面的法律法规、我国保险监管部门对于保险公司保险合同管理的具体要求与规定等；启发与引导学生理解保险合同的意义和作用。

　　◇ 提示学生完成书面文章作业所需要关注的主要知识点，如保险合同的含义、作用、分类等，与相近的保险专业名词的区别与联系，保险法规的相关监管规定等。

　　◇ 指导学生分组，在小组内对学生进行不同的分工，对学生书面文章作业完成情况及时跟进，督促其按时完成。

　　◇ 对各小组进行的课堂点评适时指导，对于选出的作业予以及时、客观、公正的评价，准备回答学生可能提出的各种异议等。

教学活动1 认识保险合同

【活动目标】

通过本部分的教学活动，熟练掌握保险合同及其相关的专有名词，理解其真正含义，并可以在保险实务中加以正确应用。

【知识准备】

合同也称契约，指当事人之间确定、变更、终止民事法律关系的协议。合同一经订立，双方当事人必须受其约束，任何一方不得擅自变更或解除。保险合同也称保险契约，保险所体现的经济保障关系是通过订立保险合同的方式实现的。

一、保险合同的含义

保险合同是保险人与投保人之间订立的，关于财产保险关系的建立、变更、终止及双方权利义务关系的一种经济合同，它是保险双方意思一致的表示。依照保险合同，投保人承担向保险人支付保险费等义务，保险人对于合同约定的可能发生的保险事件发生时，承担支付保险赔款或者给付保险金的责任。

保险合同作为保险双方法律关系的凭证，是规范保险双方行为的直接依据。保险活动的全过程，实际上就是保险双方订立、履行保险合同的过程。

保险合同订立、履行的法律依据，主要是我国《保险法》、《合同法》中有关合同的一般规范及对保险合同的专门规范。海上保险合同由《海商法》进行规范，该法中未规范的才适用《保险法》等法律。《保险法》第十条规定："保险合同是投保人与保险人约定保险权利义务关系的协议。"保险合同作为保险关系确立的正式文本和书面凭证，体现了合同双方的意愿和平等互利的关系。

二、保险合同的特征

保险合同作为合同的一种，不仅具有一般民商事合同的共性，即合同的当事人必须具有相应的民事行为能力，合同的订立是双方当事人意思表示一致的法律行为，合同形式和内容必须合法这三个特征以外，由于保险活动其自身的特殊性，体现保险关系的保险合同还有自身独有的特征。

（一）保险合同是最大诚信合同

任何合同的订立和履行都应当遵守诚实信用的原则，保险合同较一般合同对当事人的诚实信用的要求更为严格，故称为最大诚信合同。一方面，投保人在订立保险合同时，对保险人询问及有关标的情况要作如实告知；在保险标的危险增加时应及时通知保险人。另一方面，保险人在订立保险合同时，应向投保人说明保险合同的内容；同时，在约定保险事故发生时，履行赔偿或给付保险金的义务等。

（二）保险合同是射幸合同

与等价交换的交换合同相对，保险合同双方支付的是对价，即保险合同具有射幸性。射幸合同的当事人一方付出代价所获得的只是一个机会，既可能"一本万利"，也可能"一无所获"。从总体上讲，保险人收取的纯保险费与被保险人索赔总额是大致相等的，但危险事故的不确定性决定了单个保险合同的射幸性，决定了单个被保险人与保险人之间的保险费与保险金的不对等性，这也是保险合同与人寿保险合同及一般经济合同的重要区别。

（三）保险合同是有偿合同

有偿合同是指因为享有一定权利而必须偿付一定对价的合同。保险合同以投保人支付保险费作为对价换取保险人对风险的保障。投保人与保险人的对价是相互的，投保人的对价是向保险人支付保险费，保险人的对价是承保投保人转移的风险。

（四）保险合同是双务合同

双务合同是指合同双方当事人相互享有权利、承担义务的合同。保险合同的被保险人在保险事故发生时，依据保险合同享有请求保险人支付保险金或补偿损失的权利，投保人则承担支付保险费的义务；保险人享有收取保险费的权利，承担约定事故发生时给付保险金或补偿被保险人损失的义务。

（五）保险合同是附合合同

一般民商事合同是经当事人双方自愿协商在意思表示一致的基础上产生的，附合合同则是由一方当事人提出合同的主要内容，另一方只是作出取或舍的决定，一般没有商议变更的余地。在保险合同中，作为主要内容的保险条款是由保险人事先拟订好的，并逐渐出现了定型化和标准化的趋势，少数业务即使允许投保人在投保时与保险人磋商有关保险内容，但保险关系的最终建立一般仍取决于保险人的意思表示，这就是保险合同的附合性。

三、保险合同的种类

对保险合同进行分类，有利于对保险合同的充分认识，也方便保险人对财产保险业务的管理，保险合同依不同的标准可以划分出很多类型，但是通常有下列几种主要的分类：

（一）按照保险合同保障的风险责任划分

1. 单一风险合同。单一风险合同是指只承保一种风险责任的保险合同。如农作物雹灾保险合同，只负责赔偿冰雹所造成的农作物损失；企业或家庭财产保险中的地震保险合同，只负责赔偿地震一种危险损失。

2. 综合风险合同。综合风险合同是指承保两种或者两种以上特定风险责任的保险合同。这种保险合同必须把承保的风险责任一一列举，只要损失是由于所保风险造成的，保险人就要负责赔偿。如企业财产基本险和综合险合同。

3. 一切险合同。一切险合同是指除了列明的除外不保风险外，保险人承担其他一切风险责任所造成的保险标的的损失的保险合同。但须注意的是一切险合同并不是对一切风险事故所造成的损失都负责赔偿，如海洋运输货物保险的一切险合同。

（二）按照保险合同所保障的保险标的是否分类划分

1. 特定保险合同。特定保险合同又叫分项式保险合同，是指保险人对所保的同一地点、同一所有人的各项财产，均逐项列明保险金额，发生损失时对各项财产在各自的保险金额限度内承担赔偿责任的保险合同。

2. 总括保险合同。总括保险合同是指保险人对所保的同一地点、同一所有人的各项财产，不分类别，只确定一个总的保险金额，发生损失时不分损失财产类别，只要在总保险金额的限度以内，都可以获得赔偿的保险合同。

3. 流动保险合同。流动保险合同又叫报告式保险合同，通常不规定保险金额而只预先确定一个保险人所承担的最高责任限额。保险人按约定的办法预收并结算保险费，投保人定期向保险人报告其财产的实际价值，只要其报告属实，发生保险责任事故损失，保险人就在约定的最高责任限额内予以赔偿。这种合同适合财产流动性较大的单位如大型的周转性仓储业投保。

4. 预约保险合同。预约保险合同又叫开口式保险合同，是指保险人与投保人之间就一定的业务范围签订的无限期的保险合同，在合同中约定保险责任范围、保险财产范围、保险费结算办法及每一风险单位或每一地点的最高保额。在预约保险合同有效期间内，投保人需就每笔业务向保险人及时进行书面申报，凡属合同约定范围内的标的均自动承保。这种保险合同较多地运用于货物运输保险，可有效地减少财产经常变动办理批改手续的麻烦。

（三）按照保险标的价值在订立合同时是否确定划分

1. 定值保险合同。定值保险合同在订立保险合同时，投保人和保险人事先约定保险标的的价值（即保险价值）作为保险金额，并将二者都载明于保险合同中，在保险事故发生时，不考虑标的价值发生变化与否；保险人均以保险金额作为赔偿的依据，发生全部损失时，按保险金额赔偿；发生部分损失时，按照损失程度进行赔偿。定值保险合同适用于价值变化较大或价值不易确定的特定标的，如字画、古玩、货运险标的。

📖 【拓展阅读】

有趣的定值保险

财产保险有不定值保险和定值保险之分，定值保险较少，财产的保险价值是双方按照投保时的情况约定的，一般常见于实际价值难以确定的财产。

比如有一幅唐伯虎的画，它到底值多少钱呢？这个可就难说了，所谓仁者见仁，智者见智，大家的看法不同，对它的价值自然有不同的认识。像承保古画这类的财产，仍然按照不定值保险的方式，按出险以后的市场价格来赔偿，那就不合适了：古画本是无价之宝，可一旦烧掉了那可是一文不值了啊，保险公司就一文不赔吗？显然不合理，因此采取定值保险，由投保人和保险公司协商，决定古画的保险价值，如果出了险，就按照这个金额来赔偿。定值保险因其特殊性，财产保险的补偿原则在这里也不适用了，因为无法再比较被保险人的损失和保险金额的大小了，保险公司是一定要按照当初约定的金额来赔偿的。

定值保险，也称约定价值保险。指保险财产的价值事先经投保人和保险人双方约定并载明于保险合同，作为保险金额进行的保险。这种保险当保险标的发生损失时，不再另行估价。保险人只按保险单上载明的保险价值计算赔偿。一般货物运输保险均采用定值保险，因为运输的货物流动性大，起运、中转和目的地的价格可能不一样，货物发生损失时价值很难确定，故采用定值保险。

2. 不定值保险合同。不定值保险合同在订立保险合同时并不约定保险标的的价值（即保险价值），只列明保险金额作为赔偿的最高限额，保险价值留待损失发生时再行确定。不定值保险合同按保险事故发生时保险标的的实际价值确定保险价值，保险人在保险金额范围内进行赔偿。典型的不定值保险合同是机动车辆保险合同。不定值保险合同的优点在于，能消除保险标的价格波动的影响，使被保险人得到充分的补偿，同时避免超额赔偿，减少道德风险。

（四）按照保险金额与出险时保险价值的关系划分

1. 足额保险合同。足额保险合同即保险金额与保险价值相等的保险合同，在保险事故发生后按实际损失确定保险金数额。

2. 不足额保险合同。不足额保险合同即保险金额低于保险价值的保险合同，根据我国《保险法》的规定，在保险事故发生后，除合同另有约定外，保险人按照保险金额与保险价值的比例承担赔偿责任。

3. 超额保险合同。超额保险合同即保险金额高于保险价值的保险合同，根据我国《保险法》的规定，超过部分无效。保险期间内保险标的的保险价值明显减少的，除合同另有约定外，保险人应当降低保费，并按日计算退还相应的保费。

（五）按照保险人是否转移保险责任划分

1. 原保险合同。原保险合同是指保险人与投保人直接订立的保险合同。原保险合同保障的对象是被保险人的经济利益。被保险人将危险转嫁给保险人，由保险人承担其可能的危险损失，该合同是风险的一次转嫁形式。

2. 再保险合同。再保险合同是指以原保险合同为基础，由原保险人与再保险人签订的将原保险人承担的危险责任部分或全部转嫁给再保险人的保险合同。再保险合同保障的对象是原保险人的经济利益，它是危险的二次转嫁形式。

（六）按照保险合同中保险人的数量划分

1. 单保险合同。单保险合同是投保人就同一保险标的、同一保险利益、同一保险事故，与一个保险人订立保险合同。大多数的保险合同都属于单保险合同。

2. 复保险合同。复保险合同则是投保人就同一保险标的、同一保险利益、同一保险事故，同时与多个保险人订立保险合同。若与多个保险人订立一份保险合同，为共同保险。若分别与多个保险人订立保险合同，则为重复保险。

（七）按照多份保险合同之间的从属关系划分

1. 主保险合同。主保险合同是指就可单独投保的险别而形成的合同，如机动车辆损失保险合同、普通家庭保险合同。

2. 附加保险合同。附加保险合同是指依附在主保险合同或基本保险合同之上，其成立须以主保险合同或基本保险合同的成立为条件。如玻璃单独破碎险合同只有附加在机动车辆损失保险合同之上，才能成立；家庭财产附加盗窃险合同只有附加在普通家庭保险合同上才能成立。

（八）按照保险合同性质的不同划分

1. 补偿性合同。补偿性合同是指当保险合同约定的事故发生后，保险人根据保险标的因事故发生所造成的实际损失额，对被保险人进行经济补偿的合同。保险人对于被保险人所履行的义务仅限于保险标的的物质损失部分，如果约定事故没有发生或者虽然发生但未造成被保险人的经济损失，则保险人也无须履行赔偿义务，所以这种赔偿只能是补偿性质的。财产保险合同属于补偿性合同。

2. 给付性合同。给付性合同是指保险合同约定的特定事件出现或者保险期届满，保险人就必须按照保险双方事先约定的保险金额支付保险金的合同。这种合同的履行有时并不发生一般意义上的伤害事故，也不一定会带来损失，只是满足被保险人的某种需要。大部分人身保险合同都属于给付性合同。由于人的身体和生命的价值是无法用货币衡量的，保险金额只能根据被保险人的经济需求和缴费能力确定，当保险合同约定的特定事件发生后，保险人就以保险金额作为给付金额。

（九）按照保险合同承保保险标的的不同划分

1. 财产保险合同。财产保险合同是以财产及其有关利益为保险标的的保险合同。财产保险合同按合同承保的保险标的和保险风险不同，又可以具体分为企业财产保险合同、家庭财产保险合同、货物运输保险合同、机动车辆保险合同、农业保险合同等。

2. 人身保险合同。人身保险合同是以人的身体和生命为保险标的的保险合同。人身保险合同按保障范围的不同，又可以分为人寿保险合同、人身意外伤害保险合同和健康保险合同。

3. 责任保险合同。责任保险合同是以被保险人对于第三方所具有的民事赔偿责任为保险标的的保险合同。责任保险合同按照具体的责任范围不同，又可以分为公众责任保险合同，雇主责任保险合同，产品责任保险合同和职业责任保险合同。

4. 信用保证保险合同。信用保证保险合同是以被保险人自己或者相对方的信用作为保险标的的保险合同。信用保证保险合同按照信用主体的不同，又可以具体分为信用保险合同和保证保险合同。

四、保险合同的形式

我国《合同法》第十条规定，当事人订立合同，有书面形式、口头形式和其他形式；法律、行政法规规定采用书面形式的，应当采用书面形式。根据我国《保险法》第十三条的规定，投保人提出保险要求，经保险人同意承保，保险合同成立。保险人应当及时向投保人签发保险单或者其他保险凭证。保险单或者其他保险凭证应当载明当事人双方约定的合同内容。当事人也可以约定采用其他书面形式载明合同内容。保险合同属于应当采用书面形式的合同。

在长期的保险实践活动中，保险合同主要采取书面形式，体现为保险单证。这是因为保险合同条款比较复杂，无法用口头简洁表达。一些保险合同期限较长，日后恐有"空口无凭"的麻烦，采用书面形式有利于规范保险合同，敦促双方当事人信守合同义务，也便于合同管理机关对保险合同的监督管理，因此书面形式的保险合同为常用形式。

保险合同的书面表现形式主要有以下六种。

（一）投保单

投保单又叫投保申请书，是投保人或被保险人申请投保财产保险的书面文件。投保单所列的各个项目，投保人或被保人必须如实填写。投保单是保险人签发保险单的书面依据，因此，从法律效力上讲，投保单是保险合同不可分割的一部分。投保单上所列明的主要项目内容如下：

1. 投保人或被保险人名称和地址。

2. 保险起讫日期。

3. 保险财产的范围、坐落地点（若为运输中货物，还应注明起运地及终点）。

4. 保险金额。

5. 投保的险别。

6. 投保人签章。

7. 投保日期等。

（二）保险单

保险单是保险人和被保险人签订保险合同后的正式书面文件。保险单将保险合同中的所有内容都详细地予以列明，并将被保险人和保险人之间的权利和义务以条款的形式印制在背面，作为被保险人缴纳保险费，保险人提供损失补偿的法律依据。所以保险单被认为是保险合同最为主要的形式。

（三）保险凭证

保险凭证是保险单的简化形式，是保险人签发给被保险人用以证明保险合同已经生效的书面文件，它和保险单具有同等的法律效力。但是，保险凭证上通常不印制保险合同基本条款，这是与保险单的主要区别。凡保险凭证上未列明的保险内容及有关的条文，均应以正式保险单上的规定为准，如果保险单上的内容与保险凭证上的内容相抵触或保险凭证上有扩展责任条款规定，则应以保险凭证上的规定为准。

从广义上讲，保险凭证应是保险合同形式的统称，但在财产保险实务中，往往将保险合同的一种简要证明称为保险凭证，它实则是简化了的保险单，又称小保单。保险凭证与保险单具有同等的法律效力，凡保险凭证中没有载明的事项，均以同种类的正式保险单所载内容为准。在保险单以外单独签发保险凭证的做法，主要适用于这样几种情形：①货物运输保险业务采取预约保险方式时，可以签发保险凭证，或由有关部门以发货单的一联盖章后代替；②多辆汽车由一张保险单承保，但每辆汽车需要有单独的保险凭证随车同行；③在团体财产保险中，有时需要给每个被保险人签发单独的保险凭证。

财产保险采用保险凭证的主要原因是：①简化承保手续。在货物运输保险中，预约保险较多，为简化经常性货物输出入单位办理承保签单手续，保险人一般事先就将有关预约保险合同的内容印在已经保险人签署的空白保险凭证上，当被保险人发运一批预约保险合同中的货物时，只需将货物的品名、规格、数量、运输工具的名称、起运时间、保险金额等主要项目填上，该批货物便自动进入事先约定的保险责任范围。保险凭证通常为一式数份，其中的一份副本要交给保险人，兼作起运通知书。发生保险危险损失时，凭保险凭证正本向保险人请求补偿。②作为已参加法定保险的证明文件。如机动车交通事故强制责任保险类的保险，其保险凭证用以证明已参加根据法律规定必须参加的法定保险的书面文件，并随身携带，以备有关部门查询。

【知识链接】

保险单的一般形式

保险单号码：

××××保险公司××××财产保险保险单

　　鉴于本保险单明细表中列明的被保险人向_____保险公司（以下简称本公司）提交书面投保申请和有关资料（该投保申请及资料被视做本保险单的有效组成部分），并向本公司缴付了本保险单明细表中列明的保险费，本公司同意按本保险单的规定负责赔偿在本保险单明细表中列明的保险期限内被保险人的保险财产遭受的损坏或灭失，特立本保险单为凭。

_____保险公司　　　　　　　　授权签字：

签发日期：____年____月____日　　　　签发地点：

明　细　表

保险单号码：

一、被保险人名称和地址：

二、保险财产地址：

三、营业性质：

四、保险项目及保险金额

项　　　目　　　　　　　保险金额

（一）保险财产

1. 建筑物（包括装修）：

2. 机器设备：

3. 装置、家具及办公设施或用品：

4. 仓储物品：

5. 其他：

（二）附加费用

1. 清除残骸费用：

2. 灭火费用：

3. 专业费用：

4. 其他费用：

总保险金额：

五、每次事故免赔额：

六、保险期限：共____个月。

　　　　自____年____月____日零时起，至____年____月____日二十四时止。

七、保险费率：

总保险费：

八、付费日期：

九、司法管辖：

本保险单受中华人民共和国的司法管辖

十、特别条款：

财产险保单明细表

_____保险公司

（四）暂保单

暂保单是保险人，或者保险代理人、经纪人，在正式保险单尚未签发前出具给被保险人的一种临时性的保险凭证，表明保险代理人或经纪人已接受被保险人的投保要求，并办理了有关的保险手续。虽然暂保单只载明保险合同的主要内容，但在正式的保险单签发前，暂保单具有与之同等的效力。暂保单未载明的事项，以当事人事先商定的内容为准。

暂保单的有效期短，一般为 30 天，实务中保险人针对同一保险业务一般情况下最多可以出具两次暂保单。因此，在取得暂保单后，被保险人还应及时取得正式保险单，正式保险单一经签发，暂保单即告失效。保险人在签发保险单前，可以终止暂保单，但应提前通知被保险人。

（五）预约保险合同

预约保险合同，是指由保险人与被保险人事先就与保险标的有关的主要保险事项所签订的协议，对保险责任范围内的标的，保险公司负自动承保责任。预约保险主要适用于货物运输保险，当保险人收到投保人或被保险人的发货通知的规定时，向投保人或被保险人签发保险凭证。对已发运或待发运的货物，投保人或被保险人未能及时或因疏忽而遗忘通知保险人签发保险凭证，投保人或被保险人应补办投保手续，对补办当时所发生的保险标的损失，保险人仍需负责。反之，在保险人得知投保人或被保险人遗忘通知时，即使在发现的时候，保险标的已安全运抵目的地，投保人或被保险人仍需补交保险费。

（六）保险批单

批单，当需要对原保险单的内容作变更或补充时，保险人通常以批单的形式完成。批单可以在原保险单上直接进行批注，也可以以单独的书面文件形式开立，实务中多以单独的批单形式为主。

批单上需要记载原保险单的号码和批单自身的号码，以及需要变更或补充的事项，与原保险单一起共同组成完整的保险合同，批单是保险合同一个不可分割的部分。当批单的内容与原保险单的内容有冲突时，以批单记载为准。

教学活动 2　保险合同法律关系

【活动目标】

通过本部分的教学活动，熟练掌握保险合同法律关系的组成，即保险合同的主体、客体和内容，理解其真正含义，并可以在保险实务中正确应用。

【知识准备】

保险合同作为保险法律关系的表现形式，与一般的经济法律关系一样，是由主体、客体和内容三个要素构成的。

一、保险合同的主体

保险合同的主体是指参与到保险合同法律关系当中的自然人或者法人，包括保险合同的当事人、关系人和辅助人。

直接参与保险合同的订立与履行的是保险合同的当事人;没有直接参与保险合同的订立与履行,但是与保险合同发生重要关系的是保险合同的关系人;只为保险合同的订立与履行提供机会、创造条件,或者提供各种附加服务的是保险合同的辅助人。

（一）保险合同的当事人

1. 投保人。投保人也称要保人,是提出投保要求,同保险人订立保险合同,并负有缴纳保险费义务的人。投保人可以是自然人,也可以是法人,但应当具有权利能力和行为能力。同时对保险标的具有保险利益。投保人可以为自己的利益,也可以为第三人的利益或包括自身利益在内的众人的利益（如工程保险）,与保险人订立保险合同。投保人负有缴纳保险费的义务,但就其法律地位来讲,并不享有发生保险事故时请求赔偿的权利。保险事故发生后,被保险人享有赔偿请求权。但是,在保险合同中,投保人与被保险人一般是同一人。

【知识链接】

投保人拥有的十项权利

第一,当业务员拜访你时,你有权要求业务员出示其所在保险公司的有效工作证件。

第二,你有权要求业务员依据保险条款如实讲解险种的有关内容。当你决定投保时,请认真阅读保险条款。

第三,在填写保单时,你必须如实填写有关内容并亲笔签名;被保险人签名一栏应由被保险人亲笔签署（少儿险除外）。

第四,当你付款时,业务员必须当场开具保险费暂收收据,并在此收据上签署姓名和业务员代码;也可要求业务员带你到保险公司付款。

第五,投保一个月后,你如果未收到正式保险单,请向保险公司查询。收到保险单后,应当场审核,如发现错漏之处,有权要求保险公司及时更正。

第六,投保后一定期限内,享有合同撤回请求权,具体情况视各公司规定而定。

第七,如因为工作变动或其他原因导致居住地发生变迁,请及时通知保险公司,申请办理迁移,以确保能享有持续服务。

第八,对于退保、减保可能给你带来的经济损失,请在投保时予以关注。

第九,保险事故发生后,请参照保险条款的有关规定,及时与保险公司或业务员取得联系。

第十,在投保过程中有任何疑问或意见,可向保险公司的有关部门咨询、反映或向保险行业协会投诉。

2. 保险人。保险人是收取保险费并按照保险合同的规定负责赔偿损失的保险公司。为了保障被保险人以及社会的利益,几乎所有的国家都有专门管理保险人的法律,保险人必须是经过国家有关部门审查认可而准许专门经营保险业务的法人。在英国,自然人也可以获准经营保险业务,如劳合社的保险人。在我国,保险人必须是经过中国保险监督管理委员会审查认可并准许经营保险业务的法人。

📖 【拓展阅读】

车辆保险中的第三者

按照现行的法律，第三者，是合同当事人以外的他人。在保险合同中，一方是保险人，另一方是被保险人或投保人，两者以外的第三方就是这里所说的第三者。

关于第三者的界定，以车辆保险为例：

一、驾驶员永远不是第三者，保险车辆的实际驾驶人员等同于被保险人。

二、车上人员不属于第三者，包括车上的驾驶员、售票员、装卸工、乘客等，均不属于第三者。但一旦这些人下车后，除驾驶员外，均可视为第三者。

三、"家庭成员"不在第三者之列，如果家庭成员造成车辆的损失时，不能追偿。划分家庭成员的标准是看"经济是否独立"，而不是看血缘关系。经济不独立的则视为家庭成员，分立门户、经济独立的则视为第三者。如兄弟姐妹，没有分家立业前不视为第三者。

（二）保险合同的关系人

1. 被保险人。被保险人是受保险合同保障的人。在保险合同中，被保险人应当是保险标的的所有人或其他具有利益的人。在保险事故发生，其保险标的受到损害时，被保险人享有请求保险人赔偿的权利。

被保险人与投保人的关系通常有两种情况：①投保人为自身的利益签订的保险合同，合同一经订立，投保人即为被保险人；②投保人为第三人利益签订的保险合同，合同一经成立，投保人与被保险人分属两人。如海洋货物运输保险，保险标的是"出口商品"，以 CIF 价格成交，这时卖方为投保人，而买方则是被保险人。

2. 受益人。受益人是指根据保险合同的规定，有权向保险人主张保险赔偿，获得保险赔款，但是却区别于被保险人的人。受益人的概念在人身保险合同中较为普遍，仅在比较特殊的保险合同（比如抵押贷款房屋保险、抵押贷款车辆保险）中才会出现。

（三）保险合同的辅助人

保险合同的辅助人是保险代理人、保险经纪人和保险公估人，他们是专门招揽保险业务，赚取佣金或对保险标的进行评估的中间人。

1. 保险代理人。财产保险代理人一般代理保险人展业、接受业务、出立暂保单、代收保险费，有的还代理检验损失或代理保险人理算赔案等。

2. 保险经纪人。财产保险经纪人一般情况下向投保人提供保险专业方面的咨询服务，为投保人选择保险人和设计最佳保险保障方案，并可以代其与保险人接洽订立保险合同。这时保险经纪人向保险人收取佣金。如果保险经纪人还为被保险人代办索赔、取证等事宜，则由被保险人支付手续费。

3. 保险公估人。财产保险公估人一般是接受保险当事人委托，专门从事保险标的的评估、勘验、鉴定、估损、理算等业务的单位。

保险合同主体间的关系如图 4-1 所示。

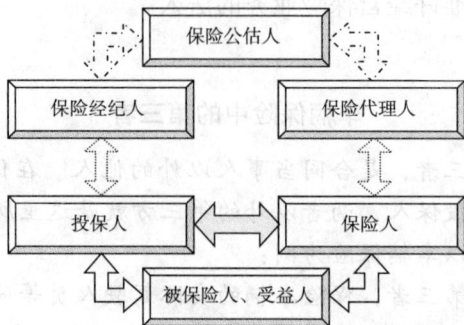

图 4 - 1 保险合同主体间关系结构图

二、保险合同的客体

合同的客体是指合同的双方当事人权利义务共同指向的对象。保险合同是一种保障合同，投保人交付保险费及保险人提供保险保障是保险合同主体的权利义务的核心，是权利义务本身，而非保险合同主体的权利义务所指向的对象，不是保险合同的客体。保险合同所保障的也不是保险标的本身，而是基于保险标的所产生的保险利益。换句话说，保险人并不保证保险标的不发生损失，而是在损失发生之后提供经济补偿。而且，在保险标的照常存在的情况下，保险合同会因保险利益的丧失而失去效力。

所以，保险合同的客体是保险合同的双方当事人权利义务共同指向的对象，是保险利益，而不是保险标的。保险标的是保险合同保险保障的对象，是保险利益（即保险合同的客体）的物质载体。

一般来说，财产保险利益为特定的投保人或被保险人所享有，如果保险标的发生转移，则原保险合同关系随之消灭。但有时保险标的所有权发生转移，新的所有人可不经保险人认可而享有保险合同利益，也就是说，保险利益有时会发生转移。主要有以下几种情形：

1. 继承。财产保险的保险利益可在被保险人死亡后自动转移给其继承人。

2. 让与。主要存在于货物运输保险。

3. 标的物转售。被保险标的物由投保人或被保险人转售给第三人，保险利益可以自动转移给购买标的物的第三人。

4. 破产。财产保险中被保险人破产后，其保险利益转移给破产债权人。

对于保险标的的转移，我国《保险法》第四十九条明确规定："保险标的转让的，保险标的的受让人承继被保险人的权利和义务。保险标的转让的，被保险人或者受让人应当及时通知保险人，但货物运输保险合同和另有约定的合同除外。因保险标的的转让导致危险程度显著增加的，保险人自收到前款规定的通知之日起三十日内，可以按照合同约定增加保险费或者解除合同。保险人解除合同的，应当将已收取的保险费，按照合同约定扣除自保险责任开始之日起至合同解除之日止应收的部分后，退还投保人。被保险人、受让人未履行本条第二款规定的通知义务的，因转让导致保险标的的危险程度显著增加而发生的保险事故，保险人不承担赔偿保险金的责任。"

三、保险合同的内容

保险合同的内容，即以保险双方的权利义务为核心的全部事项，主要是通过各种记载事项和具体保险条款来具体反映的，它们也可以统称为保险条款。保险条款有法定条款和任选条款之分，法定条款是根据法律规定必须具备的条款，任选条款则是当事人根据需要协商订立的条款。

（一）重要记载事项

一般而言，作为保险合同内容的重要记载事项都记录在保险单的正面，绝大多数都是打印输出，加盖保险人承保印章生效，应当包括以下事项：

1. 保险人名称和住所。该名称为保险人的规范全称，不能以简称代替。名称和住所需与营业执照上记载相同。

2. 投保人或被保险人的名称和住所。与一般保险合同不同的是，在货物运输保险中，保险单可采用指示或无记名式。指示保单除记载投保人姓名外还有"或其指定人"的字样，可由投保人背书转让。无记名式保单则不必记载投保人的姓名，可随被保险货物的转移同时转让给第三人。

3. 保险标的。即作为保险对象的财产及其有关利益。在保险合同中，还应该载明保险标的物的坐落地点。保险标的范围十分广泛，但就某一具体保险合同来说，有下列情况之一的，不可成为保险标的：（1）不具有保险利益的。（2）不存在危险的。（3）危险的发生在时间和空间上都已确定的，如施工爆破等。（4）违反法律法规和社会公共利益的，如盗窃来的物品等。

4. 保险责任和责任免除。保险责任是保险人承担赔付责任的危险事项。责任免除是保险人不承担赔付责任的危险事项。保险责任和责任免除通常表现为保险单中的基本责任、特约责任和除外责任，往往通过列举或概括的方式予以明确。该部分内容常常以"适用×××保险公司×××条款"的字样体现在保险单的正面，而该项的具体内容则会在保险单的背面详细记载。

5. 保险期间和保险责任开始时间。保险期间（保险合同期限）是保险合同双方约定的合同生效期间。保险责任开始的时间就是保险人对保险责任范围内的损失承担赔付责任的时间范围。保险责任期限内发生的保险事故，保险人予以赔付。保险责任期限以外发生的保险事故，保险人不承担赔付责任。保险期限的确定通常有两种方式：①约定一定的时间期限，如半年、1年，一般从约定起保日的零时至约定到期日的二十四时；②约定以某一事件的持续过程为保险期限，如航程、建筑安装工程的工期等。保险责任期限一般根据合同双方当事人的约定来确定。例如，汽车保险合同双方当事人约定，投保人什么时候交保险费，保险人什么时候开始承担被保险汽车损失的赔偿责任，即为保险责任期限的约定。

6. 保险价值。保险价值即保险标的的价值，可以由投保人和保险人在签订合同时约定，也可以按照保险事故发生时保险标的的实际价值确定。

7. 保险金额。保险金额即保险人承担赔付保险金责任的最高限额，它也是计算保险费的依据。保险金额不得超过保险价值，否则，超过部分无效。保险金额低于保险价值的，除合同另有约定外，保险人按照保险金额与保险价值的比例承担赔偿责任。在责任保险合同中，因承保的是没有实体的法律风险，故而采用赔偿限额制。

8. 保险费及其支付办法。保险费是投保人支付给保险人使其承担保险责任的经济代价，是形成保险基金的来源。在保险合同中，应当明确规定保险费的数额、交付方式和交付时间。

9. 违约责任和争议处理。违约责任主要体现为对保险人、投保人或被保险人违反约定后须承担的义务的规定。此外，合同中还须明确争议处理方式。

10. 订立合同的时间。注明订立合同的年、月、日，对于保险合同的履行和合同争议的处理，具有十分重要的意义。

在上述事项以外，投保人和保险人可就有关的其他事项作出约定。例如对贷款抵押财产的第一受益人的约定。

（二）保险基本条款

保险的基本条款一般印制在保险单的背面，主要内容包括保险责任范围、除外责任、保险金额与补偿金额的计算、被保险人义务及其他事项等。

1. 保险责任范围。保险责任范围，主要是以列举的方式，规定哪些自然灾害和意外事故是可保的，哪些损失和费用在该保险单项下是可以得到补偿的。

2. 除外责任。除外责任，主要是以列举的方式，规定凡被列举的危险事故（如战争、核辐射、被保险人的故意行为等）及其相应的损失和费用，均得不到该保险单项下的补偿，同时还以总括的方式规定，凡不属于保险责任范围，即只要保险责任范围没有列举的自然灾害、意外事故及有关的损失和费用，也得不到该保险单项下的补偿。如因诈骗行为造成保险财产的损失，不仅除外责任条款中没有列明，而且在保险责任范围内也没有列明，所以，应属除外责任中总括式所规定的不保范围。

3. 保险金额的计算。保险金额既是保险公司计算保险费的基础，也是计算保险财产损失补偿额的依据，各种财产保险，因其性质、承保方式的不同，其保险金额的确定方式也不同，故每一种财产保险，均在其保险基本条款中规定确定保险金额的方式。例如，我国企业财产保险单条款规定，企业财产的保险金额，固定资产部分可以按照账面原值投保，也可以按原值加成或重置重建价值投保；流动资产部分既可以按最近 12 个月的平均账面余额投保，也可以按最近（如半年或 1 个季度，根据企业生产经营的性质而定）的账面余额投保。

4. 投保人的义务。投保人的义务规定为享受保险合同对保险标的财产所提供的充分保障的权利须尽的义务。如合同签订后，应在若干天（一般为 15 天）内按规定的保险费率一次缴清保险费，在保险期限内，应配合保险公司搞好防灾防损工作；当与保险财产有关的诸如占用性质、地址或运输路线等实质性事项发生变更时，应及时通知保险公司，必要时还须办理保险财产合同变更手续等。

5. 赔偿金额的计算。赔偿金额的计算主要是规定超额保险与否，共同保险、共保条款、重复保险、复保险以及标的发生全部损失或部分损失等情况下的赔偿额计算方式。如财产保险，在复保险的情况下，保险财产损失的赔偿额计算，一般采用比例责任补偿方式。

6. 保险赔付办法。保险赔付是保险人的主要义务，是财产保险职能的直接体现。保险合同中应规定保险赔付的程序、赔款的计算、保险赔付的期限等。我国《保险法》规定，保险人收到被保险人的赔付请求后，应当及时作出核定，情形复杂的，应当在三十日内作出核定（合同另有约定的除外），并将核定结果通知被保险人；对属于保险责任的，在与被保险人达成有关赔付保险金额的协议后十日内，履行赔付义务。保险合同对保险金额及赔付期限有约定的，则依合同履行。保险人如未及时履行赔付义务，则除支付保险金外，应当赔偿被保险人因此受到的损失。对不属于保险责任的索赔请求，保险人应当自作出核定之日起三日内向被保险人发出拒赔通知书并说明理由。如果保险人自收到赔付请求和有关证明、资料之日起六十日内，对其赔付保险金的数额不能确定，应当根据已有证明和资料可以确定的数额先予支付，等最终确定赔付数额后，再支付相应的差额。

7. 其他事项。其他事项，主要规定当保险财产发生损失事故时，被保险人应当履行的义务。如采取必要的施救措施，及时通知保险人等；被保险人提出索赔应履行的程序以及应办理的手续，如提供有关必要的索赔单证等；如属第三者责任的，获得补偿后，应将向第三者追偿的权益转让给保险公司，在保险单有效期内，发生部分损失的财产获得补偿后，应从原保险金额中扣除，余者继续有效；造成人身伤亡赔偿责任的，获得经济补偿后，有关人身伤亡赔偿责任部分的保险金额仍全部有效，直至期满；有关解决保险补偿争议的规定，如仲裁、诉讼等。

（三）扩展责任条款

扩展责任条款，又叫特别约定责任条款。指在基本责任条款的基础上，应被保险人的要求，除承保基本条款的各项保险责任外，还将进一步增加新的保险责任，扩大对被保险人的保障范围。一般采用附贴的办法，即以批单的形式附贴在保险单上。如承保企业财产保险时，还可以在企业财产保险单上附加露天堆放财产特约条款，货物运输保险附加淡水雨淋险，家庭财产附加盗窃险，营业中断险附加顾客扩展责任等。

（四）限制责任条款

限制责任条款，是保险人通过保险单条款的形式或附加的方式，对某些特殊情况下的特殊危险责任加以限制。如财产保险对金银、首饰等贵重物品通常有"除非经被保险人与保险人作特别约定，并在保险单上列明，否则不予承保"等字样的规定，又如货物运输保险单关于保险货物运抵目的地后，有关保险责任的规定为"如果保险货物未到达收货人的仓库或储存处所，则其最长责任有效期以保险货物在卸离最后运输工具的若干天（一般为15天）为限"。

（五）保证条款

保证条款，是指保险人和被保险人在合同中约定，被保险人应遵守合同中的有关规定。如在火灾保险单中，通常规定"一经被保险人保证，在本保险单有效期内，在所保的建筑物内，不得从事下列各项危险品的生产、经营，也不堆放这些危险品……"保证条款分"明示保证条款"与"默示保证条款"两种。明示条款是指在保险合同中明文订立的，上述火灾保险单的保证规定。默示条款是指在保险合同中没有作出明文规定，但根据保险业务经营惯例或有关法律规定，被保险人必须遵守的有关事项。默示条款主要运用于海上运输保险，如船舶出航必须是适航的等。明示条款与默示条款具有同样的法律效果。如有违背，保险人有权拒绝补偿保险财产因此而造成的损失。

学习任务二
签订履行保险合同

【学生任务】

◇ 要求学生课前预习相关内容，结合已经学习过的保险知识和经济法、合同法的相关知识来理解保险合同的签订与履行等的相关内容，能够用自己的语言来描述保险合同签订履行的特殊性所在。

◇ 要求学生扩大课外阅读，掌握行业发展的前沿趋势，结合本部分内容，说明保险实务如何运用市场营销的手段促使保险合同的签订与履行，根据自身的理解，结合案例在课堂提问中口头表达。

◇ 将学生随机分组，按小组选出典型回答在课堂上进行点评，学生间相互评出每一口头表达情况的优劣，教师进行综合评价。

【教师任务】

◇ 提示学生完成口头表达所需要关注的主要知识点，如要约、要约的邀请、反要约等，与相近的保险、经济专业名词的区别与联系，财产保险相关业务的国际惯例等。

◇ 指导学生分组，在小组内对学生进行不同的分工，对学生口头表达作业完成情况及时跟进。

◇ 对各小组进行的课堂点评适时指导，对于选出的作业予以及时、客观、公正的评价，准备回答学生有可能提出的异议等。

教学活动 1　保险合同的签订

【活动目标】

通过本部分的教学活动，从法律基础理论的角度理解与熟悉保险公司业务人员签订保险合同的实务流程，掌握其关键因素，并能够使用自己的语言简单描述。

【知识准备】

一、保险合同的订立原则

我国《保险法》第十一条规定："订立保险合同，应当协商一致，遵循公平原则确定各方的权利和义务。""除法律、行政法规规定必须保险的外,保险合同自愿订立。"从上述规定中我们可以看出,保险合同订立必须遵循以下原则:

(一) 最大诚信原则

最大诚信原则是保险的四大基本原则之一,同样也是保险合同签订过程中必须要遵循的原则。由于在保险活动中参与双方的信息不对称,保险双方必须做到最大程度的诚实守信,这是保险合同成立的基础。

(二) 公平互利原则

公平互利原则是指在平等的民事主体之间订立的合同,应当使合同双方当事人享有的权利与义务是对等的,对合同双方都应是有利的。公平原则是衡量合同是否有效的标准之一。公平互利原则要求保险合同的订立,要对双方当事人有利;要求当事人双方权利义务对等,互相享有权利,承担义务。

(三) 协商一致原则

协商一致原则是指在保险合同订立过程中,合同主体双方在法律、行政法规允许范围内,在对合同内容充分协商、充分表达各自意思的前提下达成一致,订立协议。由于保险合同的专业性及复杂性,订立的保险合同在一般情况下,往往以保险人制作的保险单为基础。但是,保险单双方当事人对其内容完全同意以前,不是合同,投保人完全可以要求对保险单的内容加以批注。虽然保险合同具有附合性,但这并不妨碍保险双方就有关事项进行平等协商。双方可以对标准保险单中的保险条款进行修改、批注,可以附加特约条款,也可以使用其他合同形式,这样才能使合同体现双方的真实意思。

(四) 自愿订立原则

自愿订立原则是指保险合同订立时,合同双方当事人的意志完全独立,不受他人干涉,有权在法律允许的范围内决定合同的订立。投保人可以自主选择保险人、自主选择保险险种,自主决定是否订立合同等;保险人亦可决定是否承保,而不受任何单位和个人非法干预。商业保险是一种自愿行为,双方当事人不能将自己的单方意愿强加给对方,强制对方投保或承保,任何第三方也不得强制他人订立保险合同。当然,法律、行政法规规定必须保险的除外。

(五) 境内投保原则

根据我国《保险法》的相关规定,在中华人民共和国境内的法人和其他组织需要办理境内保险的,应当向中华人民共和国境内的保险公司投保。从法律的角度来理解,在中国境内注册经营的合资和外资的保险公司都属于中国境内的保险公司。

(六) 公共利益原则

公共利益是指社会公众的共同利益和根本利益。按照公共利益原则的要求,保险合同的订立、履行、变更和解除,应当遵守法律、行政法规,不得违反社会公共道德和损害社会公共利益,否则,该合同不具有法律效力,并应视具体情形加以处理。

二、保险合同的签订

与一般的民商事合同的签订程序相类似,保险合同的订立也经过投保人提出保险要求和保险人同意承保两个阶段,也称为要约与承诺两个阶段。

（一）要约

要约是一方当事人向另一方当事人提出订立合同建议的法律行为，是签订保险合同的重要程序。理论上讲，要约应该具备两个要件：其一，是要约人订立合同的愿望；其二，是要约人对订立合同提出的基本条款。

根据我国《保险法》第十三条的规定："投保方提出保险要求，经保险人同意承保，保险合同成立。保险人应当及时向投保人签发保单或者其他保险凭证。"在签订保险合同的过程中，通常保险合同的要约是由投保人提出的。

虽然在保险实务中，保险公司及其代理人进行展业时是主动开展业务，希望与潜在客户订立保险合同，但是这些不是法律意义上的要约，对于保险营销员的展业与推销，只能称为要约的邀请。只有在投保人提出投保申请，即填写好投保单，并交给保险公司或其代理人时，才构成要约。此后，该投保单经保险人审核同意承保，并在所出立的正式保险单签字、盖章，保险合同才告成立。

由于保险业务专业性较强，保险合同的要约内容明确、具体，而且在我国要约要求必须为书面形式。因此，在保险实务中多由保险公司以投保单的形式事先制定、印制好，并提供给投保人供投保人投保时填写。投保人如有特殊要求的，也可与保险公司协商，约定特约条款，所以保险合同的要约一般表现为投保单或其他书面形式。虽然在保险人印制的投保单中并不附有保险条款，但是根据保险习惯，投保单仍然构成一个完整的要约。

（二）承诺

承诺又称"接受订约提议"，是要约受领人对要约人提出的要约表示完全接受，是要约受领人向要约人表示同意与其缔结合同的意思表示。作出承诺的人称为承诺人。承诺人对于要约人提出的主要条款内容表示同意后，合同即告成立，并开始承担履行合同的义务。

要约受领人对要约不能完全赞同，只能部分同意或附有条件接受的，则不能认为是承诺。此时，承诺人可提出新要约，由原要约人选择承诺。因此，承诺需要满足下列条件才可以生效：第一，承诺不能附带任何条件，是无条件的；第二，承诺须由承诺人本人或其合法代理人作出；第三，承诺须在要约的有效期内作出。

保险合同的承诺也叫承保，通常由保险人作出。当投保人递交填好的投保单后，经保险人审查认为符合要求的，一般都予以接受，即承保。一般而言，保险合同经过保险人的承保之后即告成立，而保险人承保的表现形式即向投保人出具保险单或者保险凭证。

三、保险合同的效力

（一）保险合同的生效

我国《保险法》第十三条规定："投保人提出保险要求，经保险人同意承保，保险合同成立。保险人应当及时向投保人签发保险单或者其他保险凭证……依法成立的保险合同，自成立时生效。投保人和保险人可以对合同的效力约定附条件或者附期限。"《保险法》第十四条规定："保险合同成立后，投保人按照约定交付保险费，保险人按照约定的时间开始承担保险责任。"

由此可见，保险合同的成立与保险合同的生效并不是同一概念。如前所述，保险合同经过保险人的承诺（承保）即告成立，而保险合同的生效是指合同内容开始对保险双方实际产生约束力，一般是在合同成立时或合同成立后的某一时间。投保人按照约定交付保险费，保险人则按照约定的时间开始承担保险责任。

（二）保险合同的无效

违反法律、法规所签订的、无法律效力的保险合同，称为无效保险合同。如保险公司超出核准的业务范围签订的合同，以及其他欺诈性投保、欺诈性承保（包括因保险人的失察而助长被保险人的欺诈）、胁迫保险、非法代理签订的保险合同等。要注意的是，保险合同的无效与人身保险中的合同失效不同。

我国《合同法》规定的无效合同有：一方以欺诈、胁迫的手段订立合同，损害国家利益的；恶意串通，损害国家、集体或者第三人利益的；以合法形式掩盖非法目的的；损害社会公共利益的；违反法律、行政法规的强制性规定的。

无效的保险合同从订立的时候起即不产生法律效力，但如果是部分无效，则并不影响其余部分的效力。如超额保险合同，仅超过保险价值的部分保险金额无效；订立合同时保险人向投保人未作提示或未明确说明免责条款的，仅该免责条款无效等。

保险合同经人民法院或仲裁机构确认为无效后，正在履行中的应终止履行，尚未履行的不得履行。如其订立和履行中有违法行为或已产生损失后果，应进行相应处理。

教学活动2　保险合同的履行

【活动目标】

通过本部分的教学活动，熟练掌握保险合同履行过程中保险双方的权利义务，出现争议时应当如何进行处理，掌握其关键因素，并能够使用自己的语言描述。

【知识准备】

一、保险合同的履行

保险合同的履行是指保险合同双方当事人依照合同规定全面履行自己的义务。主要包括投保人义务的履行和保险人义务的履行。

（一）投保人义务的履行

投保人在合同履行过程中的义务主要有，如实告知的义务、支付保险费的义务、出险通知的义务、积极施救的义务、提供单证的义务、危险程度增加通知的义务等。

1. 如实告知的义务。我国《保险法》第十六条规定，保险人可以就保险标的或被保险人的有关情况提出询问，投保人应当如实告知。投保人故意隐瞒事实，不履行如实告知义务的，或者因过失未履行如实告知义务，足以影响保险人决定是否同意承保或者提高保险费率的，保险人有权解除保险合同。投保人故意不履行如实告知义务的，保险人对于保险合同解除前发生的保险事故不承担给付保险金的责任，并不退还保险费。

一般来说，投保人不负有无限告知的义务。告知事项以保险人在投保书中列明或者在订立保险合同时询问的内容为限。且所告知事项限于投保人或被保险人所知晓为限。

2. 支付保险费的义务。支付保险费是投保人的基本义务，也是保险合同生效的条件，按时缴纳应引起客户重视，否则会引起保险合同的失效。

3. 出险通知的义务。出险通知的义务是指投保人、被保险人在发生保险事故时及时通知保险人。出险通知义务目的在于使保险人得以迅速调查事实真相、确定责任、采取措施处理保险事故，防止损失进一步扩大，使保险人有处理赔案、准备赔偿的时间。履行该义务是被保险人或受益人获得保险给付的必要程序。

4. 积极施救的义务。《保险法》第五十七条规定："保险事故发生时，被保险人应当尽力采取必要的措施，防止或者减少损失。""保险事故发生后，被保险人为防止或者减少保险标的的损失所支付的必要的、合理的费用，由保险人承担；保险人所承担的费用数额在保险标的损失赔偿金额以外另行计算，最高不超过保险金额的数额。"出险施救的规定是为了鼓励被保险人积极履行施救义务，防止或减少保险标的的损失，避免损失的扩大。

5. 提供单证的义务。提供单证是指向保险人索赔时被保险人或受益人应当提供与确认保险事故的性质、原因等有关的证明和资料，这些证明和资料既是索赔的依据，也是保险人判断责任范围和赔付保险金的依据。

6. 危险程度增加通知的义务。危险程度增加通知义务是指被保险人在保险合同有效期内，或续保时对于其风险发生变化的情况，尤其是危险程度增加要及时通知保险人，否则的话，则会导致保险人对于危险程度增加致使的事故损失拒绝赔付。

（二）保险人义务的履行

保险人在合同履行过程中的义务主要有承担保险责任，向投保人说明条款，及时签发保险单证，为投保人等其他保险合同的主体保密等。

1. 支付保险赔款的义务。这是保险人履行的基本义务，也是最重要的义务。保险人在保险事故发生后，支付保险赔款，履行保险金给付义务，这也是投保人的基本要求。该义务的履行以保险事故的发生为前提。从投保人角度来讲，是一个索赔的过程。保险人主要通过理赔来承担相应的保险责任。

2. 说明保险条款的义务。保险人的说明义务是法定义务，保险人不能够通过合同条款的方式予以限制或者免除说明义务。不论在何种情况下，保险人均有义务在订立保险合同的时候主动、详细地说明保险合同的各项条款，并且对投保人提出的有关问题作出直接、真实的回答。对于免责条款，保险人不仅要履行说明义务，而且还要明确说明或者作出特别提示，否则该条款无效。

3. 签发保险单证的义务。在保险合同成立后，保险人应当及时向投保人或者被保险人签发保险单证，作为合同成立的有效证明。而签发的保险单证也是被保险人在发生保险事故时，向保险人索赔的必要有效证明文件。

4. 保守商业秘密的义务。保险人或者再保险接受人在办理保险业务中，对投保人、被保险人或者再保险分出人的业务和财产情况，负有保密的义务。因此，为投保人、被保险人或者再保险分出人保密是保险人或者再保险接受人的一项法定义务。

二、保险合同的变更

保险合同的变更是指在保险合同有效期间，当事人依法对合同条款所作的修改或补充。我国《保险法》第二十条规定："投保人和保险人可以协商变更合同内容。变更保险合同的，应当由保险人在保险单或者其他保险凭证上批注或者附贴批单，或者由投保人和保险人订立变更的书面协议。"保险合同的变更或修改，一般情况下须经保险人审批同意，并出立批单或进行批注。

保险合同变更的基本程序如下：首先，由投保人向保险人提出变更申请，告知有关保险合同变更的情况。其次，保险人对变更申请进行审核，并重新核算保险费。最后，若保险人同意变更，则签发批单或附加条款；若拒绝变更，保险人也需通知投保人。

（一）保险合同主体的变更

1. 保险人的变更。在一般的保险合同中，作为保险人的一方是不允许变更的，投保人只能选择退保来变更保险人。保险人变更的情况是极为少见的，可能的原因包括：保险人破产，合同责任由其他保险人或政府或有关基金组织承担；保险人违法经营保险业务，根据政府方面的行政命令，将保险转让给其他保险人等特殊情况。

2. 被保险人的变更。保险合同的主体变更，主要是被保险人的变更，通常是因保险标的的转让而发生。一般认为，保险合同以诚信原则为基础，原则上其主体不得随意更换。当发生保险标的转让时，根据《保险法》规定，被保险人或者受让人应当及时通知保险人，但货物运输保险合同和另有约定的合同除外。

保险合同一经转让，原投保人（或被保险人）与保险人的保险关系即告消灭，保险标的受让人与保险人随即建立财产保险关系，受让人应依合同规定享有原投保人（或被保险人）的权利并承担其义务。

【知识链接】

货运险标的转让合同自动变更

因保险标的的转让而变更保险合同有一种特定情况，就是货物运输保险合同的保险标的转让，保险合同自动变更。

货物运输保险，是对货物在运输过程中因自然灾害或意外事故发生而遭受的损失提供经济补偿的保险。在货物运输保险合同中，保险标的是在运输过程中的货物。由于运输中的货物流动性大，特别是海上运输，路程遥远，在一般情况下，货物在远地易主，很难事先通知保险人，并取得保险人的同意。

为了方便合同当事人的交易，避免他们错过交易良机，国际上的保险惯例是只要保险合同没有另作规定，凡运输保险，其保单可随货物的转移而背书转让。也就是说，除合同另有约定外，货物运输保险合同保险标的的转让，投保人不必征得保险人的同意，保险合同随保险货物的转让而自动变更，原被保险人与保险人之间的保险关系即行消灭，受让人与保险人之间新的保险关系随即建立。

（二）保险合同客体的变更

保险合同客体变更是指投保人或被保险人的保险利益关系发生了变化。如财产保险的投保人与保险标的之间的经济上的依存关系发生变化，保险合同的客体也随之变化。

（三）保险合同内容的变更

保险合同内容的变更主要是指主体权利和义务的变更，即合同条款变更。如保险标的的改变（包括数量、金额、所在位置等）、保险标的的风险程度的改变、保险责任和责任免除、保险金额及其变化、保险费缴付方式、保险期间和保险责任开始时间、保险金给付、违约责任和争议处理等内容的变更。

三、保险合同的终止

保险合同的终止是指在保险期限内，由于某种法定原因或者约定事由的出现，致使保险合同当事人双方的权利义务归于消灭。保险合同终止的原因可分为两类：自然终止与提前终止。

（一）自然终止

自然终止是指发生下列情形时，无须当事人行使终止权的意思表示，保险合同的效力当然归于终止：

1. 保险期限届满。保险合同订立后，虽然未发生保险事故，但是如果保险合同的有效期已届满，则保险人的保险责任自然终止。这种自然终止，是保险合同终止的最常见、最普遍、最基本的原因。

2. 合同履行完毕。保险事故发生后，保险人完成全部保险金额的赔偿义务之后，保险责任即告终止。最常见的如被保险财产被火灾焚毁，被保险人领取了全部保险赔偿后，保险合同终止。

3. 保险标的的灭失。在保险合同的有效期间内，如果保险标的因保险责任以外的原因而灭失，则保险合同自然终止。

【知识链接】

被保险人不能提出终止合同的情形

货物运输和运输工具的航程保险合同，被保险人不能提出终止合同的请求。因为，一方面无论是运输中的货物，还是运输工具，均为流动财产。如果允许中途退保，势必会导致频繁的道德危险事故和各种保险危险事故过于集中的现象。

另一方面，如果货运险保险投保人提出退保请求，就会损害被保险人的利益，在海洋货运险中，还会涉及承运人、银行等多方的利益。所以，保险法关于货物运输险与运输工具的航程保险的投保方不能中途提出退保的请求的规定，既是对保险公司保险危险责任的限制，又是对广大保险单或保险凭证持有人利益的保护。

（二）提前终止

提前终止是由于当事人的意思表示而使合同效力终止，即合同的解除。合同的解除分为法定解除和协议解除。协议解除是指双方当事人通过协商达成一致，在不损害国家、公共利益时终止合同的行为。法定解除是指按法律规定可以进行的合同解除。

在我国，除货物运输保险和运输工具航程保险外，投保人依法享有解除合同的权利。对保险人来讲，保险合同成立生效后，不得任意解除合同。但是，在发生下列情形时保险人可以解除合同：

1. 危险程度增加时，投保人或被保险人未履行危险程度增加通知的义务，保险人在得知此情况后，可以主张解除保险合同。

2. 投保人未能履行如实告知义务，足以影响保险人决定是否承保或以何种价格承保的，导致保险人承担了本不应承担的危险责任，则保险人可解除合同。

3. 投保人或被保险人谎称发生保险事故或故意制造保险事故。该行为属于投保人或被保险人的欺诈行为，保险人可以解除合同。

4. 投保人或被保险人未履行维护保险标的安全的义务，此时保险标的发生保险事故的可能性增加，保险人可要求投保人或被保险人加强防范措施，也可以投保人与被保险人未履行义务为由解除合同。

四、保险合同的争议处理

（一）保险合同争议

保险合同争议，是指在保险合同的履行过程中，由于当事人双方意见不一致而导致的纠纷，主要表现为催、欠保险费和索赔、拒赔纠纷等方面。

保险合同争议的产生，主要有以下几方面的原因：

1. 保险合同是一种非即时清结的合同，保险合同的履行需要一个较长的过程，在保险期限里有关因素会发生较大变化。

2. 投保人或被保险人往往不能准确理解保险条款。

3. 危险事故的鉴定具有很强的技术性，保险人和被保险人对危险事故的性质及损失的程度往往存在分歧。

4. 保险合同是一种不等价的有偿合同，合同双方总是力图为自己谋求较大利益。

5. 保险人及其员工在开展业务中有误导、不理性的行为。

6. 保险中介人活动的不规范性，亦对保险合同的效力有很大影响。

能否及时、合理地处理保险合同争议，对规范保险活动，保护保险双方当事人的合法权益，促进保险事业的健康发展，具有十分重要的意义。处理保险合同争议，应遵循特别法优于普通法的原则。如我国《海商法》对海上保险有特别规定的，即优先适用《海商法》的规定；《保险法》中没有作出规定的，方适用其他法律。

（二）保险合同争议的解释原则

当发生保险合同争议时，需要根据保险合同的内容进行解释，以判定责任、解决纠纷。这一过程当中如何对合同内容进行解释，就显得十分关键和重要了。

保险合同的解释，也就是对保险条款的解释，是受理保险合同争议的人民法院或仲裁机构（而不是保险公司）为合理地确定保险合同的内容，依法对保险条款的含义所作的具有法律约束力的说明。

保险合同的解释首先应遵循合同解释的一般原则，即在坚持合法、公平、诚信、互利的基础上根据合同的整体内容和当事人订立合同的目的，对保险合同条款进行解释。

另外，保险合同的解释还应当遵循以下原则：

1. 文义解释原则。按文义解释保险合同，是最一般的解释原则。这是指按照合同文字本身的普通含义进行解释。我国《保险法》规定，采用保险人提供的格式条款订立的保险合同，保险人与投保人、被保险人或者受益人对合同条款有争议的，应当按照通常理解予以解释。如保险责任中"空中运行物体的坠落"，显然不包括楼板塌落所造成的损失。同时，对特定的字或词还须按特定的文义进行解释（专业解释），如"暴雨"是指 1 小时内降雨量 16 毫米以上或 24 小时内降雨量 50 毫米以上的降水等。

2. 意思解释原则。意思解释原则，即按照保险合同当事人在签订合同时的真实意思进行解释，也有人称之为意图解释原则。其具体规则如下：①当书面约定的内容与口头约定不一致时，应当以书面内容为准；②当保险单中的内容与投保单或其他合同形式中的内容不一致时，应以保险单中的内容为准（在签发保险单之后经投保人和保险人协商同意，采取保险单以外的其他保险凭证或其他书面协议形式订立补充合同的除外）；③特约条款的内容与基本条款不一致时，应以特约条款为准；④当保险合同的内容以不同方式记载且内容相抵触时，批注优于原文，打字的优于印刷的，手写的优于打字的。

3. 疑义利益解释原则。在应用前面两条原则不能获得对保险合同的正确解释时，可以适用疑义利益解释原则，即对保险条款作有利于非起草方的解释，也就是作有利于被保险人和受益人的解释。我国《保险法》第三十条规定，对合同条款有两种以上解释的，人民法院或者仲裁机构应当作出有利于被保险人和受益人的解释。

这主要是由于保险合同是附合性合同，投保人在订立合同时只能作出接受或拒绝的表示。另外，保险合同当中存在大量的专业术语，不利于投保人的理解。为了保护投保人、被保险人和受益人的利益，根据各国的保险立法惯例，各国在解释保险合同时，在处理保险合同争议时，一般都采用有利于被保险人和投保人的原则，作出有利于被保险人和受益人的解释和判定，使保险合同能够更好地起到保障被保险人的目的，维护被保险人或受益人的合法权益。

📖 【拓展阅读】
疑义利益解释原则的由来

疑义利益解释原则最初形成于英国的一个人身保险判例：海上保险承保人查德·马丁在公历 1536 年 6 月 18 日将其业务扩大到人身保险，为一位朋友威廉·吉朋承保人寿险 2 000 英镑，保险期限为 12 个月，保险费 80 英镑。吉朋于 1537 年 5 月 29 日死亡，马丁声称其保险期限 12 个月系按阴历每月 28 天计算，所以保单已于公历 5 月 20 日到期。投保方则认为，按公历计算，保险期限尚未届满。法院对此案作了有利于被保险人的解释，判决马丁承担支付保险金之责任。从此以后，该判例的结果对处理相关的保险诉讼案件产生了深远的影响，便形成了现在的疑义利益解释原则。

（三）保险合同争议的处理

保险合同在履行过程中，有关主体之间常常会因为对合同的条款理解有分歧，对索赔、拒赔等处理不一致而发生纠纷，保险合同的争议处理通常采用如下四种方式：协商、调解、仲裁、诉讼。

1. 协商。协商是指在争议发生后，双方当事人在平等、互相谅解的基础上对争议事项进行协商，取得共识，解决纠纷的方法。该方法是解决争议最常用、最基本的方法。该方法具有较大的灵活性，且有利于双方关系友好、节省费用，有利于合同的继续履行。

2. 调解。调解是指在协商无效的情况下，由双方接受的第三者出面进行的，促使双方意见达成一致的方法。根据第三者的身份不同，调解可分为行业调解、行政调解、仲裁调解和法院调解，后两种调解具有法律强制执行效力。

3. 仲裁。仲裁是指当事人双方将发生的合同纠纷诉诸有关仲裁机关，由仲裁机关作出判断或裁决。该方式与法院裁决效力等同。仲裁必须遵循双方自愿的原则。仲裁应当独立进行，不受行政机关、社会团体和个人的干涉。仲裁结果一裁终局制，一经作出便产生法律效力，必须执行。

4. 诉讼。诉讼是指保险合同的一方当事人按有关法律程序，通过法院对另一方提出权益主张，并要求法院予以解决的方法。财产保险双方没有在合同中订立仲裁条款，事后又没有达成书面仲裁协议的，可以在诉讼时效内向法院起诉。在我国，有关财产保险的诉讼实行二审终审制度，需遵守《中华人民共和国民事诉讼法》的相关规定。

保险合同综合实训

【实训目标】

通过本部分实训，使得学生能够在理论上和实务中掌握保险合同的相关重点专有名词和基本理论，区分不同的保险合同种类和表现方式，能够按照不同方式解决保险合同项下的保险争议。

【实训任务】

一、重要名词

保险合同 有偿合同 双务合同 最大诚信合同 射幸合同 附合合同 总括保险合同 流动保险合同 预约保险合同 定值保险合同 不定值保险合同 超额保险合同 投保单 保险单 保险凭证 保险合同主体 保险合同客体

二、思考讨论

1. 简述保险合同的含义和特征。
2. 简述保险合同的分类。
3. 简述保险合同的表现形式。
4. 保险合同的要素有哪些？
5. 保险合同的具体内容有哪些？
6. 简述保险合同双方如何履行合同义务。

7. 保险合同的无效有哪些情形?

8. 保险合同的终止情形有哪些?

9. 简述保险合同的争议如何处理。

三、情景模拟

不足额投保引发赔偿纠纷

【模拟场景】

2003 年 12 月 29 日,某公司以 2 万美元免税购置美国产别克系列林荫大道 91 款二手轿车一辆,办理牌照后,即日向某保险公司投保车辆损失险。保险公司承保后,出具了机动车辆保险单。保险单载明:投保汽车重置价值 30 万元;保险金额 30 万元;保险期限自 2003 年 12 月 29 日至 2004 年 1 月 4 日。经有关汽车经销部门估价国内购置该种车新车最低市价至少应在 60 万元以上。

2003 年 12 月 30 日,该车发生了交通事故。公司立即向保险公司报告了出险情况。在出险地,该公司与保险公司商定先将汽车拖回天津修理,由公司先垫付施救费、差旅费 5 152.20 元。后承修单位、保险公司、某公司三方确定:汽车为部分损坏,部分修理,修理费初步定为 22.5 万元(含配件 18 万元),配件由平安保险公司从国外进口。因提供配件迟延,致修复延期约 3 个月。实际修理费共计 294 099.89 元(含配件 23 万元)。

为了赔偿问题,某公司与保险公司发生纠纷,双方意见难以达成一致,某公司于是将保险公司告上法院。

原告某公司诉称:所购汽车投保时按重置价值确定保险金额,请求被告履行保险合同,赔偿投保汽车出险后其已支付的全部修理费,并赔偿其已支付的差旅费、施救费和租车费等 30 万元。

被告保险公司答辩称:保险车辆重置价值约 60 万元,某公司申报为 30 万元,属于不足额投保。依照《机动车辆保险条款》规定,投保时保险金额低于重置价值的车辆,应按保险金额与重置价值比例赔偿。如果投保人要求全部赔偿,赔偿金(即修理费)已经等同于保险金额和重置价值,保险公司则有权要求收回出险的汽车。

【实务操作】

法院认为,本案出险车辆修理费共计应为 294 099.89 元。承修单位确定修理费为 22.5 万元,被告进口配件迟延,扩大经济损失约 7 万元,应由被告负责。投保汽车重置价值在 60 万元以上,被告要求确认为 60 万元,予以确认。保险金额登记为 30 万元,属于保险范围,应为有效。投保时保险的汽车投保金额低于重置价值,被告请求按保险金额与重置价值的比例赔偿损失,承担修理费用,符合《机动车辆保险条款》规定,应予支持。保险汽车重置价值为 60 万元,登记为 30 万元,属于双方当事人的重大误解,不足额部分的民事行为无效。致使保险合同部分无效,主要是被告未将投保有关事项告知原告以及对原告申请保险的内容审查不严,应负主要责任;原告投保不足,也有一定的责任。

【本案分析】

1. 不足额投保的保险合同的效力认定问题。不足额投保是指投保时保险金额低于保险标的的实际价值。本案投保汽车的重置价格为 60 万元，而保险合同却载明：投保汽车重置价 30 万元，保险金额 30 万元，显然属不足额投保，对于保险金额 30 万元内的合同部分，因投保人与保险人双方意思表示一致，符合法律规定，可认定为有效。至于不足额投保部分的 30 万元，属双方当事人的重大误解，即对投保汽车重置价格的认识发生错误，并因此而作出的意思表示无效。根据《民法通则》第五十九条的规定，行为人对行为内容有重大误解的，属可撤销的民事行为，被撤销的民事行为从行为开始起就无效。可见保险合同投保不足部分无效，也即本案保险合同部分有效部分无效。对合同的无效部分，保险人和投保人均有过错。

2. 本案法律责任的分担问题。《保险法》第五十五条规定："保险金额低于保险价值的，除合同另有约定外，保险人按照保险金额与保险价值的比例承担赔偿保险金的责任。"本案投保车辆保险金额为 30 万元，重置价值为 60 万元，其比例为 1∶2，也即保险公司应赔偿修理费的一半。本案汽车实际修理费虽然为 29 万多元，但其中的 7 万元是保险公司直接进口配件造成修理迟延导致的扩大损失，根据《民法通则》第一百一十四条的规定："当事人一方因另一方违反合同受到损失的，应当及时采取措施防止损失的扩大，没有及时采取措施致使损失扩大的，无权就扩大的损失要求赔偿。"保险公司对扩大损失的 7 万元应自己承担。至于另外 22 万多元的出险车辆修理费，保险公司按比例应赔偿其中的一半；修理费另一半的处理，应根据造成保险合同部分无效的责任大小，由保险公司和某公司合理负担。

【参考文献】

[1] 孙祁祥：《保险学》（第四版），北京，北京大学出版社，2009。

[2] 孙迎春：《保险实务》，大连，东北财经大学出版社，2008。

[3] 张洪涛、郑功成：《保险学》（第三版），北京，中国人民大学出版社，2008。

[4] 刘金章：《财产与人身保险实务》，北京，中国财政经济出版社，2005。

[5] 杨忠海：《保险学原理》，北京，清华大学出版社，2008。

[6] 刘连生、申河：《保险学教程》（第二版），北京，中国金融出版社，2010。

[7] 卓志：《商业财产保险完全手册》，成都，西南财经大学出版社，2005。

[8] 刘平：《保险学原理与应用》，北京，清华大学出版社，2009。

教学项目五
财产保险
CAICHAN BAOXIAN

【知识目标】
◇ 财产保险的概念和含义
◇ 财产保险的特征和相近概念的区别
◇ 财产保险的不同分类
◇ 财产保险的基本条款
◇ 财产保险费率厘定的基本原理
◇ 财产保险核保的基本流程
◇ 财产保险理赔的基本流程

【能力目标】
◇ 能够区别财产保险与相近保险概念
◇ 能够将财产保险的不同险种作有效区分
◇ 能够牢固掌握财产保险基本条款的具体含义
◇ 能够运用费率表进行简单投保计算
◇ 能够按照流程处理财产保险承保理赔的相关问题

【引导案例】

汶川地震后保险公司积极赔付

【案情介绍】

汶川地震后，各大保险公司纷纷启动应急预案，建立"绿色通道"处理灾后赔付事项。据中国保监会的数据，中国平安、中国人寿、人保财险、嘉禾人寿等保险公司均已开始着手灾后赔付。

中国人寿：截至 2008 年 5 月 13 日，陕西、云南、重庆三家分公司接到理赔报案 41 件，预估赔款 757 500 元。西安分公司于 14 日下午向一名地震遇难保户作出陕西省首起灾后大额赔付，赔付保险金额 13 万元。

中国平安：2008 年 5 月 13 日下午 15 时，中国平安将"5·12"地震的第一单理赔款 2 万元交到不幸遇难的重庆保户唐某的家属手中。根据平安人寿电脑系统核查数据，北川、汶川地区平安人寿个人保户共计 1 374 人，平安人寿正在对受灾地区所有保户进行主动回访。

人保财险：2008 年 5 月 13 日，陕西省分公司支付全省首笔"5·12"地震保险赔款共 1.5 万元。受汶川地震影响，陕西乾县高庙小学和西街小学围墙倒塌，造成高庙小学 4 名学生死亡、西街小学 2 名学生重伤。经核实，6 名学生中除 1 名死亡学生外，其余 5 人均投保公司学平险，死亡伤残责任每人赔偿限额 3 000 元，附加住院医疗每人赔偿 5 万元。

嘉禾人寿：2008 年 5 月 14 日下午，嘉禾人寿保险股份有限公司将 8 万元理赔款，通过银行汇款的形式，交付给四川省都江堰市保户龚某的家属。这是嘉禾人寿支付的"5·12"地震灾害第一笔理赔款。从接到报案到支付赔款，整个赔付过程用了不到 23 小时。

【本案分析】

这一案例表明：保险作为社会的"稳定器"，体现了保险的经济补偿职能，促进了经济的发展，保障了社会的稳定。同时也说明我国的保险广度和深度还远远不够，提高保险意识，普及保险知识迫在眉睫。

学习任务一
认识财产保险

【学生任务】

◇ 要求学生课前预习相关内容，结合已经学过的保险基础知识来理解财产保险的相关内容和条款，用自己的语言来讲述对财产保险知识的理解与实际运用。

◇ 要求学生了解中外保险公司各种类型，掌握行业发展的多样性，结合所学内容，进行模拟投保练习，熟悉掌握有效险种区分。

◇ 将学生随机分组进行研讨，按小组选出代表研讨发表，相互评出小组的优良；学生发表内容进一步修改后提交，以便教师进行备查评价。

【教师任务】

◇ 引导学生养成在相关专业网站上查找所需资料习惯。如我国保险监管部门对于保险公司经营与风险管理所使用法律的规定；要求学生理解保险的意义和功用。

◇ 提示学生完成书面章节作业所需要关注的主要知识点。如财产保险的概念、特征和分类，与相近的保险专业名词的区别与联系，保险法规的相关监管规定等。

◇ 指导学生分组，根据小组对学生进行不同的分工，对学生章节作业完成情况及时跟进，督促其按时完成。

◇ 对各小组进行模拟练习适时指导，选出优秀组作为全体学习的榜样，准备回答学生可能提出的各种异议等。

教学活动1　掌握财产保险的含义

【活动目标】

通过本部分的教学活动，熟练掌握财产保险的概念，理解其真正内涵，区别其与相关专有名词的关系，并可以在保险实务中加以正确应用。

【知识准备】

一、财产保险的含义

（一）财产保险的定义

财产保险，是指保险人对于投保人或者被保险人的财产，以及与财产相关的利益，在发生保险责任范围内的灾害事故，而遭受经济损失时给予补偿的一种保险。财产保险中所指的财产除了包括一切动产、不动产、固定的或流动的财产以及在制或制成品的有形财产外，还包括运费、预期利润、信用及责任等无形财产。

财产保险是以财产及其相关利益和损害赔偿责任为保险标的，以自然灾害、意外事故为保险责任，以补偿被保险人的经济损失为基本目的的保险。对于财产保险的含义，可以从以下三个方面来理解：第一，财产保险的保险标的是以物质形态、非物质形态存在的财产及其相关利益；第二，财产保险承保的风险一般是各类灾害事故；第三，财产保险是当被保险人因保险事故遭受经济上的损失时，保险人负责赔偿。

财产保险是人们在长期处理有关物质财产和相关经济利益所面临的风险过程中总结和发展起来的一门经济学科，是以各种财产物资和有关利益为保险标的，以补偿投保人或被保险人的经济损失为基本目的的一种社会化经济补偿制度。作为现代保险业的两大部类之一，财产保险通过各保险公司的社会化经营，客观上满足着人类社会除自然人的身体与生命之外的各种风险保障需求，是当代社会不可缺少的一种风险管理机制和经济补偿制度。

（二）相关概念的界定

1. 广义财产保险和狭义财产保险。对财产保险概念的界定，人们大多根据财产保险经营业务的范围，将其分为广义的财产保险和狭义的财产保险。广义的财产保险是指包括各种财产损失保险、责任保险、信用保证保险等业务在内的一切非人身保险业务，其保险的保险标的既包括各种有形的物质财产，也包括在物质财产基础上派生出的财产相关利益、责任和信用。狭义的财产保险则仅指各种财产损失保险，它强调保险标的是各种具体的财产物资，如房屋保险、运输工具保险、货物保险、工程保险等。

2. 有形财产保险和无形财产保险。由于财产可以分为有形财产（如生产车间、机械设备、运输工具、库存商品等）与无形财产（如预期利益、权益、责任、信用等），因此财产保险也可以根据承保标的的形态分为有形财产保险和无形财产保险。有形财产保险是指以各种具备实体形态的财产物资为保险标的的财产保险，它在内容上与狭义财产保险业务基本趋于一致；无形财产保险则是指以各种没有实体形态，但是属于投保人或被保险人的合法利益为保险标的的保险，如责任保险、信用保险、利润损失保险业务等。

3. 寿险与非寿险。国际上，通常根据各种保险业务的性质和经营规则，将整个保险业务划分为寿险和非寿险。非寿险是指寿险之外的一切保险业务的总称，包括广义财产保险与短期人身保险业务。其中短期人身保险主要是短期人身意外伤害保险和短期健康保险。国际上之所以将短期人身保险业务与财产保险一同并入非寿险的范围，主要原因在于它们都具有一定的补偿性质，保险期限较短，财务处理方式与责任准备金计提等方面的业务处理基本一致。将保险分为寿险和非寿险，这是一种国际惯例。

我国《保险法》第九十五条规定：财产保险业务，包括财产损失保险、责任保险、信用保险、保证保险等保险业务；经营财产保险业务的保险公司经国务院保险监督管理机构批准，可以经营短期健康保险业务和意外伤害保险业务。这充分体现了我国保险行业在财产保险业务运营方面与国际惯例的接轨。

📖 【拓展阅读】
我国的保险保障水平有待提高

针对 2008 年年初中国南部地区百年未遇的冰雪灾害，在中国保监会 2008 年 2 月 1 日召开的保险业抗灾救灾会议上，保监会主席吴定富透露，截至 1 月 31 日，各保险公司共接到报案 50.5 万件，预计赔付 35.19 亿元，已预付赔款 3.5 亿元。而与此相对应的雪灾损失却是：倒塌房屋 22.3 万间，损坏房屋 86.2 万间，直接经济损失 537.9 亿元。

对于仅 35.19 亿元的预计赔款而言，这样的保险损害赔偿、救济程度，无疑只能用"杯水车薪"来形容。由此，我们看到，面对社会风险尤其是巨大的自然灾害，我国保险业在社会保障、抗风险能力上的孱弱和严重不济。相关数据显示，在遭受自然灾害时，我国的保险赔偿仅接近 5%，而全球这一数据的平均水平为 36%。

二、财产保险的特征

为了更好地理解与掌握财产保险的含义，需要从财产保险的自身特征和比较特征两个方面来对财产保险进行描述。

（一）财产保险的自身特征

1. 财产保险承保范围的广泛性。现代财产保险业务的承保范围，涵盖着除自然人的身体与生命之外的近乎一切的风险保险业务，它不仅包容着各种差异极大的财产物资，而且包容着各种民事法律风险和商业信用风险等。例如，大到航天工业、核电工程、海洋石油勘探开发，小到家庭或个人财产等，几乎全部可以从财产保险中获得相应的风险保障。

2. 财产保险经营内容的复杂性。无论是从财产保险经营内容的整体出发，还是从某一具体的财产保险业务经营内容出发，其复杂性的特征均十分明显。它主要表现在：（1）投保主体复杂。既有法人团体投保，又有居民家庭和个人投保；既可能只涉及单个保险客户，也可能涉及多个保险客户和任何第三者。（2）保险标的复杂。财产保险的投保标的，包括从普通的财产物资到高科技产品或大型土木工程，从有实体的各种物资到无实体的法律、信用责任乃至政治、军事风险等。（3）保障过程复杂。在财产保险业务经营中，既要强调保前风险检查、保时严格核保，又须重视保险期间的防灾防损和保险事故发生后的理赔查勘等，承保过程程序多、环节多。（4）风险管理复杂。对每一笔财产保险业务，保险人客观上均需要进行风险评估、风险选择或风险限制，并需要运用再保险的手段来分散风险。（5）经营技术复杂，即要求保险人熟悉与各种类型投保标的相关的技术知识。例如，要想获得经营责任保险业务的成功，就必须以熟悉各种民事法律、法规及相应的诉讼知识和技能为前提。

3. 财产保险保险标的的可衡量性。财产保险业务的承保标的，不仅包含着各种差异极大的财产物资，而且包含着各种民事法律风险和商业信用风险等。与此同时，财产保险的保险标的无论归自然人所有还是归法人所有，均有客观而具体的价值标准，都需要用货币来衡量其价值，保险客户可以通过财产保险来获得充分补偿。

4. 财产保险业务性质的补偿性。保险客户投保各种类别的财产保险，目的在于转嫁自己在有关财产物资和利益上的风险，当风险发生并导致保险利益损失时能够获得保险人的补偿；保险人经营各种类别的财产保险业务，则意味着承担起对保险客户保险利益损失的补偿责任。当保险事故发生以后，财产保险讲求损失补偿原则，它强调保险人必须按照保险合同规定履行赔偿义务，同时也不允许被保险人通过保险获得额外利益。

5. 财产保险单独保险关系的不平等性。就单个保险关系而言，保险双方存在实际收入与支付在经济价值上可能表现出不平等现象。一方面，保险人承保每一笔业务都收取保险费，其收取的保险费通常是投保人投保标的实际价值的千分之几或百分之几，而一旦被保险人发生保险损失，保险人往往要付出高于保险费若干倍的保险赔款，表现为保险人的收入与支出的不等性。另一方面，在所有承保业务中，发生保险事故或保险损失的保户毕竟只有少数，对多数保户而言，保险人即使收取了保险费也不存在经济赔偿的问题，表现为投保人的收入与支出的不等性。正是这种单个保险关系在经济价值支付上的不等性，构成了财产保险总量关系等价性的现实基础和前提条件。所以，就某一单独的保险关系而言，强调的是对价，而不是等价。

6. 财产保险业务运行的商业性。我们知道，客观风险、剩余产品和商品经济是商业保险产生、存在和发展的自然基础、经济基础和社会基础，三者缺一不可。因此，商业保险产生、存在和发展的一般理论同样适用于财产保险。一般而言，财产保险业务运行必须服从商品经营的共性理论，严格遵循商品经营所必须遵循的游戏规则，财产保险商品设计、开发、管理和销售的全过程都必须注意其运行过程的商业价值，不符合商品经营原则的业务是对保险商品观的扭曲，没有市场价值的业务是对保险商业运行的破坏。因此，认识和理解财产保险业务的运行是保险商品运行的一个重要组成部分，区别财产保险和社会救助及相关行为的关系，立足于商品经营和市场价值的观念来讨论财产保险业务的运行，使财产保险的运行既要符合保险商品经营的法律规定，又要围绕物质财产或经济利益保障的特殊性。

（二）财产保险的比较特征

财产保险的比较特征，主要是针对人身保险而言的。财产保险和人身保险是按保险业务性质划分的两个部分。作为现代保险业的两大部类，两者由于标的性质的不同，存在着许多差异，从比较中更能了解财产保险的特征所在。

1. 承保保险标的不同。人身保险的保险标的是人的生命、身体或者健康，而无论是人的生命、身体还是健康，都无法用货币来度量其价值，因此具有不可估价性。

财产保险的保险标的价值是可以确定的，即具有可估价性。对于有形财产而言，其本身就有客观的市场价值；对于无形财产而言，投保人对其具有的经济利益也必须是确定的，或是由法律来规定的，否则不能作为保险标的。

2. 保险金额确定不同。人身保险的保险金额是由合同双方当事人约定的。由于人身保险的保险标的没有确定的保险价值，因此其保险金额不是在对保险标的的估价的基础上确定的，而是由投保人根据被保险人对人身保险的需要和投保人缴纳保险费的能力，在基本排除道德风险的前提下，与保险人协商确定的。

财产保险的保险金额是依据对保险标的的估价来确定的。由于财产保险的保险标的本身具有保险价值，因此保险金额是在对保险标的的估价的基础上确定的。保险金额可以根据标的的市场价值确定，也可以按照账面价值或重置价值确定。

3. 保险合同性质不同。人身保险是给付性保险。被保险人因意外事故或疾病造成伤残或死亡时，其伤残程度难以用货币衡量，人的生命更是无价的。因此，在人身保险事故发生后，保险人按照保险合同的事先约定给付保险金。

财产保险是补偿性保险。财产保险的标的损失是可以用货币来衡量的，在保险事故发生后，保险人对被保险人的赔偿遵循损失补偿原则，即在保险金额限度内，按照保险单约定的赔偿方式，损失多则多赔，损失少则少赔，不损失则不赔，被保险人最终不能获得超过实际损失的额外利益。

4. 保险合同期限不同。人身保险特别是人寿保险，其保险期限一般长达几年到几十年。也正因为其保险期限长，使人身保险既具有保障性，又具有储蓄性。而保险费一般又是分期缴纳，缴费期较长，考虑到随着年龄增长，收入逐步减少，但死亡率却不断上升，投保人的缴费负担越来越重，因此人身保险通常采用年度均衡保费制。保险人因此每年都有稳定的保险费收入，其形成的保险基金可进行中长期投资。

财产保险的保险期限一般为一年或一年以内。由于期限短，在保险实务中要求投保时一次性缴清保险费，保险费不计利息；其形成的保险基金不能作为保险人中长期投资的资金来源。财产保险通常只有保障性，一般不具有储蓄功能，保险单也没有现金价值。

5. 保险合同关系不同。人身保险合同具有储蓄和投资功能，除了在保险期内被保险人死亡，保险人向受益人支付死亡保险金外，通常在保险单到期后保险人还要支付满期保险金。因此除定期寿险外，一般而言，人身保险的单个合同具有对等性。

财产保险通常只具有保障功能，虽然从总体看，保险人收取的纯保险费形成的保险基金全部用于补偿被保险人的经济损失，保险人与被保险人的关系是完全平等的，但从某个单一的财产保险合同看，投保人所缴纳的保险费与将来得到的赔偿款是不对等的，有可能缴纳几百元保险费而获得几万元甚至几十万元的保险金赔偿，也可能连续多年缴纳保险费却没有任何保险金赔付。

6. 业务经营技术不同。人身保险业务经营和保费厘定的基础是对死亡率的估算，而经过多年的经验积累，人身保险对死亡率的计算较为精确，出现的风险事故也较规则和稳定，因此，人身保险业务经营稳定性相对较好。

财产保险危险事故的发生不太规则，并缺乏稳定性，损失概率相对缺乏规律性，因而计算的费率没有寿险的精确。财产保险为弥补这一缺陷，实现收支平衡，除了必须保持较大的现金储备外，在保险技术上对大数法则也要进行有效利用。

【知识链接】

财产保险与政府救济

政府及有关当局的救济作为古老的灾害补偿措施，迄今仍然被各国广泛采用，并且是一种行之有效的补偿制度。财产保险与政府救济作为两种性质不同的灾害补偿机制，是现代社会灾害保障的两个层次，都具有必要性。其根本区别表现如下：

一、性质与目的不同

财产保险具有商业性，即保险双方按照市场经济规律，在自愿成交的条件下开展业务，保险公司开办财产保险业务的直接目的是赚取利润，是一种纯粹的企业行为；而政府救济是依据有关社会保障方面的法律、法规开展的对灾害补偿工作，其目的在于帮助受灾的社会成员渡过生存危机期，以安定灾区社会秩序，是一项社会保障制度和一种政府行为。

二、权利义务关系不同

在财产保险中，保险公司与保险客户之间是有偿的、双向的权利与义务关系，即保险客户若想获得有关财产物资或利益的风险保障，就必须缴纳保险费；而在政府救灾中，提供救济与接受救济双方的权利义务关系却具有单向无偿性的，即政府承担着向遭灾的社会成员提供救济的法定义务，而遭灾的社会成员则享受着接受救济的法定权利而无须承担缴费义务。因此，财产保险体现的是有偿的经济保障关系，政府救灾体现的则是无偿的社会救济关系。

三、保障内容不同

在保障内容方面，除自然人的身体与生命属于人身保险而不保外，财产保险可以保障投保人的各种物质损失和利益损失风险，其对投保人的财产及有关利益的保障可以是全面而充分的；而政府救灾虽然也对受灾的社会成员因灾受伤的医疗问题给予有限的救助，但不保受灾社会成员的有关利益，所保障的物品亦有明显限制，仅限于受灾社会成员的吃饭、衣被、住房等生存必需资料。可见，财产保险更能为社会成员提供全方位的风险保障服务。

四、保障水平不同

财产保险按照大数法则和损失概率确定保险价格，通过向众多的保险客户筹集保险基金，能够为保险客户提供高水平的风险保障；而政府救济单纯依靠财政拨款，只能以帮助遭灾的家庭或个人解除灾后生存危机即提供最基本的保障为标准。

三、财产保险的职能

财产保险作为一种商业活动，必须在社会经济活动中通过自身的职能体现其存在的社会价值和意义。财产保险的职能分为基本职能与派生职能两方面。

（一）财产保险的基本职能

1. 损失补偿职能。损失补偿职能是指财产保险承保人通过各种保险业务的开办来筹集保险基金，在发生保险事故造成被保险人保险利益损失时，依据保险合同，按承保标的实际损失数额给予补偿。财产保险的产生是因为社会需要有专门的行业来承担组织损失补偿的责任，财产保险承保人筹集资金是为了组织损失补偿。建立和发展财产保险制度，就可以通过保险人的工作，对遭受损失的被保险人进行及时的经济补偿，受灾单位或个人就能够及时恢复受损的财产或利益，从而保障生产和经营持续不间断地进行。

2. 风险分散职能。对于难以预测的风险事件的发生，可以运用财产保险功能，通过保险费把集中的风险分散给大家，同时又可以用固定的小额保费支出来弥补不固定的损失。而财产保险公司是根据长期积累下来的对各种灾害事故造成损失的统计资料，研究导致损失的风险的原因及规律，按不同风险类别制定出不同的费率，据以收取保费的。这对于每一个负担保费的被保险人来说是科学合理的，体现了分散危险、共同互助的特点。

（二）财产保险的派生职能

1. 防灾防损职能。财产保险防灾防损工作的最大特点就在于积极主动地参与、配合其他防灾防损部门扩展防灾防损的工作。这主要体现在：从承保到理赔注重防灾防损工作，从而增加财产保险的经营效益；促进投保人的风险管理意识，从而促进其加强防灾防损工作。

2. 融通资金职能。财产保险的融资职能是财产保险公司参与融通社会资金的职能，即财产保险公司可以通过积聚保险基金和融通资金来稳定企业财务并应付巨灾事故的发生。其融资职能主要体现在两个方面：一方面具有筹资职能，另一方面通过有价证券等投资方式体现投资职能。

3. 稳定社会职能。无论是固定的还是流动的或是建造中的财产，都可能会由于自然灾害、意外事故而受损，而财产保险是以提供补偿的方法达到社会生产持续不断发展及安定人民生活的目的，从而保障社会经济稳步发展和人民生活安定。因此，在保险行业内，财产保险被誉为社会经济生活的"减震器"。

教学活动 2　区分财产保险险种

【活动目标】

通过本部分的教学活动，了解与熟悉保险公司实际业务经营中的不同财产保险的险种，掌握其关键要点，并能够使用自己的语言简单描述。

【知识准备】

财产保险的分类是按一定的标准对财产保险商品分组归类，其目的是使人们能够从总体上了解各类财产保险的共性，从个体上掌握各种财产保险的特殊性。

一、财产保险的分类方法

（一）财产保险的法定分类

我国《保险法》和《保险公司管理规定》对财产保险的分类做了具体规定。《保险法》第九十五条规定，财产保险业务，包括财产损失保险、责任保险、信用保险、保证保险等业务；中国保监会 2000 年版本的《保险公司管理规定》第四十五条规定，经中国保监会批准，财产保险公司可以经营下列全部或部分业务：企业财产损失保险、家庭财产损失保险、建筑工程保险、安装工程保险、货物运输保险、机动车辆保险、船舶保险、飞机保险、航天保险、核电站保险、能源保险、法定责任保险、一般责任保险、保证保险、信用保险、种植业保险、养殖业保险、经中国保监会批准的其他财产保险业务、上述保险业务的再保险业务。虽然《保险公司管理规定》经两次修改，但是该部分内容仍作为法定分类的借鉴。

（二）财产保险的理论分类

1. 按实施方式分为自愿保险和强制保险。自愿保险是保险人和投保人在自愿原则基础上通过签订保险合同而建立保险关系的一种保险，如家庭财产保险、企业财产保险、车辆损失保险等。强制保险又称法定保险，是以国家的有关法律为依据而建立保险关系的一种保险，它是通过法律规定强制实行的，如机动车交通事故责任强制保险。

2. 按保险价值的确定方式分为定值保险和不定值保险。定值保险是指保险合同当事人将保险标的的保险价值事先约定并在合同中予以载明作为保险金额，在保险事故发生时根据载明的保险价值进行赔偿的保险。该险种通常适用于价值变化较大或不易确定价值的特定物，如字画、古玩或海上运输中的货物。不定值保险是指在保险合同中只载明保险标的的保险金额而未载明保险价值，在保险事故发生时，根据发生时的保险价值对比保险金额予以赔偿的保险。在不定值保险合同中，投保时仅载明保险金额，并以此作为赔偿的最高限额，至于保险标的的保险价值则处于不确定的状态。财产保险大多采用不定值保险。

3. 按保险标的的形态分为有形财产保险和无形财产保险。有形财产保险是以已经存在的现实物质财产及其有关利益为保险标的的保险，如车辆损失险、船舶保险等。无形财产保险是以被保险人因过错行为造成第三者人身伤亡、财产损失，依法应负的民事损害赔偿责任为保险标的的保险，如第三者责任保险、产品责任保险、信用保险等。

除上述之外还有一些常见的分类方法，例如按风险的内容分为火灾保险、地震保险、洪水保险；按保险业务内容分为企业财产保险、家庭财产保险、营业中断保险、货物运输保险、运输工具保险、工程保险、农业保险、责任保险、保证保险、信用保险等；按承保风险的多少，将财产保险分为单一风险保险和综合风险保险等；按保险保障的范围不同分为财产损失保险、责任保险、信用保证保险和农业保险。

（三）财产保险的实用分类

《中华人民共和国财产保险合同条例》规定："本条例所指的财产保险，包括财产保险、农业保险、责任保险、保证保险、信用保险等以财产或利益为保险标的的各种保险。"这就明确了"财产保险"是广义的财产保险，即凡以财产或其有关利益作为保险标的的各种保险都属于财产保险。它既包括狭义的财产保险，即通常是指火灾保险、海上及内陆货物运输保险、运输工具保险以及各种以物质财产为保险对象的保险，又包括农业保险（种植业、养殖业、捕捞业等各种保险）、责任保险（民事损害赔偿的各种保险）、保证保险（违约担保的各种保险）、信用保险（担保对方履行责任的各种保险）等七大类。

财产保险体系框架如图 5-1 所示。

二、财产保险的险种险别

（一）火灾保险

火灾保险是指以存放在固定场所并处于相对静止状态的财产物资为保险标的，由保险人承担财产遭受火灾及其他自然灾害、意外事故损失的经济赔偿责任的一种财产保险。

火灾保险是一个发展历史悠久的险种，之所以命名为火灾保险，是强调这类财产保险承保的是火灾这种风险所造成的财产损失。事实上最初的火灾保险承保的风险的确只有火灾一种，以后才将承保风险逐步扩展到火灾以外的其他自然灾害和意外事故，但人们习惯上还是称之为火灾保险。

如今的火灾保险，从保险责任范围看，已经从传统的火灾扩展到爆炸、雷击和空中运行物体坠落等意外事故，而后又扩展到暴风、暴雨、洪水、雪灾、崖崩、泥石流等各种自然灾害；从保险标的范围看，从最初的不动产（建筑物）逐步扩大到动产（室内各种财产），再扩大到与物质财产有关的利益，如预期收入和租金收入等；从承保的损失看，从承保直接损失，扩大到部分间接损失，如利润损失等；从赔偿范围看，从最初仅赔偿物质财产损失，扩大到因灾害事故发生时对保险标的采取施救措施而引起的必要合理的施救费用。

火灾保险的主要险种有家庭财产保险、企业财产保险和利润损失保险。

1. 家庭财产保险，是承保国内城乡居民、个体工商户、家庭手工业者及其家庭成员合法拥有、占有、使用以及代他人保管或与他人共有的财产。

2. 企业财产保险，是承保国内各种经济组织形式的企事业单位、团体法人和其他民事主体所合法拥有、占用、使用、经营、管理、租赁、保管或其他与之有经济利害关系的财产。从保险责任范围看，它分为基本险和综合险两种。

		火灾保险	企业财产保险、家庭财产保险、利润损失保险
		运输工具保险	机动车辆保险、船舶保险、飞机保险
	财产损失保险	货物运输保险	国内水陆路货物运输保险、国内航空货物运输保险、海上货物运输保险
		工程保险	建筑工程保险、安装工程保险、机器损坏保险
财产保险体系		农业保险	种植业保险、养殖业保险
		产品责任保险	
	责任保险	公众责任保险	
		雇主责任保险	
		职业责任保险	
	信用保证保险	信用保险	出口信用保险、国内信用保险
		保证保险	合同保证保险、产品保证保险、忠诚保证保险

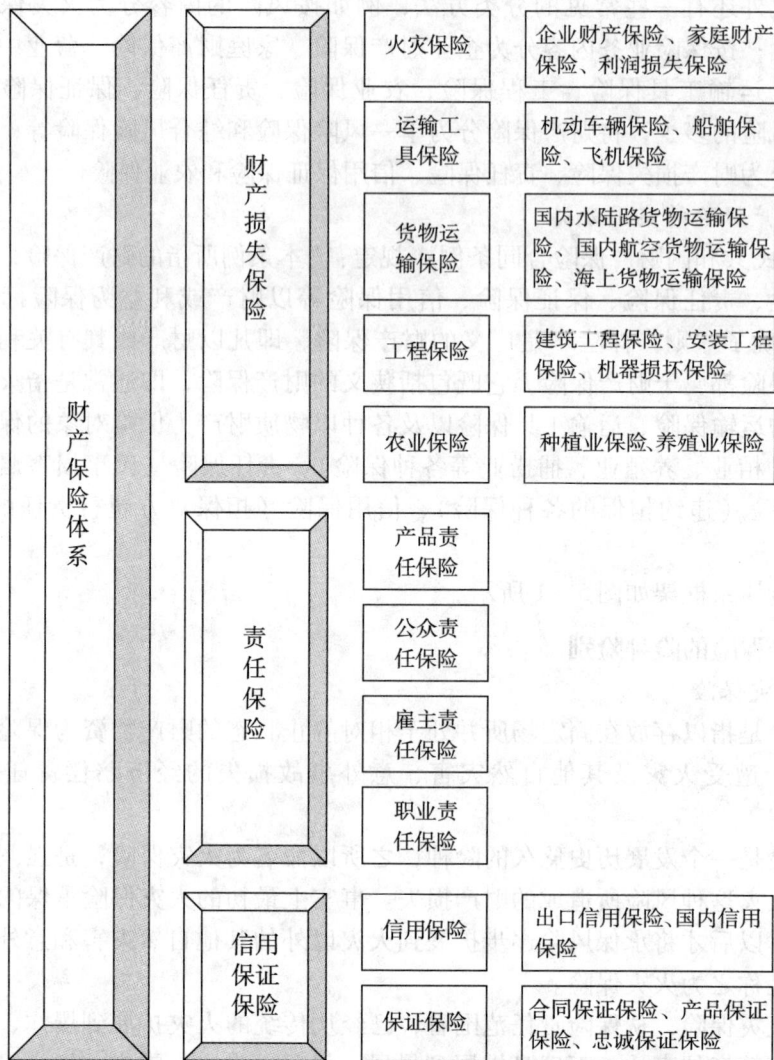

图 5 – 1　财产保险体系框架

3. 利润损失保险，也称营业中断保险，是承保企业单位因自然灾害、意外事故导致厂房、机器设备等财产发生物质上直接毁损，使企业单位在一个时期内停产、减产造成减少或丧失的利润收入。该险种是从属于企业财产保险的，只能以企业财产保险的附加险形式予以承保。

（二）运输工具保险

运输工具保险是承保用于载人或载运货物或从事某种交通作业的各类运输工具。运输工具的一个显著特征是经常处于移动状态中，在移动过程中面临的地区、环境和自然风险又各不相同，加上驾驶人员的素质有别，所以它们发生的风险事故复杂多样，一旦发生事故，不但运输工具本身遭受损失，而且还会因本身发生意外而产生对所载人、货物以及对运输工具以外的人员和财产造成损害，依法应承担民事赔偿责任。因此，运输工具保险通常把第三者责任保险列入基本险范围，或干脆作为一项基本的保险责任，如船舶保险。

运输工具保险主要险种有机动车辆保险、船舶保险和飞机保险。

1. 机动车辆保险，包括机动车辆损失保险和机动车辆第三者责任保险两个基本险和若干附加险。它主要承保汽车、摩托车、拖拉机等各种机动车辆，因机动车辆遭受自然灾害、意外事故造成车辆本身损失以及在使用车辆过程中依法应承担的民事损害赔偿责任，由保险人给予赔偿。

2. 船舶保险，承保在国际航线上航行的远洋船舶和在国内沿海内河航行的各类船舶。保障的范围涉及船舶本身损失以及与船舶有关的各种利益、船舶在航行中引起的碰撞责任、共同海损等。船舶保险主要有远洋船舶保险和沿海内河船舶保险两种。

3. 飞机保险，承保各种类型的客机、货机、客货两用机及从事各种专业用途的民用飞机。保障的范围包括飞机本身及其设备、仪器和其他附件的损失以及在营运过程中应对公众、机上旅客和托运货物承担的法定责任。飞机保险主要有机身保险、第三者法定责任保险和旅客法定责任保险三个基本险，另设承运货物责任险和战争劫持险等若干附加险。

【知识链接】
航空保险与航空运输货物保险

在国际保险市场上航空保险是一个统称，保障的范围包括一切与航空有关的风险。以财产为保险标的的航空保险主要有飞机保险、航空运输货物保险两种。以责任为保险标的的航空保险则有旅客责任保险、飞机第三者责任保险、机场责任保险等。

飞机保险最初是以飞机作为保险标的的保险。由于飞机失事会涉及所载乘客、货物、第三者的损害赔偿问题，所以飞机保险早已发展成为一揽子保险。飞机保险有基本险和附加险之分。飞机保险的基本险包括机身险、飞机旅客法定责任保险、第三者责任保险。

飞机保险的附加险有飞机战争险、劫持险。承保由于战争、敌对行为或武装冲突、扣押、没收、劫持和被第三者破坏等原因造成保险飞机的损失、费用以及被保险人应对第三者或旅客承担的经济赔偿责任。在我国国内飞机保险与汽车保险一并称为运输工具保险。

航空运输货物保险承保使用飞机载运的货物在空运途中因自然灾害、意外事故或外来原因所造成货物的损失。在我国，航空运输货物保险包括航空运输险和航空运输一切险两个险别，属于货物运输保险。

（三）货物运输保险

货物运输保险是承保装载在运输工具上、处于运输过程中的各种货物。运输过程中的货物的显著特点是具有流动性，使它们有可能遭受到的自然灾害和意外事故更多更广，发生事故损失的地点也不确定，而不同地点的货物价格存在差异，使保险人难以按出险时的实际价值来核定损失，因此一般都实行定值保险。

货物运输保险主要险种有国内水陆路货物运输保险、国内航空货物运输保险和海上货物运输保险。

1. 国内水陆路货物运输保险，承保通过国内沿海、江河、公路、铁路等运输的各种货物，在运输过程中因保险责任事故发生造成的损失由保险人承担赔偿。

2. 国内航空货物运输保险，承保通过飞机运输的各种货物，承保的风险是以空运途中发生的自然灾害和意外事故为主。

3. 海上货物运输保险，承保以海上运输方式运输的各种货物，承保的风险以海上自然灾害、意外事故和其他特殊风险为主。

（四）工程保险

工程保险的承保标的是在建工程和安装工程项目。现代建筑工程和安装工程的特点是规模宏大，设计与施工技术日趋复杂，建筑材料、施工机械、大型机器设备的价值及工程造价昂贵。工程项目在施工、安装、试运行过程中，既有遭受火灾、雷击、洪水、暴风、暴雨等自然灾害和意外事故的可能，又可能因设计错误、工艺不善，甚至施工人员违规操作或破坏行为所引起的事故损失。一旦事故发生往往损失巨大，传统的财产保险根本适应不了现代工程项目对风险保障的需要，工程保险应运而生。

工程保险主要险种有建筑工程保险、安装工程保险和机器损坏保险。

1. 建筑工程保险，承保各类建筑工程项目以及在建筑施工过程中的物料、机器、设备和装置等，并设第三者责任险作为附加险，对工程项目在建筑期间造成第三者财产损失或人身伤亡而依法应由被保险人承担的经济赔偿责任予以承保。

2. 安装工程保险，承保各类安装工程项目以及在安装施工过程中的机器、机械设备、装置和物料等，并附设第三者责任险加保第三者责任。

3. 机器损坏保险，承保各类已经安装完毕并投入运行的机器设备因人为的、意外的或物理的原因造成的物质损失。

（五）农业保险

农业保险是农业生产者以支付保险费为代价把农业生产经营过程中由于灾害事故所造成的财产损失转嫁给保险人的一种制度安排。农业保险源于18世纪德国农户互助的合作组织。后来，私人保险公司曾涉足农业保险领域，但由于农业生产的高风险，商业化经营大都失败。后来只有少数农业险种实行商业化经营。从20世纪30年代开始，一些国家政府开始从政策方面扶持农业保险，建立政策性农业保险制度模式，使之成为支持农业的一种政策工具。改革开放以来，我国政府也非常重视农业风险转移和政策性农业保险制度的建立。从21世纪初开始，全国各地都纷纷实行政策性农业保险的试点工作，并形成了各种有效的模式。

农业保险主要险种有种植业保险和养殖业保险。

1. 种植业保险，承保植物性生产为保险标的的保险，如农作物保险、林木保险等。

2. 养殖业保险，承保动物性生产为保险标的的保险，如牲畜保险、家禽保险、水产养殖保险等。

（六）责任保险

责任保险是以被保险人对第三者依法应承担的民事损害赔偿责任作为保险标的的保

险。责任保险承保的是被保险人依法对受害人应承担的民事损害赔偿责任，即侵权责任和违约责任。侵权责任是指行为人因侵害他人合法财产权利或人身权利而依法应承担的民事损害赔偿责任，又分为过失责任和绝对责任两种。违约责任是指根据合同规定订立合同一方对另一方或其他人的损害应负的赔偿责任。

责任保险的主要险种有产品责任保险、公众责任保险、雇主责任保险和职业责任保险。

1. 产品责任保险，承保产品制造商、销售商和维修商因制造、销售和维修的产品有缺陷而引起的依法应对受害的消费者、用户或其他人承担的经济赔偿责任。

2. 公众责任保险，承保企业、团体、家庭、个人和各种组织在固定场所或地点进行生产经营活动或日常生活中，因意外事故引起的依法对受害的不确定公众承担的经济赔偿责任。

3. 雇主责任保险，承保雇主对所雇员工在受雇期间遭受的职业病或人身意外伤害，依法或按照雇佣合同规定应承担的经济赔偿责任。

4. 职业责任保险，承保各种专业技术落后人员因职业或工作上的疏忽或过失引起的依法应对受害的他人承担的经济赔偿责任。

（七）信用保证保险

信用保证保险是以无形的信用风险为保险标的，由保险人以保证人身份为义务人提供信用担保，或担保义务人的信用，当由于义务人的行为或不行为导致权利人遭受经济损失且义务人无力补偿时，替义务人赔偿权利人损失的财产保险。

1. 信用保险。信用保险是由权利人提出投保要求，要求保险人担保义务人信用的保险。信用保险的主要险种有出口信用保险和国内信用保险。

（1）出口信用保险，承保作为权利人的出口商因作为义务人的一方不履行贸易合同的义务而遭受的经济损失。

（2）国内信用保险，承保买卖、租赁、借贷等合同中作为权利人的一方因义务人的另一方违约行为遭受的经济损失。

2. 保证保险。保证保险是由义务人根据权利人的要求，向保险人提出投保要求，要求保险人作为保证人担保自己信用的保险。保证保险的主要险种有合同保证保险、产品保证保险和忠诚保证保险。

（1）合同保证保险，承保因义务人不履行各种合同的义务而导致权利人的经济和利益损失。

（2）产品保证保险，承保义务人因其制造或销售的产品质量上存在缺陷而造成产品本身损坏导致权利人的利益损失。

（3）忠诚保证保险，承保由于义务人的不诚实或不忠诚行为而导致权利人的经济和利益损失。

学习任务二
财产保险操作实务

【学生任务】

◇ 要求学生课前预习相关内容，结合已经学习过的风险管理和风险损失来理解财产保险的费率厘定，能够根据统计数据进行简单的纯保险费计算。

◇ 要求学生课前预习相关内容，结合已经学习过的保险基本原则的相关知识来认识财产保险的承保与理赔，并能了解承保理赔的流程和所需单据。

◇ 要求学生扩大课外阅读，掌握财产保险的发展趋势，结合本部分内容，自行总结在财产保险承保和理赔中需要注意的事项，根据自身理解写出不少于800字的书面课后作业。

◇ 将学生随机分组，按小组选出若干份作业在课堂上进行点评，学生间相互评出每一份书面文章的优劣；对作业进一步修改后提交教师，以便教师进行作业评价。

【教师任务】

◇ 指导学生在相关专业网站上查找所需资料，如各个财险公司的门户网站，重点财险公司的业务流程与主要保险产品等；启发学生自行逐步理解财产保险承保和理赔过程中需要关注的重点事项。

◇ 提示学生完成书面文章作业所需要关注的主要知识点。如财产保险的费率计算，财产保险的承保理赔流程，保险法规的相关监管规定等。

◇ 指导学生分组，在小组内对学生进行不同的分工，对学生书面文章作业完成情况及时跟进，督促其按时完成。

◇ 对各小组进行的课堂发言及讨论适时指导，对于选出的作业予以客观公正地评价，准备回答学生可能提出的各种异议等。

教学活动1 财产保险费率计算

【活动目标】

通过本部分的教学活动，熟练掌握财产保险的费率构成，理解其真正内涵，区别其与相关专有名词的关系，熟悉各险种费率投保方法，并可以在保险实务中加以正确应用。

【知识准备】

一、财产保险的保险费率

（一）财产保险保险费率的构成

保险费是投保人为转移风险、取得保险人在约定责任范围内承担的赔偿（或给付）责任而交付的费用，也是保险人为承担约定的保险责任而向投保人收取的费用。保险费是建立保险基金和责任准备金的主要资金来源，也是保险人履行保险赔偿（或给付）义务的经济基础。

保险费率，是指应缴纳的保险费与每一保险金额单位的比率。保险费率是保险人用以计算保险费的标准，保险人承保一笔保险业务，用保险金额乘以保险费率就得出该笔业务应收取的保险费。

财产保险的保险费率，可分解为纯费率和附加费率两部分。

1. 纯费率。财产保险的纯费率是保险费率的基础，由保险金额损失率和稳定系数来确定，它对应于每单位保险金额可能的赔偿金额。按照纯费率收取的保费即纯保费，构成保险赔偿基金，用于补偿被保险人由于发生保险事故所致保险财产及其保险利益的损失。

2. 附加费率。财产保险的附加费率对应的是保险人每单位保险金额的经营费用。按附加费率收取的保费即附加保费，用于保险人的各项业务开支和预期利润。

（二）财产保险纯费率的确定

1. 保险金额损失率。保险金额损失率是确定纯费率的基本因素。依纯费率所收取的保险费既然是用于保险赔偿支出的，那么确定纯费率的基本因素必是财产的损失概率。根据损失概率确定的纯费率所收取的纯保险费，应恰好足以补偿保险财产的损失。

在财产保险费率计算中，保险金额损失率就是反映保险标的损失概率的一个综合性指标。保险金额损失率是各类财产保险标的在一定时期内的赔款支出和总保险金额的比率，它是制定纯费率的基础，其计算公式为

$$保险金额损失率 = 总赔款支出/总保险金额 \times 100\%$$

保险金额损失率的计算不能依据短期或少量的资料，必须依据长期的大量统计资料。关于理解保险金额损失率的概念，应当注意：

首先，保险金额损失率不是保险标的损失额与保险金额之比，而是保险赔款额与保险金额之比。事实上，在财产保险实务中，保险人并不是对所有的保险标的损失都予以赔偿。由于各种赔偿方式和保险责任的具体规定，保险人实际赔偿的损失即赔偿金额与标的实际损失金额常常是不同的，所以，计算保险金额损失率时应采用赔偿金额而不是保险标的损失额。

其次，保险财产的损失率常常要高于社会平均财产损失率。所以，计算未来保险金额损失率，须根据保险公司的经验数据，而不是根据全社会的财产损失统计资料。

2. 保险金额损失率的影响因素。确定财产保险的纯费率，需要运用历史经验数据，对未来有效索赔额的规律作出统计分析和预测。从理论上讲，保险金额损失率主要受下列四项因素的影响：

第一，各类灾害事故的频率 C/A（承保数量的出险次数）；

第二，损毁率 D/C（每次出险的受灾数量）；

第三，损毁程度 F/E（每一保险金额受灾财产所支出的赔偿金额）；

第四，风险比例 E/D∶B/A（受灾财产与保险财产两者的平均保险金额之比）。

将以上四项因素相乘：

$$C/A \times D/C \times F/E（E/D∶B/A）= F/B$$

其中，A 为承保数量；B 为保险金额；C 为出险次数；D 为受灾数量；E 为受灾财产的保险金额；F 为赔偿金额。

从以上公式得出保险金额损失率为 F/B。由于各种灾害事故的出险频率和各种物质损毁程度不同，上述四项因素中任何一项的变动都将引起保险金额损失率的变动。

3. 财产保险纯费率的测定。

（1）历年保险金额损失率的选择。保险金额损失率是构成纯费率的基本因素，但每年的保险金额损失率不一样，如果把过去若干年保险金额损失率平均，可得出以往年份的平均保险金额损失率。为使平均保险金额损失率能替代损失概率，必须选择适当的历年保险金额损失率。因为对于过去的真实情况反映越是准确，它与未来损失概率就越接近。

这里所谓的"适当"即指：①必须有足够的年数。一般来说，至少需要有保险事故发生比较正常的连续五年的保险金额损失率。②每年的保险金额损失率的测定必须基于大量的统计资料。③这一组保险金额损失率必须是相对稳定的。④适当从动态角度考虑损失率的逐年变化规律。

（2）附加均方差。根据一组适当的保险金额损失率，我们可以得到纯费率的近似值——平均保险金额损失率，但还不能直接把它定为纯费率。因为它既是以往各年份的平均值，那就必然有些年份保险金额损失率比它低。如果以平均保险金额损失率作为纯费率，一般说来，赔偿金额超过当年纯保费的可能性是很大的。

（三）财产保险附加费率的测定

财产保险附加费率的计算，可以按照统计资料求出的各项费用开支总额与保险金额总数之间的比率计算，也可在纯费率基础上附加适当的百分比作为附加费率。其计算公式如下：

$$附加费率 = 附加费用/保险金额 \times 100\%$$

二、财产保险的责任准备金

财产保险责任准备金称为未到期责任准备金，又称为未满期保费，是指保险公司为尚未终止的非寿险责任而提存的准备金。它是一种资金的积累。根据我国《保险法》第九十八条规定："保险公司应当根据保障被保险人利益、保证偿付能力的原则，提取各项责任准备金。保险公司提取和结转责任准备金的具体办法，由国务院保险监督管理机构制定。"

根据我国《企业会计准则第 25 号——原保险合同》第十条的规定，原保险合同准备金包括未到期责任准备金、未决赔款准备金、寿险责任准备金和长期健康险责任准备金。第十一条规定，保险人应当在确认非寿险保费收入的当期，按照保险精算确定的金额，提取未到期责任准备金，作为当期保费收入的调整，并确认未到期责任准备金负债。保险人应当在资产负债表日，按照保险精算重新计算确定的未到期责任准备金金额与已提取的未到期责任准备金余额的差额，调整未到期责任准备金余额。财产保险公司提取的责任准备金主要包括未到期责任准备金和未决赔款准备金，特殊情况下需要提取长期责任准备金。

（一）未到期责任准备金

由于会计年度与保单年度往往并不一致，如果将日常核算确认的保费收入全部计入年度损益，则将一部分应属于下一年度的保费计入本年度。因为在保单生效时收到的保费，由于保险人提供的保障服务尚未开始，还是未实现的保费收入。随着保险期间的延续，保险服务的提供，服务成本的支出，保费收入才逐步实现。为体现权责发生制和配比原则，正确核算保险企业的财务成果，应提取未到期责任准备金。

1. 时间比例法计算未到期责任准备金。通常非寿险合同大多假定承保风险在整个保险期间是均衡的，因此保费收入一般可随保险期间的经过而逐步实现，故可采用时间比例法确定未实现保费，即未到期责任准备金。损益核算期在一年期的非寿险保单，可按 1/2 法、1/8 法、1/24 法或 1/365 法提取未到期责任准备金。

（1）年平均估算法（1/2 法）。假定每年中的所有保险单是在 365 天中逐日均匀开立的，即每天开立的保险单数量及保险金额大体相等，每天收取的保险费数额也差不多。这样，一年的保险单在当年还有 50% 的有效部分未到期，则应提留有效保险单的 50% 作为准备金。

年末未到期责任准备金 = 全年直接业务保费收入 ×50%

（2）季平均估算法（1/8 法）。假定每一季度中承保的所有保险单是逐日开出的，且每天开出的保险单数量、每份保险单的保额及保险费大体均匀。这样，每季度末已到期责任为 1/8，未到期责任为 7/8，然后每过一季，已到期责任加上 2/8，未到期责任减少 2/8，因此，年末未到期责任准备金的计算公式为

年末未到期责任准备金 = 第一季度保费收入 ×1/8 + 第二季度保费收入 ×3/8 +
第三季度保费收入 ×5/8 + 第四季度保费收入 ×7/8

（3）月平均估算法（1/24 法）。假定一个月内所有承保的保险单是 30 天内逐日开出的，且保险单数量、保额、保费大体均匀，则对一年期保险单来说，开立保险单的当月末已到期责任为 1/24，23/24 的保费则是未到期责任准备金。以后每过一个月，已到期责任准备金加上 2/24，未到期责任准备金减少 2/24，到年末，1 月份开出保险单的未到期责任准备金为保费的 1/24，2 月份开出保险单的未到期责任准备金为保费的 3/24，其余类推，到 12 月份开出保险单的未到期责任准备金为保费的 23/24。

年末未到期责任准备金 =1 月份保费收入 ×1/24 +
2 月份保费收入 ×3/24 +
3 月份保费收入 ×5/24 +…+
12 月份保费收入 ×23/24

这种方法比年平均估算法精确，适用于每月内开出保险单份数与保额大致相同而各月之间差异较大的业务。

2. 准确计算未到期责任准备金还应考虑的因素。

（1）风险分布的因素。以上我们经常使用的计算未到期责任准备金的方法是建立在"保险期间风险的分布是均匀"的假设之下的。但有些保险业务所面临的风险是季节性的，在承保期间内风险是不均匀分布的，按照以上的方法所计提的未到期责任准备金就和保险人所承担的责任是不相匹配的，此时就需要对风险在保险期间内的分布情况进行分析，在此基础上寻找合适的评估未到期责任准备金的方法。在实践中有七十八法则与逆七十八法则、流量预期法等。

（2）承保费用的因素。未到期责任准备金是指在会计期末核算时，因保险期间还没有结束，保险公司还需为此期间内发生的保险事故负责而提存的准备金。而承保费用已在承保时发生，与保险期间的风险责任无关。因此，在提取未到期责任准备金时，应计算扣除承保费用后的净保费，将净保费作为提取未到期责任准备金的基数。

3. 保费充足性测试和保费不足准备金。未到期责任准备金可能小于预期的未来赔付、费用及再保等支出，此时需要计提保费不足准备金。因此按前述方法评估未到期责任准备金后，需要对未到期责任准备金的评估值进行充足性测试，以判断是否需要提取保费不足准备金。

（1）预期未来发生的赔款与费用扣除相关投资收入之后的余额；

（2）在责任准备金评估日，假设所有保单退保时的退保金额。

当未到期责任准备金不足时，应提取保费不足准备金，提取的保费不足准备金应能弥补未到期责任准备金和上述两者较大者之间的差额。

4. 我国财产保险业务未到期责任准备金评估的规定。我国于2005年2月颁布的《保险公司非寿险业务准备金管理办法实施细则（试行）》要求，经营非寿险业务的保险公司应当采用1/24法、1/365法或者其他更为谨慎、合理的方法评估非寿险业务的未到期责任准备金。其中，对于机动车辆第三者责任保险，应当采用1/365法评估其未到期责任准备金。

（二）未决赔款准备金

1. 未决赔款准备金的含义。未决赔款准备金，是指保险公司在会计期末为已发生保险事故应付未付赔款所提存的一种资金准备。《企业会计准则第25号——原保险合同》第十二条规定，保险人应当在非寿险保险事故发生的当期，按照保险精算确定的金额，提取未决赔款准备金，并确认未决赔款准备金负债。未决赔款准备金包括已发生已报案未决赔款准备金、已发生未报案未决赔款准备金和理赔费用准备金。

（1）已发生已报案未决赔款准备金，是指保险人为非寿险保险事故已发生并已向保险人提出索赔、尚未结案的赔案提取的准备金。其数据主要来源于理赔部门，反映了理赔部门对于理赔模式、赔付成本变化、零赔案、大赔案、已发生已报案未决赔款准备金的充足性以及评估一致性等问题的经验和判断。

（2）已发生未报案未决赔款准备金，是指保险人为非寿险保险事故已发生、尚未向保险人提出索赔的赔案提取的准备金。在某些情况下，已结案的索赔还可能被重新提起，且要求进行额外赔付，保险公司为这种赔付提取的准备金就是重立赔案准备金。

一般来说，在报案的初期，对已发生已报案未决赔款准备金的估计不可能做到完全准确，但随着时间的推移，获得的信息将会越来越多，从而对已发生已报案未决赔款准备金的估计值也就越来越准确。这样就可以将这种已发生已报案未决赔款准备金在未来的发展变化而计提的准备金也包含在已发生未报案的未决赔款准备金里。如果没有特别说明，我国的已发生未报案未决赔款准备金包括已发生但未报案准备金、重立案件准备金以及已发生已报案未决赔款准备金在未来的发展变化等。此外，因为我国保险公司的理赔程序存在一定的不合理情况，所以准备金评估人员应当注意若保险公司没有及时对已报案索赔立案，就必须为这种赔付提取准备金，这种准备金是已报案但未立案的准备金，具体操作时要考虑公司的报立案延迟时间、案均赔款等影响因素。

（3）理赔费用准备金，是指保险人为非寿险保险事故已发生尚未结案的赔案预期可能发生的律师费、诉讼费、损失检验费、相关理赔人员薪酬等费用提取的准备金。分为直接理赔费用准备金和间接理赔费用准备金。其中为直接发生于具体赔案的专家费、律师费、损失检验费等而提取的为直接理赔费用准备金；为非直接发生于具体赔案的理赔人员工资等费用而提取的为间接理赔费用准备金。

需要说明的是，理论上非寿险和寿险都存在未决赔案，都应计提未决赔款准备金。但由于寿险业务中未决赔案的发生较少，如果要计提未决赔款准备金，其数量是非常有限的。所以通常规定在非寿险业务中需计提未决赔款准备会。

2. 未决赔款准备金的计算。

（1）逐案估计法。即由理赔人员逐一估计每起索赔案件的赔款额，然后记入理赔档案，到一定时间把这些估计的数字汇总，并进行修正，据以提存准备金。这种方法比较简单，但工作量较大，适用于索赔金额确定，或索赔金额大小相差悬殊而难以估算平均赔付额的短期保险业务。

（2）平均值估计法。即先根据保险公司的以往损失数据计算出平均值，然后再根据对将来赔付金额变动趋势的预测加以修正，把这一平均值乘以已报告赔案数目，就可得出未决赔款额。这一方法适用于理赔金额可快速决定的险种、无重新调整估算的险种、未赔付案件较多的险种、大部分的赔案可以以相似金额结案的险种。

（3）赔付率法。即选择一个时期的赔付率来估计某类业务的最终赔付金额，从估计的最终赔付额中扣除已支付的赔款和理赔费用，即为未决赔款额。这种方法简便易行，但假定的赔付率与实际赔付率可能会有较大出入，此时按这种方法计算则不太准确。

本期未决赔款准备金 = 预定赔付率 × 已赚保费 − 已付赔款和理赔费用

（4）表列法。这种方法主要应用于一些保险公司给付保险金视被保险人或受益人的生存年限、受益人再婚的几率或其他可能性的险种，如失能保险、劳工补偿保险。根据此险种所估提的准备金称为表列准备金，因为保险人赔款准备金的估提需要参照生命表、伤病率表、再婚率等来估提。

保险公司的赔付成本除了应支付的赔款外，还包括为处理赔案所支付的调查费用、诉讼费用、理赔部门员工的薪金等，因此未决赔款准备金不只是包含赔款的支付，还包括相关的理赔费用。由于理赔费用分为直接理赔费用和间接理赔费用，理赔费用准备金可在分别计算直接理赔费用和间接理赔费用准备金基础上进行加总。

（三）长期责任准备金

长期责任准备金是指按业务年度结算损益的保险业务（如出口信用保险、长期工程保险、再保险），在未到结算损益年度之前，按业务年度营业收支差额提取的准备金。业务年度指业务发生的年度，即保险合同开始生效的年度。

所谓按业务年度来进行核算，即多年期核算损益，年限根据业务性质而定，一般多为3年期结算损益。在损益结算年度前，将保险业务营业收支差额作为长期责任准备金提存，并于次年转回，直到结算年度终了时才结算损益。在这种核算方式下，在结算年度前每年利润为零，只有在最后一年才确认实现的利润。因此，在业务年度内、结算年度前，逐年如此滚动提存，形成稳定经营、应付长期财产保险业务巨额风险的资金准备。

教学活动2　财产保险承保与理赔

【活动目标】

通过本部分的教学活动，掌握财产保险核保、承保、索赔及理赔的含义和基本流程与操作，熟识承保和理赔过程中的相应单证，并可以在保险实务中加以正确应用。

【知识准备】

财产保险业务流程是指财产保险承保人从展业到承保、防灾防损、再保险和理赔的全过程，是财产保险合同的主体各方通过一系列紧密相关的活动，使得保险标的的风险从投保人转移到保险人并得到有效处理的风险管理过程。

展业是财产保险经营活动的起点，保险人通过展业可以提高社会公众的保险意识，明确保险需求，使面临同种风险的大量的潜在保险客户能借助保险手段来转嫁风险，并通过保险人的承保使被保险人的风险转嫁由可能变成现实；防灾防损是财产保险经营的重要环节之一，有利于减少社会财富的损失，降低保险经营成本，提高财产保险的经济效益和社会效益；通过再保险，可以转嫁保险人自身的经营风险，在相当程度上保证保险人的持续、稳定经营；而通过保险理赔，则使被保险人的财产及有关利益的损失，能在保险责任范围内得到补偿，实现维护社会再生产顺利进行和国民生活安定的目标。

财产保险运行涉及面很广，可以包括财产保险业务的全过程，即财产保险运行是保险关系不断成立和消灭的连续过程，表现为不断地进行展业、承保、防灾防损、再保险和理赔。其具体运行程序可用图5－2表示。

一、财产保险核保的含义

核保是承保工作的组成部分和关键性环节。所谓核保，是指保险公司对投保业务根

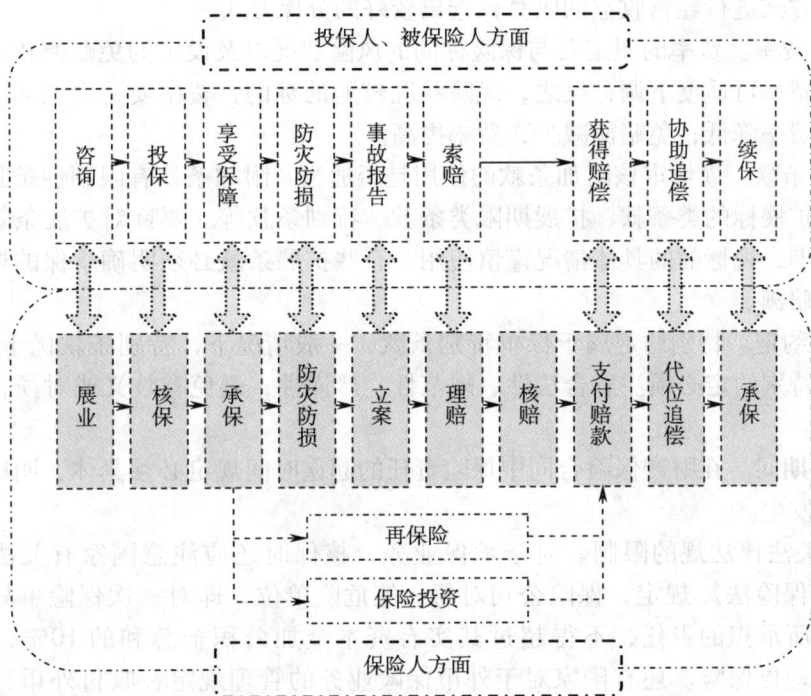

图 5 - 2 财产保险业务流程图

据公司的经营原则和承保方针进行风险评估和业务选择,从而确定是否承保、承保份额、承保条件和保险费率的全过程。

核保是保险公司业务的核心,把好核保关,防止不合格的保件,关系到保险公司业务的质量和经营的稳定,也是衡量保险公司承保技术水平和经营管理水平的重要标志。在保险实务中,承保前大量实质的、关键的和技术性的工作是核保。从这个意义上讲,核保是承保的前提。

二、财产保险核保的要点

1. 投保人与被保险人。投保人具有民事权利能力和民事行为能力;投保人对保险标的必须具有可保利益,具备投保资格。被保险人信誉良好,防灾设置和管理水平正常。

2. 保险标的。保险标的属于可保财产或特约承保财产;保险标的占用性质、坐落地址、周围环境及风险状况;保险标的的最近几年的损失记录。

3. 保险金额。审核确定保险金额的方式是否符合条款约定,将保险金额与保险价值对比,确定是属于不足额保险、足额保险还是超额保险,从而判断保险金额是否适度。

4. 自留额。自留额是指保险公司在承保后,将所承保的保险金额,除了进行再保险的部分以外留给自己承担的保险金额。每单业务在承保后,核保人要根据业务种类、业务质量以及保险标的的实际情况,确定合理的自留额,进而确定该保单是否分保、分保多少的问题。

5. 再保险。核保人在对自身的承保能力、自留责任和分保额作出规划后，还须对拟选用的分保方式进行经营收益的匡算，选出较好的分保方式。

6. 保险费率。费率的厘定要与保险标的的风险状况以及设定的免赔额相对应。风险状况较好，费率可适度下调；反之，风险状况较差的标的，费率要适度上调。同时，免赔额提高，费率降低；免赔额减少，费率提高。

7. 附加条款。谨慎审核附加条款的使用是否适当。附加条款有限制性条款、扩展责任类条款、扩展标的类条款、扩展期限类条款、特别条款等。要针对扩展条款承担的风险和责任范围，视标的的具体情况谨慎使用。有些扩展条款必须明确承保的标的、保险金额以及免赔额。

8. 特别约定。特别约定属于保单特别条款，一般情况下，特别条款优于普通条款。因此，拟定特别约定必须注意合法性、规范性、严谨性，避免有歧义或对损害公司利益的特别约定。

9. 保险期间。在财产保险合同中保险责任的起讫时间规定必须具体、明确，严禁倒签单业务的发生。

10. 有关法律法规的限制。对于承保业务，核保时还应注意国家有关法律法规的限制。如《保险法》规定，保险公司对每一笔危险单位，即对一次保险事故造成的最大损失范围所承担的责任，不得超过其实有资本金加公积金总和的10%，超过部分的，应当办理再保险。还有国家对于外币保险业务的管理规定，收付外币种类必须保持一致等。

三、财产保险的核保程序

财产保险的核保程序如图 5-3 所示。

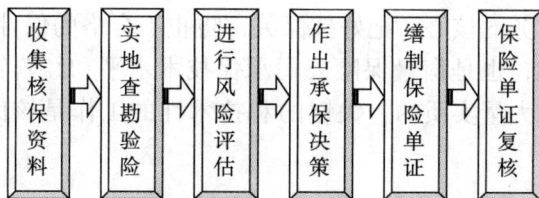

收集核保资料 → 实地查勘验险 → 进行风险评估 → 作出承保决策 → 缮制保险单证 → 保险单证复核

图 5-3 核保工作程序图

（一）收集核保资料

在核保程序中，收集信息是一项重要的基础工作，保险公司的专职核保人员通常对保险标的并没有直接的接触和了解，虽然对一些较大的标的有必要进行实地调查了解，但不可能对每一笔业务都进行实地调查。

为了有效地进行核保工作，必须尽量获得有关保险标的的各种资料，据以从事核保工作。投保单仅仅是核保资料的一部分，在接受投保申请后，核保人员应对投保内容进行逐项审核，审核投保要素的真实性和正确性，在初审后决定是否需要进一步提交更多的核保资料。

【知识链接】

财产保险分险种核保项目

一、企业财产保险的核保项目

财产清单、风险评估报告、企业经营情况、投保单、其他相关资料。

二、工程保险的核保项目

风险评估报告、被保险人情况、工程设计书、施工合同、施工、安装工程进度表、工地草图、地质勘察报告、投保单、风险查勘报告。

三、产品责任险核保项目

风险评估报告、被保险人情况、产品情况、产品的使用或消费对象、产品的销售地区、产品说明书和广告宣传、投保单。

四、家庭财产险的房屋保险核保项目

房屋结构、占用性质、建造时间及尚可使用年限，判明是否危房；房屋坐落地点，判明是否处于低洼易涝地段；查明是否违章建筑；农村居民的房屋是否有人居住，无人居住的房屋不保。

（二）实地查勘验险

实地查勘验险是对拟投保的保险标的进行现场的风险调查和危险查验，评估和确定拟投保的保险标的风险状况和等级，并以此判定是否承保。

财产保险业务人员应根据"财产保险风险情况问询表"的各项内容认真调查投保人的风险情况，做到对保险标的的基本情况心中有数，现场实地查勘的内容包括：保险财产的占用性质、建筑等级；地理范围，遭受洪水、台风、地震影响的可能性，防灾安全设施，管理情况；如果加保盗窃险还应了解投保人的安全保卫情况，以往损失情况；危险单位的划分，最大可能损失范围，并应当附加保险标的平面图。

（三）进行风险评估

现场查勘验险后，根据所掌握的核保资料进行认真审核后，必须对保险标的进行风险评估。风险评估可以采取实地调查或其他灵活多样的方式，但必须达到了解标的风险状况的目的。风险评估的要点包括：

（1）明确主要风险。主要风险指在保险责任范围内发生可能性较大而且一旦发生造成的损失也较大的风险。主要风险决定于保险标的、标的所在行业性质、地区、保险期间，等等。

（2）明确风险点位。风险点位指保险标的范围内最容易发生保险事故的环节、地点或位置。如工厂的锅炉、高楼建筑工程的地基、在建高速公路的护坡和软基等等。调查风险点位也主要考虑主要风险的风险点位。

（3）了解风险源。风险源即承保风险的来源或产生风险的原因，风险源有可能是难以预料的自然灾害，也有可能是管理上的疏漏之处。

（4）了解被保险人的风险管理水平。被保险人的风险管理水平主要可以从以下三个方面进行分析评价：风险管理设施、风险管理制度和管理人员素质。

（5）保险事故发生的可能性。主要从保险标的所在行业发生类似事故的概率、被保险人以往的损失记录和索赔记录、保险标的当前所处情况等进行分析。

（6）分析一次事故最大可能损失。一次事故最大可能损失取决于：保险标的的性质、事故影响范围的大小、法律对损失金额的认定等。

（四）作出承保决策

核保人员在对核保资料进行风险评估后，根据财产保险业务性质和公司核保政策，一般情况下作出的承保决策包含如下内容：

1. 决定是否承保；

2. 正确拟定承保条件；

3. 正确确定保险金额；

4. 正确厘定费率和免赔；

5. 安排再保险或共同保险。

（五）缮制保险单证

保险公司的内勤人员接到投保单、明细表后，必须认真进行全面审核，经核实无误后，按总公司的规定缮制保险单，并将保险单号码填写在投保单上的投保单号码栏内。

保险单为正、副本一式三份，要做到字迹清楚，书写端正，内容完整，数字准确，不得有任何涂改。缮制完单证后，缮单员要在保险单副本上加盖私章，同时开具保险费收据一式三联，与保险单正、副本一起送复核员复核。

（六）保险单证复核

保险单证复核是将保险单证交付投保人前的最后一道程序，也是确保承保质量的关键环节，保险人必须十分重视，做到换人交叉复核。复核的具体内容包括：

1. 缮写项目是否齐全，保险单与投保单各项内容、数字是否符合，无错漏；

2. 分项保额及总保额是否正确无误，小写金额前是否有币别符号；

3. 保险费率厘定是否正确；

4. 保险费计算是否正确，大、小写金额是否一致，小写金额前是否有币别符号；

5. 费率及保险费必须写出具体金额，不得以"按约定"等字句填写；

6. 保险单正本背面必须印有保险条款，对有附加特约条款的业务，应将有关特约条款附在保险单正本背面上方，并加盖骑缝章。

复核后，复核人员要在保险单正、副本上加盖公司业务专用章或核保专用章，复核员及负责人要加盖个人名章。

四、财产保险承保的概念

财产保险的承保有广义和狭义之分，广义的承保是指保险人和投保人双方对保险合同内容协商一致，并签订保险合同的过程，它包括接受投保单、核保、签单、收费等一系列环节。

狭义的承保仅指保险人经过核保后，作出承保的决策，同意与投保人签订保险合同，接受财产风险的转移，缮制保险单证，交付投保人并收取保险费，使财产保险合同生效的过程。承保工作的好坏，直接影响到保险合同能否顺利履行，承保质量的高低，直接关系到保险公司的经营效益。

【知识链接】

家庭财产保险的不宜承保项目

家庭财产保险经过风险评估后，对于下列财产，不宜承保：

1. 坐落在蓄洪区、行洪区或处在江河岸边、低洼地区以及防洪堤以外当地常年警戒水位线以下的房屋。

2. 房屋比较破旧，屋主忽视其管理、维修，而且常年无人居住的整幢房屋。

3. 处于危险状态下的财产。

以上情况风险程度很高，保险公司不宜承保。

五、财产保险承保工作流程

财产保险承保工作流程如图5-4所示。

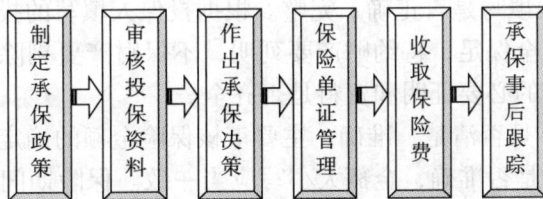

图5-4 财产保险承保工作程序图

（一）制定承保政策

承保政策是指导保险公司业务发展的基本策略，因此必须保证承保政策制定的正确性、科学性和可操作性。制定承保政策并非是指某项特定的财产保险业务的承保工作流程中的第一个步骤，而是指财产保险公司所有业务开展的首要环节。

保险公司的业务管理部门一般会根据公司的整体发展战略和发展目标，结合公司的经营优势和特点，制定符合公司经营方针和发展方向的承保政策。承保政策的内容主要包括公司的业务发展方向、具体经营险种和开办地区范围、鼓励承保业务、限制承保业务、严格控制业务和禁止承保业务以及承保注意事项等。

保险公司的分支机构一般也会根据当地的市场和分支机构特点，在总公司的承保政策范围内，制定更细化的承保政策或承保手册，作为业务发展的指引。承保政策的制定和执行，直接关系到保险公司承保利润是否能够顺利完成。制定承保政策时，要充分考虑以下几方面因素：

1. 经营目标。经营目标主要包括业务结构、业务规模、市场占有率、保费增长率、赔付率、费用率等指标。因此，各机构在制定承保政策时，首先要考虑总公司的整体经营目标，同时也结合所属机构的经营目标，保证承保政策符合总公司及所属机构的经营目标。

2. 市场潜力。结合当地经济发展水平和人均收入水平，根据不同险种，充分考虑市场潜在的保费规模，制定符合市场实际的政策。

3. 市场环境。充分考虑当地财产保险市场的竞争环境，包括市场竞争对手数量、同业经营规模、竞争优势。

4. 政策法规。承保政策的制定，除了符合国家政策和法律，同时也必须符合地方政府和行业协会制定的政策及法规。

5. 自身资源。承保政策的制定还要结合本机构的现状，考虑自身的资源配置，包括人才资源、网络资源、管理水平和基础设施、交通通信状况等。

（二）审核投保资料

这一环节就是前述教学活动中的核保，关于核保的流程和要点在此不再赘述。除前述内容之外，保险人在核保时还需要注意，应当场对投保单填写内容逐项进行详细审核，为保证投保单作为保险合同组成部分的严肃性和有效性，投保人应明确填写有关重要事项。一般保险公司的投保单都规定不得涂改，发现填写项目有错漏，应及时更正和补充并重新填写。审核投保单时应注意以下几点：

1. 检查投保单各项填写是否正确、完整。根据投保人填写的投保单内容，财产保险要审核保险标的是否保全保足，特约财产要列明，不保财产要剔除。财产坐落地址是否填写清楚、完整，应附的必要证明和资料是否齐全。

2. 填写的各项数字是否清楚、准确。主要审核保险金额的确定是否合适，费率厘定是否恰当，保险费计算是否准确，金额大小写应当一致。保险期间应重点检查起讫日期是否符合规定。

3. 投保人的签章是否一致。投保人与被保险人不一致时，应核实投保人是否具有可保利益。当投保人称谓和投保人签章不符，必须由投保人提供其对投保标的具有可保利益的书面证明。

4. 对应的投保单附表是否填写。投保单一般附有投保明细表或财产、人员清单，清单是投保单的重要组成部分，内容填写应当准确、完整。清单应一式两份，保险公司和投保人各持一份。

（三）作出承保决策

财产保险公司的承保人员审核投保资料，在对投保资料进行分析和评估后，根据公司的核保政策，可以区分不同情况作出如下承保决策：

1. 正常承保。投保条件符合公司制定的承保政策，保险公司按照标准条件和费率承保，出具保险单。

2. 条件承保。投保条件虽然也符合公司制定的承保政策，但是业务风险较高的情况下，通过增加限制性条件的方式予以承保。

（1）制定限制性条款。工程险有很多除外条款，如地震除外条款、洪水除外条款、隧道工程特别除外条款等。通过加贴这些除外条款，可以将一些特定的标的或责任排除在可保风险内。

（2）提高费率或降低保额。财产保险的成数承保法属于提高费率或降低保额的方法。成数承保法一般在船舶保险或农业保险中使用较多。保险公司按保险标的价值的一定比例承保，成数承保成数理赔，通过降低保险金额和被保险人共担风险。

（3）附加条件承保。如除外责任约定法、缩短缴费期间法、保险种类变更法、不可投保附加险法、特定部位除外法等。

（4）订立保证条款。保证条款是保险公司和投保人在保险合同中约定，投保人或被保险人在保险期间内承诺特定事项的作为或不作为，只有投保人或被保险人尽到保证条款中的义务，保险公司才负赔偿责任。如大型建筑物火灾保险，通常要求被保险人必须安装自动喷淋装置；如被保险人没有安装安全防盗装置，保险公司会要求有专人值班的前提下承保盗抢险；现金运输保险必须有专车专人接送等附加条件，保险公司只在被保险人承诺这些保证措施的前提下承保。

（5）其他措施。使用较高的免赔或搭配承保。被保险人自担免赔额下的所有损失或者在保险公司要求下，和其他险种一并投保。

3. 拒绝承保。不符合公司承保政策，投保条件明显低于保险公司制定的承保标准或发现有欺诈行为的投保，保险人就会拒绝承保。

4. 暂缓承保。对于一些投保资料尚不完整或风险状况尚未确定的标的，可暂缓承保，待资料齐全或标的风险状况符合承保条件时再予以承保。

【知识链接】

财产保险承保注意事项

一、特约保险标的。凡属条款中所列明的特约保险标的，投保时须经投保人与保险人事先特别约定。投保人投保金银、珠宝、玉器、首饰等珍贵财物，必须事先约定数量，有明确的单价，并有账册可查才可以承保。投保人投保堤堰、水库、铁路、道路、涵洞、桥梁、码头时，考虑上述标的易遭受洪水、泥石流等自然灾害造成巨大损失，应在承保前对其安全状态进行实地查勘，还须投保人提供有关工程设计验收技术资料，符合工程质量要求的，才可以承保。

二、化学危险品。对一些易燃易爆的化学危险物品的承保，一定要进行实地查勘，并要求上述物品的存放、管理要符合国家有关部门的规定，如不符合国家有关部门的要求，应督促承保单位进行整改，在整改前不应予以承保。

三、高风险类业务。制鞋厂、家具厂、木材厂、塑料厂、油漆厂、海绵发泡厂等高风险业务，在承保前必须作现场查勘，调查管理是否完善，各项防灾设施是否完备，账册是否健全等。对上述行业管理混乱、存在安全隐患而又拒绝整改的单位，不应予以承保。

四、超权限业务。凡超过本机构承保签单权限的新型业务，一般情况下要按规定逐级上报审批；超过本机构承保签单权且未有赔付记录的续保业务，一般情况下可由各支公司、部门经理批准承保，并在承保后3个工作日内向上级公司财产保险部门报备；如改变承保条件或有赔付记录的续保业务，则应上报批准后才能承保。

五、协议承保业务。凡用财产保险协议形式承保的业务，如协议内容条款有与现行标准保单存在不同之处，一般情况下要按规定逐级上报审批。

（四）保险单证管理

财产保险公司的承保人员作出正常承保或者条件承保的决定后，由出单员缮制保险单或签发保险凭证。

1. 缮制保险单。出单员接到投保单和投保单附表，经认真审核无误后，根据投保单及附表上的内容录入计算机出单系统。录入的单证分不同权限经核保人通过后，再经复核人仔细复核无误后方可打印。保险单缮制要做到内容完整、字迹清楚、数字准确，并与投保单内容保持一致，保险单内容不得涂改。如有附表或加贴条款，必须将其粘贴在保险单正本背面，并加盖骑缝章。

2. 单证清分。保险单一般一式四联，其中，保险单正本为客户联，交被保险人签收，其余三联分别为业务留存联、财务留存联和核销联。签发后的保险单由内勤人员清分发送，交给相关部门。

3. 单证签收。保险公司的复核员在复核签单后，应填制"发送保险单证签收单"一式两份，其中一份自留备查。复核员将保险单正本、保险费收据一联、保险单附表（或财产清单）一份、"发送保险单证签收单"一份及其他有关单证，交给保险公司的外勤人员送达投保人签收，投保人签收完毕后，外勤人员应将"发送保险单证签收单"交回保险公司业务内勤部门。

4. 单证管理。单证签收后，有关部门应按要求将各有关单证分发给会计、统计部门及业务部门留存，并在登录"承保登记簿"后，将承保单证装订归档。业务单证按照保险费发票、保险单副本、投保单、投保单附表的次序，按签单时间顺序装订成册，实行专人专柜保管。业务部门应建立承保业务登记表，将业务承保情况逐笔登记，并按规定编制统计报表，登记业务日报表。目前，财产保险公司一般采用现代电子技术，建立财产保险电子档案库，并设立电子查询系统，对于财产保险单证的管理非常有利，效率明显提高。

（五）收取保险费

缮单员出具保险单后应立即开出"应收保费通知书"，特别注意列明保险费须在什么日期前缴付（含分期付款日期），以便分清责任。保险人应按照保险单上列明的保险费金额缮写收据，必须确认已经收到保险费以后才能将保费收据交给投保人，收据上应有制单员、复核员的签章及承保单位业务专用章，保险公司收到保险费后须由财务人员在保险费收据上加盖注明收到保险费日期的收（转）讫财务专用章。交保险储金的，无论是否发生过赔付，保险储金始终归被保险人所有。

（六）承保事后跟踪

对于已承保的业务如有疑点，业务人员和核保人员还应进行事后跟踪，主要关注以下两个方面：一是对投保人隐瞒、欺诈等严重违约行为，一旦发现可以解除未满期合同；二是发现某种不良风险或者风险程度增加的可以拒绝续保。一般来说，财产保险的保险期限通常为一年期保险，合同到期后是不保证必然续保的。如果核保人发现某种不良风险或者风险程度增加，可以提高保险费率为条件续保这一风险，当然也可以拒绝续保，但应向被保险人说明其理由。

六、财产保险索赔的含义

所谓索赔，是指投保人或被保险人在保险标的因保险事故而遭受损失后，根据保险合同的约定，请求保险人给予经济补偿或者给付保险金的行为。财产保险的索赔是指被保险人在保险事故发生并造成保险财产及其有关利益损失时，请求保险人赔偿保险金的意思表示。按我国《保险法》的规定，财产保险索赔的权利人只能是被保险人。被保险人在财产保险合同中既是保险事故发生时遭受损失的人，又是享受保险合同保障的人。财产保险合同的被保险人在保险期限内死亡，保险索赔权由其法定继承人行使。

七、财产保险索赔的程序

1. 提出索赔请求。被保险人在得知保险标的在保险期限内遭受保险风险导致损失后，应在保险索赔时效内，向保险人提出损失赔偿请求。按照我国《保险法》第二十六条规定，"人寿保险以外的其他保险的被保险人或者受益人，向保险人请求赔偿或者给付保险金的诉讼时效期间为二年，自其知道或者应当知道保险事故发生之日起计算"，即财产保险的索赔时效为 2 年。

2. 采取必要措施减轻损失。保险事故发生后，被保险人及其关系人采取必要的合理措施减少保险事故的损失，是被保险人的应尽义务。被保险人为减轻保险事故的损害而造成的其他保险财产的损失，以及因此支出的必要的、合理的施救、保护、整理费用，由保险人在保险金额内合理承担。

例如，某油漆厂熬油漆的锅正处于工作状态时，突然仪表失灵，炉温因此快速上升，此时如果任凭发展或只用一些辅助的、不能立即奏效的方法进行处理，就难免出现恶性爆炸事件。在极端危急状态下，工作人员及时发现后，为防止油漆锅爆炸造成更大的损失，当机立断地迅速向锅内投入了冷却剂。炉温降下来了，爆炸避免了，但锅内的半成品却报废了。按保险合同条款规定，在发生保险责任范围内的灾害事故时，为抢救或防止灾害蔓延，采取必要措施而造成的保险财产损失，保险公司予以负责。该案中投入油漆锅内的冷却剂和报废了的半成品，应属于因必要施救而损失的保险财产，保险公司应该承担赔偿责任。

3. 接受查勘检验。保险事故发生后，被保险人有义务保护现场，并有义务协助保险人、保险公估人等勘察现场。保险人和被保险人可以聘请依法设立的独立评估机构或具有法定资格的专家，对保险事故进行评估和鉴定，上述机构、专家出具的查勘报告书，是被保险人索赔和保险人理赔的重要依据。被保险人应接受并尽力协助查勘检验，以便准确地确认保险事故发生的时间、地点、原因、损失程度等。

4. 提供索赔单证。财产保险的被保险人索赔时，应该向保险人提供其所能提供的与确认事故的性质、原因、损失程度等有关的证明和资料。如保险单或保险凭证；已支付保费的凭证；账册、收据、发票、装箱单、运输提单、邮单等有关保险财产的原始单据；保险公估人等有关机构、专家出具的保险事故证明及损失结果证明、索赔清单等。

需要注意的是，投保人、被保险人的报险索赔必须真实，否则将承担相应的法律责任。我国《保险法》明确规定，投保人或被保险人有以下行为之一，将受到相应的处理：骗取保险金进行保险欺诈活动的，构成犯罪的依法追究刑事责任；情节轻微，不构成犯罪的，依照国家有关规定给予行政处罚。如投保人故意虚构保险标的；未发生保险事故而谎称发生保险事故；故意造成财产损失的保险事故；伪造、变造与保险事故有关的证明、资料和其他证据，或者指使、唆使、收买他人提供虚假证明、资料或者其他证据，编造虚假的事故原因或者夸大损失程度等。显然，以上法律规定对减少报险索赔中的道德风险，惩处保险欺诈行为，稳定财产保险经营具有重要意义。

【知识链接】
如何办理车辆险索赔手续

当事人应保护好第一现场，并及时通知交通管理部门和保险公司，而且要及时携带保险单、驾驶执照到保险公司书面报案，填好报案登记后，交由理赔人员审阅，确系无误后，领取"出险证明"和"出险通知书"，认真填写。另外，当事人还要协助理赔人员查验受损车辆，领取"事故车辆修理托（承）修单"，凭该单到保险公司指定修理厂修理受损车辆。如果要求到其他地方修理，必须在托修单估价范围内修理，超出部分，修车质量及其他后果自负。结案或修车后应在一周内将单据交回保险公司。

如果是一般车损事故，没有人身伤亡应提供以下证明单据：一是"出险通知书"（单位盖章）；二是"出险证明"（交通管理部门盖章）；三是"事故车辆修理托（承）修单"（单位盖章，修理厂盖章）；四是修车发票（公车提供复印件，私车交原始件）；五是结算清单、维修车辆施工单原件；六是修理材料清单（材料明细表）原件。

如果涉及人身伤残，死亡事故，除以上证明外，还应提供下列材料：一是伤者诊断证明（县级以上医院）；二是残者法定鉴定书；三是死者的死亡证明；四是抢救、治疗以及其他各种费用收据，补偿费收据（公安交通管理部门盖章有效）；五是交通事故责任认定书；六是交通事故赔偿调解书；七是伤亡者工资证明，家庭情况证明或者有关情况公证书；八是其他必要证明。

如果是经保险公司同意从国外自行进口的配件应提供如下证明：一是发票；二是装箱单；三是货运单；四是报关；五是税票。

如果是在外省市出险应提供，一是代查勘报告书；二是修车协议书；三是事故照片。如果单纯人身伤亡事故，请保户要妥善保管好"受损车辆鉴定单"，并随同其他证明单据一起交回保险公司。

当按以上程序办好手续后，下一步就是领取赔款。证明单据齐全无误后交由理赔人员结案，10日至15日可领取赔款，领取赔款时，请携带好有关证件，如果是公车，应带公章及领款人的有效证件；如果是私车，应带车主身份证及领款人的身份证。特别要提醒的是：车辆修复或结案后3个月内不提供证明单据的，保险公司将不负责赔偿。

八、财产保险理赔的概念
财产保险理赔是指财产保险公司对被保险人提出的索赔要求，根据保险合同进行处理的行为。具体指保险财产发生保险事故造成损失，以及第三者的人身伤亡和财产损失后，在被保险人向保险人提出赔偿要求时，保险人履行赔偿经济损失的义务和责任，这种义务和责任的履行过程，通常称为财产保险的赔偿处理，简称理赔。财产保险理赔是履行财产保险合同的过程，涉及财产保险合同双方的权利与义务的实现，是保险经营中的一项重要内容。

九、财产保险理赔的原则

财产保险的保险人在理赔实践中，除了严格以合同为依据，遵守保险理赔的重合同、守信用、实事求是、主动、迅速、准确、合理等基本原则外，对合同所不能明确规定部分争议的处理，尚需遵守一系列原则，这也是财产保险理赔的惯例。这些原则主要有以下几项：

1. 补偿实际损失原则。即保险人的赔偿以使被保险人在经济上恰好能恢复到保险事故发生前的状态为限，被保险人不能通过保险获得额外的收益。

2. 责任限制原则。除了定值险和重置价值保险外，保险赔偿的金额都以保险财产受损时的实际价值——市场价值为准，即保险人给予赔付的金额最高不能超过受损财产当时以市场价格衡量的价值；此外，保险人的赔偿责任还应以不超过合同约定的保险金额和被保险人对标的的可保利益为限。因此，在理赔时对第三者责任所引起的损失要进行追偿，对重复保险要予以分摊，对受损后的残余物资亦应扣抵赔款，以此最大限度地减少道德危险的发生，实现保险人的稳定经营。

3. 支付方式选择的原则。保险人可以对损失选择货币支付或修复的方式来赔偿，对于可以修复的受损财产，被保险人不能因为受损而放弃，要求全赔，保险人对修复技术要求不高的标的可以以实物补偿方式履行赔偿义务。

4. 近因原则。近因原则是指对保险标的进行补偿的实际损失必须是以保险危险为直接原因造成的原则。近因并不一定是与发生的损失在时间上最接近的原因，而是指造成事故后果的直接因素，或者说具有支配力的因素，它往往与事故后果有着本质的、必然的联系。近因原则是决定是否承担保险责任的重要因素。在理赔中，对各种错综复杂的情况，保险人应能抓住关键环节与线索，找出引致事故的近因，只有是由于保险危险原因造成的损失才由保险人负责。

十、财产保险理赔的流程

（一）财产保险理赔的工作流程

财产保险理赔工作一般要经过六个流程：赔案受理，出险查勘，责任审定，赔款理算，赔付结案，档案管理。在每个环节都有不同的处理要求和规定，以保证理赔有序和高效地进行。具体的理赔流程如图 5-5 所示。

（二）财产保险理赔的主要内容

1. 赔案受理。赔案受理就是对被保险人申报的出险案情进行记录、了解和核实，以待理赔处理。

（1）接受报案。理赔人员接到报案时，应详细询问被保险人名称（姓名）、投保

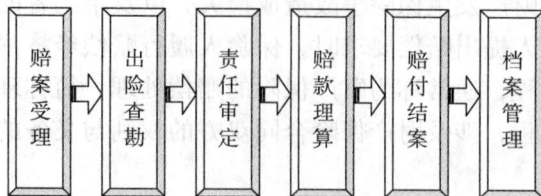

图 5－5 财产保险理赔的工作流程

险别、出险标的、保险单号码、出险时间、出险地点、出险原因以及事故损失等情况，作为报案记录。并应分别在"出险案件登记簿"上进行登记（应根据不同险种，分别建立出险登记簿），同时要求被保险人尽快填写"保险出险通知书"，以便及时编号立案。

（2）查抄单底。做好报案记录后，应立即通知业务内勤出具保险单抄件，以便查勘前先了解财产承保情况。根据被保险人报案记录和出险通知书进行详细核对，看其是否与保险单抄件内容一致，核实内容有：被保险人姓名是否相符；出险日期是否在保险有效期内；投保别是否相符；受损的财产是否属于保险财产范围；出险地点是否在保险单规定范围内等；保险单抄件应由内勤人员填写，注明抄件日期，加盖抄件人印章，并应由复核人复核，无误后由复核人签章。

（3）登记立案。经查抄单底并复核后，凡可受理的案件内勤人员要及时在"出险案件登记簿"上编号立案。编号应反映出险类别，根据报案先后，冠以各地简称及年份，一次出险同时有几个被保险人发生损失时，应分别编号立案。由单位或集体统保的家庭财产保险，一次灾害事故造成多户出险的可按单位或集体立一案。对以电话或口头通知出险的，应根据通知先行编号立案。出险案件无论是否赔付均应编号立案。赔案编号后，内勤应将已编案号填在出险通知书上，送业务科（股）负责人提出处理意见，然后将抄件一并交分管理赔人员签收处理，并建立专卷或案袋。有关该案的各项记录、单证、报告等文件，均应归案卷内。有关往来文件要注明案号，以便查调案卷。

2. 出险查勘。

（1）现场查勘。现场查勘是掌握出险情况的重要步骤。现场查勘是掌握出险现场第一手资料的重要工作，是做好理赔工作的重要前提。

现场查勘要求：第一，理赔人员接到去现场查勘的通知后，应立即奔赴灾害事故现场，及时与被保险人取得联系。如果出险地点在外地，需要前往查勘时，要与被保险人联系并一同前往。第二，到出险现场后，保险理赔人员应及时与当地政府和有关救灾部门（公安、消防、水文、气象等单位以及邻近群众等）取得联系，协助和配合开展查勘工作。如事故尚未控制住或保险财产、人员尚处在危险之中，应立即采取积极的施救保护措施，避免扩大损失。第三，现场查勘坚持双人查勘。应深入实际调查研究，认真负责，详细记录、收集情况，查看实物，向当事人和有关人员详细询问了解灾害事故的经过、原因和责任，收集旁证材料并初步查验保险标的的损失程度、损失部位，估计损失金额，做到现场情况明、原因清、责任准、损失实。对有人员伤亡的保险事故，应初步掌握人员伤亡情况，了解伤员伤势和抢救、治疗经过。第四，查勘时，必须尽快掌握被保险人的会计账册和有关资料，掌握出险时和出险当日的各项账面数据。如时间来不及核对，必要时可视情况暂时封存，以防止企业更改账册，弄虚作假。运输工具出险时，应及时核实牌照号，查验各种证件。第五，对于案情复杂或定损困难的案件，应聘请技术专家或技术人员协助作出技术鉴定，防止盲目处理。第六，在查勘处理大面积自然灾害损失或复杂、疑难案件时，应坚持依靠党政领导，依靠有关部门，依靠广大群众和有关技术人员等各方面的支持和协助。第七，在查勘的同时，应进行现场拍照。照片要从技术角度记录灾害事故现场的关键场面和部位。不但要反映现场全景全貌，而且还应有保险标的受损和反映局部损失的照片，同时应绘制事故现场图。第八，无论是否代理查勘，在情况尚未了解清楚之前，理赔人员切忌主观武断，轻易表态，以免给理赔工作造成被动。第九，理赔人员如遇有自己的亲属、朋友的保险财产出险时，应主动回避，由其他人进行查勘处理。

（2）施救和保护。保险财产发生保险责任范围内的损失后，及时、正确地采取施救和保护措施，对于减少国家和人民生命财产损失，提高保险企业自身经济效益是十分重要的。因此，理赔人员到达现场后，应立即会同被保险人及有关部门共同研究救灾方案，采取紧急抢救措施。如灾害尚在蔓延，首先要想办法予以控制，当物资已受到直接威胁时，就应该及时将物资疏散，并做到有组织、有领导地进行，避免发生混乱。在搬运过程中对易燃易爆物品要谨慎处理，对疏散出来的物资要派专人负责看管，以免散失。如灾害基本消除，则应协助被保险人立即进行现场清理，防止损失加重。对受损财产，应根据不同情况分别采取摊晒、烘烤、清洗等整理措施。对易变质、易腐烂的受损财产，经双方协商确定贬值程度和损余价值并报经有关部门批准后尽快处理，以减少损失。

（3）损余物资处理。在灾害清除后，保险人除了协助被保险人对受损财物进行整理外，还要对损失物资进行处理，防止加重损失。一般来说，在财产保险中，受损的财产会有一定的残值遭受损失以后的残余部分，应当由保险人与被保险人议定价值后折归被保险人，并在赔款中扣除。

（4）财产的损失估算和核实。受损财产经过施救整理后，应对财产的实际损失进行计算和核实。保险理赔人员要根据被保险人提出的索赔清单、财产损失清单所列的各项财产损失金额、费用及原始单证，逐项认真地调查、核实损失数额和损失程度，为计算赔款提供依据。对不同的险种，核算实际损失的方法不同。如按个体工商户财产保险条款承保的个体工商户财产，在核算损失数额时，难度较大，因为此类财产一般缺少明细账册，只有流水账，且多与实物存放一处，可能与财产一起受灾损毁掉，因此，在核损时要充分做好调查工作，广泛收集周围群众的意见，了解损失情况，并可通过盘存未受损财产数额，再以保险金额倒扣的办法确定损失额。又如，对大面积出险的种植业保险，应充分依靠党政部门和群众，有组织、有领导地进行，可以组成由乡镇领导、村委会代表、农业技术员和保险公司代表组成的理赔核损小组，实地勘查保险标的的损失情况，尽量避免同一家一户的群众单独处理确定损失。

（5）缮制查勘报告。财产保险的赔案，无论其赔款金额大小，均应有调查报告，真实、全面反映案件的情况，作为理赔工作的重要依据。查勘报告缮制的好坏，直接影响着理赔工作质量，关系到保险人经济补偿义务能否顺利履行。

查勘报告的内容应全面准确。应包括保险财产的出险时间、地点、原因、施救过程、损余物资处理，报失情况、定损和修理意见、善后措施等。调查的情况应准确，所列被保险人、保险标的、保险金额、保险期限等应与调查和核对有关单证的情况相一致，最后应提出查勘处理意见。对于出险时间、地点、原因、施救、责任划分等情况，应来源于现场查勘记录和其他调查记录，不能随心所欲，也不能按有关方面出具的材料照抄照录。报告必须由现场查勘人员缮制，要做到项目齐全、内容完整、字迹清楚、一人缮制、一人复核、两人签章。重大赔案应填制"重大赔案报表"，超越核赔权限的赔案应报上级核批和备案。

3. 责任审定。保险责任审定是处理赔案的一项非常重要的工作。责任审定是理赔工作的核心。责任审定是审核查勘报告、有关证明文件和各项单证，是确定赔案是否属于保险责任和赔偿范围的一项工作。业务部门负责人对理赔人员送交的查勘报告及有关附件进行初审，按照规定的核赔权限，召集有关人员或会议进行集体研究，必要时要请领导参加研究。理赔人员经研究统一意见后，将意见记录在案。

（1）损失核定。受损财产经过施救、整理，明确保险责任之后，核定其损失则是理赔工作关键的一环。损失核定是否准确，直接关系到保险人能否准确、合理地履行经济赔偿义务。这就要求在理赔定损工作中，严格按条款规定办事，工作要深入细致。在定损工作中应做好两个方面的准备工作。

①进行财产分类整理。在施救、清理的过程中，应对不同品种、不同损失程度的财产进行分类存放，并立即进行清理，防止损失进一步扩大，便于定损和核实。

②根据灾害事故大小、损失程度、受损财产的类别，在自身技术力量达不到的情况下，可聘请技术人员或专家协助定损。

（2）代位追偿。由于第三责任方的过失造成的事故，经被保险人要求，保险人赔偿后取得权益转让，可向第三责任方索取赔偿，这在法律上称为代位追偿。代位追偿一般应按以下程序进行：

①签订权益转让书：根据现场查勘和有关事故证明材料证实事故确属保险责任，但事故损失应由第三者负责赔偿时，被保险人通常应当先向第三者索赔。而如果被保险人为了迅速得到经济补偿，要求保险人先予赔偿时，保险人可以根据条款规定先行赔偿。由被保险人签具"权益转让书"，连同各种有关文件合同等有效证据，一并交给保险人。保险业务部门应立案，登录"第三者责任追偿登记簿"。

②保险财产被第三者致损后，如果被保险人未经事故处理部门处理，擅自放弃了向第三者追偿的权利或私下了结，而直接向保险人提出索赔，保险人有权不予受理。

③向第三者追偿索赔：对于代位追偿的案件，在追偿前，应结合具体案情重点审核事故原因，确定第三者应负的责任范围，收集有关材料，然后办理追偿。追偿时，可先向责任方发出索赔函，附寄索赔清单及有关单证复印件。对责任方迟迟不作答复的，应

及时催办，以免延误诉讼时效。如果责任方明确表示不同意赔偿的，保险人可向法院提起诉讼。

④追回赔款、结案：保险人追回第三者责任赔款后，应当签具收据一式三份。一份送第三者收，一份送会计记账，一份送业务部门粘贴于保险单列本，并缮制赔款计算书一式两份，一份送会计凭此冲减已付赔款，一份归入原赔案内。在追偿中，被保险人为协助保险人进行追偿工作所支出的各项合理费用，由保险人负责。

（3）拒赔、通融及其他。

①拒赔：在处理拒赔案件时，要充分掌握第一手资料，凡与案件有实质性关系的情况要了解清楚，关键性言证要掌握，疑点要求证。要以事实为依据，以条款为尺子，以法律为准绳，该赔的决不能惜赔，不该赔的要讲明道理。总之拒赔案件，要做到铁证如山，无可辩驳。拒赔或注销案件应填报"拒赔或注销案件报告表"。

②通融赔款：对于通融赔款，应从严掌握。在实际工作中，要根据具体情况，具体分析，实事求是，认真处理。既要以条款为依据，又不应死抠条款。凡与保险条款责任范围内的灾害事故有关系的赔付应合理掌握予以赔付。在特殊情况下极个别的与保险条款责任范围内的灾害事故无关联的赔款，如确属人力不可抗拒的自然灾害或意外事故所致损失，赔付后不致产生消极因素的，经认真调查研究并报请省、自治区、直辖市保险公司审批后，方可通融赔付。

③预付赔款：保险财产出险之后，保户确需资金亟待恢复正常生产或经营时，在出险原因、责任明确的前提下，可适当预付。一般掌握在预计全部赔款的50%以内。预付赔款应由保户提出书面申请，县级保险机构提出明确意见后报上级审批。

④诉讼案件：保险诉讼案件处理的好坏，直接关系到保险的信誉和业务的发展，当被保险人与保险人发生争议达不成协议时，双方都可以向法院提出书面诉状。当保险机构接到起诉书后，应及时报告上级机构，并积极做好应诉准备。对于确系保险机构自身工作造成的，当法院约请当事人进行调解时，要妥善处理，对于在法律上有充足理由的，要积极做好应诉或反诉的一切准备工作。对于保险机构非得通过法院审判以保护合法权益的起诉案件，一定要有充分诉讼理由，慎重行事。

4. 赔款理算。保险赔案经过现场查勘、责任审定之后，赔款理算则是理赔工作的一个重要步骤。这项工作政策性很强，一定要严格按照各险种的条款和有关规定执行。

（1）赔款计算。保险标的在发生保险事故后的赔偿按以下方式进行处理（足额保险情况下）。

①固定资产全部损失时。受损保险标的保险金额等于或高于出险时重置价值：

$$赔款 = 重置价值 - 残值$$

受损保险标的保险金额低于出险时重置价值：

$$赔款 = 保险金额 - 残值$$

②固定资产部分损失时。受损保险标的保险金额等于或高于出险时重置价值：

$$赔款 = 损失金额 - 残值$$

受损保险标的保险金额低于出险时重置价值：

$$赔款 = （损失金额或恢复原状费用 - 残值）× （保险金额 ÷ 重置价值）$$
$$或赔款 = 保险金额 × 损失程度$$

③存货全部损失时。受损保险标的保险金额等于或高于出险时账面余额：
$$赔款 = 账面余额 - 残值$$

受损保险标的保险金额低于出险时账面余额：
$$赔款 = 保险金额 - 残值$$

④存货部分损失时。受损保险标的保险金额等于或高于出险时账面余额：
$$赔款 = 损失金额 - 残值$$

受损保险标的保险金额低于出险时账面余额：
$$赔款 = （损失金额 - 残值）× （保险金额 ÷ 出险时账面余额）$$
$$或赔款 = 保险金额 × 损失程度$$

⑤账外财产和代保管财产全部损失时。受损保险标的保险金额等于或高于出险时重置价值或账面余额：
$$赔款 = （重置价值或账面余额）- 残值$$

受损保险标的保险金额低于出险时重置价值或账面余额：
$$赔款 = 保险金额 - 残值$$

⑥账外财产和代保管财产部分损失时。受损保险标的保险金额等于或高于出险时重置价值或账面余额：
$$赔款 = 损失金额 - 残值$$

受损保险标的保险金额低于出险时重置价值或账面余额：
$$赔款 = （损失金额或恢复原状费用 - 残值）×（保险金额 ÷ 重置价值或出险时账面余额）$$

【案例分析】

买了保险就可以按全额赔付？

【案情介绍】

最近发生在温州的一宗雅阁碰劳斯莱斯的车祸，正好让不少人关注到"不计免赔"这个车险附加险。雅阁的女车主朱小姐因为开车不慎刮伤劳斯莱斯幻影的轮毂和车门，经当事各方协商后，最终被撞的劳斯莱斯轿车维修费用初步确定在35万元。

而事故中的关键是，朱小姐虽然买了第三方责任险20万元，但并没有买"不计免赔"附加险。按规定，虽然朱小姐所投的第三方责任险可赔付20万元，但由于其并没有买"不计免赔"，故保险公司只能按80%赔付16万元。也就是说，朱小姐自己要掏腰包的钱除了超过的15万元之外，还要加上保险公司"打折"的那4万元。

【本案分析】

不少车主看到这个案例也许会提出，自己也出过一些追尾之类的小事故，照样全赔，怎么没见保险公司"打折"呢？其实，作为一款附加险种，不计免赔险是为主险服务的。具体来说，不计免赔险分为"基本险不计免赔险"和"附加险不计免赔险"。比如说，如果案例中的朱小姐没有买"基本险不计免赔险"，那么按照她所买保险的规定，保险公司的最高赔付额只有全赔额 20 万元的 80%。一些车主遇到的小事故所需要的赔偿往往远不超过最高赔付额，所以不会遇到保险公司"打折"的问题。

现在好车豪车越来越多，如果发生意外伤害到他人，赔偿额也往往达到几十万元。因此不仅推荐把第三方责任险买高一些，还要顺便买上"不计免赔"，车主才可以得到更高程度的保障。

（2）缮制赔款计算书和结案报告书。责任确定、理赔计算完成后，应立即缮制赔款计算书。赔款计算书是保险人支付赔款的重要凭证。因此在缮制赔款计算书时，应根据保险单抄件、调查报告和有关材料进行详细核对填写，项目要填写齐全，数字要准确，字迹要清晰，写明各项赔款的计算公式，不得任意涂改。

赔款计算书编制一式三份（如赔款超过核赔权限，份数应相应增加），一份附案卷内，一份作为财会部门支付赔款的凭证，一份附贴在保险单副本上。赔款计算书缮制完毕，送负责人复核签章后，由理赔内勤登记送财会部门签收并凭此支付赔款。在缮制赔款计算书的同时，还应缮制结案报告书。结案报告书是赔案结案材料，要摘要记录赔案的理赔过程和有关事项，随赔款计算书经复核人员和业务负责人签章后，报送主管领导审批签章。如超过核赔权限的应按规定上报审批。

5. 赔付结案。赔案材料的缮制和收集整理工作完成以后，理赔人员应对全案进行检查，经检查无误并签注经办人意见后，送负责人进行审批或报批。赔案的核批，应根据上级公司规定的核批权限，按规定核批，不可越权批案。赔案一经审批，理赔人员应在"赔案登记簿"上进行登记，并迅速将赔案送财会部门支付赔款。

财会部门收到案卷单证后，应对赔款计算书进行复核，无误后及时发出"赔款通知书"。支付赔款后，内勤应缮制"赔款批单"一式三份，一份附在保险单副本上，一份交保户贴保险单正本上，一份附赔案卷内。有的险种需在批单上批明赔款后保险单的有效保险金额，计算有效保险金额时应只扣除标的赔款，而不包括赔付的施救费用。

6. 档案管理。理赔档案是全面地、真实地记载和反映保险财产出险情况的重要理赔资料，应按要求进行装订、归档，做好理赔档案的管理工作。

（1）理赔档案的整理与装订。理赔档案的单证材料要齐全。一般情况下，赔案内应包括以下单证材料：赔案批复文件、出险通知书、赔款计算书、查勘报告、保险单、批单抄件、出险证明、事故裁决书、损失鉴定书、损失清单及原始单据、赔款批单、赔款收据、现场照片及草图、其他有关单证。

理赔案卷的单证材料应整理齐全，照片和原始单据一并贴在粘贴单上。各种材料每页应在其右上角空白处依序编号。每个案卷应有封页和扉页，目录上应能反映出案卷内各种材料的数量及其编号，做到编排有序，目录清楚。

（2）理赔档案的保管。理赔案卷应做到一案一档。理赔案卷在入档之前，内勤人员应填写"理赔档案保管登记簿"。登记簿的主要内容有归档日期、案卷序号、赔案编号、被保险人名称等。此登记簿由内勤人员保管，便于查找或调阅案卷。

（3）理赔档案的调借。理赔档案应严格规定借阅制度，一般不允许随意外借。确因工作需要借阅时，须经领导批准，履行登记签章手续，并按期收回。任何人不得私自保存案卷或随意抽出案卷材料或进行复制。查问或借用案卷时，严禁涂改、圈划、撤封。

财产保险综合实训

【实训目标】

通过本部分实训，使得学生能够在理论上掌握财产保险的重点专有名词和基本理论，掌握财产保险条款的保险责任和责任免除，能够根据财产费率表计算承保财产保险的保费，能够根据保险责任的不同计算财产保险的赔款金额。

【实训任务】

一、重要名词

财产保险　工程保险　运输工具保险　农业保险　船舶保险　飞机保险　航天保险　机动车保险　建筑工程保险　安装工程保险　企业财产保险　家庭两全保险　第三者责任保险

二、思考讨论

1. 简述财产保险的概念及财产保险合同分类。
2. 简述企业财产保险承保财产及保险责任。
3. 简述农业保险的特点及险种分类。
4. 简述航天保险的主要风险。
5. 简述机动车辆保险基本险及其保险责任。
6. 机动车辆保险基本险附加险有几种？
7. 简述建筑工程保险责任及除外责任。
8. 简述安装工程保险与建筑工程保险的区别。
9. 财产保险理赔需要哪些资料？

三、情景模拟

车辆保险损失赔款计算案例

【模拟场景】

甲车与乙车在行驶中发生意外事故，两车相撞。甲车车辆损失 900 元，车上货物损失 1 200 元，乙车车辆损失 500 元，车上货物损失 400 元。交通管理部门裁定甲车负主要责任，承担经济损失 70%，乙车负次要责任，承担经济损失 30%，两车都投保了车辆损失险和第三者责任险且足额。甲车和乙车各承担的经济损失是多少？各从保险公司那里获得多少赔款？

【实务操作】

第一步先计算出甲、乙各自应负担的损失：

甲车承担的经济损失 =（甲车 + 甲货 + 乙车 + 乙货）× 甲承担责任

$$= （900 + 1\ 200 + 500 + 400） ×70\%$$
$$= 2\ 100（元）$$

乙车承担的经济损失 = （甲车 + 甲货 + 乙车 + 乙货） ×乙承担责任
$$= （900 + 1\ 200 + 500 + 400） ×30\%$$
$$= 900（元）$$

第二步再计算出甲、乙各自应获得赔偿：

甲车获得的赔款 = 甲车×甲责 + （甲车 + 甲货） ×乙责
$$= 900 ×70\% + （900 + 1\ 200） ×30\%$$
$$= 1\ 260（元）$$

乙车获得的赔款 = 乙车×乙责 + （乙车 + 乙货） ×甲责
$$= 500 ×30\% + （500 + 400） ×70\%$$
$$= 780（元）$$

车辆保险损失赔款免赔率计算案例

【模拟场景】

甲车与乙车在行驶中发生意外事故，两车相撞。甲车车辆损失 5 000 元，车上货物损失 10 000 元，乙车车辆损失 4 000 元，车上货物损失 5 000 元。交通管理部门裁定甲车负主要责任，承担经济损失 70%，免赔率 15%，乙车负次要责任，承担经济损失 30%，免赔率 5%，两车都投保了车辆损失险和第三者责任险且足额。甲车和乙车各承担的经济损失是多少？各从保险公司那里获得多少赔款？

【实务操作】

第一步先计算出甲、乙各自应负担的损失：

甲车承担的经济损失 = （甲车 + 甲货 + 乙车 + 乙货） ×甲承担责任
$$= （5\ 000 + 10\ 000 + 4\ 000 + 5\ 000） ×70\%$$
$$= 16\ 800（元）$$

乙车承担的经济损失 = （甲车 + 甲货 + 乙车 + 乙货） ×乙承担责任
$$= （5\ 000 + 10\ 000 + 4\ 000 + 5\ 000） ×30\%$$
$$= 7\ 200（元）$$

第二步再计算出甲、乙各自应获得赔偿：

甲车获得的赔款 = （甲车 + 乙车 + 乙货） ×甲责× （1 - 免赔率）
$$= （5\ 000 + 4\ 000 + 5\ 000） ×70\% × （1 - 15\%）$$
$$= 8\ 330（元）$$

乙车获得的赔款 = （乙车 + 甲车 + 甲货） ×乙责× （1 - 免赔率）
$$= （4\ 000 + 5\ 000 + 10\ 000） ×30\% × （1 - 5\%）$$
$$= 5\ 415（元）$$

【参考文献】

[1] 李丞：《保险理论与实务》，北京，中国财政经济出版社，2005。

［2］张洪涛：《保险核保与理赔》，北京，中国人民大学出版社，2006。

［3］刘金章：《财产与人身保险实务》，北京，中国财政经济出版社，2005。

［4］许瑾良：《财产保险原理和实务》，上海，上海财经大学出版社，2010。

［5］孙迎春：《保险实务》，大连，东北财经大学出版社，2009。

教学项目六

人身保险

RENSHEN BAOXIAN

【知识目标】

◇ 人身保险的概念和含义

◇ 人身保险的特征和相近概念的区别

◇ 人身保险的不同分类

◇ 人身保险的基本条款

◇ 人身保险费率厘定的基本原理

◇ 人身保险核保的基本流程

◇ 人身保险索赔的基本流程

◇ 人身保险理赔的基本流程

【能力目标】

◇ 能够区别人身保险与相近保险的概念

◇ 能够将人身保险的不同险种作有效区分

◇ 能够牢固掌握人身保险专有条款的具体含义

◇ 能够运用生命表进行简单计算

◇ 能够计算人身保险的营业保费

◇ 能够按照流程处理人身保险承保理赔的相关问题

【引导案例】

意外伤害是年轻人面临的首要风险

【案情介绍】

只要曾经观看过中央电视台《身边的感动》的观众都会被赵小亭的故事所深深感动。赵小亭是一名大三的学生，作为志愿者被学校分配到贵州某乡村做支教工作。2010年7月21日，赵小亭和队友在学生家访的路上，被突然滚落的山石击中头部，不幸当场遇难。

　　这对于赵小亭的家里无疑是一个沉重的打击，培养了 20 多年的孩子，还没来得及享受人生的美好就过早的过世了，父母付出的精力、财力还有寄予的巨大希望全部破灭。对此我们设想，如果赵小亭之前购买过人身意外险，那么她的父母还能在她离世之后获得一定的经济补偿，虽然不能弥补心灵上的伤痛，但也算是一种慰藉。在痛心之余，我们还应该反省大学生保险意识的薄弱。

【本案分析】

　　上述案例表明：大学生应该做好保险规划。赵小亭事件其实就是一起单纯的意外事件，大学生虽然比起中学生成熟许多，但是长期处在学习状态，尚未和社会进行全面接触，往往会忽略自身的安全。因此大学生在选购保险时应优先选购意外伤害保险。

学习任务一
认识人身保险

【学生任务】

　　◇ 要求学生课前预习相关内容，结合已经学过的财产保险来理解人身保险的相关内容，能够用自己的语言来描述人身保险与相近保险概念的联系与区别。

　　◇ 要求学生扩大课外阅读，掌握行业发展的前沿趋势，结合本部分内容，说明为什么人身保险业务和财产保险业务要分业经营，根据自身理解写出不少于 800 字的书面课后作业。

　　◇ 将学生随机分组，按小组选出若干份作业在课堂上进行点评，学生间相互评出每一份书面文章的优劣；学生对作业进一步修改后提交教师，以便教师进行评价。

【教师任务】

　　◇ 指导学生在相关专业网站上查找所需资料。如人寿保险公司经营管理方面的法律法规、我国保险监管部门对于人寿保险公司经营管理的具体要求与规定等。

　　◇ 提示学生完成书面文章作业所需要关注的主要知识点。如人身保险的概念、特征，与相近的保险专业名词的区别与联系，保险法规的相关监管规定等。

　　◇ 指导学生分组，在小组内对学生进行不同的分工，对学生书面文章作业完成情况及时跟进，督促其按时完成。

　　◇ 对各小组进行的课堂点评适时指导，对于选出的作业予以公正评价，准备回答学生可能提出的异议等。

教学活动 1　掌握人身保险的含义

【活动目标】

通过本部分的教学活动，熟练掌握人身保险的概念，理解其真正内涵，区别其与相关专有名词的关系，并可以在保险实务中加以正确应用。

【知识准备】

一、全面认识人身保险

（一）人身保险的概念

人身保险是指以被保险人的身体、健康和生命作为保险标的的一种保险，投保人和保险人订立人身保险合同用以明确各自的权利和义务，投保人按照合同约定向保险人缴纳保险费，当被保险人在保险期间内发生死亡、伤残、疾病、年老等保险事故或达到人身保险合同约定的年龄、期限时，保险人依照合同约定承担给付保险金的责任。

凡是与人的生命延续或终结以及人的身体健康或健全程度有直接关系的商业保险形式均可称为人身保险。人身保险主要分为人寿保险、人身意外伤害保险、健康保险三大类，其中人寿保险所占比重相对较大。我国现行的《保险法》规定，为保障被保险人和受益人的合法权益，同一保险人不得同时兼营财产保险业务和人身保险业务。

（二）人身保险的内涵

1. 人身保险的保险标的是人的身体、健康和生命。人的生命是一个相对抽象的概念，当其作为保险保障的对象时，是以生存和死亡两种状态存在的。人的健康和身体作为保险保障的对象时，特指人的健康和生理机能、劳动能力（即人们赖以谋生的手段）等程度。人身保险就是将这些作为衡量风险事故发生后受侵害程度的标准，进而确定给付的保险金额，以达到"保险"的目的。

2. 人身保险的保障范围涵盖了人生中的各种风险。人身保险的保障范围包括生、老、病、死、伤、残等各个方面，即人们在日常生活中可能遭受的意外伤害、疾病、衰老、死亡等各种不幸事故。人身保险的给付条件是当被保险人遭受保险合同范围内的保险事故，以致死亡、伤害、残疾、丧失工作能力或于保险期满、年老退休时，由保险人依据保险合同的有关条文，向被保险人或其受益人给付保险金。

3. 人身保险的保险金额由保险双方当事人协商确定。由于人身保险权利义务关系所指向的是人的生命或身体（即保险标的），而人的生命和身体是无价的，不能以货币加以度量，因此，除个别情况外，人身保险的保险金额不能像财产保险那样有确定的标准，仅是就理论而言，是由保险双方当事人在保险合同订立之初按照投保方的需求度与可能性相一致的原则协商确定的。

4. 人身保险合同中保险责任的履行具有给付的性质。除个别情况外，由于保险标的的无价性，即人的生命和健康等是无法用一定数额的金钱来衡量的，人身保险的责任履行一般不能称为补偿或赔付，而只能称为给付。同时，也正是由于这个原因，人身保中除医疗等伤害性保险外，一般不存在重复保险、超额赔付以及代位求偿等问题。

（三）人身保险的特征

如同其他保险险种一样，人身保险也是由许多面临相同风险的主体通过缴付保险费把风险转嫁给保险组织，保险组织利用集中起来的保险基金进行保险给付工作。但是由于人身保险的保险标的是人的生命和身体，这种保险标的的特殊性决定了人身保险相对于财产保险而言具有一些自身的特点。

1. 人身保险保险期限的特殊性。相对于一般财产保险业务的短期性而言，人身保险的保险业务大多属于长期性业务，短则三年、五年，长则十几年、几十年甚至一个人的一生。投保期限的长短是根据个人对保险保障的需要由投保人（或被保险人）自行决定的。如果某人投保了一份较短期限的人身保险，等到保单期满时他想要再继续投保，保险人可能会以被保险人的健康原因或职业原因而不接受承保，或收取较高的保险费。为了克服短期人身保险对被保险人的不利之处，人身保险一般都是长期性保险。

2. 人身保险保险事故的特殊性。从保险事故发生的概率看，人身保险要远大于财产保险，由于人的寿命是有限的，因此对于某一个人来说，非生即死，非死即生。从保险事故的集聚程度看，人身保险事故具有较大的分散性，除极少数特殊情况如空难、沉船外，一般不大可能出现大量被保险人同时出险的情况，相对来说其保险事故是小额的，而且比较分散。从保险期间风险的变化情况看，人身保险的被保险人发生保险事故的概率随其年龄的增长而不断增加。

3. 人身保险业务经营的特殊性。人身保险一般不需要分保。人身保险的保险事故具有小额分散的特点，大部分保单的给付具有必然性，而且给付率的计算可以做到比较精确，财务稳定性比较强，多数情况下不需要办理再保险。人身保险费所形成的资金可进行长期投资，目前保险投资已成为国内外寿险公司一项重要而且专门的业务。一方面，由于人身保险期限较长，有些保单从交费到领取保险金有长达三四十年的间隔，保险人可以从长期稳定的保费收入中获得一笔长期稳定的资金，这笔资金可以用来投资，从而为寿险公司和社会产生经济效益。另一方面，由于人身保险合同的保险费率、应交保费及保险金额等都是在订立契约时规定的，在长达几十年的保险期内，客观情况会发生很大变化，如通货膨胀问题。要想使保险金保值，保险公司就必须搞好投资，并将投资的收益以各种方式分给被保险人，通过投资可以在一定程度上抵消物价上涨对被保险人利益的影响。

4. 人身保险保费计算的特殊性。人身保险保费计算的基础是各年龄的死亡率或生存率。早期的人身保险保险费是逐年递增的，这种按照各年龄死亡率计算而逐年更新的保费称为自然保费。但是，按照这种方式收取保险费的结果，会导致被保险人年老时因保险费逐年增高而缺乏保险费支付能力，使其在年老最需要保险保障时无法继续保险，削弱了人身保险的社会效益。而且，往往身体好的人因逐年加重保险费负担而退出保险，而身体不好的人却坚持保险，容易出现逆选择。为了解决这一矛盾，人身保险现在采用均衡保费，亦即按照投保人在保险年度内的每一年所缴纳保险费数额相等。在人身保险中，根据被保险人签订合同时的年龄、经济状况、健康情况、投保期限和保证利率等多种因素，经过经验的测算，以及数学、统计学方法的应用来确定保险费和责任准备金。这种确定方法由于有着科学的计算过程和可靠的统计资料，因而预测的准确性较高。

5. 人身保险保险金给付的特殊性。在人身保险中，由于保险标的是人的生命和身体，人身保险的可保利益无法用具体金额的货币估量，所以，人身保险不存在超额投保和重复保险问题。保险公司允许投保人投保几种人身保险或取得几份保险单。但是，为了防止道德风险的发生，保险公司可以根据被保险人的实际需要和收入水平对其投保的金额加以控制，使总计的保险金额不会高得过分。在人身保险中代位求偿原则是不适用的，如果被保险人伤亡是由于第三者造成的，被保险人或其受益人既能从保险公司得到保险给付金，又能向肇事方提出损害赔偿要求，保险公司不能行使代位求偿权。

6. 人身保险保险收益的特殊性。由于在人身保险中采取的是均衡保费，因此在保险合同的前期，保险人每年收取的保费要超过其当时需要承担的义务。这个超过的部分是投保人提前缴给保险人的用于履行未来义务的资金。它相当于投保人存在保险人处的长期性的储蓄存款，这笔存款由保险人投资或存储于银行并产生利息。这部分多缴的保费连同其产生的利息，每年滚存累积起来，就是保单的现金价值，相当于投保人在保险公司的一种储蓄。世界上许多国家都对人身保险给予税收优惠。许多国家对人身保险金还免征或少征遗产税，但在不同的产品类型上，各国存在一定的差异。《中华人民共和国个人所得税法》也明确规定保险赔款免纳所得税。

（四）人身保险的功能

人身保险是当今社会保障制度的重要组成部分，除了提供给个人、家庭以及经济组织保障外，还对整个社会的经济发展起到了积极作用，被誉为国家的社会稳定器。人身保险对于个人、家庭和社会有着不可替代的作用，主要体现在以下几个方面：

1. 转移人身风险，解除保险主体的后顾之忧。人的一生可能面临各种各样的人身风险，如当被保险人因年老、疾病或意外事故的发生，导致其身体伤害产生医疗费用、护理费，或者收入减少或丧失，或者导致残疾，甚至英年早逝，将使本人和依赖其生存的人面临极大困难。长期的担心和忧虑不仅会影响人们工作和生活的态度，有时还会导致疾病，通过购买寿险保单以较少的保费来转嫁风险，可帮助降低人们的忧虑增加其工作效率。当被保险人死亡、疾病或丧失劳动能力时，保险金给付还可缓解其家庭的经济困难。

通过参加人身保险，以固定的少量的开支使上述人身方面的风险转嫁给保险人，保险人通过商业化、社会化运作方式在较大范围内对各类人身风险进行分散。使个人减少财务压力和精神上的忧虑，工作、生活更积极，有利于社会和谐发展。

2. 通过人身保险金给付，减轻政府财政负担。我国实施独生子女政策后，人口老龄化引起家庭规模和家庭结构的变化，使家庭养老功能不断弱化。用于老年社会保障的费用大量增加，给政府财政带来了沉重负担。解决人口老龄化对社会经济影响的方法和途径是多样的，商业性的年金保险和健康保险便是有效渠道之一，特别是变额年金的出现，使养老年金的购买者更能从容地面对通货膨胀的压力，既减轻了家庭成员和社会的负担，又使养老年金的购买者老而有尊严地活着。

3. 集聚人身保险基金，参与社会资金的融通。人身保险在未发生保险金给付时，所形成的保险费的累积，可作为长期投资资金的一个重要来源，有助于社会经济发展。保险费从收取到支付存在着时间差和数量差，特别是长期寿险保单，在积累期形成了大量的货币资金，保险人可将其投入长期资金市场，购买公司债券、股票及长期国债。

随着经济、金融形势的发展，人身保险市场竞争的需要，人身保险的产品在不断创新，品种在不断增多，人身保险产品已经由传统的保障性、储蓄性向分红型、投资型方向发展，客户可以与保险公司共同分享保险经营成果，或者保险公司为客户设立专门账户进行投资理财。因此，现代人身保险不仅具有储蓄性，而且具有分红性和投资性。

4. 提高员工福利待遇，增强企业的竞争实力。人身保险可以提供的各种员工福利计划，一方面增进了员工与雇主的关系，另一方面又补充了社会保险的不足。企业在招聘时，若能在社会保险之外提供额外的商业保险，则使其具有较强的竞争优势，有利于吸引有用的人才。团体保险所提供的员工福利计划，还可以帮助企业留住现有的雇员。使企业在对外竞争中具有较强的竞争优势。

二、区分人身保险的不同种类

人身保险分类方法多种多样，有以保险公司内部业务实践为标准，也有以保险财务控制为标准和保险立法为标准等，各国的具体情况不同，对人身保险分类也不一致，下面介绍几种主要的分类标准和方法。

（一）按照人身保险的实施方式划分

1. 强制人身保险。强制保险也称为法定保险，它是指根据国家法律规定强制实施、自行生效的保险，即无论被保险人是否愿意投保，也无论保险人是否愿意承保，基于国家有关法律或法令必须形成的保险关系。强制保险具有全面性、强制性、统一性和广泛性等特点。

2. 自愿人身保险。自愿保险也称为商业保险，是保险双方当事人在公平、自愿的基础上，通过订立契约关系而形成的保险关系。保险双方当事人在是否投保、何时、何地向谁投保等方面可以进行自由选择。人身保险业务中的绝大部分都是采取自愿方式实施的。

（二）按照人身保险投保的主体划分

1. 个人人身保险。个人人身保险是以个人为投保人，一张保险单只承保一个被保险人或一个家庭成员的人身保险，在寿险公司日常经营中最常见的就是个人保险单。

2. 团体人身保险。团体人身保险是以一张总的保险合同承保某一个企业、事业或机关团体的全部或大部分成员（一般为总人数的75%）的人身保险，投保人为法人或社团组织，被保险人是团体中的在职成员。团体人身保险可以分为团体人寿保险、团体意外伤害保险和团体健康保险等。

3. 联合人身保险。联合人身保险是以具有一定利害关系的两个以上的人视做被保险人，如以夫妻或者合伙人等多人作为联合被保险人同时投保的人身保险。它既不同于个人保险，也不同于团体保险。联合人身保险又可以分为联合终身寿险和最后生存者保险。

（三）按照人身保险保障的范围划分

1. 人寿保险。人寿保险也称生命保险，简称寿险，它是以人的生命为保险标的，保险人承担被保险人在保险合同有效期限内发生约定的死亡或生存至某一时间或者其他保险事故或事件为保险金给付责任的一种保险业务。它是人身保险业务的基本业务，传统的人寿保险可分为死亡保险、生存保险和两全保险三类。

2. 意外伤害保险。意外伤害保险的全称为人身意外伤害保险，它是指在保险合同有效期限内，被保险人因遭受意外伤害事故造成死亡或残疾等保险事故时，保险人按照保险合同约定向被保险人或者受益人给付残疾金或者身故金的一种人身保险。意外伤害保险产品可以分为普通意外伤害保险和特种意外伤害保险两类。

【案例分析】

摔倒后猝死能否从意外伤害保险获赔

【案情介绍】

新春临近，本来大家都在欢欢喜喜准备过大年，可是老张一家却摊上了官司。腊月二十五一大早，家住县城的老张骑着自行车办年货，不慎摔倒后猝死。在此之前，老张曾在保险公司投保了一份意外伤害保险。因此，老张的家属就到保险公司要求索赔，结果却遭拒。

据介绍，被保险人老张摔倒后造成其左颧骨部位有一处 3×6 厘米皮挫伤和左膝部有一处 4×4 厘米皮挫伤。保险公司拒赔的理由是，虽然是意外摔倒在先，死亡在后，但是在通常情况下，上述伤情不会直接造成当事人死亡。保险公司称，现有证据不足以证明摔倒是引发老张死亡的直接原因，从而表示老张的死亡不符合案件所涉之保险合同承保范围。

【本案分析】

在这一理赔纠纷案中，最关键的争议点在于"猝死"是否属于意外伤害。在涉及被保险人"猝死"的保险合同诉讼中，如果被保险人因为疾病或者意外伤害而死亡，则根据《民事诉讼法》的一般举证规则，继承人或者受益人有义务提供证据证明被保险人因疾病或者意外伤害而死亡。在被保险人的继承人或者受益人证明自己的主张后，保险人欲拒绝支付保险金，须提供有效的证据进行反驳。由此看来，老张的家人需要举证证明老张猝死属于非疾病死亡才可获得理赔。

《最高人民法院关于民事诉讼证据的若干规定》第七条显示："在法律没有具体规定，依本规定及其他司法解释无法确定举证责任承担时，人民法院可以根据公平原则和诚实信用原则，综合当事人举证能力等因素确定举证责任的承担。"根据上述规定，继承人或受益人只要完成基本的举证责任即可，如举证证明被保险人的死亡是意外的、非故意或者犯罪行为所导致的死亡等即可。保险公司欲免除支付保险金的责任，必须证明被保险人的死亡是由除外责任范围内原因所导致的，如自杀、犯罪等。如果保险公司不能证明被保险人死亡原因在除外责任范围内，则需要支付保险金。

3. 健康保险。健康保险是以人的身体为保险标的，保险人对被保险人因疾病或意外事故或生育等所致伤害时的医疗费用支出或者因疾病、伤害丧失工作能力导致收入减少承担保险赔偿或保险金给付责任的一种人身保险业务。健康保险按照保障范围可以分为医疗费用保险、疾病保险、失能收入损失保险和护理保险。

（四）按照人身保险的保险期限划分

1. 长期人身保险业务。长期人身保险业务是指保险期限超过一年的人身保险业务。人身保险合同通常属于长期性业务，人身保险期限最短为 2 年，长的有 5 年、10 年或者30 年，甚至是终身。健康保险中的重大疾病保险一般也是长期业务。

2. 短期人身保险业务。短期人身保险业务是指保险期限在一年以内的人身保险业务，可以分为一年期业务和极短期业务。一年期业务是指保险期限为一年的人身保险业务，如学生意外伤害保险、医疗保险等。极短期业务是指保险期限不足一年的人身保险业务，如航空意外伤害保险、分娩保险等。

（五）按照被保险人自身的风险程度划分

1. 健康体人身保险。健康体人身保险又称标准体人身保险，它是指被保险人的风险程度属于正常标准范围，或者是指被保险人的身体、职业和道德等方面没有明显缺陷，保险人可以按照所订立的标准或者正常的费率来承保的人身保险。人身保险业务中的大部分险种都是标准体保险。

2. 次健体人身保险。次健体人身保险又称次标准体人身保险或弱体人身保险，是指被保险人所含有的风险程度超过了标准体的风险程度，不能按标准或者正常费率来承保，但可以附加特别条件来承保的人身保险。

（六）按照人身保险单是否分红划分

1. 分红人身保险。分红人身保险是指保险人将其经营成果的一部分，按照保险合同约定的时间、以一定的方式分配给被保险人的险种。分红人身保险的保险费高于不分红人身保险的保险费。

2. 不分红人身保险。不分红人身保险是指被保险人在保险费缴付后没有盈利分配，即被保险人不参加保险人利润分配的人身保险。

【知识链接】

寿险公司知多少

截至 2011 年 12 月，经中国保险监督管理委员会审核批准登记备案的经营人身保险业务的保险公司共有 60 家，分别是：

中国人寿保险股份有限公司   天安人寿保险股份有限公司

中国太平洋人寿保险股份有限公司   建信人寿保险有限公司

中国平安人寿保险股份有限公司   中德安联人寿保险有限公司

新华人寿保险股份有限公司   金盛人寿保险有限公司

泰康人寿保险股份有限公司   信诚人寿保险有限公司

太平人寿保险有限公司   交银康联人寿保险有限公司

中宏人寿保险有限公司   英大泰和人寿保险股份有限公司

中意人寿保险有限公司   海康人寿保险有限公司

光大永明人寿保险有限公司   民生人寿保险股份有限公司

海尔人寿保险有限公司   招商信诺人寿保险有限公司

太平养老保险股份有限公司   长生人寿保险有限公司

中荷人寿保险有限公司   恒安标准人寿保险有限公司

中英人寿保险有限公司   平安养老保险股份有限公司

瑞泰人寿保险有限公司   合众人寿保险股份有限公司

生命人寿保险股份有限公司   华泰人寿保险股份有限公司

中美大都会人寿保险有限公司   国泰人寿保险有限责任公司

东方人寿保险股份有限公司   中美联泰大都会人寿保险有限公司

中法人寿保险有限责任公司   信泰人寿保险股份有限公司

平安健康保险股份有限公司   嘉禾人寿保险股份有限公司

中国人民健康保险股份有限公司   长城人寿保险股份有限公司

华夏人寿保险股份有限公司   昆仑健康保险股份有限公司

中航三星人寿保险有限公司   和谐健康保险股份有限公司

正德人寿保险股份有限公司   泰康养老保险股份有限公司

国华人寿保险股份有限公司   幸福人寿保险股份有限公司

中新大东方人寿保险有限公司   阳光人寿保险股份有限公司

中国人寿养老保险股份有限公司   新光海航人寿保险有限责任公司

长江养老保险股份有限公司   中融人寿保险有限公司

汇丰人寿保险有限公司   安邦人寿保险股份有限公司

君龙人寿保险有限公司   利安人寿保险股份有限公司

百年人寿保险股份有限公司   中邮人寿保险股份有限公司

三、人身保险与相近保险的比较

（一）人身保险和人寿保险比较

1. 保险范围。从范围构成上看，人身保险包括人寿保险。人身保险是由人寿保险、健康保险和意外伤害保险三部分所构成。人寿保险只是人身保险的一部分，但是它在人身保险中占有较大比重，因此，习惯上称"人身保险"为"寿险"，实际上人身保险的内涵要大于人寿保险。

2. 业务角度。从业务经营角度看，人寿保险与健康保险和人身意外伤害保险不同，其给付金由保险合同事先约定（不论死亡的原因是疾病还是意外事件），不必在保险事故发生时进行赔款金额的核定；费率厘定与利率和死亡率相关而与保额损失率无关；人寿保险以长期契约为主，采取均衡保费，与其他人身保险险种相比其储蓄性较强。

3. 保险标的。西方国家的保险业一般按保险标的的不同分成两部分：寿险和非寿险。凡以人的寿命为保险标的的业务由人寿保险公司办理，此外的一切业务包括以物质财产、责任和信用等为保险标的的业务则由非寿险公司办理。我国《保险法》第九十五条第二款规定："保险人不得兼营人身保险业务和财产保险业务。但是，经营财产保险业务的保险公司经国务院保险监督管理机构批准，可经营短期健康保险业务和意外伤害保险业务。"

（二）人身保险与社会保险比较

社会保险是国家通过立法或行政手段，为全体社会成员或特定群体在生、老、病、死、伤以及失业时提供的基本保障。社会保险由养老保险、医疗保险、失业保险、工伤保险和生育保险等构成。社会保险、社会救济、社会福利、优抚安置以及商业保险一并构筑了社会保障体系。

在整个社会保障体系当中，社会保险是核心基础，社会救济是最低层次，社会福利是最高层次，优抚安置是特殊部分，商业保险是有力补充。人身保险和社会保险在保障人们生活安定、促进社会经济繁荣等方面则是一致的，且存在相互作用、相互补充的关系。但是两者存在诸多不同之处，表现如下：

1. 为保险主体提供的保障水平不同。社会保险是政府为解决社会经济保障问题对国民实施的一项基本保障政策，由于是以满足人们基本生活需要为标准，故而保障程度较低。

人身保险属于商业性的经济行为，是根据市场经营原则，按照保险人承担风险质量的大小确定保险责任、保险金额，可以广泛、灵活、充分适应不同阶层的经济保障需要，是社会保险的重要补充，具有相对较高程度的保障。

2. 两者的属性和经营目的不同。社会保险以社会保险法律或条例为依据，采取强制方式实施，只要符合法律规定范围的社会成员都必须办理保险。社会保险一般由政府举办，以实施政府社会政策为目的，不以盈利为目的，以社会效益为主，政府对其财务盈亏负有最后的责任。

人身保险大多数业务是保险人及投保人双方按平等、互利、自愿原则，通过签订保险合同的方式确立保险民事法律关系，故此保险关系主要受《民法》、《保险法》等法律调整。人身保险是由商业性保险公司举办，是以盈利为主要目的的一种商业保险活动，保险人遵循商业经营原则，要精确合理地制定保险费率，积极运用保险资金，在实现企业自身发展、提高效益的同时为社会经济的稳定发展发挥重要作用。

3. 合同双方权利义务对等关系不同。社会保险遵循"社会公平"原则。社会保险的权利义务关系是建立在劳动者只要履行了为社会劳动的义务，就能够为自身及其所供养的直系亲属获得社会保险保障的待遇，因此，被保险人获得的保险金与其缴纳的保险费数量没有直接关联。社会保险的保险金额按基本生活费用、基本医疗费用标准由国家统一确定。投保人缴纳的保险费是依照其当时的收入来确定的，社会保险费一般由用人单位和个人或国家共同承担。

商业人身保险按市场经济原则运作，保险人根据承保责任范围的大小等因素确定保险费率，投保人以支付保险费为代价换取保险保障，体现了"个人公平"原则的要求，保险双方的权利义务是一种等价交换关系。因此，其保险金额依据投保人的交费能力和被保险人的保障需求由保险双方协商确定。保险费一般依据合同约定由个人支付。社会保险的保险金额由社会的平均水平决定，保险费可以由政府全部承担，也可以由个人、单位和政府三者共同承担，采取哪种方法视国家财政状况而定。

教学活动2　熟悉人身保险基本条款

【活动目标】

通过本部分的教学活动，熟练掌握人身保险的基本条款，理解其在保险领域独有的含义和法律作用，能够运用自己的语言对潜在的保险客户解释清楚，并能够在保险合同实务中加以正确应用。

【知识准备】

一、人寿保险基本条款

人寿保险合同的基本条款规定了人寿保险合同中当事人之间的权利与义务，是合同当事人履行合同义务、享受合同权利的法律依据，也是处理保险纠纷的主要依据。

（一）不可抗辩条款

不可抗辩条款又称不可争辩条款，是寿险保单特有的条款。该条款的内容是：合同生效后的2年为可争辩期，在此期间内，保险人可对被保险人的有关情况进行调查核实，如发现投保人在投保时有隐瞒、报告不实、误告、漏报等情况，有权行使解除合同的权利。在此期间内，如果保险事故发生，保险人可拒绝承担给付责任。

超过此不可争辩期间，这时保险合同成为不可争辩文件，但应以被保险人的生存为条件，如果被保险人在可争辩期内死亡、受益人拖延至可争辩期后再向保险人请求保险金，保险人仍可因保险人的不实告知而撤销合同、拒付保险金，复效时仍适用不可抗辩条款。从复效开始2年内保险人可对合同提出争辩，超过2年的，复效后的保险合同就成为不可争辩文件。

（二）自杀条款

自杀条款规定，如果被保险人在某一特定时段内（通常是从保单生效日开始2年内）自杀身亡，则保险公司将不支付死亡保险金，只返还已付保费与相关负债（如保单贷款）的差额，并一次性支付给保单上注明的受益人。如果被保险人在特定时段后自杀，则视为自然死亡，保险公司按约定给付保险金。

我国《保险法》规定：以被保险人死亡为给付保险金条件的合同，自合同成立或者合同效力恢复之日起2年内，被保险人自杀的，保险人不承担给付保险金的责任，但被保险人自杀时为无民事行为能力人的除外。保险人依照上述规定不承担给付保险金责任的，应当按照合同约定退还保险单的现金价值。

【案例分析】

畏罪自杀保险公司赔不赔

【案情介绍】

2002 年 4 月 27 日，吴某购买了 1 份某公司"幸福定期保险（A）"。同年 4 月 29 日，保险公司向吴某签发了人寿保险单。保险合同约定，被保险人为吴某，受益人为法定继承人，保险合同生效日为 2002 年 4 月 27 日，保险期限为 20 年，每份保险每年交纳保费 152 元，被保险人身故每份保险可赔偿保险金 40 000 元。吴某投保之后，分别于 2002 年 4 月 27 日、2003 年 4 月 27 日和 2004 年 4 月 27 日交足了 3 年的保险费。

2004 年 9 月 5 日中午 12 时许，吴某杀死一人后，于当日下午 1 时许，自杀身亡。2004 年 9 月 25 日，公安机关出具"吴某故意杀人案综合调查报告"，认为吴某的行为涉嫌故意杀人罪。鉴于吴某已经死亡的实际情况，公安机关作出撤销案件决定书。

吴某死亡之后，吴某的母亲作为受益人，向保险公司索赔。2004 年 12 月 27 日，保险公司作出理赔决定通知书：根据《保险法》的相关规定和《幸福定期保险（A）(1999）条款》第三条之约定，作出不予给付保险金的决定。

【本案分析】

原告（吴某的母亲）认为，根据《保险法》第六十六条第二款的规定，以死亡为给付保险金条件的合同，自合同成立之日起满二年后，如果被保险人自杀的，保险人可以按照合同给付保险金。儿子吴某 2002 年 4 月 27 日投保，至 2004 年 9 月 5 日自杀身亡，已逾两年，保险公司应该赔付保险金。

保险公司坚持认为，本案应该适用《保险法》第六十七条和《幸福定期保险（A）(1999）条款》第三条第二款的规定。被保险人故意犯罪导致其自身伤残或死亡，保险人不承担给付保险金的责任。被保险人吴某故意杀人后为逃避刑事责任的追究自杀，其行为已经公安机关侦查终结并认定，吴某的行为之所以未被法院审判认定为故意犯罪，是由于其已经死亡，无法按司法程序追究其刑事责任，但其之前的故意犯罪行为与之后的畏罪自杀死亡后果之间存在直接的因果关系。因此，保险公司不承担赔付责任。

法院判决：2005 年 6 月 29 日，法院对这起因畏罪自杀引发的人身保险合同纠纷进行了公开开庭审理。法院认为，吴某杀人后自杀身亡，符合《保险法》第六十七条关于被保险人故意犯罪导致其死亡的情形。2005 年 7 月 19 日，法院作出了驳回原告诉讼请求的一审判决。

一审宣判后，原告不服，于 2005 年 8 月 1 日向中级人民法院提出上诉。中级法院审理认为，原判认定事实清楚，适用法律正确，遂于 2005 年 10 月 10 日终审判决：驳回上诉，维持原判。

（三）年龄误告条款

年龄误告条款规定：投保人在投保时如果误报被保险人年龄，保险人将根据真实年龄予以调整。当被保险人的真实年龄超过保险公司规定的最高年龄时，保险合同自始无效，保险人退还保险费，但自合同成立之日起超过 2 年的，保险人不得解除合同。

被保险人的年龄误告可能会出现两种情况：一是所报的年龄高于实际年龄，二是所报的年龄低于实际年龄。这都将导致实缴保险费与应缴保险费存在差异，根据年龄误告条款必须进行调整。

（四）宽限期条款

宽限期条款规定：在分期缴纳保险费的情况下，如果投保人未按时缴纳续期保险费，保险人将给予一定时间的宽限期间。在宽限期内，保险合同仍然有效，若保险事故发生，保险人应按规定承担给付保险金的责任，但应从中扣除所欠缴的保险费和利息。超过宽限期间，仍未缴付保险费，保险合同效力中止。

我国现行《保险法》规定：合同约定分期支付保险费的，投保人支付首期保险费后，除合同另有约定外，投保人超过约定的期限六十日未支付当期保险费的，合同效力中止，或者由保险人按照合同约定的条件减少保险金额。被保险人在前款规定期限内发生保险事故的，保险人应当按照合同约定给付保险金，但可以扣减欠缴的保险费。

（五）复效条款

复效条款规定：如果保单因未缴纳到期保费而失效，则投保人有权在保单失效后一段时间内（一般为 2 年）申请复效。我国《保险法》规定：因欠费导致合同效力中止，经保险人与投保人协商并达成协议，在投保人补缴保险费后，合同效力恢复。但是，自合同效力中止之日起满二年双方未达成协议的，保险人有权解除合同。

保单失效的原因很多，而复效条款是以因欠缴保费引起的失效为前提的。其他原因引起的失效不适合本条款。在复效期内，投保人申请复效需完成以下工作：必须递交复效申请书；提交令保险人满意的可保证明（包括健康证明）；补缴逾期未缴的保费及利息；偿还保单其他债务（如保单贷款的本金和利息）或者使保单债务重新生效。复效时，投保人提供的可保证明不仅要说明被保险人复效期间身体健康情况，还须对被保险人的职业风险水平、生活环境、财力状况以及有无民事纠纷或犯罪等问题加以说明。

（六）保险费自动垫缴条款

保险费自动垫缴条款规定：在人寿保险合同有效期内，投保人已按期缴足一定时期（一般为 2 年）分期保险费的，若以后的分期保险费超过宽限期仍未缴付，而保险单当时的保单现金价值足以垫缴保险费及利息时，除投保人事先另以书面形式作反对声明外，保险人将自动垫缴其应缴保险费及利息，使保险单继续有效。

如果垫缴后，投保人仍未缴付保费，垫缴应继续进行，直到累计垫缴本息达到保单的现金价值数额为止。此时保险合同的效力中止，此中止适用复效条款。如果被保险人在垫缴期间发生保险事故，保险人应从给付的保险金中扣除垫缴本息。按惯例，保险人进行保险费自动垫缴，应及时通知投保人。

（七）不丧失现金价值条款

不丧失现金价值条款规定：长期寿险合同的投保人享有保单现金价值的权利，不因保险合同效力中止而丧失。由于均衡保险费制的实施和复利作用的结果，人寿保险中除定期死亡保险外的大部分保险单,在缴付一定时期(一般为2年)的保险费之后都具有一定量的现金价值,且大部分险种的现金价值量是不断递增的。

这部分现金价值如同储蓄存款一样(在不发生给付的情况下)为投保人所拥有。保险人应在其保单上附上现金价值表,必要时还应说明保单现金价值的计算方法,从而使投保人能准确知道保单的现金价值。

（八）保单贷款条款

保单贷款条款规定:如果寿险保单具有现金价值,那么投保人或被保险人可以用保险单的现金价值作担保向保险人申请贷款,保单贷款的金额只能是保单现金价值的一定比例(80%或90%)。当贷款本利和达到保单的现金价值时,投保人应按保险人的通知日期还清款项,否则保单失效。

此种失效一般不得申请复效,因为它相当于投保人已经领取了退保金,如果被保险人或受益人领取保险金时,保险单上的借款本息尚未还清,保险人将在保险金内扣除贷款本息。保单贷款的期限多以6个月为限,贷款利率一般较高。

（九）保单转让条款

保单转让条款规定:人寿保险单作为一项金融资产,是保单持有人的财产,保单持有人(一般为投保人)对其拥有财产所有权。而财产所有权最重要的内容之一,是财产所有者有权以附条件或无条件方式将部分或全部财产权益转让给他人。

人寿保险单持有人可以转让人寿保险单权益,这种转让又因转让目的不同分为绝对转让(投保人将其对保单的权益完全转移给他人,且这一转让不能撤销)和相对转让(一般即为抵押转让,投保人暂时将保单的某些权益转让给银行或其他债权人,为贷款提供担保)。大多数寿险保单转让为抵押转让。在保单转让时,保单所有人应书面通知保险人,由保险人加注批单生效。

（十）受益人条款

受益人条款就是人身保险合同中关于受益人的指定、资格、顺序、变更以及受益人权利等内容的具体规定。我国《保险法》规定:

1. 人身保险的受益人由被保险人或者投保人指定。投保人指定受益人时须经被保险人同意。投保人为与其有劳动关系的劳动者投保人身保险,不得指定被保险人及其近亲属以外的人为受益人。被保险人为无民事行为能力人或者限制民事行为能力人的,可以由其监护人指定受益人。

2. 被保险人或者投保人可以指定一人或者数人为受益人。受益人为数人的,被保险人或者投保人可以确定受益顺序和受益份额;未确定受益份额的,受益人按照相等份额享有受益权。

3. 被保险人或者投保人可以变更受益人并书面通知保险人。保险人收到变更受益人的书面通知后,应当在保险单或者其他保险凭证上批注或者附贴批单。投保人变更受益人时须经被保险人同意。

4. 被保险人死亡后,有下列情形之一的,保险金作为被保险人的遗产,由保险人依照《中华人民共和国继承法》的规定履行给付保险金的义务:①没有指定受益人,或者受益人指定不明无法确定的；②受益人先于被保险人死亡，没有其他受益人的；③受益人依法丧失受益权或者放弃受益权，没有其他受益人的。受益人与被保险人在同一事件中死亡，且不能确定死亡先后顺序的，推定受益人死亡在先。

5. 受益人故意造成被保险人死亡或者伤残的，或者故意杀害被保险人未遂的，丧失受益权。

（十一）红利任选条款

红利任选条款规定：分红保险的保单所有人可以选择红利的分配方式。一般来说，可供保单所有人选择的红利分配方式主要有四种：

1. 现金给付。现金给付即直接用现金给付红利。

2. 抵缴保费。抵缴保费即用红利缴纳保费。

3. 积累生息。积累生息即将红利留在保险公司，通过保险公司资金运作实现增值。

4. 增加保额。增加保额即将红利作为增加保险金额应缴纳的保费。

（十二）保险金给付任选条款

保险金给付任选条款规定：投保人可选择保险给付的不同方式。随着人们保险意识的提高，通过分析不同给付方式下投保人利益的差异性，投保人往往进行对自己有利的选择。一般来说，保险金的给付有以下五种方式：

1. 一次性支付现金方式。受益人选择这一方式，保险人将以现金形式一次性全额给付保险金。

2. 利息收入方式。使用这一方式时，受益人将保险金作为本金留存在保险公司，然后，根据约定的利率，按期到保险公司领取保险金所产生的利息。

3. 定期收入方式。这种方式是根据投保人的要求，在约定的给付期间，按约定的利率，计算出每期应给付的金额，以年金方式按期给付。

4. 定额收入方式。定额收入方式是根据受益人生活开支的需要，确定每次领取保险金的数额。受益人按期领取这个金额，直到保险金的本息全部领取完为止。这种方式强调的是约定给付金额。

5. 终身收入方式。这种方式是受益人用领取的保险金投保一份终身年金保险。此后，受益人按期领取年金直至死亡。

（十三）保单所有人条款

保险单所有人是人寿保险中的一个新名词，保险单所有人可能是保险单上所载明的被保险人、受益人或是其继承人、保单质押权人。保险单所规定的权利由保险单所有人行使，这些权利包括：经被保险人同意指定和变更受益人，退保，转让保险单所有权，保单借款，领取红利，选择保险金给付方式等。

二、人寿保险附加特约条款

人寿保险附加特约条款是在基本条款的基础上，保险合同双方经过充分协商附加上去的。常见的附加特约条款有免缴保险费条款、丧失工作能力收入补偿条款、意外死亡双倍给付条款等附加特约条款。

（一）免缴保险费附加特约条款

免缴保险费附加特约条款规定：如果投保人在规定的年龄或期限之前，因遭受人身伤害或患病而完全丧失工作能力，其在丧失工作能力期间可以免缴所有保险费，保险合同继续有效，死亡保险金给付、贷款、现金价值增加和分红等如同已缴付保险费处理。

（二）丧失工作能力收入附加特约条款

丧失工作能力收入附加特约条款规定：在被保险人丧失工作能力的情况下，保险人会按照保险金额的一定比例作为保险金每月支付给被保险人作为收入补充。

（三）保证加保选择权附加特约条款

保证加保选择权附加特约条款规定：允许投保人在将来某个日期增加人身保险合同的保险金额，无须再次提供可保性证据。如果投保人想要增加保险金额，但目前无力交付增加保额的保险费，该选择权就能保证其在将来用标准保险费增加保险金额，这是一种期权。

（四）意外死亡双倍补偿附加特约条款

意外死亡双倍补偿附加特约条款规定：如果被保险人的死亡是由于意外事故造成的，保险人则给付双倍保险金，有的保险合同经过约定，甚至可以给付多倍保险金。因为意外死亡风险比疾病风险相对要小得多，所以该附加特约条款的费用较低。

三、健康保险基本条款

（一）责任期限条款

责任期限是意外伤害保险和健康保险所特有的概念，是指自被保险人遭受意外伤害之日起的一定时期（例如90天或180天）。在此段期间内，被保险人的治疗费用或收入损失由保险人负责承担。

（二）观察期条款

观察期，也称试保期，是指健康保险合同成立之后到正式开始生效之前的一段时间。由于保险人仅仅凭借过去的病历难以判断被保险人是否已经患有某些疾病，为防止已经患有疾病的人带病投保，保证保险人的利益，通常在首次投保的健康保险单中规定一个观察期（90天或180天），被保险人在观察期内所患疾病都推定为投保之前已经患有，其所支出的医疗费或所致收入损失保险人不负责，只有观察期结束后保险单才正式生效。及时续保的健康保险合同不再设置观察期。

如果被保险人在观察期内因疾病或者其他免责事项死亡，则保险人在扣除手续费后退还保险费，保险合同终止。如果被保险人没有死亡，保险人可根据被保险人的身体状况决定是否继续承保，也可以危险增加为由解除保险合同。

（三）等待期条款

等待期，也称免赔期，是指健康保险中因疾病、生育及其导致的疾病、全残、死亡发生后到保险金给付之前的一段时间。等待期的时间长短视健康保险种类及其规定有所不同。规定等待期的目的，既可以为保险金申请人准备资料，申请索赔提供充足、有效的时间，又可以防止被保险人借轻微的小病或小额的医疗费用领取医疗保险金。同时，防止被保险人自加伤害等道德风险的发生，也有利于保险人调查取证、核实情况，控制不合理保险金给付，防范保险欺诈，保证健康保险稳健经营。

（四）犹豫期条款

犹豫期，也称冷静期，是指投保人收到保单之日起 10 日内的一段时间，投保人可以无条件地要求保险公司退还保费，保险公司除收取一定的成本费（一般情况下最多 10 元）以外，不得扣除任何费用（过了犹豫期以后的退保，保险公司通常要扣除较多的手续费）。但对于投资连结保险，如在此期间投资账户的资产价值减少，减少的部分将由投保人承担。

犹豫期的产生是为了防止客户因一时冲动而作出购买保险的决定，因此对于投保人来说它无疑起到了缓冲器的作用。我国《健康保险管理办法》第十五条规定："长期健康保险产品应当设置合同犹豫期，并在保险条款中列明投保人在犹豫期内的权利。长期健康保险产品的犹豫期不得少于 10 天。"

（五）免赔额条款

在健康保险合同中通常对医疗费用保险有免赔额条款的规定，在规定的免赔额以内的医疗费用支出由被保险人自己负担，保险人不予赔付。免赔额有两种：一种是相对免赔额，另一种是绝对免赔额。

在健康保险业务中通常都采用绝对免赔方式，该条款能够促使被保险人努力恢复身体健康，节省不必要的医疗费用，减少道德风险的发生，还可以减少保险人的大量理赔工作，从而减少成本，这一规定对保险人及被保险人双方都有利。

（六）比例给付条款

比例给付条款，也称共同分摊条款、共保比例条款，类似于保险人与被保险人的共同保险，是指按照医疗保险合同约定的一定比例由保险人与被保险人共同分摊被保险人医疗费用的保险赔偿方式。

例如比例给付 80%，表明保险人只对医疗费用负担 80%，被保险人要自负 20%。这一规定可以促使医生和病人在治疗过程中节约和减少费用开支，避免医疗资源浪费。如果同一份健康保险合同既有共保条款又有免赔额条款，则保险人对超出免赔额以上部分的医疗费用支出，采用与被保险人按一定比例共同分摊的方法进行保险赔付。

（七）给付限额条款

由于健康保险的被保险人的个体差异很大，其医疗费用支出的高低差异也很大，为保障保险人和大多数被保险人的利益，在补偿性质的健康保险合同中通常实行补偿性原则，即对于医疗保险金的给付通常有最高给付限额的规定，以控制总的支出水平。如单项疾病给付限额、住院费用给付限额、外科手术费用给付限额、门诊费用给付限额等。

（八）连续有效条款

健康保险的保险期限通常为一年，一般的健康保险条款都注明保单在什么条件下失效，在什么条件下可自动续保，为方便客户获得保险保障，对于有些希望长期投保健康保险合同的客户，保险人一般可以通过在保险单中设定有关保险条款使健康保险保单成为连续有效的保单。常见的方式有以下两类：

1. 续保条款。被保险人续保时一般有两种不同的续保条款：①条件性续保，只要被保险人符合合同规定的条件，就可续保其合同，直到某一特定的时间或年数；②保证性续保，只要被保险人继续缴费，其合同可继续有效，直到一个规定的年龄，在这期间，保险人不能单方面改变合同中的任何条件。

2. 不可取消条款。就是对被保险人和保险人而言，都不得要求取消保险合同，被保险人不能要求退费。但如果被保险人不能缴纳保费时，则保险人可自动终止合同。

学习任务二
人身保险操作实务

【学生任务】

◇ 要求学生课前预习相关内容，结合已经学习过的财产保险的费率计算来区别人身保险的费率厘定，能够运用生命表进行简单的纯保险费计算。

◇ 要求学生课前预习相关内容，结合已经学习过的财产保险的承保与理赔实务来认识人身保险的承保与理赔，并能够熟练掌握承保理赔的流程和所需单据。

◇ 要求学生扩大课外阅读，掌握人身保险的发展趋势，结合本部分内容，自行总结在人身保险承保和理赔中需要注意的事项，根据自身理解写出不少于800字的书面课后作业。

◇ 将学生随机分组，按小组选出若干份作业在课堂上进行点评，学生间相互评出每一份书面文章的优劣；对作业进一步修改后提交教师，以便教师进行作业评价。

【教师任务】

◇ 指导学生在相关专业网站上查找所需资料，如各个寿险公司的门户网站，重点寿险公司的业务流程与主要保险产品等；启发学生自行逐步理解人身保险承保和理赔过程中需要关注的重点事项。

◇ 提示学生完成书面文章作业所需要关注的主要知识点。如人身保险的费率计算，人身保险的承保理赔流程，保险法规的相关监管规定等。

◇ 指导学生分组，在小组内对学生进行不同的分工，对学生书面文章作业完成情况及时跟进，督促其按时完成。

◇ 对各小组进行的课堂点评适时指导，对于选出的作业予以公正评价，准备回答学生可能提出的异议等。

教学活动1　厘定人身保险费率

【活动目标】

通过本部分的教学活动，初步掌握人身保险保费的计算基础，能够理解生命表结构及其含义，通过实例可以计算分期保费和趸缴保费。

【知识准备】

一、人身保险定价基础

（一）人身保险的保险费

保险费是投保人为转移风险、取得保险人在约定责任范围内承担的赔偿（或给付）责任而交缴付的费用，也是保险人为承担约定的保险责任而向投保人收取的费用。保险费是建立保险基金和责任准备金的主要资金来源，也是保险人履行保险赔偿（或给付）义务的经济基础。

保险费率，是指应缴纳的保险费与每一保险金额单位的比率。保险费率是保险人用以计算保险费的标准，保险人承保一笔保险业务，用保险金额乘以保险费率就得出该笔业务应收取的保险费。计算保险费的影响因素有保险金额、保险费率及保险期限，以上三个因素均与保险费成正比关系，即保险金额越大，保险费率越高，或保险期限越长，则应缴纳的保险费就越多。其中任何一个因素的变化，都会引起保险费的增减变动。保险金额单位一般为 1 000 元或 100 元，所以保险费率通常用千分率或百分率来表示。人身保险费可以通过如下公式进行计算：

$$人身保险费 = 保险金额 \times 保险费率$$

保险费率一般由纯费率和附加费率两部分组成。习惯上，将由纯费率和附加费率两部分组成的费率称为毛费率。纯费率也称净费率，是保险费率的主要部分，它一般是根据损失概率确定的。按纯费率收取的保险费叫纯保险费，用于保险事故发生后对被保险人进行赔偿和给付。附加费率是保险费率的次要组成部分，按照附加费率收取的保险费叫附加保险费。它是以保险人的营业办公费用为基础计算的，用于保险人的业务经营费用支出、业务手续费支出以及提供部分保险利润等。所以，人身保险费的构成可以用如下公式表示：

$$人身保险费 = 纯保险费 + 附加保险费$$

（二）保费计算利息理论

人身保险属于长期性保险业务，它的保险期限都很长，一般的人身保险保单的保险期限有长达 10 年、20 年不等，且人身保险的缴费一般在保单生效后的一段时间内分期进行。由于保险费的缴纳和保险金的支付不是同时进行的，一般都会有一个时间间隔，而资金是有时间价值的，因此为了保障被保险人的利益，在厘定费率时要考虑到货币或资本的时间价值即利息的因素。

保险人应在其所收入的保险费中设立责任准备金用于其在以后要承担的给付保险金的责任。责任准备金在履行给付之前，保险公司可以利用它进行投资，其收益由保险公司在计算保险费率时，按照一定的收益率计算给被保险人。人寿保险期限越长，利息的作用就显得越为重要，对保险费率的影响也就越大。

1. 单利。即在结算利息时，只对资金本金计算利息，而每个计息期间所产生的利息不再计算利息。其计算公式为

$$利息 = 本金 \times 利率 \times 计息期间$$

$$期末本利和 = 本金 + 利息 = 本金 \times （1 + 计息期间 \times 利率）$$

2. 复利。与单利相对应，复利的计算是将上一期所赚取的利息一并放入下一期，与资金本金一起合并计算利息，即不仅本金生息，利息收入也生息，俗称"利滚利"（驴打滚）。

$$期末本利和 = 本金 \times （1 + 利率）^{计息期间}$$

$$利息 = 期末本利和 - 本金$$

3. 终值。资金本金经过一定时期的利息作用后形成的最终全部金额称为终值，它是本金与利息之和，即为前面提到的本利和。

4. 现值。又称为现价，是指按照一定的利率经过一定时期利息作用需要达到一定金额的本利和所需要的本金的金额。

$$现值 = 终值 \div （1 + 利率）^{计息期间}$$

（三）人身保险的生命表

在人身保险中，特别是在人寿保险中，通常是以被保险人的生存和死亡作为保险标的的，所以人身保险保险费和责任准备金的计算与被保险人的生死有着密切的关系。而被保险人从保单生效时起，在未来存活时间阶段是不确定的，因此，我们就需要研究人的生死规律，以及与这些规律有关概率的计算，在人身保险中，我们使用生命表来描述某人口群体死亡规律的概率。

生命表（Life Table/Mortality Table）又称为"死亡表"，是反映一个国家（或一个地区）人口或特定人口群体（如某个城市的所有职业女性、某单位的全体员工）生存死亡规律的调查统计表。生命表是人口统计学中一个非常有用的工具，它通常被用于模拟某一人口从出生到死亡的过程。因可根据它计算人口的平均预期寿命，在中文里有人称其为寿命表。生命表是根据分年龄死亡规律编制的，并主要反映各年龄死亡水平，故而又称为死亡率表。

生命表是对相当数量的人口自出生（或一定年龄）开始，直至这些人口全部去世为止的生存与死亡记录。通常以 10 万（或 100 万）人作为 0 岁的生存人数，然后根据各年中死亡人数，各年末生存人数计算各年龄人口的死亡率、生存率，列成表格，直至此 10 万人全部死亡为止。所以，人寿保险对于风险的估计，通常都是以生命表中的死亡率为依据。生命表中最重要的就是设计产生每个年龄的死亡率。影响死亡率的因素很多，主要有年龄、性别、职业、习性、以往病史、种族等。一般情况下，在设计生命表时，主要考虑年龄和性别。生命表上所记载的死亡率、生存率是决定人寿保险费的重要依据。

生命表不是简单初步的信息资料，而是根据一定的调查时期所获得的有关国家或地区的人口普查资料（或有关部门的统计资料）。生命表以年岁为纲，全面、完整地反映了某一国家或地区一定人群从诞生直至全部死亡的生死规律。生命表的编制为经营人寿保险业务奠定了科学的数理基础，是计算人身保险的保险费、责任准备金、退保金的主要依据。

【知识链接】

生命表的历史

生命表的建立可追溯到 1661 年，英国就有了历史上最早的死亡几率统计表。到 1693 年，世界上出现的第一张生命表是英国天文学家哈莱制定的《哈莱死亡表》，它奠定了近代人寿保险费计算的基础，到 1700 年，英国又创建了"均衡保险费法"，使投保人每年所缴的人身保险费是相同的金额。

生命表是怎么来的呢？对于单个人来说，出生后何时死亡是不可知的，但对于一个国家，一个地区，在一定时间、一定的社会经济条件下，人的生、老、死是有规律可循的。人们可根据大数法则的原理，运用统计方法和概率论，编制出生命规律的生命表，它是同批人从出生后，陆续死亡的生命过程的统计表。

我国在 1929—1931 年，金陵大学的肖富德编制了中国第一张生命表，称为"农民生命表"。1982 年第二次全国人口普查得到了完整的生命表资料，1996 年 6 月，我国保险监管机构颁布了我国第一张《中国人寿保险业经验生命表（1990—1993）》，规定从 1997 年 4 月 1 日起，在中国境内开展人寿保险业务的保险公司统一使用此生命表来计算人寿保险的费率、责任准备金及退保金。

资料来源：MBA 智库百科，http://wiki.mbalib.com/wiki/%E7%94%9F%E5%91%BD%E8%A1%A8

目前，各个人寿保险公司普遍在用的是《中国人寿保险业经验生命表（2000—2003）》，英文名称为 *China Life Insurance Mortality Table*（2000—2003），简称 CL（2000—2003）。其中包括非养老金业务表两张，养老金业务表两张，分别是：①非养老金业务男表，简称 CL1（2000—2003）；②非养老金业务女表，简称 CL2（2000—2003）；③养老金业务男表，简称 CL3（2000—2003）；④养老金业务女表，简称 CL4（2000—2003）。

下面仅用中国人寿保险业经验生命表（1990—1993 年）非养老金业务男表 CL1（见表 6-1）来简要说明生命表的内容。

表 6-1　　　　中国人寿保险业经验生命表（1990—1993 年）（男）

年龄（x）	死亡率（q_x）	生存人数（l_x）	死亡人数（d_x）	平均余命（e_x）
40	0.002051	958 785	1 966	35.93
41	0.002250	956 819	2 153	35.00
42	0.002470	954 666	2 358	34.08
43	0.002713	952 308	2 584	33.16
44	0.002981	949 724	2 831	32.25
45	0.003276	946 893	3 102	31.35
46	0.003601	943 791	3 399	30.45
47	0.003958	940 393	3 722	29.56
48	0.004352	936 670	4 076	28.67
49	0.004784	932 594	4 462	27.80

在了解生命表的结构和作用时，我们要设定一些前提条件。首先要选择初始年龄，并且假定该年龄生存的一个适当的人数，这个数称为生命基数。为了方便起见，一般选择 0 岁作为初始年龄，并假定在此年龄的人数通常取整数如 10 万人、100 万人、1 000 万人等。在生命表中还规定了最高年龄，用 ω 表示，满足 $l_{\omega+l}=0$。

一般的生命表中都包含以下几方面的内容：

1. 年龄区间 $[x, x+1]$。$[x, x+1]$ 表示 x 到 $x+1$ 岁的年龄区间，除最后一个年龄区间（如 95 岁以上）为开区间以外，其余每一个区间都有两个确定的年龄值来定义。通常，最后一个年龄区间的起点为 ω，半开区间 $[\omega, +\infty)$。

2. 生存人数 l_x。设正好活到某一确切年龄 x 岁的生存人数以 l_x 表示。生命表的基础是生存人数，它表示在一封闭区域一定数量的人口集团随着时间的推移因死亡而逐渐减少的人口生存状态。生存人数 l_x 表示正好活到某一确切整数年龄 x 岁的人数。

在人的生命表中，作为起点的出生人数 l_0 称为生命表的基数，理论研究中可以任意取值，但为方便计算和处理，一般设为 100 000 人。

3. 死亡人数 d_x。d_x 为年龄区间 $[x, x+1]$ 内死去的人口数。d_x 是生命表上年龄区间 $[x, x+1]$ 内的死亡数，不同于实际人口死亡数。

根据定义可知：

$$l_{x+1} = l_x - d_x, \quad x = 0, 1, \cdots \omega$$

4. 死亡概率 q_x。q_x 表示存活到确切年龄 x 岁的人在到达 $x+1$ 岁前死亡的概率。以 x 至 $x+1$ 的死亡人数 d_z 占 x 岁存活人数 l_x 的比例表示。

$$q_x = d_z/l_x, \quad x = 0, 1, \cdots \omega$$

q_x 这一指标是计算生命表的基础，在已知 q_x 后，就可以依生命表基数 l_0 由前述两项公式计算出各年龄的存活人数 l_x 和死亡人数 d_z。

$$l_{x+1} = (1-q_x) \times l_x, \quad d_{z+1} = q_x \times l_x$$

5. 平均余命 e_x。平均余命 e_x 是对人的生命一种有根据的预测，表示存活到确切年龄 x 的人群 l_x 平均还能存活的年数，即今后尚能生存的平均寿命。每个 e_x 包括了人们在 x 岁以后的经历，因而，这一列在生命表中非常重要，而且这是生命表中除 q_x 外唯一独立基数 l_0 的序列。通常，平均余命随年龄 x 的增加而减少。

二、人寿保险纯保费计算

人寿保险是以人的生命或健康为保险标的的保险，其保险纯费率的厘定主要取决于预期的死亡率、预期的利率和预期的费用率。

（一）死亡率因素

在人寿保险中，保险人可以利用生命表来了解预期的死亡率。生命表是以特定人群为研究对象，反映或概括特定人群的生命规律的一种表格，可以给保险人提供以下信息：①各整数年龄对应的生存人数、死亡人数、生存概率和死亡概率，以及该整数年龄的平均剩余寿命；②生死人数总是以生命表基数为基础；③生死概率是相对的预期概率，反映特定群体中个体的预期生死可能性大小；④生命表中独立的核心函数是死亡率，它是人寿保险费计算所需的条件。

如前所述，生命表可分为经验生命表和国民生命表，各寿险公司的经验生命表是制定寿险费率十分重要的因素之一，从国外的情况来看，各家寿险公司之间的经验生命表可能存在很大差别。国民生命表虽然在整体上与总人口的寿命情形一致，但是对于某一地区、某一群体就不一定适合了。各寿险公司的科学做法应是将国民生命表与各公司的经验数据相结合，找出最适合本公司的死亡率数据。

（二）利率因素

人寿保险的期限通常相对比较长，投保人缴付保险费与保险公司给付保险金之间可能存在着相当长的时间间隔。保险人收取保险费时，要考虑在预定利率下，保险费存放到一定时期内所产生的利息与本金相加是否与将要给付的保险金相等的问题。因此，预期的利率对于保险公司制定费率十分重要，特别是对于传统型寿险，因为它们在保单有效期内是固定不变的。寿险公司预期的利率是否能实现，主要看其未来的投资收益，保险公司的精算人员在确定预期的利率之前要与投资部门进行协商，要考虑本公司及其他公司过去的投资收益情况。在人寿保险保险费的计算中，预期的利率均采用复利来进行计算。

（三）费用率因素

保险人在经营人寿保险业务的过程中所发生的各项费用是由被保险人负担的，因此，预期的费用率也是人寿保险费率厘定的一项重要内容。寿险公司的费用一般包括但不限于：①初始费用，包括签发保单费用、承保费用等；②代理人酬金，包括代理人佣金、奖金、奖励、研讨会会费、养老金计划支出等；③保单维持费用，包括缴费费用、会计费用、佣金的管理费用、客户服务费用、保单维持的记录费用和保费收入税等；④保单终止费，包括退保费用、死亡给付费用和到期费用等。

预期的费用应以会计数据为基础，通过分析同类业务过去长期发生的费用，以此决定预期费用的额度，预期的费用率高，保险费增加，反之，保险费降低。由此可见，预期的费用率的高低，对人寿保险费的高低影响很大。

（四）其他因素

1. 失效率。在人寿保险中投保人可能因种种原因中断缴费而使人寿保险合同失效。对于长期寿险合同，失效后保险单具有现金价值，因此，在计算人寿保险费时，还得考虑现金价值为基础的退保金及相应的解约率。一般而言，影响保单失效率的因素包括：①保单年度。保单失效率随保单年度的增加而降低。②被保险人投保时的年龄。十几岁至二十几岁的人口保单失效率较高，而30岁以上的被保险人的保单失效率较低。③保险金额。大额保单的失效率通常较低。④保费缴付频率。每年缴费一次比每月预先从工资中扣除保费的保单失效率低，而每月直接缴费的保单的退保率则较高。⑤被保险人性别。当其他情况相同时，女性保单失效率要比男性保单失效率低。预期的失效率应基于本公司的经验数据，因各公司之间由于各种差别使保单失效率大相径庭，可以衡量与公司经营状况相类似的公司的经验数据，再根据年龄、性别和保额等因素进行平衡调整。

2. 分红率。保险单分红源于保险中的死差异、利差异和费差异，但死差异、利差异和费差异的根本原因又受到计算基础的影响。也就是说，采取较保守的计算基础，保险单分红的来源可能相对增加。如果事先已确定了保险单的分红率，那么在计算保险费时，就要在死亡率、利率和费用率等方面重新进行选择，才能使分红得到实现。

3. 残疾率。残疾率是指健康人在保险年度内发生残废的概率。随着人寿保险的发展，寿险合同现已常常附有伤残给付或伤残优惠等条件。因此，残疾率也应当成为厘定保险费率的资料之一。残疾率可以通过由永久完全残疾发生率与残疾者死亡率两个数据来求得。

三、人寿保险营业保费计算

营业保费由纯保费和附加费构成，即在纯保费的基础上附加费用支出。虽然在人寿保险公司业务经营中费用支出情况比较复杂，但其计算的基础仍是等价交换、收支相等。人寿保险营业保费的计算常用下列三种方法。

（一）三元素法

三元素法是将营业费用按照新合同费用、合同维持费用和收费费用三部分分别计算。①新合同费用。即原始费用，这是承保新业务在第一年度所需的一切开支，主要包括宣传、招待等费用。这就需要将这部分费用乘以生存年金现值系数，并将其平均分配在整个缴费期内逐年平均收回。②合同维持费用。主要包括固定资产折旧、内部管理、职员工资等费用，这些费用基本上与保险金额的大小、保险费的多少无关，不易采用按保额或保费附加的方法，通常采取按保单张数定额附加的方法。③收费费用。即支付代理手续费、劳务支出等费用，这些费用通常是按营业保险费一定比例支付的，应按照每年对营业保险费的比例计算。三元素法按不同性质的费用的用途不同进行计算，分摊方法较为科学合理，在实务中较多采用。

（二）比例分摊法

比例分摊法是指将营业附加费用按照一定的比例进行分摊处理，主要包括：①按保险金额的固定比例分摊。即根据历年的统计资料或经验，大体上核定一个标准确定每10 000元保险金额应分摊多少营业费用，在年缴纯保险费中逐年加一个固定费用即可。②按营业保险费的固定比例分摊。即把业务上的各种费用开支，统一按照营业保险费的固定比例计算。用这种方法确定附加费率，保险费越高，所负担的附加费越多，显然对大额投保人不利。为了照顾投保人或被保险人的正当利益，同时也为了简化计算手续，实务中在计算营业保险费时，一律在营业保险费上附加一个较小的百分比作为附加费率。

（三）混合比例法

混合比例法即将附加费率分成两部分确定，一部分按保险金额的固定比例分摊，另一部分按营业保险费的固定比例分摊。把上述两种方法结合起来，这样将比单独使用一种方法更为公平合理。

教学活动2 人身保险承保与理赔

【活动目标】

通过本部分的教学活动，掌握人身保险核保、承保、索赔及理赔的含义和基本流程与操作，熟识承保和理赔过程中的相应单证，并可以在保险实务中加以正确应用。

【知识准备】

一、人身保险的核保

（一）人身保险核保的含义

人身保险核保，是指保险人对新业务的风险加以全面的估计和评价，决定是否予以承保，以及以什么条件（保险费率）承保。核保的过程就是保险人对风险进行选择的过程，因此有时核保也被称为风险选择。

在人寿保险经营过程中，为了实现安全收益，维护公平合理的原则，不仅需要拥有数量规模巨大的被保险人群体，同时还需要对被保险人群体存在的风险种类、风险程度有相当的认识，对风险所在及风险大小作出正确的评估和分类，以符合风险被最佳分散的需要，并收取适当、合理的费率。在人身保险中，保险人必然要对投保的保险标的（即人的生命、健康或身体）的风险加以审核、筛选、分类，以决定是否接受投保，承保的条件如何，采用何种费率，以便使同风险类别的个体危险达到一致，从而维持保费的公平、合理，这一风险选择的过程就被称为核保。

（二）人身保险核保的因素

由于提出保险申请的人各自所处的生活工作环境不同，各自的生活习性和职业类别也不同，而且健康状况各异，甚至每个人影响生命或身体的危险因素更不同，所以有必要对申请购买保险的各个风险个体加以分类筛选，并对不同的个体采用不同的承保条件，以维持保险合同的公平合理性。一般情况下，人身保险的核保需要考虑以下几个方面的因素：

1. 健康因素。

（1）年龄。年龄是风险选择时所要考虑的最重要的因素之一，因为死亡概率和人身伤害概率一般随着年龄增加而增加。当年龄达到一定程度时，死亡率急剧提高。因此，寿险公司都会规定某一人身保险险种的最高承保年龄，超过这个年龄的被保险人则不接受其投保。

（2）性别。女性除妊娠期间死亡率较高外，其他时间死亡率均较男性低。对于重大疾病保险中所承保的多数疾病来讲，男性的患病率较高，这可能与男性工作压力较大、社会活动频繁、生活习惯和规律性较差、对身体轻微不适的重视程度不够等因素有关。因此，同等年龄投保重大疾病险，男性费率高于女性。

（3）家族病史。在风险评估时，家族病史是一个重要依据，因为有些疾病是很容易遗传的，例如糖尿病。家族病是指遗传因素起主导作用的疾病，这些疾病在出生时，甚至在胚胎时由于基因遗传就已形成。如果被保险人的父母均因心脏病在60岁以前死亡，那么被保险人患心脏病的概率就会很高。

（4）既往病史。既往病史是指被保险人曾经患病治疗的病史。一些疾病治愈后对被保险人的身体无严重影响，如病毒性疱疹，可以按标准保费承保。但也有许多既往病症对被保险人的身体有重大影响，如冠心病，即使临床治愈，其复发可能性也较大，死亡率也远远高于正常人群。因此，在核保时对既往病史应特别注意。

（5）现存病状。个人现存病状，是指被保险人投保时正患有的疾病，包括客户投保时告知正患疾病和体检发现的疾病。对未来被保险人身体状况不产生较大影响的病症，如白癜风等，可按标准体承保。对重大疾病有直接影响的危险因素，如肺结核、心肌炎等应予以拒保。对于现存病状不能判断是否会发展变化的疾病，如胸部肿块，不知是良性还是恶性，应延期承保，待手术确诊后再进行选择。

（6）身体状况。身体状况的评定主要依靠体检报告提供的相关数据。客户是否需要体检，以及做何种体检项目是根据投保金额及健康告知书所反映的情况决定的。一般大致可分为体格、血压、心电图、尿液和血液等方面的检查。

2. 非健康因素。

（1）保险利益。保险利益是指投保人对保险标的具有的法律上承认或者认可的利益，可以理解为，被保险人身故或伤残等事故的发生会给投保人带来实际的经济损失。在核保操作中，关于被保险人同意规定的应用范围相对严格，必须要求投保人与被保险人之间存在一定的经济利益关系。主要包括以下关系类型：①雇佣关系。企业对于具有合法雇佣关系的人员具有保险利益。②合伙人关系。一方合伙人对另一方合伙人具有保险利益。③债权债务人关系。债权人对其债务人具有保险利益（私人之间的借贷除外）。④其他合法关系。合理的经济利益关系。

（2）职业。职业是影响死亡率的主要因素，从整体来看，职业带给人寿保险的风险来源主要包括意外风险和疾病风险两大类。在核保时应对客户曾经从事过的职业类别、岗位、工种、时间等及其相关风险进行了解。

（3）习惯爱好。业余爱好指被保险人的消遣娱乐或业余运动，没有报酬。吸烟、酗酒是个人生活习惯审核的重点。另外，某些无业人员生活糜烂，与社会不良人员及非法组织来往密切，也要引起核保人员的高度警惕。

（4）投保履历。了解过去是否曾投保保险或目前正在申请保险，是否曾被加费、延期或拒保，是否有过理赔记录等，都应作为这次核保要考虑的重要因素。

（5）药物滥用。药物滥用，是指人们非医疗目的反复、大量地使用一些具有依赖性潜力的药物，其结果是导致使用者对该药品产生依赖性状态，迫使他们无止境地寻求用药，由此造成健康损害，并带来社会问题，这种行为俗称吸毒。

（6）道德风险。当客户故意隐瞒某些不利于自己的信息，甚至扭曲信息或制造虚假信息，以求签订保险契约或获得保险赔款，就可以认为发生了道德风险。由于保险公司的信息相对不对称，道德风险总是大量存在。

3. 财务因素。财务核保在核保中占据着重要地位。其目的在于确定合理的保额，减少逆向选择、骗保骗赔和退保等情况的发生。财务核保时，核保人员需要综合分析影响保险需求的诸多因素，包括被保险人的年龄、职业、收入、性别和婚姻状况等，据此来综合判断被保险人的真实财务状况和合理保险需求。

（1）财务核保的审核资料如下：①投保单的收入告知。②财务问卷：被保险人累计风险保额在 50 万元以上的，填写"高保额财务问卷"。③生存调查资料中包含的财务资料。例如，生存调查问卷，生存调查报告。④其他收入证明资料（或复印件）。

（2）财务核保的要点。①投保人所投保的险种，期缴方式年缴保费一般应控制在本人年均收入的 20% 以内。②被保险人的合理累计风险保额由被保险人的经济价值确定，即由其本人的收入能力决定，核保中一般根据其本人年均收入的倍数确定。③如果投保申请超出上述比例计算的保险金额，核保人员应综合分析其投保动机、保障需求、收入状况，如果并未发现有异常情况，可以考虑予以承保，但此类超额幅度应控制在 20% 以内。

（三）人身保险核保流程

核保的过程就是保险人对保单申请人的风险状况进行评估、选择和分类的过程，由于个体的差异性和相关信息在申请人和保险人之间的不对称分布，使得核保的过程较为复杂。一份人身保险合同的成立，通常需要多个流程步骤。

1. 营销人员的初次审核。营销人员核保称为"第一次风险选择"，目前，国内的寿险营销模式始自 1992 年，是由友邦人寿保险公司引进的国际通行的个人代理的营销方法。营销人员在推销保单的过程中，直接与投保人、被保险人接触，对其职业、生活环境及健康状况等有较直观的了解，因此他们对保险标的的初步选择和向保险公司核保人员提供的信息在核保过程中起着重要的作用。

2. 审单内勤的书面审核。营销人员将投保书、保费暂收收据和委托银行代扣保险费协议书等投保文件交审单内勤，审单内勤按公司规定对交来的文件进行审核，审核营销人员交来的资料是否齐全，资料填写是否完整正确。

3. 体检医师的体检审核。所谓体检医师的体检审核，也称为"第二次风险选择"，是在人身保险核保过程中，体检医师从保险医学的角度出发，核保人员根据被保险人的年龄、身体健康状况、既往病史及现病状况，认为需对被保险人进行进一步身体状况检查的人员，实施体检，必要时进行器械检查、X 线检查和化学检查等，以判断其是否符合保险公司的承保要求，是否要特别加费，或予以延期、拒保。

4. 业务系统的电脑审核。随着电子信息技术的普及和发展，业务系统的电脑审核已在各家人身保险公司得到广泛应用。电脑核保也称为"第三次风险选择"，主要是通过内勤人员对投保单中被保险人基本信息的录入，将投保单所载信息与电脑相应模块中的标准信息进行比对的过程。电脑核保通过者为电脑标准件，不能通过者为非标准件。

与以往的人工核保相比，电脑核保具有准确率高、速度快、成本低廉的优点。但是电脑核保也存在一些不可克服的缺点：只能对简单的、定量化的、客观的信息进行分类审核，而无法对那些较为复杂的、定性的、主观的信息进行分析和判断。

5. 核保人员的专业审核。核保人员的专业审核是人身保险核保过程中的"第四次风险选择"，是指核保人员根据营销业务人员的报告和客户填写的投保单，在业务系统的

```
┌─────────────────────┐
│   营销人员的初次审核   │
└──────────┬──────────┘
           ↓
┌─────────────────────┐
│   审单内勤的书面审核   │
└──────────┬──────────┘
           ↓
┌─────────────────────┐
│   体检医师的体检审核   │
└──────────┬──────────┘
           ↓
┌─────────────────────┐
│   业务系统的电脑审核   │
└──────────┬──────────┘
           ↓
┌─────────────────────┐
│   核保人员的专业审核   │
└──────────┬──────────┘
```

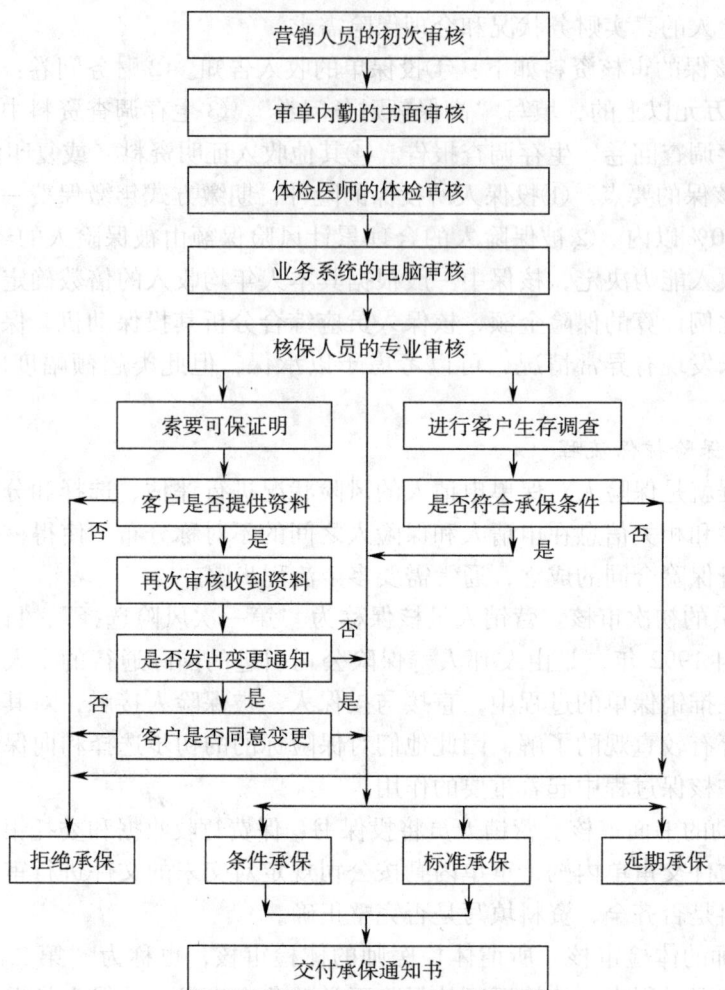

图 6-1　人身保险的核保流程图

电脑审核的基础上再次进行审核，判别是否可以承保或者以何种方式进行承保的过程。

通过人工的再次核保，一方面可以筛选符合寿险公司预定死亡率的被保险人，淘汰危险性较高的劣质被保险人，以确保公司经营的安全；另一方面，可以根据被保险人的风险程度对被保险人进行细分，划分为标准体、次标准体、附加除外责任和不保体，并采用不同等级的费率，以保证被保险人之间的公平合理性。

6. 对客户进行生存调查。对客户进行生存调查是"第五次风险选择"，指的是保险人为保证保险公司业务经营的稳定性，在承保前和承保后，对被保险人的健康状况、财务状况，以及投保动机等实施的全方位调查。

对于绝大多数的被保险人来说，仅通过营销人员的初次审核、电脑核保、核保人员核保及体检医师的核保后，风险选择基本已经结束；但是对于那些有特殊情况的被保险人则还需继续下去。例如，有既往病史或家族遗传病的被保险人并未如实告知保险人，通过体检也没发现其所患有的疾病或缺陷；再如，被保险人在保险期间是否更换工作，而使其从事的工作更具危险性，对于这些被保险人，生存调查是必要的。

二、人身保险的承保

人身保险承保，是保险经营的重要环节，是指保险人对被保险人的选择，即保险人决定接受或拒绝投保人投保的行为。承保的基本目标是为保险公司安排一个安全和盈利的业务分布与组合。人身保险承保工作中最主要的环节为核保，核保的目的是避免危险的逆选择，实现企业有效益的发展，核保活动包括选择被保险人、对危险活动进行分类、决定适当的承保范围、确定适当的费率或价格、为展业人员和客户提供服务等几个方面。

（一）人身保险承保的含义

人身保险承保，是相对于人身保险业务中投保人的投保而言的，指的是人身保险公司从接到投保人填写的投保单开始，经过人身保险核保的一系列步骤和流程，由人身保险公司决定按照一定的条件接受投保人的风险转移，并从收取保险费、出具保险单和建立保险基金的全部过程。人身保险承保的概念有广义和狭义之分。

1. 广义的人身保险承保。广义的人身保险承保，除了包括上述的流程和步骤之外，还包括人身保险营销人员寻找潜在客户，开发准客户，说服客户参加保险的寿险营销过程。

2. 狭义的人身保险承保。狭义的人身保险承保，仅指在人身保险公司经过核保之后，根据核保的结论，对于可以接受的风险转移，确定具体的保险条件，出具保险单，收取保险费，建立相应的保险责任准备金，并将业务记录和相关单据分卷存档的过程。寿险展业和核保的内容已在相关章节中进行了介绍，本部分的内容主要指狭义的人身保险承保。

（二）人身保险承保流程

1. 人身保险的核保结论。核保人员根据定量的危险程度分类后，对每一类危险单位作出是否承保以及以何种条件承保的决定，这种决定就是人身保险的核保结论。

核保结论最终将申请参加保险的被保险人分成两类。一类为可保体，是指保险公司可以接受的危险体。可保体又分为标准体和次标准体。另一类为非保体，是指至少此次投保时，因危险过大或危险程度难以确定而不能被保险公司接受的群体。非保体又可分为延期体和拒保体。

2. 审核检验后接受业务。人身保险的投保业务，在经过前述的核保环节后，形成了确定的核保结论，根据寿险公司的业务选择规则和核保手册要求，对于可以承保和可以附加条件承保的投保业务，在审核检验后决定接受业务。如果投保金额或标的风险超出保险人承保权限，则无权决定是否承保，只能将该笔业务逐级上报，并向上一级主管部门提出承保建议。

3. 收取人身保险保险费。目前，在我国人身保险市场上的保险实务中，根据交易的对象划分，投保人缴纳首期保险费的方式主要有三种：现金、银行支票和银行直接划账。而根据是否经过中间环节划分，寿险公司收取保险费的方式主要有两种：①通过营销人员收取首期保险费；②首期保费通过银行直接划账缴纳。

4. 缮制单证和签发保单。缮制单证和签发保单即为寿险公司接受业务后缮制保险单或保险凭证的过程。缮制单证是在接受业务后印制保险单或保险凭证等手续的程序。保险单或保险凭证是载明保险合同双方当事人权利和义务的书面凭证，是被保险人向保险人索赔的主要依据。因此，保险单证质量的好坏，约定事项的明确与否，往往直接影响人身保险合同的顺利履行。填写保险单的要求包括单证相符、保险合同要素明确、数字准确、复核签章、手续齐备。

5. 复核签章和存档备查。每种人身保险单证上都应该要求复核签章，如投保单上必须有投保人的签章；人寿保险公司缮制的保险单证还要求交叉复核签章，如验险报告上必须有具体承办业务人员及负责人的签章；保险单上必须有承保人、保险公司及负责人的签章；保险费收据上必须有财务部门及负责人的签章；批单上必须有制单人与复核人的签章等。

对于人寿保险公司缮制的保险单证，以及组成保险合同的各项资料，要求人寿保险公司立卷归档，妥善保管。案卷资料按照监管部门的要求至少要保存 10 年，对于保险金额巨大和影响寿险公司经营管理的重要案卷资料，则根据公司内部档案资料管理的规定，或者至少保存 20 年。

三、人身保险的索赔

保险事故发生后或保险期限届满时，保险人应被保险人或受益人的请求承担赔偿或给付保险金的责任，这一过程被称为索赔与理赔。索赔与理赔是一个问题的两个方面，它们直接体现了保险合同当事人的具体权利和义务，实现着保险的职能。

人身保险的索赔是指在被保险人发生保险事故造成人身伤亡时，受益人根据人身保险合同的规定请求保险公司给付保险金的法律行为。我国《保险法》规定：

1. 投保人、被保险人或者受益人知道保险事故发生后，应当及时通知保险人。故意或者因重大过失未及时通知，致使保险事故的性质、原因、损失程度等难以确定的，保险人对无法确定的部分，不承担赔偿或者给付保险金的责任，但保险人通过其他途径已经及时知道或者应当及时知道保险事故发生的除外。

2. 保险事故发生后，按照保险合同请求保险人赔偿或者给付保险金时，投保人、被保险人或者受益人应当向保险人提供其所能提供的与确认保险事故的性质、原因、损失程度等有关的证明和资料。保险人按照合同的约定，认为有关的证明和资料不完整的，应当及时一次性通知投保人、被保险人或者受益人补充提供。

3. 人寿保险以外的其他保险的被保险人或者受益人，向保险人请求赔偿或者给付保险金的诉讼时效期间为 2 年，自其知道或者应当知道保险事故发生之日起计算。人寿保险的被保险人或者受益人向保险人请求给付保险金的诉讼时效期间为 5 年，自其知道或者应当知道保险事故发生之日起计算。

四、人身保险的理赔

人身保险理赔是指人寿保险公司根据保险合同的规定，在被保险人发生保险事故后，对被保险人或保单持有人或受益人的索赔受理立案，并对事故原因和损害程度进行确认且决定是否予以赔付的整个过程。

在人寿保险的理赔中保险金的给付大都是伤残给付和死亡给付，其除外责任和争议都较少，一般能尽快履行赔付责任；而在健康保险和意外伤害保险中由于需要有医疗检验报告和相关专家的判定和裁决，其中间过程较多，所以赔付相对较慢。我国《保险法》规定：

（1）保险人收到被保险人或者受益人的赔偿或者给付保险金的请求后，应当及时作出核定；情形复杂的，应当在三十日内作出核定，但合同另有约定的除外。保险人应当将核定结果通知被保险人或者受益人；对属于保险责任的，在与被保险人或者受益人达成赔偿或者给付保险金的协议后十日内，履行赔偿或者给付保险金义务。保险合同对赔偿或者给付保险金的期限有约定的，保险人应当按照约定履行赔偿或者给付保险金义务。保险人未及时履行前述规定义务的，除支付保险金外，应当赔偿被保险人或者受益人因此受到的损失。任何单位和个人不得非法干预保险人履行赔偿或者给付保险金的义务，也不得限制被保险人或者受益人取得保险金的权利。

（2）保险人作出核定后，对不属于保险责任的，应当自作出核定之日起三日内向被保险人或者受益人发出拒绝赔偿或者拒绝给付保险金通知书，并说明理由。

（3）保险人自收到赔偿或者给付保险金的请求和有关证明、资料之日起六十日内，对其赔偿或者给付保险金的数额不能确定的，应当根据已有证明和资料可以确定的数额先予支付；保险人最终确定赔偿或者给付保险金的数额后，应当支付相应的差额。

（一）人身保险理赔原则

1. 重合同、守信用。保险人与被保险人之间的保险关系是通过保险合同建立起来的。处理赔案，对保险公司而言，是履行合同中规定的给付义务；对投保人来说，是缴纳保费后享有的权利。保险公司应严格遵守保险合同条款，尊重被保险人的合法权益，认真处理好每一笔赔案。

2. 实事求是。被保险人提出的赔案千差万别，案发原因也错综复杂，有时很难作出是否属于保险责任的明确判断，加之双方对合同释义的理解、认识不同，可能会出现赔与不赔、多赔与少赔的纠纷，在这种情况下，保险公司的理赔人员既要严格按合同办理，也要合情合理、实事求是地进行具体分析，灵活处理赔案，做到不惜赔、不错赔、不滥赔。

3. 主动、迅速、准确、合理。理赔人员在接到保户出险通知后，应主动热情受理，对前来索赔的客户要热情接待，多为保户着想，保证理赔案件及时得到审理。任何拖延赔案处理的行为都会影响保险公司在投保人心中的信誉，从而影响其今后的投保行为，乃至造成极端恶劣的社会影响。各家人寿保险公司对理赔案件的工作时限都作出了较明确的规定。

（二）人身保险理赔流程

从保险事故的发生到保险人作出理赔决定，再到受益人领取保险金，需要经过一系列工作环节和处理流程。除个别险种的一些小额且无须调查的案件可以采用"简易流程"完成理赔作业外，其余索赔案件处理一般要经过接受报案、登记立案、案件初审、理赔调查、理赔计算、复核审批、结案归档七个环节，每个环节都有不同的处理要求和规定。这七个环节共同构成了人身保险理赔的"标准流程"。

1. 接受报案。接受报案是指在保险事故发生以后，保险公司的专门工作人员接受并记录客户的报案信息，受理客户索赔申请的过程。

（1）报案方式。报案人可以上门报案，也可以电话、电报、传真、信函报案，也可以委托业务员报案。报案目的是将保险事故的发生及相关重要信息及时传递到保险公司。

（2）报案内容。保险事故发生时间、地点、原因、经过及其他有关情况；被保险人（当事人）姓名、身份证号、保险单号、投保险种和日期；报案人姓名、联系地址、电话与联系方式。

（3）接受报案要求。接案人员要准确记录报案时间；引导和询问报案人，以便掌握更多的信息；准确设定报案编号，确认出险人身份。接案人员应根据所掌握的案情，依相关的理赔规定，判断案件性质以及是否需要采取适当的应急措施，并在"报案登记表"中注明。对于应立即展开调查的案件，如预计赔付金额较大、社会影响较大的案件，应尽快通知理赔主管及调查人员展开调查；对于应保留现场的案件，还应通知报案人采取相应的保护措施。

2. 登记立案。登记立案是指保险公司理赔部门受理客户索赔申请，按照一定的规则对索赔案件进行登记和编号的过程，以使案件进入正式处理阶段。

（1）索赔资料受理。保险公司在收到索赔申请书后三日内对索赔资料进行审核，按下列情况分别处理：单证齐全且符合立案条件的，予以立案；不符合立案条件的，不予立案，并将决定及理由书面通知申请人，退还原始单证；单证不齐的，应书面通知申请人补交，待资料符合要求后再行立案。

（2）立案条件。保险合同责任范围内的保险事故已经发生；出险人是保险单上的被保险人；被保险人在保险有效期内出险；索赔申请在保险法规定的时效之内；提供的索赔资料齐全。

3. 案件初审。案件初审是保险公司的理赔人员对索赔申请案件的性质、合同的有效性、索赔材料等进行初步审查的过程。

（1）案卷移入登记。初审人员接收案卷后，应进行案卷移入登记，记录所接案件的报案号、初审人的姓名、代码及接案时间。

（2）审核保险合同的有效性。初审人员根据保险合同、最近一次缴费凭证或缴费记录等材料，判断申请索赔的保险合同在出险时是否有效，特别注意出险日期前后，保险合同是否有复效或其他变动的处理。

（3）审核出险事故的性质。初审人员要审核出险事故是否在保险合同保险责任条款约定的事故范围之内；或者出险事故是否是保险合同责任免除条款约定的情形之一。

（4）审核案件事故证明材料是否完整、有效。根据"理赔申请书"和"报案登记表"判断出险事故的类型，检查证明材料是否为相应事故类型所需的各种证明材料，检查证明材料的效力。即是否为保险公司认定的医疗单位、公安部门或相关机构所出具，证明材料的印章是否有效。

（5）审核出险事故是否需要理赔调查。初审人员根据理赔申请及事故证明材料，判断该案件是否需要理赔调查，并依判断结果分别作下述处理：对于需进行理赔调查的案件，提出初审意见，进行案卷移出，登记调查人员姓名、代码、移交时间，并缮制"理赔调查通知书"，提示调查重点，交调查人员，理赔案卷暂存；待调查人员提交调查报告后，再提出初审意见。对于无须调查的理赔案件，提出初审意见，进行案件移出登记，将理赔案卷送交理算人员作理赔计算。

4. 理赔调查。理赔调查就是保险公司的专业理赔人员对保险事故进行核实和查证的过程，理赔调查对理赔处理结果有决定性的影响。

（1）理赔调查的要求：调查必须本着实事求是的原则；调查应力求迅速、准确、全面；对案件的调查必须实行双人查勘制度；调查人员在查勘过程中禁止就理赔事项作出任何形式的承诺；调查应遵循回避原则；调查完毕后应及时撰写调查报告，真实、客观地反映调查情况；需要境外调查的案件应报总部业务管理部门批准。

（2）理赔调查的重点：理赔调查的重点应当放在投保动机不良、事故疑点多、风险大的索赔案件上，目的是防范理赔中出现的骗赔、保险欺诈和道德风险因素。

（3）理赔调查的方法：①现场查勘。现场查勘的目的是推断保险事故的性质、保险事故发生的合理性和损失程度。查勘时发现能证明事故性质的痕迹或物品，应尽可能客观、完整地保全，可以采取照相、笔录、绘图、录像等形式。查勘工作质量的高低对及时、准确、合理地处理赔案起着关键的作用。②调查询问。它是指调查人员为查明案情而用提问的形式向涉案人员所进行的取证活动。调查人员事先要拟定询问计划，掌握询问技巧，最大量地获取相关证据。调查询问的对象包括：投保人、受益人、被保险人；被保险人的家属、同事、邻居等有关知情人员；代理人、医生、相关机构人员等。③聘请专业机构鉴定。有些理赔案件，理赔人员需要聘请专业鉴定机构对物证进行技术鉴定，一般包括死者身份鉴定、事故原因鉴定、事故性质鉴定、伤残等级鉴定、笔迹鉴定。

5. 理赔计算。理赔计算，简称理算，是指理算人员对索赔案件作出给付、拒付、通融赔付、豁免处理和对给付保险金额进行计算的过程。理算人员根据保险合同以及类别的划分进行理赔计算，缮制"理赔计算书"和"理赔案件处理呈批表"。

【知识链接】

人身保险残疾程度与保险金给付比例与说明

表 6－2　　　　　　　　　　人身保险残疾程度与保险金给付比例对照表

等级	残疾程度说明	最高给付比例
一级	双目永久完全失明的；两上肢腕关节以上或两下肢踝关节以上缺失的；一上肢腕关节以上及一下肢踝关节以上缺失的；一目永久完全失明及一上肢腕关节以上缺失的；一目永久完全失明及一下肢踝关节以上缺失的；四肢关节机能永久完全丧失的；咀嚼、吞咽机能永久完全丧失的；中枢神经系统机能或胸、腹部脏器机能极度障碍，终身不能从事任何工作，为维持生命必要的日常生活活动全需他人扶助的。	100%

续表

等级	残疾程度说明	最高给付比例
二级	两上肢、或两下肢、或一上肢及一下肢，各有三大关节中的两个关节以上机能永久完全丧失的；十手指缺失的。	75%
三级	一上肢腕关节以上缺失或一上肢的三大关节全部机能永久完全丧失的；一下肢踝关节以上缺失或一下肢的三大关节全部机能永久完全丧失的；双耳听觉机能永久完全丧失的；十手指机能永久完全丧失的；十足趾缺失的。	50%
四级	一目永久完全失明的；一上肢三大关节中，有两关节之机能永久完全丧失的；一下肢三大关节中，有两关节之机能永久完全丧失的；一手含拇指及食指，有四手指以上缺失的；一下肢永久缩短5厘米以上的；语言机能永久完全丧失的；十足趾机能永久完全丧失的。	30%
五级	一上肢三大关节中，有一关节之机能永久完全丧失的；一下肢三大关节中，有一关节之机能永久完全丧失的；两手拇指缺失的；一足五趾缺失的；两眼眼睑显著缺损的；一耳听觉机能永久完全丧失的；鼻部缺损且嗅觉机能遗存显著障碍的。	20%
六级	一手拇指及食指缺失的，或含拇指或食指有三个或三个以上手指缺失的；一手含拇指或食指有三个或三个以上手指机能永久完全丧失的；一足五趾机能永久完全丧失的。	15%
七级	一手拇指或食指缺失，或中指、无名指和小指中有两个或两个以上手指缺失的；一手拇指及食指机能永久完全丧失的。	10%

（1）给付理算。对于正常给付的索赔案件的处理，应根据保险合同的内容、险种、给付责任、保险金额和出险情况计算出给付的保险金额。如身故保险金则根据合同中的身故责任进行计算；伤残保险金则根据伤残程度及鉴定结果，按规定比例计算；医疗保险金则根据客户支付的医疗费用进行计算。

（2）拒付理算。对应拒付的案件，理算人员作拒付确认，并记录拒付处理意见及原因。对于保险合同由此终止的，应在处理意见中注明，并按条款约定计算应退还保费或现金价值，以及补扣款项及金额；对于保险合同继续有效的，应在处理意见中注明，将合同置为继续有效状态。

（3）通融赔付。在一些特殊情况下，对于被保险人的索赔，保险人还可通融赔付，即按照保险合同条款的规定，本不应由保险人赔付的经济损失，保险人在综合考虑各种因素的前提下，仍然给予一定的补偿或给付。这种通融赔付不是无原则的"送人情"，而是对保险原则的灵活运用。在考虑使用通融赔付时，必须注意要有利于保险业务的稳定和发展，有利于维持保险人的信誉和在市场竞争中的地位，同时要适时适度。

（4）豁免保费理算。对于应豁免保费的案件，理算人员作豁免确认，将保险合同作"已理算且保费豁免"处理。

6. 复核审批。

（1）复核。复核是理赔业务处理中一个关键的环节，具有把关的作用。通过复核，能够发现业务处理过程中的疏忽和错误，并及时予以纠正；同时复核对理赔人员也具有监督和约束的作用，防止理赔人员个人因素对理赔结果的影响，保证理赔处理的客观性和公正性，也是理赔部门内部风险防范的一个重要环节。复核的内容要点如下：出险人的确认；保险期间的确认；出险事故原因及性质的确认；保险责任的确认；证明材料完整性与有效性的确认；理赔计算准确性与完整性的确认。

（2）审批。已复核的案件逐级呈报给有相应审批权限的主管进行审批。根据审批的结果，进行相应的处理。批复需要重新理算的案件，应退回理算人员重新理算；批复需进一步调查的案件，应通知调查人员继续调查；批复同意的案件，则移入下一个结案处理环节。

7. 结案归档。

（1）结案。结案人员收到复核人员送交的理赔案卷后，进行案卷移入登记，并根据以下情况分别处理：①给付案件的处理。对继续有效的合同，缮制"批单"一式两份，一份附贴在保险合同上，交还给客户以明示，另一份归档。缮制"理赔领款通知书"寄送申请人。将保险合同作"已结案且合同继续有效"处理。对终止的保险合同，缮制"理赔领款通知书"寄送申请人，同时注明保险合同效力终止的原因。将保险合同作"已结案且合同终止"处理。②拒赔案件的处理。对继续有效的合同，缮制"拒赔通知书"寄送申请人。通知书中应注明拒赔的原因，措辞必须明确，并提示申请人取回保险合同等证明材料。将保险合同作"已结案且合同继续有效"处理。对效力终止的合同，缮制"拒赔通知书"并寄送申请人，通知书中应注明拒赔原因及保险合同效力终止的原因。如有退费款项，应同时在通知书中予以反映，并注明金额及款项归属人，提示前来领款。将保险合同作"已结案且合同终止"处理。③豁免案件的处理。应豁免保费的案件，缮制"豁免保费通知书"寄送申请人。将保险合同作"已结案且合同豁免保费"处理。

（2）归档。结案人员将结案的理赔案件的所有材料按规定的顺序排放和装订，并按业务档案管理的要求进行归档管理，以便将来查阅和使用。

人身保险综合实训

【实训目标】

通过本部分实训，使得学生能够在理论上掌握人身保险的重点专有名词和基本理论，掌握人身保险纯保险费的计算原理，能够看懂简单生命表，并利用生命表数据计算人身保险的保险费。

【实训任务】

一、重要名词

人身保险 人寿保险 两全保险 年金保险 分红保险 变额人寿保险 万能人寿

保险 变额万能寿险 意外伤害 人身意外伤害保险 责任期限 健康保险 疾病保险 医疗保险 观察期 等待期

二、思考讨论

1. 简述人身保险的含义及分类。
2. 简述人身保险与其相关保险的比较。
3. 人寿保险的概念、特点及业务种类有哪些?
4. 简述普通人寿保险主要产品的承保范围。
5. 对比现代人寿保险与传统人寿保险的责任范围,说明它们有哪些主要区别?
6. 试比较变额人寿保险、万能人寿保险与变额万能人寿保险的区别。
7. 简述健康保险的主要特点及业务分类。
8. 健康保险的主要承保内容是什么?
9. 影响健康保险费率厘定的主要因素是哪些?

三、情景模拟

趸缴纯保费的计算

【模拟场景】

假设你是一家寿险公司的精算人员,面对一个保险金额为 10 000 元,保险期限为 3 年的寿险业务。保单规定如果被保险人在保险有效期内死亡,则保险人在死亡年度末支付 10 000 元的保险金额。现在请你在没有其他寿险费率的情况下,根据生命表的相关数据厘定该被保险人应该趸缴的纯保险费金额。

【实务操作】

假设该被保险人应缴纳 S_x 元的保费,共有 l_x 个被保险人买了同样的险种,且保险金额都为 10 000 元。根据生命表可知,l_x 个 x 岁的人在 x 岁到 $x+1$ 岁(第一保单年度)这一年中将有 d_x 个人死亡,在 $x+1$ 岁到 $x+2$ 岁(第二保单年度)将有 d_{x+1} 个人死亡,在 $x+2$ 岁到 $x+3$ 岁(第三个保单年度)将有 d_{x+2} 个人死亡。假设每个被保险人缴纳 S_x 元保费,则 l_x 个被保险人共缴纳 $l_x \times S_x$ 元的保费。

由生命表可知,l_x 个 x 岁的被保险人有 d_x 个在第一个保险年度死亡,每个死亡者在年末获得 10 000 元的保险金给付,则保险公司在年末共支出 $d_x \times 10\,000$ 元的保险金,这 $d_x \times 10\,000$ 元的保险金在年初的现值为 $(d_x \times 10\,000)/(1+i)$;依此类推,在第二个保险年度末支出的保险金额在第一年年初的现值为 $(d_{x+1} \times 10\,000)/(1+i)^2$;在第三个保险年度末支出的保险金额在第一年年初的现值为 $(d_{x+2} \times 10\,000)/(1+i)^3$。

根据纯保险费收支相等的原理,收取的保费应该等于未来每个保单年度可能的保险金额支付的现值之和,即

$$l_x \times S_x = (d_x \times 10\,000)/(1+i) + (d_{x+1} \times 10\,000)/(1+i)^2$$
$$+ (d_{x+2} \times 10\,000)/(1+i)^3$$

由上式可得,该被保险人应该缴纳的纯保险费金额为

$$S_x = \left[(d_x \times 10\ 000)/(1+i) + (d_{x+1} \times 10\ 000)/(1+i)^2 \right.$$
$$\left. + (d_{x+2} \times 10\ 000)/(1+i)^3 \right]/l_x$$

其中，d_x、d_{x+1}、d_{x+2} 和 l_x 的数值都可以在生命表上查到相应数据，在确定了预期的利率之后，该寿险业务的纯保费就能够计算出来了。

均衡纯保费的计算

【模拟场景】

假设你是一家寿险公司的精算人员，面对一个保险金额为 10 000 元，保险期限为 3 年的寿险业务。保单规定如果被保险人在保险有效期内死亡，则保险人在死亡年度末支付 10 000 元的保险金额。现在请你在没有其他寿险费率的情况下，根据生命表的相关数据厘定该被保险人应该缴纳的年度纯保险费金额。

【实务操作】

以上面的寿险业务为例，假设保费不是趸缴的，而是在保险期限内分期均衡缴纳的，也就是在每个保险年度初缴纳 s 元。在第一个保险年度初假设有 l_x 个 x 岁的被保险人，每人缴纳 s 元，其现值为 $s \times l_x$ 元；如果在第二个保险年度初还有 l_{x+1} 个被保险人活着，每个人再缴纳 s 元，共缴纳 $s \times l_{x+1}$ 元，现值为 $s \times l_{x+1}/(1+i)$；同样道理，第三个保险年度缴纳的保费现值为 $s \times l_{x+2}/(1+i)^2$。3 个保单年度初缴纳的保险费现值和为

$$s \times l_x + s \times l_{x+1}/(1+i) + s \times l_{x+2}/(1+i)^2$$

根据前述【情境模拟】的计算，该寿险业务未来可能的保险金给付的现值为

$$(d_x \times 10\ 000)/(1+i) + (d_{x+1} \times 10\ 000)/(1+i)^2 + (d_{x+2} \times 10\ 000)/(1+i)^3$$

根据纯保险费收支相抵原则，每期缴纳保险费的现值之和＝未来可能的保险金给付的现值之和，即

$$s \times l_x + s \times l_{x+1}/(1+i) + s \times l_{x+2}/(1+i)^2 =$$
$$(d_x \times 10\ 000)/(1+i) + (d_{x+1} \times 10\ 000)/(1+i)^2 + (d_{x+2} \times 10\ 000)/(1+i)^3$$

由上式可得，该被保险人应该缴纳的纯保险费金额为

$$s = 10\ 000 \times \left[(d_x \times 10\ 000)/(1+i) + (d_{x+1} \times 10\ 000)/(1+i)^2 \right.$$
$$\left. + (d_{x+2} \times 10\ 000)/(1+i)^3 \right]/$$
$$\left[l_x + l_{x+1}/(1+i) + l_{x+2}/(1+i)^2 \right]$$

【参考文献】

[1] 朱佳：《人身保险实务》，北京，中国金融出版社，2009。

[2] 张洪涛：《人身保险》（第二版），北京，中国人民大学出版社，2008。

[3] 张晓华：《人身保险》，北京，机械工业出版社，2011。

[4] 杜鹃、郑祎华：《人身保险》，北京，中国人民大学出版社，2009。

责任和信用保险

ZEREN HE XINYONG BAOXIAN

【知识目标】

◇ 责任保险的含义及特征

◇ 责任保险的保险保障范围

◇ 责任保险与其他保险相比的特殊性

◇ 公众责任保险的含义及范围

◇ 产品责任保险的责任范围

◇ 雇主责任保险的赔偿处理

◇ 职业责任保险的承保方式

◇ 信用保证保险的含义和种类

◇ 出口信用保险的业务特殊性

◇ 国内信用保险和海外投资保险的险种类别

【能力目标】

◇ 能够掌握责任和信用保险与财产保险的区别与联系

◇ 能够识别不同种类的责任和信用保险

◇ 能够处理公众责任保险的理赔事项

◇ 能够列举职业责任保险的涵盖职业

◇ 能够说明出口信用保险的特殊政策属性

【引导案例】

未购意外险的旅游出行

【案情介绍】

2010 年 4 月 24 日，游客张某随某旅行社参加厦门/鼓浪屿/武夷山双飞 6 日游，4 月 27 日至武夷山，由于当地旅行社使用的旅游车脚踏板胶皮不牢固，张某滑倒摔伤，经当地医院医生检查确诊为骶骨骨折，花费医疗费用 3 562 元，游客张某回沈阳后还需要继续治疗。经核实，游客张某本次出行为节省费用支出，并未购买短期意外伤害保险，因此对本次伤害所需的为数不少的医疗费用十分担忧。

经确认，该旅行社已于 2010 年 1 月 1 日在某财产保险公司投保了旅行社责任保险，保险期限为一年，保险金额为国内旅游每人赔偿限额 10 万元，出入境旅游每人赔偿限额 20 万元。

【本案分析】

上述案例表明：游客张某是在旅游期间由于意外事故引发的事件，根据该旅行社责任保险条款第二条第一、第二项"在本保险合同期限内，因被保险人的疏忽或过失造成被保险人接待的境内外旅游者遭受下列经济损失，依法应由被保险人承担的经济赔偿责任，保险人负责赔偿：（一）因人身伤亡发生的经济损失、费用；（二）因人身伤亡发生的其他相关费用：（1）医疗费；（2）必要时近亲属探望的交通、食宿费，随行儿童或长者的送返费用，旅行社人员和医护人员前往处理的交通、食宿费及补办旅游证件的费用和因行程延迟所导致的费用"，确定本案游客滑倒摔伤，是由被保险人的疏忽或过失所致的损失，属于保险责任，保险公司应该按照保险合同赔偿。游客张某在旅游出行期间虽然没有购买意外险，但是仍然不用为这笔医疗费用担心。

学习任务一
认识责任保险

【学生任务】

◇ 要求学生课前预习相关内容，结合已经学过的财产保险来理解责任保险的相关内容，能够运用自己的语言来描述责任保险与相近保险概念的联系与区别。

◇ 要求学生扩大课外阅读，掌握行业发展的前沿趋势，结合本部分内容，说明为什么责任保险业务一般会和财产保险业务捆绑在一起运作，根据自身理解写出不少于 800 字的书面课后作业。

◇ 将全班学生随机分组，按小组选出若干份作业在课堂上进行点评，学生间相互评出每一份书面文章的优劣；学生对作业进一步修改后提交教师，以便教师进行作业评价。

【教师任务】

◇ 指导学生上网查找相关资料，例如财产保险公司经营责任保险方面的法律法规及具体案例、责任保险经营实务的具体案例与规定等；启发学生理解关于责任保险和财产保险捆绑在一起经营的意义和作用。

　　◇ 提示学生完成书面文章作业所需要关注的主要知识点。如责任保险的概念、特征、与相近的保险专业名词的区别与联系，保险法规的相关监管规定等。

　　◇ 指导学生分组，在小组内对学生进行不同的分工，对学生书面文章作业完成情况及时跟进，督促其按时完成。

　　◇ 对各小组进行的课堂点评适时指导，对于选出的作业予以及时、客观、公正的评价，准备回答学生有可能提出的异议等。

教学活动1　全面认识责任保险

【活动目标】

　　通过本部分的教学活动，熟练掌握责任保险的含义、发展及其特殊性，理解其真正含义，并可以在保险实务中加以正确应用。

【知识准备】

一、责任保险的含义及特征

　　责任保险，是指以被保险人的民事法律赔偿风险为承保对象的一种特殊的保险，它属于广义财产保险范畴，适用于广义财产保险的一般经营理论，但又具有自己的独特内容和经营特点，因而是一种可以自成体系的保险业务。

　　在人们的生产、生活、活动中，由于疏忽、过失等行为有可能造成他人的人身伤害或财产损失，并且由此要承担相应的民事损害赔偿责任。被保险人可以把这种民事损害赔偿责任通过风险转嫁的方式转移给保险人承担，一旦发生保险合同规定的民事损害行为，保险人将根据法律规定或社会行为准则，代替保险人对受害方履行经济赔偿责任。

　　责任保险的具体特征如下：

　　1. 责任保险与一般财产保险具有赔偿性的共同性质。它们承保时均需要遵循财产保险的可保利益原则，发生索赔时均需要运用财产保险的赔偿原则，当责任事故是由第三者造成时亦适用于权益转让原则等，既可以满足被保险人的风险转嫁需要，又不允许被保险人通过责任保险获得额外利益。因此，责任保险可以归入广义财产保险范畴。

　　2. 责任保险承保的风险是被保险人的法律赔偿风险。责任保险一般以法律规定的民事损害赔偿责任为承保风险，但也可以根据保险客户的要求并经特别约定后，承保其合同责任风险。这种风险与一般财产保险和人寿保险所承保的风险是有根本区别的。

　　3. 责任保险以被保险人在保险期内可能造成他人的利益损失为承保和理赔的基础。一般财产保险承保的是被保险人自己的现实利益，如火灾保险与运输保险等保障的是被保险人自己的现实物质利益，信用保险保障的是被保险人自己的现实款物利益，它们都是在保险人承保前客观存在并可以用货币计量的事实。而责任保险承保的则是被保险人在保险期内可能造成他人的利益损失，即责任保险承保的这种利益损失首先必须表现为他人的利益受到损失，其次才是这种利益损失因有关法律、法规的规定应当由被保险人负责的。因此，责任保险的承保建立在被保险人可能造成他人利益损失的基础之上，这种利益损失在承保时是无法准确确定或预知的，从而对被保险人的责任风险大小也无法像其他财产保险或人身保险那样用保险金额来评价，而是只能以灵活的赔偿限额作为被保险人转嫁法律风险和保险人承担法律风险的最高限额。

二、责任保险的保险责任和保障范围

责任保险项下保险公司承担的经济赔偿责任主要包括以下内容：①被保险人的过失或疏忽行为引起第三者财产损害，而依法应当承担的经济赔偿责任；②被保险人的过失或疏忽行为造成第三者人身伤害（包括疾病和伤亡），而依法应当承担的经济赔偿责任；③因前述侵权行为导致诉讼而发生的法律费用，包括诉讼费、律师费及其他事先约定的费用。

大体而言，责任保险主要的保险保障范围包括：

1. 大型公众场所，如影剧院、体育馆、城市各种市政公用设施、展览馆等活动场所，可能发生的意外事故，从而导致的公众的人身伤害和财产损失。

2. 由于产品的质量问题造成的消费者财产损失和人身伤亡，应该由产品的生产者、销售者、维修者承担意外责任事故造成的直接经济赔偿责任。其中，产品的销售者和维修者仅对其行为造成产品改变而导致的责任事故承担责任，而产品的生产者要对产品负有最大、最持久的责任。

3. 各种交通工具可能造成的第三者人身伤害和财产损失事故责任风险，交通工具的所有者、经营管理者或驾驶员对交通工具的事故责任风险具有保险利益。

4. 各种提供职业技术服务的单位因其提供的各种专业技术服务存在着某种缺陷给使用服务的对方造成的损害，而必须承担的经济赔偿责任。

5. 任何雇员、用工的单位对其雇用的劳动者应当承担的工作性伤害。这种风险主要通过雇主责任保险的方式来分散。

6. 城乡居民家庭或个人可能遇到的个人侵权行为、饲养的动物造成的第三者伤害、雇佣劳动力在雇佣期间遭受人身伤害或财产损失、家庭或个人所有或管理的静物（如建筑物设施）因意外事故造成的他人损害等，造成相应的经济赔偿责任。

【拓展阅读】
责任保险的产生和发展

责任保险最初出现于19世纪的欧美国家。产生之初，曾经引发过激烈的争论，许多反对者认为，责任保险承担被保险人的法律责任，其实是在鼓励犯罪，违反了社会公共道德，完全是一种唯利是图的行为。但是在一片反对声中，责任保险蓬勃发展了起来。1855年，英国铁路乘客保险公司首次向铁路公司提供铁路承运人责任保险。与此同时，西方工业国家的工人们为了获得合理的生活保障而多次举行罢工活动，迫使各国政府先后通过了保护劳工的法律，由此产生了雇主责任保险。1875年，英国出现了马车第三者责任保险，这可以看做是汽车第三者责任保险的先导。1880年，雇主责任保险首次在英国承保。该年英国颁布的《雇主责任法》规定：雇主在经营业务中因过失致使雇员遭受伤害时，应负法律责任。英国在这一年成立了专业的雇主责任保险公司。1885年，保险人出立了第一张职业责任保单——药剂师过失责任保单。1894年，第一辆汽车在英国街头出现。在 1898 年成立的英国法定意外事故保险公司开始向车主签发保单。1900 年，英国海上事故保险公司签发了第一张产品责任保单。此后，世界上陆续出现了一些其他责任保险，如医疗事故责任保险、会计师责任保险、个人责任保险。

尽管责任保险与其他险种相比还年轻，但它的发展十分迅速，这是城市化、企业活动增加，尤其是制造业和交通运输业高度发展的必然结果。责任保险是当前国际上受到人们广泛重视的一项业务，特别是在经济发达的国家，责任保险已成为保险公司的主要业务种类。我国开办责任保险的历史相对较短，2010 年全国各财产保险公司单独承保的责任保险的保费收入合计约为 206 亿元，仅占财产保险总保费收入 3 895.64 亿元的 5.3% 左右，与经济发达国家 20% 以上的比例还有较大差距。①

三、责任保险的特殊性

责任保险与一般财产保险相比较，其共同点是均以大数法则为数理基础，经营原则一致，经营方式相近（除部分法定险种外），均是对被保险人经济利益损失进行补偿。然而，作为一类独特的保险业务，责任保险在产生与发展基础、补偿对象、承保标的、赔偿处理等方面又都体现着自己明显的特殊性。

（一）责任保险产生与发展基础的特殊性

一般财产保险产生与发展的基础，是自然风险与社会风险的客观存在和商品经济的产生与发展；一般人寿保险产生与发展的基础，是社会经济的发展和社会成员生活水平不断提高的结果；而责任保险产生与发展的基础却不仅是各种民事法律风险的客观存在和社会生产力达到了一定的阶段，而且由于人类社会的进步带来了法律制度的不断完善，其中法制的健全与完善是责任保险产生与发展的最为直接的基础。

正是由于人们在社会中的行为都在法律制度的一定规范之内，所以才可能在因触犯法律而造成他人的财产损失或人身伤害时必须承担起经济赔偿责任。因此，只有存在着对某种行为以法律形式确认为应负经济上的赔偿责任时，有关单位或个人才会想到通过保险来转嫁这种风险，责任保险的必要性才会被人们所认识、所接受；只有规定对各种责任事故中的致害人进行严厉处罚的法律原则，即从契约责任经过疏忽责任到绝对或严格责任原则，才会促使可能发生民事责任事故的有关各方自觉地参加各种责任保险。事实上，当今世界上责任保险最发达的国家或地区，必定同时是各种民事法律制度最完备、最健全的，它表明了责任保险产生与发展的基础是健全的法律制度，尤其是民法和各种专门民事法律与经济法律制度。

（二）责任保险补偿对象的特殊性

在一般财产保险与各种人身保险的经营实践中，保险人的补偿对象都是被保险人或其受益人，其赔款或保险金也是完全归被保险人或其受益人所有，均不会涉及第三者。而各种责任保险却与此不同，其直接补偿对象虽然也是与保险人签订责任保险合同的被保险人，但被保险人无损失则保险人亦无须补偿；被保险人的利益损失又首先表现为因

---

① 数据来源：http://www.circ.gov.cn/web/site0/tab454/i154117.htm，中国保险监督管理委员会保险业经营数据。

被保险人的行为导致第三方的利益损失为基础，即第三方利益损失的客观存在并依法应由被保险人负责赔偿时才会产生被保险人的利益损失。因此，尽管责任保险中承保人的赔款是支付给被保险人的，但这种赔款实质上是对被保险人之外的受害方即第三者的补偿，从而是直接保障被保险人利益、间接保障受害人利益的一种双重保障机制。

（三）责任保险承保标的的特殊性

一般财产保险承保的均是有实体的各种财产物资，人身保险承保的则是自然人的身体，二者均可以在承保时确定一个保险金额作为保险人的最高赔偿限额。而责任保险承保的却是各种民事法律风险，是没有实体标的的。对每一个投保责任保险的人而言，其责任风险可能是数十元，也可能是数十亿元，这在事先是无法预料的，保险人对所保的各种责任风险及其可能导致的经济赔偿责任大小也无法采用保险金额的方式来确定。但若在责任保险中没有赔偿额度的限制，保险人自身就会陷入经营风险之中。因此，保险人在承保责任保险时，通常对每一种责任保险业务要规定若干等级的赔偿限额，由被保险人自己选择，被保险人选定的赔偿限额便是保险人承担赔偿责任的最高限额，超过限额的经济赔偿责任只能由被保险人自行承担。可见，责任保险承保的标的是没有实体的各种民事法律风险，保险人承担的责任只能采用赔偿限额的方式进行确定。

（四）责任保险承保方式的特殊性

责任保险的承保方式具有多样化的特征。从责任保险的经营实践来看，它在承保时一般根据业务种类或被保险人的要求，可以采用独立承保、附加承保或与其他保险业务组合承保的方式承保业务。在独立承保方式下，保险人签发专门的责任保险单，它与特定的物没有保险意义上的直接联系，而是完全独立操作的保险业务。如公众责任保险、产品责任保险等。采取独立承保方式承保的责任保险业务，是责任保险的主要业务来源。

在附加承保方式下，保险人签发责任保险单的前提是被保险人必须参加了一般的财产保险，即一般财产保险是主险，责任保险则是没有独立地位的附加险。如建筑工程保险中的第三者责任保险，就一般被称为建筑工程保险附加第三者责任保险。附加承保的责任保险在业务性质和业务处理方面，与独立承保的各种责任保险是完全一致的，不同的只是承保的形式。

在组合承保方式下，责任保险的内容既不必签订单独的责任保险合同，也无须签发附加或特约条款，只需要参加该财产保险便使相应的责任风险得到了保险保障。如船舶的责任保险承保就是与船舶财产保险承保相组合而成的，即仅作为综合型的舰艇保险中的一类保险责任而承担下来即可。

（五）责任保险赔偿处理的特殊性

与一般的财产保险和人身保险业务相比，责任保险的赔偿要复杂得多。一是每一起责任保险赔案的出现，均以被保险人对第三方的损害并依法应承担经济赔偿责任为前提条件，必然要涉及受害的第三者，从而表明责任保险的赔偿处理并非像一般财产保险或人身保险赔案一样只是保险双方的事情；二是责任保险的承保以法律制度的规范为基础，责任保险赔案的处理也是以法院的判决或执法部门的裁决为依据，从而需要更全面地运用法律制度；三是责任保险中因是保险人代替致害人承担对受害人的赔偿责任，被保险人对各种责任事故处理的态度往往关系到保险人的利益，从而使保险人具有参与处理责任事故的权利；四是责任保险赔款最后并非归被保险人所有，而是实质上支付给了受害方。可见，责任保险的赔偿处理具有自己明显的特色。

四、责任保险的赔偿限额与免赔额

（一）责任保险的赔偿限额

一般的财产保险的保险标的的价值都是可以确定的，并作为确定保险金额的依据。但是在责任保险中，保险人承担的是被保险人对其造成伤害的第三者的损害依法应负的法律责任，由于这种标的是无形的，也没有固定的价值依据，所以不能在保单中确定明确的保险金额。为了避免在赔偿时被保险人和保险人发生争议，责任保险保单中都载明了保险人所承担的赔偿责任的最高限额。

通过这种形式来代替保险金额的形式，一旦发生责任索赔，责任保险人即在这一事先规定的赔偿限额内进行赔偿。虽然责任保险标的没有可作为确定保险的价值依据，但是赔偿限额却可以根据被保险人的能力和可能面临的损失规模的大小来确定。

我国责任保险单中规定的赔偿限额有两种：一种是每次事故造成损害的赔偿限额，此限额又分为财产损失和人身伤害两部分；另一种是保险期间内累计的赔偿限额。

（二）责任保险的免赔额

责任保险的免赔额，通常是绝对免赔额，即保险人对受害人进行赔付时，无论受害人的财产是否全部损失或死亡，均对免赔额内的损失不予赔偿，由被保险人自行负担解决。免赔额的确定，一般以具体的金额数字表示，也可以规定赔偿限额和赔偿金额之间一定的比例。因此，责任保险人承担的赔偿责任是超过免赔额之上且在赔偿限额之内的赔偿金额。

【知识链接】

法国的责任保险

法国责任保险起步的时间比较早，发展得比较完善，从其具体的操作过程来看，法国的责任保险与欧洲其他国家以及美国的责任保险都有所不同，其主要特点有以下几点：

首先，在法国82%以上的责任险保单是通过中介公司销售的，而由直接保险公司销售的责任险保单仅约占10%。

其次，从责任险的险种结构来看，法国企业和职业责任险比较发达，占比高达95%，个人责任险约占5%。

再次，政府高度重视责任险的保障功能，一方面对80余种职业进行了强制责任保险的规定，从而保障了责任保险的普及和快速发展；另一方面对某些领域，比如汽车、建筑、医护等专业的投保人，在由于个人原因无法获得商业保险公司的保险保障的情况下，可以向政府的专门部门提出申请，由政府的专门部门强制某一个保险公司以规定的费率和规定的承保条件承保。

　　最后，责任险赔付结案的时间比较长。在法国由于责任险索赔的程序复杂，一般的索赔金额都很高，所以大多数索赔人都是通过律师和保险公司打交道，或者通过律师向法院起诉，由法院进行调查、鉴定和判决。因此清偿节奏比较慢，平均为5年，如果涉及人身伤害的则清偿的时间更长一些，有时会延长到10年以上。

教学活动2　区分不同的责任保险险种

【活动目标】

　　通过本部分的教学活动，熟练掌握责任保险的四大险种，理解其真正含义，了解各自承保理赔的特性，并可以在保险实务中加以正确应用。

【知识准备】

　　责任保险经过一百多年的发展，包罗万象，险种越来越多，承保范围越来越广。现在保险公司不但可以根据不同行业的特点和需要，开发出适用的保险产品，甚至还可以根据每个客户的具体需要，量体裁衣，设计出针对个人的产品。从承保方式和内容看，可以把责任保险分为两大类：作为各种财产保险附加险承保的责任保险和单独承保的责任保险。

　　作为各种财产保险附加险承保的责任保险主要有机动车辆保险的第三者责任保险、船舶碰撞责任保险、旅客责任保险、油污责任保险，飞机保险的第三者责任保险和旅客责任保险，建筑和安装工程保险的第三者责任保险等，这部分的内容在相应的财产保险部分会有所涉及。

一、公众责任保险

　　公众责任保险是主要承保被保险人在固定场所或地点进行生产经营或从事其他活动时，由于意外事故致使第三者人身伤害或财产损失，依法应由被保险人承担的经济赔偿责任的一种责任保险。

　　（一）公众责任保险的责任范围

　　公众责任保险的保险责任，包括被保险人在保险期内、在保险地点发生的依法应承担的经济赔偿责任和有关的法律诉讼费用等。公众责任保险的除外责任则包括：①被保险人故意行为引起的损害事故；②战争、内战、叛乱、暴动、骚乱、罢工或封闭工厂引起的任何损害事故；③人力不可抗拒的原因引起的损害事故；④核事故引起的损害事故；⑤有缺陷的卫生装置及除一般食物中毒以外的任何中毒；⑥由于震动、移动或减弱支撑引起的任何土地、财产或房屋的损坏责任；⑦被保险人的雇员或正在为被保险人服务的任何人所受到的伤害或其财产损失，他们通常在其他保险单下获得保险；⑧各种运输工具的第三者或公众责任事故，由专门的第三者责任保险或其他责任保险险种承保；⑨公众责任保险单上列明的其他除外责任等。对于有些除外责任，经过保险双方的约定，可以作为特别条款予以承保。

　　（二）公众责任保险的保费计算

　　保险人在经营公众责任保险业务时，一般不像其他保险业务那样有固定的保险费率表，而是通常视每一被保险人的风险情况逐笔议定费率，以便确保保险人承担的风险责任与所收取的保险费相适应。按照国际保险界的习惯做法，保险人对公众责任保险一般按每次事故的基本赔偿限额和免赔额分别制定人身伤害和财产损失两项保险费率，如果基本赔偿限额和免赔额需要增减时，保险费率也应适当增减，但又非按比例增减。以美国 ISO 制定的公众责任保险费率规定（参考性）为例，人身伤害每次事故的责任限额为 10 万美元时，按费率表费率的 126% 计算收费；当责任限额提高到 20 万美元时，则按 139% 计算保险费。公众责任保险费的计算方式包括如下两种情况：一是以赔偿限额（累计或每次事故赔偿限额）为计算依据，即保险人的应收保险费 = 累计赔偿限额 × 适用费率；二是对某些业务按场所面积大小计算保险费，即保险人的应收保险费 = 保险场所占用面积（平方米）× 每平方米保险费。

例如，某商场占用面积 100 000 平方米，根据其风险大小及特点，保险双方协商约定每 10 平方米收保险费 1.5 元，则该笔业务的应收保险费为

$$应收保险费 = 1.5 × （100 000/10） = 15 000 （元）$$

无论以何种方式计算保险费，保险人原则上均应在签发保险单时一次收清。

（三）公众责任保险的赔偿处理

公众责任保险赔偿限额的确定，通常采用规定每次事故赔偿限额的方式，既无分项限额，又无累计限额，仅规定每次公众责任事故的混合赔偿限额。它只能制约每次事故的赔偿责任，对整个保险期内的总的赔偿责任不起作用。

当发生公众责任保险事故时，保险人的理赔应当以受害人向被保险人提出有效索赔并以法律认可为前提，以赔偿限额为保险人承担责任的最高限额，并根据规范化的程序对赔案进行处理。公众责任保险的理赔程序，包括七个基本步骤：一是保险人接到出险通知或索赔要求时，应立即记录出险的被保险人名称、保险单号码、出险原因、出险时间与地点、造成第三者损害程度及受害方的索赔要求等；二是进行现场查勘，调查核实责任事故的相关情况，并协助现场施救；三是根据现场查勘写出查勘报告，作为判定赔偿责任和计算赔款的依据；四是进行责任审核，看事故是否发生在保险期限内，是否在保险责任范围，受害人是否向被保险人提出索赔要求或起诉；五是做好抗诉准备，必要时可以被保险人的名义或同被保险人一起出面抗诉；六是以法院判决或多方协商确定的赔偿额为依据，计算保险人的赔款；七是支付保险赔款。

二、产品责任保险

产品责任保险是指根据保险合同的规定，因生产经营的产品有缺陷使用户或消费者遭受人身伤害或财产损失，依法应由该产品的制造、销售或修理商承担的经济赔偿责任，可转由保险人负责的一种责任保险。

（一）产品责任保险的责任范围

保险人承保的产品责任风险，是承保产品造成的对消费者或用户及其他任何人的财产损失、人身伤亡所导致的经济赔偿责任，以及由此而导致的有关法律费用等。不过，保险人承担的上述责任也有一些限制性的条件，例如，造成产品责任事故的产品必须是供给他人使用即用于销售的商品，产品责任事故的发生必须是在制造、销售该产品的场

所范围之外的地点，如果不符合这两个条件，保险人就不能承担责任；对于餐厅、宾馆等单位自制、自用的食品、饮料等，一般均作为公众责任保险的附加责任扩展承保。

产品责任保险的除外责任，一般包括如下几项：一是根据合同或协议应由被保险人承担的其他人的责任；二是根据劳工法律制度或雇佣合同等应由被保险人承担的对其雇员及有关人员的损害赔偿责任；三是被保险人所有、照管或控制的财产的损失除外不保；四是产品仍在制造或销售场所，其所有权仍未转移至用户或消费者手中时的责任事故除外不保；五是被保险人故意违法生产、出售或分配的产品造成的损害事故；六是被保险产品本身的损失不保；七是不按照被保险产品说明去安装、使用或在非正常状态下使用时造成的损害事故等。

（二）产品责任保险的费率划分

产品责任保险费率的拟订，主要考虑如下因素：一是产品的特点和可能对人体或财产造成损害的风险大小，如药品、烟花、爆竹等产品的责任事故风险就比农副产品的责任事故风险要大得多；二是产品数量和产品的价格，它与保险费呈正相关关系，与保险费率呈负相关关系；三是承保的区域范围，如出口产品的责任事故风险就较国内销售的产品的责任事故风险要大；四是产品制造者的技术水平和质量管理情况；五是赔偿限额的高低。综合上述因素，即可以比较全面地把握承保产品的责任事故风险。

当然，在产品责任保险的经营实践中，保险人一般事先根据各种类型产品的性能等，将其按照风险大小划分为若干类型，如中国人民保险公司在承保出口产品的责任保险时就将各种产品划分为一般风险产品、中等风险产品和特别风险产品等，并以此作为确定各具体投保产品的费率。

（三）产品责任保险的赔偿处理

在产品责任保险的理赔过程中，保险人的责任通常以产品在保险期限内发生事故为基础，而不论产品是否在保险期内生产或销售。如在保险生效前生产或销售的产品，只要在保险有效期内发生保险责任事故并导致用户、消费者或其他任何人的财产损失和人身伤亡，保险人均予负责；反之，即使是在保险有效期内生产或销售的产品，如果不是在保险有效期内发生的责任事故，保险人也不会承担责任。

对于赔偿标准的掌握，仍然以保险双方在签订保险合同时确定的赔偿限额为最高额度，它既可以每次事故赔偿限额为标准，也可以累计的赔偿限额为标准。在此，生产、销售、分配的同批产品由于同样原因造成多人的人身伤害、疾病、死亡或多人的财产损失均被视为一次事故造成的损失，并且适用于每次事故的赔偿限额。

【案例分析】

产品责任保险赔偿的关键

【案情介绍】

北京某生物医药工程公司为其医疗产品投保了产品质量责任险。2011 年 3 月，被保险人医药公司投保的产品"人工股骨"，在植入病人高某体内两年后发生断裂。于是，高某要求医药工程公司赔偿医药费、营养费、误工费等实际支出，另要求依医药工程公司与保险公司签订的产品责任保险合同得到 10 万元人民币的赔偿，但要求被拒绝，遂向法院提起诉讼，法院受理此案。

【本案分析】

我国《民法通则》第一百二十二条中规定："因产品质量不合格造成他人财产、人身损害的，产品制造者、销售者应当依法承担民事责任。"因此，只有在产品质量不合格的情况下，制造者、生产者才应当承担民事责任。而在本案中，经国家医药管理局规定的医用产品鉴定单位对从高某体内取出的人工股骨进行鉴定分析，结论认为该人工股骨符合国家标准和国家医药管理局制定的行业标准，是合格产品，因此被告不应负赔偿责任，保险公司也就不需要赔偿。因此可以得出结论，在产品责任保险中，产品本身是否存在缺陷是产品责任保险理赔处理中的关键。

三、雇主责任保险

雇主责任保险是指以雇主根据法律或雇佣契约的规定对其雇员因工作而遭受伤亡或引起疾病所应负的民事赔偿责任作为保险标的的一种责任保险。

（一）雇主责任保险的责任范围

雇主责任保险的保险责任，包括在责任事故中雇主对雇员依法应负的经济赔偿责任和有关法律费用等，导致这种赔偿的原因主要是各种意外的工伤事故和职业病。

但下列原因导致的责任事故通常除外不保：①战争、暴动、罢工、核风险等引起雇员的人身伤害；②被保险人的故意行为或重大过失；③被保险人对其承包人的雇员所负的经济赔偿责任；④被保险人合同项下的责任；⑤被保险人的雇员因自己的故意行为导致的伤害；⑥被保险人的雇员由于疾病、传染病、分娩、流产以及由此而施行的内、外科手术所致的伤害等。

（二）雇主责任保险的费率计算

雇主责任保险的保险费率，一般根据一定的风险归类确定不同行业或不同工种的不同费率标准，同一行业基本上采用同一费率，但对于某些工作性质比较复杂、工种较多的行业，则还须规定每一工种的适用费率。例如，在 20 世纪 80 年代香港保险公会制定的雇主责任保险费率规章中，对码头、仓库业的费率就是按照工种规定的，分别为码头装卸工为 5.25%、搬运工为 4.25%、运货司机为 2.25%、理货人员为 1.75%、其他雇员为 1.25%；再如中国人民保险公司在经营涉外的雇主责任保险中，对旅馆业的费率规定也是按工种定的，其中内勤人员为 1.2% ~2.4%、电梯司机为 1.6% ~3.2%、锅炉工为 2.4% ~4.8% 等。可见，雇主责任保险的费率制定必须以工种与行业为依据，同时还应当参考赔偿限额。

雇主责任保险费的计算公式如下：

应收保险费 = A 工种保险费（年工资总额×适用费率）+

B 工种保险费（年工资总额×适用费率）+…+

N 工种保险费（年工资总额×适用费率）

其中，年工资总额 = 该工种人数×月平均工资收入×12。

如果有扩展责任，还应另行计算收取附加责任的保险费，它与基本保险责任的保险费相加，即构成该笔业务的全额保险费收入。

（三）雇主责任保险的赔偿处理

在处理雇主责任保险索赔时，保险人必须首先确立受害人与致害人之间是否存在雇佣关系。根据国际上流行的做法，确定雇佣关系的标准包括：一是雇主具有选择受雇人的权力；二是由雇主支付工资或其他报酬；三是雇主掌握工作方法的控制权；四是雇主具有中止或解雇受雇人的权力。在英国，雇主对进行工作所用方式的控制被看成是上述四条标准中最重要的一条；但在某些国家或地区，雇主选择与解雇雇员的权力被看成是最重要的。受害人与被保险人的雇佣关系的认定，是雇主责任保险承保人承担赔偿责任的基础。

雇主责任保险的赔偿限额，通常是规定若干个月的工资收入，即以每一雇员若干个月的工资收入作为其发生雇主责任保险时的保险赔偿额度，每一雇员只适用于自己的赔偿额度。在一些国家的雇主责任保险界，保险人对雇员的死亡赔偿额度与永久完全残废赔偿额度是有区别的，后者往往比前者的标准要高。但对于部分残废或一般性伤害，则严格按照事先规定的赔偿额度表进行计算。其计算公式为

$$赔偿金额 = 该雇员的赔偿限额 \times 适用的赔偿额度比例$$

如果保险责任事故是第三者造成的，保险人在赔偿时仍然适用权益转让原则，即在赔偿后可以代位追偿。

四、职业责任保险

职业责任保险是以各种专业人员（如医生、药剂师、会计师、律师、设计师等）作为保险保障对象，以上述人员因其过失或疏忽造成他人人身伤害、财产损失而应承担的经济赔偿责任作为保险标的的一种责任保险。

（一）职业责任保险的承保方式

1. 以索赔为基础的承保方式

从职业责任事故的产生或起因到受害方提出索赔，往往可能间隔一个相当长的时期，如医生的不当治疗造成的后遗症，工程设计错误在施工后或竣工验收或交付使用后才能发现，等等。因此，各国保险人在经营职业责任保险业务时，通常采用以索赔为基础的条件承保。所谓以索赔为基础的承保方式，是保险人仅对在保险期内受害人向被保险人提出的有效索赔负赔偿责任，而不论导致该索赔案的事故是否发生在保险有效期内。这种承保方式实质上是使保险时间前置了，从而使职业责任保险的风险较其他责任保险的风险更大。

采用上述方式承保，可使保险人能够确切地把握该保险单项下应支付的赔款，即使赔款数额在当年不能准确确定，至少可以使保险人了解全部索赔的情况，对自己应承担的风险责任或可能支付的赔款数额作出较切合实际的估计。同时，为了控制保险人承担的风险责任无限地前置，各国保险人在经营实践中，又通常规定一个责任追溯日期作为限制性条款，保险人仅对于追溯日以后、保险期满日前发生的职业责任事故且在保险有效期内提出索赔的法律赔偿责任负责。

2. 以事故发生为基础的承保方式。该承保方式是保险人仅对在保险有效期内发生的职业责任事故而引起的索赔负责，而不论受害方是否在保险有效期内提出索赔，它实质上是将保险责任期限延长了。它的优点在于保险人支付的赔款与其保险期内实际承担的风险责任相适应，缺点是保险人在该保险单项下承担的赔偿责任往往要经过很长时间才能确定，而且因为货币贬值等因素，受害方最终索赔的金额可能大大超过职业责任保险事故发生当时的水平或标准。在这种情况下，保险人通常规定赔偿责任限额，同时明确一个后延截止日期。

从一些国家经营职业保险业务的惯例来看，采用以索赔为基础的承保方式的职业责任保险业务较多些，采用以事故发生为基础的承保方式的职业责任保险业务要少些。保险人规定的追溯日期或后延日期一般以前置三年或后延三年为限。由于两种承保方式关系到保险人承担的职业责任风险及其赔款估计，因此，保险人在经营职业责任保险业务时，应当根据各种职业责任保险的不同特性并结合被保险人的要求来选择承保方式。

在承保职业责任保险业务时，保险人通常只接受提供职业技术服务的团体投保，并要求投保人如实告知其职业性质、从业人数、技术或设备情况、主要风险以及历史损失情况、投保要求等，并根据需要进行职业技术风险的调查与评估，以此作为是否承保的客观依据。在承保时，需要明确承保方式并合理确定赔偿限额、免赔额、保险追溯日期或后延日期等事项。

需要特别指出的是，职业责任承保的对象不仅包括被保险人及其雇员，而且包括被保险人的前任与雇员的前任。这是其他责任保险所不具备的特色，它表明了职业服务的连续性和保险服务的连续性。

（二）职业责任保险的费率计算

职业责任保险费率的确定，是职业责任保险中较为复杂且关键的问题。各种职业均有其自身特定的风险，从而也需要有不同的保险费率。

从总体而言，制定职业责任保险的费率时，需要着重考虑下列因素：一是投保人的职业种类；二是投保人的工作场所；三是投保人工作单位的性质；四是该笔投保业务的数量；五是被保险人及其雇员的专业技术水平与工作责任心；六是赔偿限额、免赔额和其他承保条件；七是被保险人职业责任事故的历史损失资料以及同类业务的职业责任事故情况。根据上述因素，综合考察各具体的投保对象，能够较为合理地确定投保业务的保险费率。

（三）职业责任保险的赔偿处理

当职业责任事故发生并由此导致被保险人的索赔后，保险人应当严格按照承保方式的不同基础进行审查，确属保险人应当承担的职业责任赔偿应按保险合同规定进行赔偿。在赔偿方面，保险人承担的仍然是赔偿金与有关费用两项，其中保险人对赔偿金通常规定一个累计的赔偿限额；法律诉讼费用则在赔偿金之外另行计算，但如果保险人的赔偿金仅为被保险人应付给受害方的总赔偿金的一部分，则该项费用应当根据各自所占的比例进行分摊。

学习任务二
认识信用保证保险

【学生任务】

◇ 要求学生课前预习相关内容，搜集相关资料，并结合目前我国保险行业开展信用业务的实际情况，说明为什么出口信用保险更多地采用政策性保险的方式运作，并就相关问题写出 800 字以上的书面作业。

◇ 实训过程中以小组为单位就所研讨问题进行代表性发言，按小组选出若干份作业在班上进行点评；学生间相互评出每一份书面文章的优劣；学生对作业进一步修改后提交教师，以便教师进行评价。

【教师任务】

◇ 指导学生上网查找相关资料，例如财产保险公司或者专门的信用保险公司经营信用保险业务方面的法律法规及其具体案例，启发学生理解出口信用保险对于促进外贸业务发展的具体意义和作用。

◇ 提示学生完成书面文章作业所需要关注的主要知识点。如信用保险的概念、特征，与相近的保险专业名词的区别与联系，保险法规的相关监管规定等。

◇ 指导学生分组，在小组内对学生进行不同的分工，对学生书面文章作业完成情况及时跟进，督促其按时完成。

◇ 对各小组进行的课堂点评适时指导，对于选出的作业予以及时、客观、公正的评价，准备回答学生有可能提出的异议等。

教学活动1　全面认识信用保证保险

【活动目标】

通过本部分的教学活动，使学生熟练掌握信用保险的含义、发展及其特殊性，理解其真正含义，并可以在保险实务中加以正确应用。

【知识准备】

在现代经济活动中，无论物质商品的交换活动还是非物质商品的交换活动，都建立在信用的基础之上，由于信用活动既频繁又复杂，信用风险随着经济发展加快而呈现扩大的趋势。承保信用风险的保险业务便应运而生，这便是信用保证保险。

一、信用保证保险的概念

信用保证保险是以经济合同所制定的有形财产或预期应得的经济利益为保险标的的

一种保险。信用保证保险是一种担保性质的保险，在业务实践中，因投保人在信用关系中的身份不同，而将其分为信用保险和保证保险两类。

信用保险是权利人要求保险人担保相对方（义务人）的信用的一种保险。例如，货物出口方担心进口方拖欠货款而要求保险人为其提供保障，保证权利人在遇到上述情况遭受经济损失的情况下，由保险人赔偿其经济损失。

保证保险则是被保证人（义务人）根据权利人的要求，请求保险人担保自己的信用的一种保险。例如，某工程承包合同规定，承包人应在签订合同后一年半内交工，业主（权利人）为能按时接收工程，要求承包人购买履约保证保险，假如在约定条件下承包人不能按时交付工程项目，给权利人造成经济损失，由保险人负责赔偿。保证保险主要有两种形式。一是履约保证保险，承保工程所有人因承保人不能按时、按质、按量交付工程而遭受的损失。二是忠诚保证保险，承保雇主因雇员的不法行为，如盗窃、贪污、伪造单据、挪用款项等行为而使雇主受到的经济损失。忠诚保证保险按照雇主的要求可以投保其所有雇员，也可投保其指定的某些雇员。

【拓展阅读】
信用保证保险的产生与发展

信用保证保险是现代保险中的一类新兴业务，相对于一般财产保险和人寿保险来说历史不长。保证保险约比信用保险出现得早一点。大约在 18 世纪末 19 世纪初，在欧洲就出现了忠诚保证保险，它最初是由一些个人、商行或银行办理的，稍后出现了合同担保。1919 年，第一次世界大战结束后，鉴于东方和中欧诸国政治局势的变化，英国政府为保护本国与东方和中欧诸国的出口贸易的顺利进行，专门成立了出口信用担保局，逐步创立了一套完整的信用保险制度，以后各国纷纷效仿。1934 年，英国、法国、意大利和西班牙的私营和国营信用保险机构成立了"国际信用和投资保险人联合会"，简称"伯尔尼联盟"，旨在便于相互交流出口信用保险承保技术、支付情况和信息，并在追偿方面开展国际合作。

我国的信用保证保险的发展始于 20 世纪 80 年代初期。1983 年初，中国人民保险公司上海分公司与中国银行上海市分行达成协议，对一笔出口船舶的买方信贷提供中、长期信用保险；1986 年人保开始试办短期出口信用保险；1988 年，国务院正式决定由中国人民保险公司试办出口信用保险业务，并在该公司设立了信用保险部。1994 年以后，中国进出口银行也经办各种出口信用保险业务。2001 年 12 月，在原中国人民保险公司信用保险部和中国进出口银行信用保险部的基础上，组建产生了我国第一家专门经营信用保险的国有独资的中国出口信用保险公司。我国目前有多家保险公司开办保证保险业务，具体险种主要有国内工程履约保险，对外承包工程的投标，履约和供货保证保险，产品质量保证保险，住房贷款保证保险，汽车贷款保证保险，雇员忠诚保证保险等。

二、信用保证保险的保障范围
信用保证保险承保的信用风险主要有以下几种。

1. 财务信用风险。即借贷风险，通常表现为借款人不能按照借款合同规定的期限和条件偿还贷款的风险。

2. 商业信用风险。商业信用是延期付款形式的购买行为，表现为卖方先向买方借贷，买方按买卖合同规定的日期、数额及其他条件归还贷款。买方不能按买卖合同规定的日期、数额及其他条件归还贷款的风险，就是商业信用风险。

3. 预付款信用风险。用于付款或定金方式取得某种货物、技术或劳务服务就是预付款信用。支付了预付款或定金而不能以约定条件取得该货物、技术或劳务服务的风险是预付款信用风险。

4. 保证信用风险。由于债务人不能按期履行合同规定的义务，向债权人交付约定货物、技术或劳务，使保证人不得不承担这种履约义务的风险。

5. 诚实信用风险。雇主向雇员支付薪金、工资或其他形式的报酬，而雇员不能依合同规定提供服务、履行义务的风险。

三、信用保证保险的特征

与一般的财产保险相比，信用保证保险具有如下几个方面的特征：

（一）信用保证保险承保的是信用风险

信用保证保险补偿因信用风险给权利人造成的经济损失，而一般的财产保险承保物质风险，补偿由于自然灾害和意外事故造成保险标的的经济损失。因而无论权利人还是义务人要求投保，保险人事先都必须对被保证人的资信情况进行严格审查，认为确有把握才能承保，如同银行对贷款申请人的资信必须严格审查后才能贷款一样。

（二）信用保证保险涉及三方的利益关系

在信用保险与保证保险中，实际上涉及三方的利益关系，即保险人（保证人）、权利人和义务人（被保证人）。当保险合同约定的保险事故发生致使权利人遭受损失，只有在义务人（被保证人）不能补偿损失时，才由保险人代其向权利人赔偿，从而表明这只是对权利人经济利益的担保。而在一般财产保险中，只涉及保险人和被保险人的利益关系，而且因约定保险事故发生所造成的损失，无论被保险人有无补偿能力，保险公司都需予以赔偿。

（三）信用保证保险不是盈利性质保险

从理论上讲，保险人经营信用保证业务只是收取担保服务费而无盈利可言，因为信用保险与保证保险均由直接责任者承担责任，保险人不是从抵押财物中得到补偿，就是行使追偿权追回赔款。其保险费精算基础也不相同，一般的财产保险的费率主要涉及自然风险因素，相对容易一些，而信用保证保险的费率主要涉及的是政治、经济和个人品德因素，所以费率计算相对困难一些。

四、信用保险与保证保险的区别

虽然信用保险与保证保险都是以信用风险作为保险标的，都是保险人对被保证人的作为或不作为致使权利人遭受损失负赔偿责任的保险，但信用保险和保证保险二者之间也是有区别的，这些区别主要表现在以下方面。

（一）投保人（担保请求人）不相同

信用保险是保险人根据权利人的请求担保义务人（被保证人）信用的保险；保证保

险是义务人（被保证人）自己根据权利人的要求，请求保险人向权利人担保义务人自己信用的保险，即前者由权利人投保，后者由义务人（被保证人）投保。

（二）保险合同表现形式不同

信用保险是填写保险单来承保的，其保险单同其他财产险保险单并无大的差别，同样规定责任范围、责任免除、保险金额（责任限额）、保险费、损失赔偿、被保险人的权利义务等条款；而保证保险是出立保证书来承保的，该保证书同财产险保险单有着本质区别，其内容通常很简单，只规定担保事宜。

（三）保险关系的参与人不同

信用保险的被保险人（也是投保人）是权利人，承保的是被保证人（义务人）的信用风险，除保险人外，保险合同中只涉及权利人和义务人两方；保证保险是义务人应权利人的要求投保自己的信用风险，义务人是被保证人，由保险公司出立保证书担保，保险公司实际上是保证人，保险公司为了减少风险往往要求义务人提供反担保（即由其他人或单位向保险公司保证义务人履行义务），这样，除保险公司外，保证保险合同中还涉及义务人、反担保人和权利人三方。

（四）承保风险的大小不同

在信用保险中，被保险人缴纳保费是为了把可能因义务人不履行义务而使自己受到损失的风险转嫁给保险人，保险人承担着实实在在的风险，必须把保费的大部分或全部用于赔款（甚至亏损），保险人赔偿后虽然可以向责任方追偿，但成功率很低，就是说信用保险的承保风险比较大，所以，大部分开办出口信用保险的国家都把它列为政策性保险，往往由政府设立专门的政策性保险公司经营，或由政府资助商业保险公司经营；在保证保险中，义务人缴纳的保费是为了获得向权利人保证履行义务的凭证。保险人出立的保证书，履约的全部义务还是由义务人自己承担，并没有发生风险转移，保险人收取的保费只是凭其信用资格而得到的一种担保费，风险仍由义务人承担，在义务人没有能力承担的情况下才由保险人代为履行义务，其后再通过反担保措施要回代为承担的赔偿款。因此，经营保证保险对保险人来说，风险相对比较小。

教学活动2　区分不同的信用保证保险险种

【活动目标】

通过本部分的教学活动，使学生熟练掌握不同的信用保险险种，特别是出口信用保险，理解其真正含义，了解各自承保理赔的特性，并可以在保险实务中加以正确应用。

【知识准备】

从信用保险的业务内容来看，一般可分为国内信用保险、出口信用保险和海外投资保险三大类，而每一类又可以分为若干具体险种，其中较为重要的是出口信用保险。保证保险属于一项担保业务，主要包括三个险别，即诚实保证保险、合同保证保险和产品保证保险。

一、出口信用保险

（一）出口信用保险的概念

出口信用保险是以出口贸易中的外国买方信用风险为保险标的，承保出口商因买方的商业原因或买方所在国的政治原因使贸易合同不能履行而遭受经济损失风险的一种信用保险。一般情况下，出口信用保险是国家为了促进本国的出口贸易，保障出口企业的收汇安全而开办的一项由国家财政提供保险准备金的非营利性的政策性保险业务。

📖 【拓展阅读】

出口信用保险的发展

出口信用保险诞生于19世纪末的欧洲，最早在英国和德国等地萌芽。1919年，英国建立了出口信用制度，成立了第一家官方支持的出口信贷担保机构——英国出口信用担保局（Export Credit Guarantee Department，ECGD）。紧随其后，比利时于1921年成立出口信用保险局（ONDD），荷兰政府于1925建立国家出口信用担保机制，挪威政府于1929年建立出口信用担保公司，西班牙、瑞典、美国、加拿大和法国分别于1929年、1933年、1934年、1944年和1946年相继建立了以政府为背景的出口信用保险和担保机构，专门从事对本国的出口和海外投资的政策支持。

纵观近百年世界经济的发展，全球贸易的发展速度要远高于世界经济的增长。世界出口贸易的快速增长，归结于出口贸易在改变一国国际收支、增加国内就业、刺激经济发展中一直发挥着不可替代的重要作用。因此，世界各国政府自第二次世界大战后普遍把扩大出口和资本输出作为本国经济发展的主要战略，而作为支持出口和海外投资的出口信用保险也一直受到官方的支持，将其作为国家政策性金融工具大力扶持。1950年，日本政府专门制定了《输出保险法》，同时，在通产省设立了贸易保险课，其职能就是经营出口信用保险业务，支持日本的出口和资本输出。

60年代以后，随着经济的发展和世界贸易的增长，众多发展中国家纷纷建立了自己的出口信用保险机构。例如，韩国也成立了政府支持的"出口信用保险公社"。目前，出口信用保险已成为世界大多数国家支持出口的一个重要手段，出口信用保险金额已占世界贸易总量的10%以上。如目前日本、法国、韩国出口信用保险支持的出口额占出口总额的比重已分别高达39%、21%和13.2%。

世界金融市场在全球化的进程中不断完善，金融手段和产品花样繁多，金融服务业在国际经济活动中的角色从传统的"跟随服务"，转向推动服务，乃至全过程服务，进一步推动了跨国间的贸易和投资的快速发展。出口信用保险作为金融服务的一个重要组成部分，在维护全球正常经济活动、保障参与国际经济的本国企业的正当权益和利益中起着至关重要的作用。

（二）出口信用保险的特点

1. 不以营利为经营的主要目标。各国开办出口信用保险业务的目的都是为了保护本国出口商的利益，为出口商扩大出口提供安全保障。但是不以营利为主要目标，并不是意味着出口信用保险机构可以不讲究经济效果，相反，出口信用活动中的高风险要求出口信用保险机构严格控制风险，加强管理，力求以最小的成本换取最大的收益。

2. 风险相对较高、控制难度较大。由于出口商所在国与卖方所在国分属不同的国家，彼此在政治、经济、外交、法律以及经营作风、贸易习俗等方面差距较大，由此造成买方违约的原因非常复杂。正因为如此，出口信用风险不仅出现的概率大，而且很难控制。

3. 政府政策扶持的力度较大。由以上两个特点所决定，出口信用保险是由政府支持和参与的一项政策性很强的险种。政府对出口信用保险的支持和参与主要表现在以下几个方面：①财政上支持；②颁布专门的法律法规规范经营和管理；③参与重大经营决策；④提供各项优惠政策，包括税收优惠、资金运作优惠等。

（三）出口信用保险的分类

1. 按卖方向买方提供信用期限长短的不同，出口信用保险分为短期出口信用保险和中长期出口信用保险。短期出口信用保险是指支付货款信用期不超过 180 天的出口信用保险，一般适用于大批量、重复性出口的初级产品和消费性工业制成品。短期出口信用保险是国际上出口信用保险使用最广、承保量最大的一个险种。中长期出口信用保险是指承保在 1 年以上的出口信用保险。

2. 按保险责任的起讫时间不同，出口信用保险可以分为出运前信用保险和出运后信用保险。

3. 按贸易活动中使用银行融资方式不同，出口信用保险可分为买方出口信贷保险和卖方出口信贷保险。

4. 根据承保方式的不同，出口信用保险可以分为综合保单出口信用保险、特别保单出口信用保险和选择保单出口信用保险。

5. 根据保障风险的不同，出口信用保险可以分为只保商业风险的出口信用保险，只保政治风险的出口信用保险，既保商业风险又保政治风险的出口信用保险，以及汇率风险出口信用保险。

6. 根据出口合同标的的不同，信用保险可以分为服务保单出口信用保险、银行担保出口信用保险、保函支持出口信用保险、贸易展览会出口信用保险。

（四）保险责任和除外责任

1. 保险责任。出口信用保险的保险责任主要包括商业风险和政治风险两大类。

（1）商业风险。商业风险是指买方付款信用方面的风险，又称买方风险。它包括：买方破产或实际已资不抵债而无力偿还货款；买方逾期不付款；买方违约拒收货物并拒绝付款，致使货物被运回、降价转卖或放弃。其中，买方逾期不付款是指买方在放账期满时仍不支付货款，经买方要求，被保险人同意，买方在付汇期限上可增加付汇展延期，展延期仍属放账期的范围；买方拒收货物与拒付货款行为并非因被保险人的过错所致，而是因为购买方丧失信用或有其他不道德意图而拒收。例如，货物运抵目的地后，买方国家市场情况变化，货已不再适销，买方担心货物滞销而违约拒收。如果是由于被保险人不及时交货或货物数量、技术规格不符合合同规定而引起买方拒收、拒付，则属于被保险人未履行合同行为，不属于出口信用保险的责任范围。

（2）政治风险。政治风险是指与被保险人进行贸易的买方所在国或第三国发生政治、经济状况的变化而导致买卖双方都无法控制的收汇风险，又称国家风险。它包括：买方所在国实行外汇管制，禁止或限制汇兑；买方所在国实行进口管制，禁止贸易；买方的进口许可证被撤销；买方所在国或货物经过的第三国颁布延期付款令；买方所在国发生战争、动乱、骚乱、暴动等；买方所在国或任何有关第三国发生非常事件。

2. 除外责任。在出口信用保险中，保险人不负赔偿责任的项目通常有：①被保险人违约或违法导致买方拒付货款所致的损失；②汇率变动的损失；③在货物交付时，已经或通常能够由货物运输保险或其他保险承保的损失；④发货前，买方未能获得进口许可证或其他有关的许可而导致不能收货付款的损失；⑤买方违约在先的情况下被保险人坚持发货所致的损失；⑥买卖合同规定的付款币制违反国家外汇规定的损失。

（五）保险责任限额的确定

由于出口信用保险承担的风险大、范围广，保险责任限额也与其他险种不同。一般而言，出口信用保险单规定如下三种限额：

1. 保单的最高赔偿限额。短期出口信用保险的保单以1年为限，保单的最高赔偿限额是指保险人对被保险人在保单订立的12个月内所累计承担的总赔偿限额。保险人在承保业务之前，要求被保险人填写投保单，出口商将其前12个月的出口累计金额通知保险人，保险人综合出口企业的经营情况、产品销售情况、出运目的地的分布情况以及出口金额的大小，制定出保单的最高赔偿限额。

2. 买方信用限额。买方信用限额是指保险单对被保险人向某特定买方出口货物所承担的最高赔偿限额。保险人和被保险人对与被保险人进行贸易的每一买家有一个"买方信用限额申请/审批"的过程。保险人要求被保险人就保单范围内的买家逐一申请其适用的信用放账额度，其额度经保险人批准后可循环使用。被保险人在申请买方信用限额时，需向保险人提供买方有关的信用资料，以供保险人确定一个适当的买方限额。买方信用限额一旦确立，保险人将在规定限额内负赔偿责任。若出口商超限额出口，则由其自行承担超出限额部分的损失。

3. 保险人自行掌握的信用限额。在实际工作中，对于有丰富经验并拥有广大市场的被保险人，保险人无须对其每一买者的资信进行仔细调查，而是在一定范围内给予其灵活处理日常业务的权利。此类业务，对每一保单通常都会规定一个小数额作为被保险人自行掌握的信用限额，以鼓励出口商同买方进行更多的交易，而无须事先征得保险人同意，若发生损失，则出口商可在此信用限额内向保险人索赔。

（六）保险费率的厘定

出口信用保险的费率，因可能发生的收汇风险程度不同而有所不同，制定费率时一般应考虑下列因素：买方所在国的政治、经济及外汇收支状况；出口商的资信、经营规模和出口贸易的历史记录；出口商以往的赔付记录；贸易合同规定的付款条件；投保的出口贸易额大小及货物的种类；国际市场的经济发展趋势。

对短期出口信用的保险费率，则通常应考虑买方所在国或地区所属类别、付款方式、信用期限。一般而言，出口信用保险机构通常将世界各国或地区按其经济情况、外汇储备情况及外汇政策、政治形势的不同划分成五类。第一类国家或地区的经济形势、国际支付能力、政治形势均较好，因而收汇风险小；第二类国家或地区则次之；依此类推，到第五类国家或地区的收汇风险则非常明显，大部分保险人不承保此类国家或地区出口信用保险业务。对第一类别到第四类别国家或地区的出口，因其风险大小不同，支付方式不同，即付款交单和承兑交单及信用证方式付款所带来的收汇风险各不相同，因而收取保险费的费率也不相同。放账期长的费率高，放账期短的费率低。保险费计算公式为

$$保险费 = 发票总额 \times 费率表决定的费率 \times 调整系数$$

上述公式中，调整系数的大小是根据出口方经营管理情况的好坏和对该出口方赔付率的高低决定的。

（七）承保要求的规定

1. 出口公司在投保短期出口信用保险前，需向保险公司提供一份反映其出口及收汇情况和投保要求的申请书，保险机构根据其提供的资料及通过调查掌握的情况，决定是否承保。中长期保险则应对每一出口合同进行严格的审查。

2. 短期出口信用保险一般实行全部投保的原则，即出口企业必须将所有以商业信用方式的出口按其销售额全部投保，不能只选择风险大的国家和买方投保。这项原则对保险公司分散风险和保持业务经营的稳定性至关重要。

3. 责任限额是出口信用保单中的一项重要规定。一般的保单中都规定两种限额：一是对买方的信用限额，即对每一买方所造成卖方的损失，保险人所承担的最高赔偿限额；二是对出口方保单的累计责任限额，即保险人对被保险人（出口方）在每 12 个月内保单累计的最高赔偿限额。买方信用限额应由出口方根据不同买方的资信情况及买方在一定时期内预计以信用方式成交的金额，逐个向保险人提出申请，经保险人审查批准后生效。出口方要想获得信用保险的充分保险保障，并扩大出口，对每一个买方都应申请信用限额，这样，保单的累计最高赔偿限额必然增加。

（八）赔偿处理注意事项

1. 索赔手续。当发生保险责任范围内的损失时，被保险人应立即通知保险公司，并采取一切措施减少损失。被保险人索赔时应填写索赔申请书，并提供出口贸易合同、发票、银行证明和其他必要的单证。对被保险人的索赔，除了买方破产或无力偿付贷款原因外，对其他原因引起的损失，在等待期满后再定损核赔。被保险人获得赔偿后，仍应协助保险公司向债务人追偿欠款。

2. 最高赔偿限额与免赔额。为了控制风险责任，保险人承保信用保险时，通常规定每一保单的最高赔偿限额和免赔额。短期出口信用保险项下发生的定损核赔金额可能会受最高赔偿限额与免赔额的影响而发生变化，许多出口信用保险公司，如英国的出口信用担保局签发的出口信用保险单，都对此有详细规定。它们常在其保单上为被保险人规定一个绝对免赔额。若被保险人的一笔出口损失金额不超过此规定的数额，则保险人可免予赔偿。赔偿时按每笔损失扣除该免赔额。同时，当全部损失赔偿累计数超过保险单规定的最高责任限额时，保险公司对超出部分也不承担赔偿责任。

3. 出口信用保险赔偿等待期。由于出口信用保险所承保的范围不一，因而确定标的是否实际损失的时间也各异。除条款规定买方被宣告破产或丧失偿付能力后，或因买方拒收货物所致损失、货物处理完即可定损核赔外，对其他原因引起的标的损失，保险人还要视不同情况规定有一段"观察期"，待观察期满，保险人才予以定损核赔。这一观察期在出口信用险中称为赔偿等待期，即自保险事故发生到保险人赔付的时间。该赔偿等待期由保险双方依照惯例确定，从 1 个月到 6 个月不等。

4. 损失控制。出口信用保险人在接到损失可能发生的报告后，应立即要求并配合被保险人采取措施避免或减少损失；同时，对于已经支付赔款的案件，应及时采取追偿措施。因此商业性的保险公司或民间保险公司较少经营出口信用保险业务。

【知识链接】
中国出口信用保险公司

中国出口信用保险公司，简称中国信保，是我国唯一承办政策性信用保险业务的金融机构，2001 年 12 月 18 日成立，资本来源为出口信用保险风险基金，由国家财政预算安排。目前，中国信保已形成由 14 个分公司、8 个营业管理部和 22 个办事处组成的覆盖全国的服务网络，并在英国伦敦设有代表处。

中国信保的主要任务是积极配合国家外交、外贸、产业、财政和金融等政策，通过政策性出口信用保险手段，支持货物、技术和服务等出口，特别是高科技、附加值大的机电产品等资本性货物出口，支持中国企业向海外投资，为企业开拓海外市场提供收汇风险保障，并在出口融资、信息咨询和应收账款管理等方面为企业提供快捷、便利的服务。

二、国内信用保险

（一）国内信用保险的含义

国内信用保险，亦称商业信用保险，它是指在商业活动中，一方当事人为了避免另一方当事人的信用风险，而作为权利人要求保险人将另一方当事人作为被保证人，并承担由于被保证人的信用风险而使权利人遭受商业利益损失的保险。

国内信用保险承保的标的是被保证人的商业信用，这种商业信用的实际内容通过列明的方式在保险合同中予以明确，其保险金额根据当事人之间的商业合同的标的价值来确定。如果被保证人发生保险事故，保险人首先向权利人履行赔偿责任，同时自动取得向被保证人进行代位求偿的权利。由于商业信用涉及各种形式的商业活动，商业信用保险也必须针对各种不同的商业活动的需要进行设计，从而开发出为各种商业信用提供保险保障的商业保险业务。

国内信用保险一般承保批发业务，不承保零售业务；承保 3～6 个月的短期商业信用风险，不承保长期商业信用风险。其险种主要有：赊销信用保险、贷款信用保险和个人贷款信用保险。

（二）国内信用保险的主要种类

1. 赊销信用保险。赊销信用保险是为国内商业贸易的延期付款或分期付款行为提供信用担保的一种信用保险业务。在这种业务中，投保人是制造商或供应商，保险人承保的是买方（义务人）的信用风险，目的在于保证被保险人（权利人）能按期收回赊销货款，保障商业贸易的顺利进行。从国外的实践来看，赊销信用保险适用于一些以分期付款方式销售的耐用商品，如汽车、船舶、住宅及大批量商品等，这类商业贸易往往金额较大，一旦买方无力偿付分期支付的货款，就会造成制造商或供应商的经济损失。因此，需要保险人提供买方信用风险保险服务。赊销信用保险的特点是赊账期往往较长，风险比较分散，承保业务手续也比较复杂，保险人必须在仔细考察买方资信情况的条件下才能决定是否承保。在我国，中国平安保险公司率先于 1995 年开办了这种业务。随着商业体制的改革和商业结算制度的进一步完善，这种信用保险将会得到较快的发展。

2. 贷款信用保险。贷款信用保险是保险人对银行或其他金融机构与企业之间的借贷合同进行担保，担保其信用风险的保险。在市场经济的条件下，贷款风险是客观存在的，究其原因，既有企业经营管理不善或决策失误的因素，又有自然灾害和意外事故的冲击等。这些因素都可能造成贷款不能安全回流，对此必然要建立起相应的贷款信用保险制度来予以保证。在国外，贷款信用保险是比较常见的信用保险业务，它是银行转嫁贷款中的信用风险的必要手段。在我国，一些保险公司正在拟定贷款信用保险条款，准备开拓贷款信用保险市场。

贷款信用保险中，放款方既是投保人又是被保险人。放款方投保贷款信用保险后，当借款人无力归还贷款时，可以从保险人那里获得补偿。贷款信用保险是保证银行信贷资金正常周转的重要手段之一。

贷款信用保险的保险责任一般应包括决策失误、政府部门干预、市场竞争等风险，通常只要不是投保人（或被保险人）的故意行为和违法犯罪行为所致的贷款无法收回，保险人就承担赔偿责任。贷款信用保险的保险金额确定，应以银行贷出的款项为依据。贷款信用保险的保险费率厘定应与银行利率相联系，并着重考虑下列四个因素：企业的资信情况、企业的经营管理水平与市场竞争力、贷款项目的期限和用途以及所属经济区域。

3. 个人贷款信用保险。个人贷款信用保险是指以金融机构对自然人进行贷款时，由于债务人不履行贷款合同致使金融机构遭受经济损失而成为保险对象的信用保险。它是国外保险人面向个人承保的较特别的业务。由于个人的情况千差万别，且居住分散、风险不一，保险人要开办这种业务，必须对贷款人贷款的用途、经营情况、日常信誉、私有财产物资等作全面的调查了解，必要时还要求贷款人提供反担保，否则，不能轻率承保。

随着社会经济的发展和商业信用制度的改革深化，我国国内信用保险市场潜力巨大，保险公司应尽早研究，争取早日开拓这一新的保险业务领域。

三、海外投资保险

（一）海外投资保险的概念

海外投资保险，又称政治风险保险，它是承保被保险人因投资引进国政治局势动荡或政府法令变动所引起的投资损失的保险，其承保对象一般是海外投资者。所谓政治风险是指东道国政府没收或征用外国投资者财产、实行外汇管制、撤销进出口许可证、内战、绑架等风险。开办投资保险业务的主要目的是为了鼓励资本输出。海外投资保险承担的是特殊的政治风险，责任重大，因此，通常由政府设立的保险机构办理，商业性的保险公司或民间保险公司很少经营此种业务。

（二）保险责任和除外责任

1. 保险责任。海外投资保险的保险责任主要包括以下三种：

（1）战争风险。又称战争、革命、暴乱风险，包括战争、类似战争行为、叛乱、罢工及暴动所造成的有形财产的直接损失的风险，现金、证券等不属于保险财产。

（2）征用风险。又称国有化风险，是投资者在国外的投资资产被东道国政府有关部门征用或没收的风险。《日本输出保险法》将其称为"被夺取"风险，即剥夺投资者所有权的风险。美国的《海外私人投资公司保险手册》明确表明，由投资项目所在国政府所"授权、许可或纵容"的任何行动，若对美国海外企业的财产和经营产生了特定的影响，或者对投资者的各种权利和经济利益产生了特定的影响，就被认为是"征用行动"。

（3）汇兑风险。即外汇风险，是投资者因东道国的突发事件而导致其在投资国与投资国有关的款项无法兑换货币转移的风险。我国投资保险承保的这一风险是"由于政府有关部门汇兑限制，使被保险人不能按投资契约规定将应属被保险人所有并可汇出的汇款汇出"，因此引起投资者的损失，由保险公司负责赔偿。

2. 除外责任。我国海外投资保险条款规定对下列风险造成的损失，保险人不予赔偿：①由于原子弹、氢弹等核武器造成的损失；②被保险人投资项目受损后造成被保险人的一切商业损失；③被保险人及其代表违背或不履行投资合同或故意违法行为导致政府有关部门征用或没收造成的损失；④被保险人没有按照政府有关部门所规定的汇款期限汇出汇款所造成的损失；⑤投资合同范围之外的任何其他财产的征用、没收所造成的损失。

（三）保险期限

海外投资保险的保险期限有短期和长期两种。短期为1年；长期的最短为3年，最长为15年。对长期的投资保险来讲，在一般情况下，投保3年以后，被保险人有权要求注销保单，但如未到3年提前注销保单，被保险人须交足3年的保险费。保单到期后可以续保，但条件仍需要双方另行商议。保险人不能中途修正保险合同，除非被保险人违约。

（四）保险金额与保险费

海外投资保险的保险金额以被保险人在海外的投资金额为依据确定，一般是投资金额与双方约定比例的乘积，例如，保险金额规定为投资金额的90%。但长期和短期投资项目有所不同。投资保险费率的确定，通常要考虑保险期间的长短、投资接受国的政治形势、投资者的能力、工程项目以及地区条件等因素。该费率一般分为长期费率和短期费率，我国投资保险的短期年费率规定为8‰，其年度基础费率曾规定为6‰。投资保险的保险费通常在当年开始时预收，每年结算一次。

（五）赔偿处理

1. 期限规定。由于各种政治风险造成的投资损失有可能在不久后通过不同途径予以挽救，损失发生与否需经过一段时间才能确定。因此，海外投资保险通常有赔偿期限的规定：战争、类似战争行为、叛乱、罢工及暴动造成投资项目的损失，在提出财产损失证明后或被保险人投资项目终止6个月后赔偿；政府有关部门的征用或没收引起的投资损失，在征用、没收发生满6个月后赔偿；政府有关部门汇兑限制造成的投资损失，自被保险人提出申请汇款3个月后赔偿。

2. 金额规定。海外投资保险在赔偿金额方面通常都会规定：当被保险人在保单所列投资合同项下的投资发生保险责任范围内的损失时，保险人根据损失金额按投资金额与保险金额的比例赔付；被保险人所受损失若将来追回，应由被保险人和保险人按各自承担损失的比例分享。

四、诚实保证保险

（一）诚实保证保险的概念

忠诚保证保险又称为诚实保证保险、雇员忠诚保险。它是指因被保证人（雇员）的不诚实行为，如盗窃、贪污、侵占、非法挪用、故意误用、伪造、欺骗等，而使权利人（雇主）遭受经济损失时由保险人（保证人）承担经济赔偿责任的一种保证保险。在诚实保证保险中，雇主为权利人，雇员为被保证人，以雇员对雇主的诚实信用为保险标的，投保人可以是被保证人（雇员），也可以是权利人（雇主），在实务中一般是雇主投保。

（二）诚实保证保险的种类

诚实保证保险按照其承保方式的不同可以具体分为指名保证保险、职位保证保险和总括保证保险。

1. 指名保证保险。指名保证保险是以特定的雇员为被保证人，在雇主遭受被保证人的不诚实而造成的损失时，由保证人承担赔偿责任的保险。指名保证保险常分为个人保证保险和表定保证保险两种：①个人保证保险是指以某一个特定的雇员为被保证人，当该保证人单独或与他人合谋造成雇主损失时，由保证人承担赔偿责任的保险；②表定保证保险是指同一保证合同中承保两个以上的雇员，每个人都有自己的保证金额的保证保险，实际上该种保证保险只是将若干个个人保证合同合并为一个保证合同而已，该种保证保险可随机增减，只是必须在规定的表内列出被保证人的姓名及其各自的保证金额。

2. 职位保证保险。职位保证保险是在保证合同中不列举各被保证人的姓名及保险金额，只列举各级职位名称、保证金额及每一职位人数的保证保险。职位保证保险分为两种：①职位保证保险，它是指同一保证合同承保某一职位的若干被保证人，任何人担任此一职位，保险合同均有效，该险种适用于员工流动性较大的单位。担任同一职位的每一位被保证人，都按保单规定的保证金额投保。这种保证保险，任何职位都可以投保，但若同一职位中有一个人获得投保，则其余人员也必须投保。②职位表定保证保险，它是指同一保险合同中承保几个不同的职位，每一职位都规定有各自的保证金额，同单一职位保证基本相同。

3. 总括保证保险。总括保证保险是以雇主所有的正式雇员为保险对象的保险。其特点是：合同不载明每一雇员的姓名、职位名称及保证金额，只要确认损失系雇员的不诚实行为所致，无须证明由何人或何种职位所致损，便可由保险人负责赔偿。总括保证保险已成为诚实保证保险中最为流行的一种形式。总括保证保险又可分以下两种：①普通总括保证保险，它是指对单位全体雇员不指出姓名和职位的保证保险。只要认定损失是由雇员的不诚实行为所致，保证人均承担赔偿责任。②特别总括保证保险，它是指承保各种金融机构的雇员由于不诚实行为造成损失而由保险人承担赔偿责任的保险。各金融机构中的所有货币、有价证券、金银条块以及其他贵重物品，因其雇员的不诚实行为造成的损失，保险人均负赔偿责任。

（三）保险责任和除外责任

1. 保险责任。诚实保证保险的保险责任具体包括：①被保险人（雇主）的货币和有价证券损失；②被保险人拥有的财产损失；③被保险人有权拥有的财产或对其负责任的财产损失；④保单指定区域的可移动财产损失。

2. 除外责任。诚实保证保险的除外责任具体是指：①因雇主擅自减少雇员工资待遇或加重工作任务导致雇员不诚实行为所带来的损失；②雇主没有按照安全预防措施和尽职督促检查而造成的经济损失；③雇主及其代理人和雇员勾结而造成的损失；④超过了索赔期限仍未索赔的损失；⑤因核裂变、核聚变、核辐射等引起的损失；⑥由于武装力量、暴乱造成的损失；⑦因地震、火山爆发、风暴等自然灾害引起的损失。

（四）诚实保证保险的保险期限

诚实保证保险的保险期限一般为1年，期满可以续保，通常规定有发现期。有些损失往往在很长一段时间内不易被发现，而保险人又不能一直无限期地承担责任。因此，在诚实保证保险保单中通常有下列规定：发现期不是从损失发生时开始，而是从诚实保证保险合同终止时开始；任何不诚实行为必须是发生在雇员连续无中断的工作期间；任何不诚实行为引起的损失必须是在雇员被辞退、退休或死亡之后3个月内或忠诚保证保险合同期满3个月内发现。

根据上述规定，如果雇主与保险人签订了不间断总括诚实保证保险合同，在雇主能够证明自己的损失时，对离职期限在3个月内的雇员，即使在10年前给他造成的损失，也可获得保险人的赔偿。

（五）保险双方的权利和义务

诚实保证保险除具有一般保险合同规定的明示或默示权利和义务外，还有下列规定：

1. 接受审查单证的义务，即保险人有权审查雇主提供的索赔说明书、财务计算报告及其他单证，以避免上述资料的不真实而导致保险人的损失；

2. 通知义务，即雇主及其代理人在发现雇员有某种欺骗和不诚实行为，并可能造成钱财损失时，应随时通知保险人；

3. 变更雇佣条件的协商义务，即雇主变更条件或减少雇员报酬等情况，均应事先征得保险人同意；

4. 协助追偿的义务，即雇主除有责任向保险人提供有关情况外，还应积极协助保险人向犯有欺骗和不诚实行为造成钱物损失的雇员进行追偿，或者从雇主应付给上述雇员的报酬中扣回保险人在该保险单项下已经支付的赔款。

（六）诚实保证保险的赔偿处理

1. 雇主及其代理人在发现雇员有不诚实行为并造成钱财损失时，应及时通知保险人，并自发现之日起，应在 3 个月内提交完整的索赔单证。

2. 雇主对保险人只能提出一次索赔请求，保险保证金额不累计计算。例如，某雇员连续工作 5 年，事后发现他每年非法占有雇主钱财约 7 000 元，如果该雇员的保证金额是 10 000 元，则仅以 10 000 元为最高补偿金额。

3. 雇主向保险人索赔时，应协助保险人向有不诚实行为的雇员进行追偿。

4. 自发现雇员有不诚实行为之日起，若雇主还有应付给雇员的薪金或佣金或其他钱财时，应在保险赔偿金额中扣除。

5. 诚实保证保险可规定免赔额。保险人在处理赔偿时，应先扣除免赔额，然后对超出免赔额部分的损失负责赔偿。

五、合同保证保险

（一）合同保证保险的概念

合同保证保险是承保因被保证人不履行各种合同义务而造成权利人的经济损失的一种保险。它主要是适应投资人对建设工程要求承包人如期履约而开办的，最普遍的业务种类是建筑工程承包合同的保证保险。

（二）合同保证保险的分类

1. 建筑保证保险。承保因建设工程误期所致的各种损失。根据建设工程的不同阶段，它可分为以下四种：一是投标保证保险，承保工程所有人（权利人）因中标人不继续签订承包合同而遭受的损失；二是履约合同保证保险，承保工程所有人因承包人不能按时、按质、按量交付工程而遭受的建筑损失；三是预付款保证保险，承保工程所有人因承包人不能履行合同而受到的预付款的损失；四是维修保证保险，承保工程所有人因承包人不履行合同所规定的维修义务而受到的损失。一般而言，被保险人既可按阶段投保上述险种，也可投保综合性的建筑保证保险。

2. 完工保证保险。承保借款建筑人因未按期完工和到期不归还借款而造成有关权利人的损失。在投保完工保证保险的情况下，可由保险人负赔偿责任。

3. 供给保证保险。承保供给方因违反合同规定的供给义务而使需求方遭受损失时，由保险人承担赔偿责任。如制造厂商与某加工厂商订立合同，由制造厂商按期提供一定数量的半成品给加工厂商，一旦制造厂商违反供给义务而使加工厂商遭受损失，若投保了供给保证保险，则由保险人负赔偿责任。

（三）保险责任和除外责任

1. 保险责任。合同保证保险根据工程承包合同内容来确定保险责任。合同保证保承保被保证人因履约行为所造成的经济损失。违约是指被保证人因自己的过错致使其与权利人签订的合同不能履行或不能完全履行。被保证人因违约而依法承担的经济赔偿责任由保险人负责赔偿。

2. 除外责任。合同保证保险的除外责任主要有：第一，因人力不可抗拒的自然灾害造成的权利人的损失；第二，工程所有人提供的设备、材料不能如期运抵工地，延误工期而造成的损失。

（四）合同保证保险的承保规定

由于合同保证保险的风险较大，保险人在承保该类保险业务时，一般要求具备下列条件：

1. 投资项目已经核实，工程施工力量、设备材料等已落实；

2. 严格审查承包人的信誉、经营承包能力和财务状况，并要求提供投保工程的合同副本、往来银行名称及账号等情况资料；

3. 要求承包工程的人提供反担保或签订"偿还协议书"；

4. 工程项目本身已投了工程保险。

在承保前，保险人应对工程各方面情况进行调查研究，在可靠的前提下才能承保。在工程施工期间，保险人一般要经常了解工程进度及存在的问题，并在可能的情况下提出建议，督促有关当事人采取措施，确保工程如期完工。

（五）合同保证保险的赔偿处理

在合同保证保险中，保险人的赔偿责任仅以工程合同规定的承包人对工程所有人承担的经济责任为限，如果承包合同中规定了承包人若不能按期保质完工就要向工程所有人支付罚款，那么保险人的赔偿金额就以该罚款数额为限。

六、产品保证保险

（一）产品保证保险的概念

产品保证保险又称为产品质量保证保险，它是指因被保险人制造或销售丧失或不能达到合同规定效能的产品给使用者造成经济损失时，由保险人对有缺陷的产品本身以及由此引起的有关损失和费用承担赔偿责任的一种保证保险。

（二）保险责任和除外责任

1. 产品保证保险的保险责任如下：①使用者更换或修理有质量缺陷的产品所蒙受的损失和费用；②使用者因产品质量不符合使用标准而丧失使用价值的损失和由此引起的额外费用，如运输公司因汽车销售商提供的汽车质量不合格所引起的停业损失和为继续营业而临时租用他人汽车所支付的租金等；③被保险人根据法院的判决或有关政府当局的命令，收回、更换或修理已投放市场的存有缺陷的产品所承受的损失和费用。

2. 产品保证保险的除外责任具体包括：①产品购买者故意行为或过失引起的损失；②不按产品说明书安装、调试和使用引起的损失；③产品在运输途中因外来原因造成的损失或费用等。

（三）保险金额和保险费率

产品保证保险的保险金额一般按投保产品的购货发票金额或修理费用收据金额来确定，如产品的出厂价、批发价、零售价等都可以作为确定保险金额的依据。

确定产品保证保险的保险费率应考虑的因素有：产品制造者、销售者的技术水平和质量管理情况：产品的性能和用途；产品的数量和价格；产品的销售区域；保险人承保的该类产品以往的损失记录。对一些家用电器产品投保产品保证保险时，其保险费是按件（个、台）数收取的固定保险费。

（四）产品保证保险的赔偿处理

1. 对保险产品因内在质量缺陷，在使用过程中发生产品本身损坏时，保险人在保险单规定的保险金额内按实际损失赔付；

2. 对属于可修理范围内的产品，保险人按更换的零配件材料费和人工费予以赔偿，其中零配件按成本价计算，人工费按定额计算；

3. 由于产品质量风险不易估算和控制，保险人通常在保险合同中订有共保条款，要求被保险人共同承担损失，分担赔偿责任。

（五）产品保证保险与产品责任保险的区别

产品保证保险与产品责任保险都与产品有关，而且都与产品的质量有关，但却是两个不同的险种。二者的区别主要表现在：

1. 标的不同。产品责任保险的保险标的是产品在使用过程中因缺陷而造成用户、消费者或公众的人身伤害或财产损失时，依法应由产品制造商、销售商或修理商等承担的民事损害赔偿责任，简言之，产品责任保险的保险标的是产品责任。产品保证保险的保险标的是被保险人因提供的产品质量不合格，依法应承担的产品本身损失的经济赔偿责任，简言之，产品质量保证保险的保险标的是产品质量违约责任。

2. 性质不同。产品责任保险是保险人针对产品责任提供的替代责任方承担因产品事故造成对受害方经济赔偿责任的责任保险；产品保证保险是保险人针对产品质量违约责任提供的带有担保性质的保证保险。

3. 责任范围不同。产品责任保险承保的是因产品质量问题导致用户财产损失或人身伤亡依法应负的经济赔偿责任，产品本身的损失则不予赔偿；产品保证保险则承保投保人因其制造或销售的产品质量有缺陷而产生的对产品本身的赔偿责任，也就是承保因产品质量问题所应负责的修理、更换产品的赔偿责任。

由于产品保证保险和产品责任保险的赔偿责任是紧密联系在一起的，所以，我国现行的产品保证保险一般都与产品责任保险一起承保。

责任和信用保险综合实训

【实训目标】

通过本部分实训，使得学生能够在理论上掌握责任保险和信用保证保险的重点专有名词和基本理论，掌握责任保险和信用保证保险的几大基本险种，能够较好地处理公众责任保险和出口信用保险的承保理赔事项。

【实训任务】

一、重要名词

责任保险 公众责任保险 产品责任保险 雇主责任保险 职业责任保险 信用保证保险 信用保险 保证保险 出口信用保险 国内信用保险 海外投资保险 忠诚保证保险 合同保证保险 产品保证保险

二、思考讨论

1. 简述责任保险的含义及分类。
2. 简述信用保险与保证保险的异同。
3. 公众责任保险的概念、特点及业务种类有哪些?
4. 简述责任保险主要产品的承保范围。
5. 简述出口信用保险采用政策性保险运作的理由。
6. 简述保证保险的主要险种及内容。
7. 简述信用保险的主要特点及业务分类。
8. 试比较产品责任保险和产品保证保险的区别。

三、情景模拟

借款保证保险借款合同案例

【模拟场景】

2007 年 5 月 15 日,某银行与某保险公司、购车人王某三方签订"分期还款消费贷款履约保险合同"(以下简称保证保险合同),合同约定:某银行向购车人王某发放 14 万元汽车消费贷款(某银行与购车人王某签订借款合同),王某向某保险公司购买"分期还款履约保险、机动车辆保险"等险种,购车人(投保人)如不能依借款合同约定按期偿还贷款本息,保险公司承担连带还款责任。机动车辆消费贷款保险实行 10% 的绝对免赔率。保险金额为 174 000 元,保险费 4 360 元,保险费由王某一次足额缴纳。保险期限为自 2007 年 5 月 15 日零时起至 2009 年 11 月 15 日零时止。另约定某保险公司所承担的分期还款履约保险责任为不可撤销的连带责任。

合同签订后,某银行依约发放了贷款,王某于同日向某银行出具了借款凭证,向某保险公司缴纳了保险费。此后,王某依借款合同约定按期偿还贷款本息,但从 2008 年 2 月起未履行还本付息的义务,某保险公司亦未履行保险责任,截至 2009 年 3 月 31 日,王某尚欠本金 106 682. 42 元及利息 5 879. 32 元。2009 年 3 月 24 日,某银行诉至法院。

【实务操作】

经过分析具体确认如下事实:①王某违反借款合同的约定,除按合同约定偿还全部贷款外,还应支付合同期内利息及逾期利息;②保险合同的性质为保证保险,王某按期还本付息的义务即为该保险合同的标的,由于王某已连续 6 个月以上未履行还款义务,保证保险的保险事故发生,某保险公司应负相应的保险责任,应向某银行赔付王某所欠的所有未清偿贷款本息及逾期利息，又由于机动车辆消费贷款保险实行10%的绝对免赔率，故某保险公司对王某所欠贷款本息的90%承担赔偿责任。

对于该案件的正确处理：王某需一次性偿还某银行借款本金106 682.42元及利息5 879.32元；某保险公司对上述款项的90%承担连带清偿责任；该案件的诉讼费用2 476元，由王某和某保险公司共同负担。

出口信用保险讲究多

【模拟场景】

方先生是一家民营棉制品企业的老板。经过5年发展，方先生的企业逐渐打开海外市场，开始向外出口棉制品。2006年末，方先生与巴西一家小型外贸公司签订了出口合同，为其生产一批价值40万美元的棉袜。

2007年春节，袜子顺利生产完成。方先生担心一旦到了春节，货物出口会拖延，赶在春节前办理了货物出口手续。按照惯例，方先生享受了国家鼓励出口而提供的政策性险种出口信用险。投保了该险种后，方先生就放心给员工放假过年了。

由于与巴西的贸易公司此前已经有过几次成功的交易经历，方先生对该公司还是比较放心的。过年期间，由于私人事务比较繁忙，方先生打了几次电话询问对方货物收发情况和收款事宜，其间，对方以货物检验需要时间，以及资金需要周转等原因多次拖延付款时间。方先生虽然有所怀疑，但是，由于正处于中国的春节，也就没有多作纠缠。

没想到，春节过完，工厂恢复生产，突然传来了巴西方面没有办法付款的消息。方先生经过多方交涉未果，才知道，该贸易公司已经破产，无法支付货款。方先生想到了出口信用险，于是带着有关材料向保险公司提出了理赔申请。

然而，事情却没有想象中的顺利，尽管种种手续齐全，但是，经过保险公司的一番调查后，保险公司拒绝了方先生的理赔申请，理由是，巴西公司破产已经超过一个月，超过了理赔追溯期。

【实务操作】

目前，我国的保险公司规定，对于买方无力偿还债务造成的损失，不得晚于买方被宣告破产或丧失偿付能力后的1个月告知保险公司。对于其他原因引起的损失，不得晚于保单规定的赔款等待期满后2个月内提出索赔，否则保险公司视同出口商放弃权益，有权拒赔。

由于方先生对巴西的公司比较信任，没有想到该公司已经破产，再加之春节期间耽误了不少时间，造成了理赔时机的延误。实际上，规范的做法是，发现买方有信誉问题，在应付日后15日内未付，应及时向保险公司上报"可能损失通知书"，并采取一切可能措施减少损失。目前，不少中小企业害怕影响与进口商的关系，往往容易造成付款拖延。

除了理赔期，出口信用保险申请限额也是比较容易出问题的环节。合同一旦签订，企业应立即向保险公司申请限额。因为调查资信需要一段时间，包括内部周转时间、委托国外资信机构进行调查时间，有时长达1个月之久。在限额未审批之前，如果合同有变更，及时与保险公司联系。由于保险公司只承担批复的买方信用限额条件内的出口收汇风险，如果出口与保险公司批复的买方信用限额条件不一致，如出运日期早于限额生效日期、合同支付条件与限额支付条件不一致，保险公司将不承担赔偿责任。

作为像方先生一样的中小企业主，承担出口风险的能力是比较弱的，就更要求企业要提高自我保护意识。对于不熟悉的出口信用保险，可以请专业人士逐一对保险合同的签订到资料准备，再到理赔材料准备等进行把关，不要浪费国家为企业提供的这一保障措施。

【参考文献】

［1］郭颂平：《责任保险》，天津，南开大学出版社，2006。

［2］刘金章、刘连生、张晔：《责任保险》，成都，西南财经大学出版社，2007。

［3］刘金章：《财产与责任保险》，北京，清华大学出版社，2010。

［4］陈津生：《建设工程责任保险与案例评析》，北京，中国建筑工业出版社，2011。

［5］曾明：《财产保险及案例分析》，北京，清华大学出版社，2007。

教学项目八

再保险

ZAIBAOXIAN

【知识目标】

◇ 再保险的基本概念

◇ 再保险与原保险的联系与区别

◇ 再保险的职能和作用

◇ 再保险的分类

◇ 再保险分出业务经营

◇ 再保险分入业务经营

【能力目标】

◇ 能够准确描述再保险与原保险的联系与区别

◇ 能够识别再保险的不同分类

◇ 能够掌握再保险分出业务的操作流程

◇ 能够掌握再保险分入业务的操作流程

◇ 能够计算再保险分出、分入业务金额

【引导案例】

上海轨道交通 4 号线事故

【案情介绍】

2003 年 7 月 1 日凌晨 4 时许，上海轨道交通 4 号线——浦东南路至南浦大桥区间隧道，在用一种叫"冻结法"的工艺进行上、下行隧道的联络通道施工时，突然出现渗水，大量流沙涌入隧道，内外压力失衡导致隧道部分塌陷，地面也随之出现"漏斗形"沉降。经调查，由于施工方改变竖井与旁通道的开挖顺序、冷冻设备出现故障导致温度回升以及地下沉压水导致喷沙这三方面不利因素叠加，最终导致了事故的发生。事故引起隧道部分结构损坏及周边地区地面沉降，造成三栋建筑物严重倾斜，黄浦江防汛墙局部塌陷并引发管涌，是一起造成重大经济损失的工程责任事故。

上海轨道交通 4 号线项目由平保、人保、太保及大众 4 家保险公司共同承保建筑安装工程一切险及第三者责任险，保险金额高达人民币 56.46 亿元。经过历时三年多的调查与协商，保险人在此项目上最终赔付金额累计达到 17 亿元人民币，创造了国内工程险项目的最高赔款纪录。由于 4 家保险公司在国际再保险市场上分散了相关的风险，在国际再保险人的支持下，4 家保险公司各自的赔付比例不到 14%，稳定了各自的正常运营。

【本案分析】

这一案例表明：保险公司在经营风险业务的过程中，自身也会面临巨大的风险，尤其是一些特定领域内的巨额损失风险。再保险是一种极其有效的风险分散机制，它赋予了大数法则以更大的内涵，已经成为现代保险经营过程中必不可少的环节。

学习任务一
认识再保险

【学生任务】

◇ 要求学生课前预习相关内容，结合已经学过的原保险知识来理解再保险的相关内容，能够用自己的语言来描述再保险与原保险及相关概念的联系与区别。

◇ 要求学生扩大课外阅读，掌握再保险业务发展的前沿趋势，结合本部分内容，说明再保险业务存在的必要，根据自身理解，结合具体案例写出不少于 700 字的书面课后作业。

◇ 将学生随机分组，按小组选出若干份作业在课堂上进行点评，学生间相互评出每一份书面文章的优劣；学生对作业进一步修改后提交教师，以便教师进行评价。

【教师任务】

◇ 指导学生在相关专业网站上查找所需资料，如保险公司再保险业务经营管理方面的法律法规、我国保险监管部门对于保险公司再保险业务经营管理的具体要求与规定等，启发学生理解再保险业务存在的意义和作用。

◇ 提示学生完成书面文章作业所需要关注的主要知识点，如再保险的含义、作用，与相近的保险专业名词的区别与联系，保险法规的相关监管规定等。

◇ 指导学生分组，在小组内对学生进行不同的分工，对学生书面文章作业完成情况及时跟进，督促其按时完成。

◇ 对各小组进行的课堂点评适时指导，对于选出的作业予以及时、客观、公正的评价，准备回答学生可能提出的各种异议等。

教学活动1 掌握再保险的含义

【活动目标】

通过本部分的教学活动,熟练掌握再保险及其相关的专有名词,理解其真正含义,并可以在保险实务中加以正确应用。

【知识准备】

一、再保险的概念

再保险,也称为分保,是保险人在原保险合同的基础上通过签订分保合同,将所承保的部分风险和责任向其他保险人进行保险的行为。我国《保险法》第二十八条规定:"保险人将其承担的保险业务,以分保形式部分转移给其他保险人的,为再保险。"

保险人通过签订再保险合同,支付规定的分保费,将其承保的风险和责任的一部分转嫁给一家或多家保险或再保险公司,以分散风险责任,保证其业务经营的稳定性。分保接受人按照再保险合同的规定,对保险人的原保单下的赔付承担补偿责任。再保险的责任额度按接受人对于每一具体的危险单位、每一次事故或每一年度所承担的责任在再保险合同中分别加以规定。

在再保险交易中,将业务风险责任通过分保转移出去的保险公司称为原保险人或分出公司,接受他方业务风险责任的公司称为再保险人或分保接受人或分入公司。和直接保险转嫁风险一样,再保险转嫁风险责任也要支付一定的保费,这种保费叫做分保费或再保险费;同时,由于分出公司在招揽业务过程中支出了一定的费用;分出公司需要向分入公司收取一部分费用加以补偿,这种由分入公司支付给分出公司的费用报酬称为分保佣金或分保手续费。如果分保接受人又将其接受的业务再分给其他保险人,这种业务活动称为转分保或再再保险,双方分别称为转分保分出人和转分保接受人。

当被保险人发生保险责任范围内的灾害损失或人身事故时,原保险人按保险合同约定负责赔偿被保险人的损失或给付保险金,再保险人按承担责任份额分摊赔款,此即所谓的责任共担。在有些情况下,当再保险人获得盈利的时候,按合同规定应该从中提取一定比例的盈余佣金作为支付给原保险人的报酬或奖励,这种盈余佣金又称为利润手续费。因为分保业务的盈利是与分出公司的业务选择及经营分不开的,分出公司理应得到一定的报酬,分入公司也甘愿支付这种报酬,此即所谓的盈利共享。再保险业务可以在本国保险公司之间进行,也可以在国际上的保险公司之间进行。对于一些较大的保险项目,当其超过国内保险市场承受能力时,通常要超越国界在世界范围内进行分保,因此,再保险往往被称为国际再保险。

二、再保险的相关概念

在再保险业务中,分保双方责任的分配与分担是通过确定的自留额和分保额(自留责任和分保责任)来体现的,而自留额和分保额都是按危险单位来确定的。

(一) 危险单位

危险单位是指保险标的发生一次灾害事故可能造成的最大损失范围。危险单位的划分是再保险实务中很重要的一个问题。

危险单位的划分既重要又复杂，应根据不同的险别和保险标的来决定。危险单位的划分关键是要和每次事故最大可能损失范围的估计联系起来考虑，而并不一定和保单份数相等同。危险单位的划分并不是一成不变的。危险单位的划分有时需要专业知识。通常再保险合同规定，如何划分危险单位由分出公司决定。

（二）自留额和分保额

对于每一危险单位或一系列危险单位的保险责任，分保双方通过合同按照一定的计算基础对其进行分配。分出公司根据自身偿付能力所确定承担的责任限额称为自留额或自负责任额；经过分保，由接受公司所承担的责任限额称为分保额或分保责任额，对于接受公司而言，这个责任额为接受额。

自留额与分保额可以以保额为基础进行计算。计算基础不同，决定了再保险的方式不同。以保险金额为计算基础的分保方式属于比例再保险，以赔款金额为计算基础的分保方式属于非比例再保险。自留额与分保额可以用百分率表示，如自留额与分保额分别占保险金额的 30% 和 70%；或者用绝对数表示，如超过 100 万元以后的 200 万元。

为了确保保险企业的财务稳定性及其偿付能力，许多国家通过立法将再保险安排，特别是巨灾风险的处理、危险单位的划分、自留额的大小等列为国家管理保险业的重要内容。我国《保险法》第一百零三条规定："保险公司对每一危险单位，即对一次保险事故可能造成的最大损失范围所承担的责任，不得超过其实有资本金加公积金总和的百分之十，超过的部分应当办理再保险。"第一百零四条规定："保险公司对危险单位的划分方法和巨灾风险安排方案，应当报国务院保险监督管理机构备案。"第一百零五条规定："保险公司应当按照国务院保险监督管理机构的规定办理再保险，并审慎选择再保险接受人。"

三、再保险与原保险的关系

（一）再保险与原保险的联系

再保险的基础是原保险，再保险的产生正是基于原保险人经营中分散风险的需要。因此，原保险和再保险是相辅相成的，它们都是对风险的承担与分散。保险是投保人以支付保险费为代价将风险责任转嫁给保险人，实质是在全体被保险人之间分散风险、互助共济；再保险是原保险人以交付分保费为代价将风险责任转嫁给再保险人，在它们之间进一步分散风险、分担责任。因此，再保险是保险的进一步延续，也是保险业务的重要组成部分。

（二）再保险与原保险的区别

再保险虽然是原保险的延续，但并不是原保险的组成部分，再保险合同也不是原保险合同的从合同。再保险与原保险的具体区别如下：

1. 参与主体不同。原保险的参与主体一方是保险公司，另一方是投保人与被保险人；而再保险的参与主体双方均为保险公司。

2. 保险标的不同。原保险中的保险标的既可以是财产、利益、责任、信用，也可以是人的生命、身体与健康；再保险中的保险标的只是原保险人对被保险人承保合同责任的一部分或全部。

3. 合同性质不同。原保险合同中的财产保险合同属于经济补偿性质，人身保险合同属于经济给付性质；再保险合同全部属于经济补偿性质，再保险人负责对原保险人所支付的赔款或保险金给予一定补偿。

再保险与原保险的关系如图 8 – 1 所示。

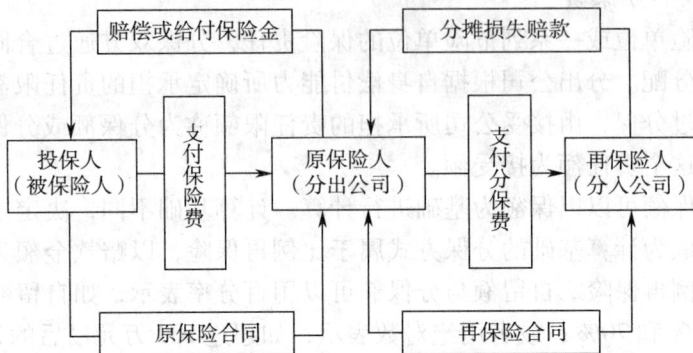

图 8 – 1　再保险与原保险的关系

四、再保险与共同保险的关系

（一）再保险与共同保险的联系

共同保险是由两家或两家以上的保险人联合直接承保同一标的、同一保险利益、同一风险责任而总保险金额不超过保险标的可保价值的保险。共同保险的各保险人在各自承保金额限度内对被保险人负赔偿责任。

共同保险往往是在保险标的风险或保额巨大时，一家保险公司承保能力有限，由投保人同时与数家保险公司协商建立联合的保险关系，如船舶保险、卫星保险均可采用这种承保方式，它是保险人为增强承保能力而自动采取的一种联合承保方式。

共同保险与再保险均具有分散风险、扩大承保能力、稳定经营成果的功效。因此可以说，再保险和共同保险都是行之有效的风险分散的手段。但相对于再保险而言，共同保险费时费事，处理起来非常不便，一般较少采用。

（二）再保险与共同保险的区别

再保险与共同保险虽然均为风险分散的有效手段，但两者之间有较大的差别。首先，就风险分散方式而言，共同保险是风险的第一次分散，而再保险是第二次分散；另外，共同保险对风险的分散是横向的，而再保险对风险的分散是纵向的。其次，就保险公司同投保人（被保险人）的法律关系而言，在共同保险中，投保人与各共同并立的保险公司是直接关系，而在再保险中，投保人仅与一个保险公司有直接关系，其他保险公司随后与这一保险公司成一列纵队的关系，投保人与再保险人之间是不发生关系的。

共同保险的产生早于再保险。比较而言，共同保险有其局限性：一是要求共同保险的保险人必须在同一地点；二是手续繁琐，投保人必须与每一个共同保险人洽商有关保险事项，而保险人之间的商议也辗转费时。再保险则不受这些限制，且运用方便。因此，保险经营中采用再保险比采用共同保险要普遍得多。

但现在的发展是共同保险有接近再保险的趋势，如几家保险公司以某一保险公司的名义承保，然后每一保险公司按一定比例分担发生的任何损失，特别值得注意的是，现在各种保险标的的风险累积增大，保险金额不断增加，在保险市场中，共同保险与再保险结合运用已经屡见不鲜，使得风险分散更加迅速彻底。

五、再保险的重要特点

（一）再保险是保险人之间的业务经营活动

再保险只在保险人之间进行，按照平等互利、互相往来的原则分出分入业务。原保险人可以充当再保险人，再保险人也可以充当原保险人，它们的法律地位可以互换。但是，再保险人与投保人和被保险人之间不发生任何业务联系，再保险人无权向投保人收取保险费；同样，被保险人对再保险人没有索赔权；原保险人也不得以再保险人不对其履行赔偿义务为借口而拒绝、减少或延迟履行其对被保险人的赔偿或给付义务。我国《保险法》第二十九条明确规定："再保险接受人不得向原保险的投保人要求支付保险费。原保险的被保险人或者受益人不得向再保险接受人提出赔偿或者给付保险金的请求。再保险分出人不得以再保险接受人未履行再保险责任为由，拒绝履行或者迟延履行其原保险责任。"

（二）再保险合同是相对独立的保险合同

再保险合同是在原保险合同的基础上产生的，没有原保险合同就不可能有再保险合同。但是，再保险合同与原保险合同在法律上没有任何继承关系，因为保险与再保险没有必然联系，除法定再保险成分外，是否再保险以及分出多少业务，都由原保险人根据自己的资产和经营状况自主决定。所以，再保险是一种独立性的保险业务，再保险合同也独立于原保险合同。

（三）再保险的保险标的具有责任属性

再保险的责任属性是指再保险标的的实质是原保险人所承担的保险合同的赔偿或给付责任。无论原保险标的是财产、责任、信用或人的身体和生命，但对于再保险标的来说，就是原保险人所承担的合同赔偿或给付责任。原保险人其实是向再保险人投保了契约责任保险，如果原保险人在原保险合同项下承担赔偿或给付责任，那么再保险人根据再保险条件分摊原保险人的赔偿或给付责任。这意味着再保险合同是一个契约责任合同，承担的是原保险人的契约责任。

【拓展阅读】
再保险的起源

再保险与原保险都是首先从海上保险开始萌芽的，但再保险的出现晚于原保险。从14世纪开始，海上保险在西欧各地商人中间流行，逐渐形成了保险的商业化和专业化。随着海外贸易和航运业的发展，保险人承担的风险责任越来越大，客观上产生了分保的需求。1370年，一位意大利海上保险人首次签发了一份转嫁风险责任的保单。原保险人将全航程分为两段，自己只承担风险较小的一段航程的保险责任，而将风险较大的责任部分转嫁给其他保险人承担。这种做法与现代再保险分配保额或分担赔款以控制责任的办法不同，但从分散风险的原理来看，已经属于再保险的开端。

早期保险业务的经营，一般是由保险人独立承保，如遇保额较大，一个保险人不能全部承担时，就采用共同保险的方式，由几个保险人联合承保。由于共同保险带来了保险人相互间的竞争，又出现了临时再保险，即由一个保险人先承保全部业务，再将超过自身承担能力的责任部分分保给其他保险人，分出人与分入人之间没有稳定的业务联系，只是在需要分保时，临时确定分出与分入的条件和费用。临时再保险与共同保险相比，在分散风险方面有其优势，因而作为一种重要的经营方法为保险业所采用。

几个世纪之后，"再保险"一词才在欧洲的海上保险中出现。在欧洲大陆国家，根据《1681 年法国路易十四法令》、《1731 年汉堡法令》和《1750 年瑞典保险法令》，再保险经营在这些国家都是合法的。由于各国政府的大力支持，欧洲大陆的再保险得以持续发展。18 世纪后期，产业革命兴起，随着国际贸易的发展、工商业的繁荣，保险、再保险都得到迅速发展。特别是到近代，生产社会化程度空前提高，保险标的价值高度密集，对安全保障有特殊要求的新险种不断增加，使再保险的重要性更加突出，成为保险经营必不可少的重要手段。目前，再保险的方法、形式多种多样，技术日趋复杂，范围已从国内走向世界，有力地推动着保险事业朝着国际化的方向发展。

六、再保险的功能

再保险作为保险人（保险公司）的保险，它具有以下六项功能。

（一）分散风险，避免巨额损失

随着现代化生产和科学技术的发展，财产价值越来越高。保险人作为风险的承担者，在直接承担的大量业务中，不可避免地会存在一些巨额保险责任，这使保险人承保了前所未有的巨额风险。例如，一架大型喷气客机，仅机身就达数千万元，再加上乘客责任保险，保险金额高达几亿元；卫星保险、核电站保险，大型海上石油钻井平台保险的保险金额更大；同时，由于生产扩大、财富增加、人口集中，一次大的自然灾害（如洪水、地震、飓风）或意外事故造成的损失可达几亿元、几十亿元，甚至上百亿元。这都不是一家保险公司或一国保险市场的资金或财力所能承担的，因为任何一笔巨额的赔款，都可能导致一家保险公司的破产。而通过再保险，将巨额的保险责任分担给几个再保险接受人，而再保险接受人再通过转分保，实现风险在全球范围内的分散，这样，即使发生了巨额损失，由于有众多的保险人和再保险人共同分担，它对每个直接保险人所带来的财务冲击就小得多。

（二）扩大承保面，增加业务量

扩大承保面，承保尽可能多的风险单位，是保险企业经营保险业务普遍坚持的原则之一。这是因为，保险的特点是"取之于面，用之于点"，它是集聚许多人的货币资金，弥补少数人经济损失的风险分担活动，承保的风险单位越多，保险企业的经营就越具有规模效应。扩大承保面，对保险企业意义重大，它体现在：

1. 对保险人来说，扩大承保面可以增加保费收入，聚集较雄厚的保险基金；

2. 在扩大承保面的基础上，保险人通过统计和计算，可以较精确地计算出损失发生的概率，合理厘定保险费率，提高保险人的预测能力；

3. 扩大承保面，有助于分散风险，平衡风险责任，提高经营安全性；

4. 通过扩大承保面，有助于实现规模效应，降低经营成本，提高经营效益；

5. 扩大承保面，可增加市场份额，增强保险人在保险市场中的地位和声望。

所以，扩大承保面，是保险经营的黄金原则，是保险经营成功的一个重要前提。

（三）控制赔款损失，保证财务稳定

保险经营的稳定性不仅取决于承保面的广泛性，还取决于各风险单位承保金额的均衡性。根据风险分散原理，风险单位越多，保额越均衡，保险人的财务稳定性越好；反之，保险人对各风险单位承担的经济责任越不均衡，其财务稳定性就越差，此时，保险人就可能由于一次危险事故的发生不得不独自支付巨额保险赔款，从而使财务陷入困境，甚至导致破产。因此，保险人必须对每一风险单位所独自承担的责任加以控制。

但是，在实际承保业务中，各保险标的的价值相差悬殊，保险金额差别很大，如果保险人一味追求保额均衡，一方面难以满足投保人或被保险人对保险的需要，另一方面也将使保险人丧失许多业务扩展机会；反之，若保险人不考虑保额差异而承保金额过大的保险标的，又将给其经营留下安全隐患。这是一个矛盾，但这一矛盾可以通过再保险来化解。再保险具有均衡保额的作用，保险人可根据自身财力状况，对每一类风险单位确定一个能够独自承担的责任限额，同时将超过限额的保额或责任分担给再保险接受人。这样，无论哪一类业务发生损失，即使是大额业务，保险人所承担的赔款都在其可承受能力范围之内，这一安排方式有助于保证再保险分出人财务的稳定性。可见，通过再保险，可以控制赔款损失，保证保险人的财务稳定。

（四）获得技术支持，提高承保能力

由于再保险接受人承保的往往是再保险分出人难以承保的风险，与再保险分出人相比，再保险接受人具有更雄厚的实力、更丰富的经验、更高的管理水平。许多再保险接受人是历史悠久、实力雄厚的保险集团，风险管理经验丰富，能给再保险分出人提供满意的服务。通过再保险，再保险分出人既能扩大承保面，保持一定的市场占有率；又能够取得再保险接受人的技术支持，改善自身经营管理，积累风险管理经验，增强竞争力，提高市场地位。

（五）取得分保费用，减轻净资产压力

我国监管部门要求再保险分出人按照有关规定填制财务报表，并且所遵循的规定较为保守。根据有关规定，再保险分出人的保单取得成本（如营业税、手续费等）在发生时作为费用计入当期损益，且它们大多发生在保单的期初，而只有当保单期结束时，与之相对应的保费才能被确认为收入。这样，保单取得成本在当期得到确认，而相关收入的确认却往往滞后若干个会计期间。其结果必然导致保险人在完全赚取保费之前净收入的暂时减少，且保险人的业务发展速度越快，这种现象越严重（这种现象常常被称为"增长惩罚"）。

"增长惩罚"会暂时减少再保险分出人的账面净资产，而保险监管部门对保费收入

与净资产之比有严格限制。因此，对于处于成长期的再保险分出人，往往希望采取某种方式舒缓在公司业务快速增长过程中净资产的减少速度，而通过分保方式可以达到这样的目的。再保险分出人通过分保，可以得到再保险接受人所支付的分保手续费，用于部分或全部补偿再保险分出人的保单取得成本，从而减轻净资产压力。

（六）终止某类业务，降低退出成本

保险人或再保险人决定终止某一险种或某一领域的保险业务时，通常可采取两种方式：①保险人终止该类保单，同时向保单持有人返还未赚保费部分。这种方式不易操作、成本较高，而且会令投保人、保单供应商（包括保险代理人、保险经纪人等）、监管部门对公司产生不好印象；②保险人将该类业务作整体分保安排，这种方式不但可以避免由于终止保单所带来的不良影响，并且与上一种方式的支出（主要是保费返还及处理成本）相比，支出也较少。再保险分出人将一个险种、地域、类别的有效保单整体分保，称为保单组合分保。

由以上分析可以看出，保险公司进行再保险安排，从本质上讲是保险公司进行业务风险控制的重要环节。在业务风险的"进"和"出"两个环节上，保险公司首先控制业务质量，在承保环节上有选择地重点发展优质业务；其次是对已纳入保险责任范围的业务进行风险管理，即在非寿险公司现有的风险承受能力和偿付能力的基础上，通过再保险等方式分出部分保险业务，从而将自留风险降低到一个可控的风险存量水平上。因此，有效利用再保险机制，对再保险分出人具有重要的战略意义。科学有效地购买再保险，不仅可以有效缓解保险公司所面临的规模扩张和资本金短缺之间的矛盾，而且还可以大大改善部分保险公司偿付能力不足的局面。

【知识链接】

中国再保险（集团）股份有限公司

中国再保险（集团）股份有限公司——正在崛起的国际再保险巨人。公司资本雄厚，实力强大，是中国内地唯一的国有再保险公司，亚洲最大的再保险公司，净资产在全球再保险业排名第五，控股6家子公司，履行国家再保险公司职能，拥有再保险、直接保险、资产管理、保险经纪、保险传媒等完整保险产业链。

中国再保险（集团）股份有限公司是中国核保险共同体主席成员与管理公司，中国航天保险联合体副主席成员，亚非保险与再保险联合会执委会成员，享有优先分保的政策支持，为境内所有保险公司、港澳地区及海外的部分保险公司提供再保险服务。在国内再保险市场份额、分保渠道和信息数据上居主导地位，发挥再保险主渠道作用。

教学活动2　区别再保险的种类

【活动目标】

通过本部分的教学活动，使学生熟练掌握不同类别的再保险，理解其真正含义，并可以在保险实务中加以正确应用。

【知识准备】

再保险有很多种不同的类别，根据不同的分类标准，可以进行不同的分类。再保险类别的具体划分如图 8-2 所示。

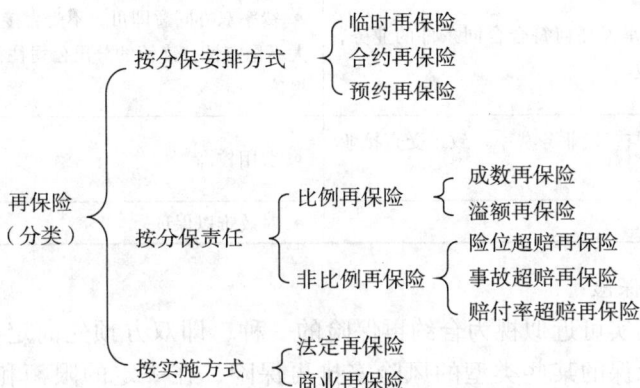

```
                        ┌ 临时再保险
           按分保安排方式 ┤ 合约再保险
                        └ 预约再保险

                                       ┌ 成数再保险
                        ┌ 比例再保险 ┤ 溢额再保险
再保险                   │              └
（分类）   按分保责任   ┤              ┌ 险位超赔再保险
                        └ 非比例再保险 ┤ 事故超赔再保险
                                       └ 赔付率超赔再保险

                        ┌ 法定再保险
           按实施方式   ┤ 商业再保险
                        └
```

图 8-2　再保险的分类

一、按分保安排方式不同分类

再保险分出人与再保险接受人建立再保险关系时，可以选择合适的分保安排方式，既可以采用对双方都具有约束力的方式，也可以选择对双方都不具有约束力的方式，还可以选择只对单方面具有约束力的方式。因此，从再保险的安排方式上看，按是否订立再保险合约可分为临时再保险和合约再保险（合同再保险），以及介于两者之间的预约再保险。

（一）临时再保险

临时再保险是最古老的再保险形态。在临时分保中，再保险分出公司就每一张保单或每一笔业务与再保险接受公司签订单独的再保险协议，再保险分出人对不愿意购买的再保险，可以不买；再保险接受人对不愿意接受的业务，可以不予接受。临时再保险多用于单个巨额业务及超合约范围的特殊风险业务。

（二）合约再保险

合约再保险也称为合同分保，它作为一种再保险安排，分保双方在分保时就再保险范围、方式和条件等各项事宜进行商定，并以再保险合约的方式固定下来。这种方式发展至今已经非常成熟，合同的各项内容一般都有较规范的通行条款。合同签订后，账务处理成为主要的日常管理工作。

在合约分保中，再保险分出公司事先与接受公司达成分保协议。分出公司将符合合约条件的业务分给接受公司，接受公司必须接受。同时，分出公司也必须将所有符合合约条件的业务放入分保合同并分给接受公司。通常再保险合约一旦签署，即对合约双方产生较强的约束力，即便合同终止也往往只是将终止之后的新业务不纳入原有合约而不影响原有业务的继续延续，故再保险双方在签订再保险合约时均会非常慎重，在对合约条件进行商谈时会较为费时和费力。

表 8-1   合约分保与临时分保的特点比较

合约分保的特点	临时分保的特点
• 再保险承保前无须通知或申请	• 逐笔议定、形式多样
• 再保险分出人可以承保任何符合合同条件的业务，分入人必须无条件接受	• 费率双方同意即可，不受直接业务费率的约束，有较大不稳定性，谨慎的分出公司往往先从接受公司处得到报价
• 在比例分保方式下与直接业务费率一致，受直接业务费率影响较大	• 费用较高
• 节省管理费用	• 时效难以保证

（三）预约再保险

预约再保险其实可近似视为合约再保险的一种，即双方预先商定再保险协议，约定对再保险分出人承保的某些类型的风险安排再保险，在一定的限额和其他约束条件下，再保险分出人可自由决定是否将业务分与再保险接受人，而一旦决定分出则再保险接受人必须接受。这种方式对再保险接受人有强制约束力，而对再保险分出人则没有约束力，因此对再保险接受人非常不利，在实务中使用不多。

在对再保险分出人、分入人的约束力方面，以上三种方式的区别很大，具体在表8-2中列出。

表 8-2   三种再保险方式在约束力方面的区别

再保险方式	分出自由度	
	再保险分出人	再保险接受人
临时再保险	可以（May）	可以（May）
合约再保险	必须（Must）	必须（Must）
预约再保险	可以（May）	必须（Must）

二、按分保责任不同分类

保险公司在经营业务时，根据其资本金规模、业务类型、风险偏好等因素，会把自己所承担的保险责任控制在适当额度内，而将超过其承保能力的部分以再保险的方式分出。其中自己承担的部分称为自留额或自留比例，而分出的责任部分称为分保额或分出比例。在确定自留责任和分出责任时，既可以以承保保额为基础，也可以以保险事故产生的赔款为基础。而根据再保险双方责任划分和限制的不同，再保险可以分为比例再保险和非比例再保险。

（一）比例再保险

比例再保险又称金额再保险，是按分出保额与保险金额的关系，事先确定分保比例及赔偿责任的分保方式，按分出比例的不同确定方式，比例再保险可进一步分为成数再保险和溢额再保险。成数再保险是指将每一保险标的的保额（通常还有保费）依约定的百分比向再保险接受人分出，保险事故发生后赔款亦照此比例摊回；溢额再保险是指先由再保险分出人确定一个自留额，然后将每一保险标的保额中超过自留额的部分向再保险接受人分出，用分出部分与保额的比值作为分出比例，当发生保险事故时，赔款照此比例摊回。

1. 成数再保险。成数再保险是比例再保险的代表形式，其最大优点是手续简便，分保实务和账务处理省时省力，从而减少了费用开支；缺点是再保险分出人没有选择机会，签订合约后不仅风险较大或保额较高的业务不能提高分出比例，且原可自留的小额业务或质量较好的业务也必须按固定比例分给再保险接受人，不能多留。对于该分保方式，一方面，再保险分出人支出的分保费较高；另一方面，当遇到保额较高、质量较差的业务时，再保险分出人仍然只能按规定的比例分保，不能减少自留额，风险责任难以平衡，此时常常需要购买其他再保险方式作为补充。

2. 溢额再保险。溢额再保险是指再保险分出人规定一个最大保险金额（称为1线）作为自留额。当一个危险单位的保险金额小于该金额时，再保险分出人自留全部责任；当保险金额超过该金额时，再保险分出人和再保险接受人按照自留保额与分出保额的比例分摊赔付成本。自留额一般由分出公司根据自身的偿付能力、财务状况以及所承保业务的风险特征，对每一个险种分别作出规定。

溢额再保险合约中还规定了自留额的一定倍数（称为线数，如10线）作为再保险接受人的赔偿限额。例如，某溢额再保险合同，每一危险单位的自留额为30万元，溢额分保的限额设为10线，即300万元。当危险单位A的保险金额（保额）为20万元时，再保险分出人自留全部责任；当危险单位B的保险金额为100万元时，自留与溢额分保的责任比为3:7，即保费和赔付责任在分出人和分入人之间的分摊比例为3:7；当风险单位C的保险金额为400万元时，则分出人首先自留30万元，溢额分保300万元，超过总承保能力的70万元可列入其他再保险合同，也可以自留（若无其他分保合同，则只能由分出人自留）。

3. 成数溢额混合再保险。在实务中，还可能会遇到所谓的成数溢额混合再保险，即将成数再保险和溢额再保险组合在一个合同里，它主要有两种方式：①分出公司先安排一个成数合同，规定了合同的最高责任额，当保额超过此限额时，再按另定的溢额合同办理；②分出公司先安排一个溢额合同，但其自留额部分按另定的成数分保合同处理。

（二）非比例再保险

非比例再保险，通常是指超额赔款再保险，简称超赔分保，它是因同一原因发生的任何一次损失或因同一原因所导致的各次损失的总和，超过约定的再保险分出人自负额时，其超出部分由再保险接受人负责至一定的额度。在实务中超赔分保又有险位超赔分保、事故超赔分保和停止损失分保（又称赔付率超赔分保）之分。

险位超赔分保和事故超赔分保的区别在于再保险的赔付基础不同，前者保障由某一原因所导致的每个危险单位（或一份保单）的损失，而后者保障由同一原因所导致的多个危险单位的共同损失。运用险位超赔分保可以保障再保险分出人的一般性损失，控制分出人对每一危险单位的自负责任。事故超赔分保的目的是保障由一次事故造成的累计损失，常用于异常灾害或巨额风险的再保险，具有防范巨灾的作用。由于事故超赔分保方式的起赔点高，风险集中，它对再保险接受人的经营管理水平要求更高。

赔付率超赔再保险和险位超赔再保险非常类似，区别在于险位超赔再保险是以单个危险单位在一次事故中所发生的损失为理赔基础，而停止损失再保险是以再保险分出人在一段时间（一般为一年）内的总损失额为理赔基础。对于停止损失再保险，合约中也规定了自留额和赔偿限额。

与比例再保险相比，非比例再保险具有如下特点：

1. 在比例再保险之下，接受公司接受分出公司承保责任的一定比例，因此所有保费及赔款皆与分出公司保持一定的分配比例；非比例再保险则不然，接受公司的所有保费及赔款并不以分出公司的保费及赔款成比例的方式出现，不分担比例责任，仅在赔款超过分出公司自负额时负其责任。

2. 比例再保险是以保额为基础分配自负责任和分保责任，而非比例再保险是以赔款为基础，根据损失额来确定自负责任和分保责任，接受公司的责任额不受原保险金额大小的影响，而与赔款总额相关联。

3. 比例再保险按原保险费率计收再保险费，且再保险费为被保险人所支付的原保险费的一部分，与再保险业务占原保单责任保持同一比例；非比例再保险采取单独的费率制度，再保险费以合同年度的净保费收入为基础另行计算，与原保险费并无比例关系。

4. 比例再保险通常都有再保险佣金的规定，而非比例再保险中，接受公司视分出公司与被保险人的地位相等，因此，不必支付再保险佣金。

5. 比例再保险的接受公司对分入业务必须提存未满期责任准备金，而非比例再保险的接受公司并不对个别风险负责，仅在赔款超过起赔点时才负责，故不发生未满期保险费责任。

6. 比例再保险赔款的偿付通常都由账户处理，按期结算；非比例再保险对赔款多以现金偿付，并于接受公司收到损失清单后短期内如数支付。

三、按实施方式不同分类

按照再保险的实施方式划分，再保险可以分为法定再保险和商业再保险。

（一）法定再保险

法定再保险也称强制再保险，是指按照国家法律规定，再保险分出人必须将其承保业务的一部分向国家再保险公司或者由政府指定的再保险公司进行分保的再保险。这种再保险方式由国家强制实施。

对一个国家而言，强制再保险具有许多优点，诸如：提高国内保险市场的承保能力，减少对国外再保险市场的过度依赖；限制外国保险公司的竞争，扶持民族保险业的发展；确保再保险分出人的偿付能力，保护保单持有人的利益；控制外汇资金的外流，为本国经济发展积累一笔可观的资金；促进各保险公司规范经营，提高保险经营的稳定性；加强政府的监督管理，维护市场秩序；增强新成立公司的承保能力；加强对外资保险企业的管理等。

（二）商业再保险

商业再保险，又称自愿再保险，是指再保险分出人和再保险接受人双方根据自愿原则，约定双方的权利和义务而产生的再保险关系。对于商业再保险，作为自主经营的企业，再保险分出人是否安排再保险以及向谁安排再保险完全根据本公司的意愿来决定，而非按照国家或地区的法律法规强制执行；再保险分出人根据业务的实际情况、自身经济实力及风险偏好自行选择自留金额和分保金额；再保险的具体条件也由再保险双方根据实际情况自行协商确定。自愿再保险是再保险的常态，世界上绝大多数再保险业务都属于自愿再保险。

【案例分析】
再保险人能否越位追偿

【案情介绍】

A 企业向甲保险公司投保了火灾保险，保险金额为 3 000 万元。甲保险公司将该笔保险业务分出给乙再保险公司，乙公司承担 40% 责任。保险期间内，A 企业隔壁的 B 企业违反操作规程使用电热器，发生火灾，导致 A 企业重大损失。据甲保险公司定损，应予赔偿 2 500 万元。甲保险公司赔偿后，乙保险公司摊回再保险金 1 000 万元。现甲保险公司欲向责任方 B 企业行使代位追偿权，但 B 企业声称，依据《保险法》的规定，再保险人不得向原被保险人主张权利，因而不能代被保险人向责任人求偿。

【本案分析】

保险原则中的补偿原则表明，再保险的只能是补偿，这种补偿是投保人向原保险人索赔后，再保险人根据再保险合同的规定对原保险人进行的补偿，再保险的损失补偿可以看做是原保险人对其被保险人所负责任的补偿。因此，再保险人对责任人不享有追偿权，但对其再保险分摊金额，再保险人对原保险人享有追偿权。在此例中，原保险人甲保险公司和 A 企业是直接合同关系，原保险人和再保险人之间也存在着合同关系。原保险人对于 B 企业享有追偿权，此权利不受是否再保险的影响，B 企业无权干涉原保险人的权利。再保险公司对于 B 企业则不享有追偿权，因为对于 A 企业而言，再保险人与之并不存在合同关系，不能代位向责任人求偿，只能由原保险公司来行使。

学习任务二
熟悉再保险经营实务

【学生任务】

◇ 要求学生课前预习相关内容，结合已经学习过的财产保险和人身保险业务来理解再保险业务经营的相关内容，能够用自己的语言来简单描述再保险分出、分入业务的流程和步骤。

◇ 要求学生扩大课外阅读，掌握行业发展的前沿趋势，结合本部分内容，说明再保险实务中如何确定再保险的分出和分入金额，根据自身的理解，结合案例在课堂提问中口头表达。

◇ 将学生随机分组，按小组选出典型回答在课堂上进行点评，学生间相互评出每一口头表达情况的优劣，教师进行综合评价。

【教师任务】

◇ 提示学生完成口头表达所需要关注的主要知识点，如危险单位、自留额的概念、内容，与相近的保险专业名词的区别与联系，保险相关业务的国际惯例等。

◇ 指导学生分组，在小组内对学生进行不同的分工，对学生口头表达作业完成情况及时跟进。

◇ 对各小组进行的课堂点评适时指导，对于选出的作业予以及时、客观、公正的评价，准备回答学生有可能提出的异议等。

教学活动1　再保险分出业务经营

【活动目标】

通过本部分的教学活动，使学生了解与熟悉保险公司再保险分出业务的经营实务流程，掌握其关键因素，并能够使用自己的语言简单描述。

【知识准备】

一、分出业务经营的含义

对于一般的商业保险公司，为了稳定业务经营、分散过于集中的风险责任，都要以再保险方式将自己承担业务的风险再次转嫁。分出业务是再保险经营的一个重要组成部分。分出业务经营与管理属于保险微观管理范畴，主要包括分出业务的计划和经营管理等方面的内容。分出业务经营的概念可以表述为：为实现再保险分出业务活动的合理化、科学化，达到预期的最佳经济效益目标，从而稳定保险企业的业务经营，所实施的计划、组织、指挥、协调和控制的一系列动态活动过程。其核心是保险企业经济效益，宗旨是提高经济效益、降低企业费用成本、保证保险企业经营的稳定性。

分出业务经营的一个重要方面是正确识别承保业务的风险，客观评估累积责任，特别要防止巨灾事故的累积责任，避免可能因一次重大事故的出现而不利于保险企业的财务稳定。分出保险是保险企业业务计划的基础，分出业务管理科学合理，整个业务活动才能正常进行。分出业务经营与管理一方面为人的行为管理，另一方面为保险企业的风险管理。因此，保险企业人员素质和承保风险业务的质量与技术是分出业务经营与管理的两大重要因素。分出业务经营与管理的水平直接影响保险公司的信誉和整体工作的有序性及公司效率的提高。

二、分出业务经营准则

分出业务经营的范围包括自留额确定、分保规划安排、分保业务操作流程、分保手续、分保业务账单编制及分保业务的统计与分析等方面。

分出业务经营具有保险企业管理的一般特点，同时又具有自身的特殊性。分出业务管理的一般准则是：

1. 稳定公司业务经营，实现预期的最佳经济效益。商业保险公司是专门经营风险的企业，遵循保险费收入与保险赔款和费用平衡的财务稳定原则。

2. 管理现代化原则。分出业务经营管理现代化体现为保险管理思想现代化、手段现代化和方法现代化。

3. 面向国际市场的原则。面向国际市场就是在维护本国、本公司利益不受侵害的前提下，要按照世界同业间遵循的原则办事，要尊重国际上经营再保险业的一般惯例。

三、准确确定自留额

自留额是保险公司根据自身的承受能力而确定的对每一危险单位自己所能承担的风险和责任的最大限额，自留额的确定是再保险业务的核心。自留额的确定是否适当，对保险公司的经营是极其重要的。

自留额定得过低虽然能使保险人在短期内的经营达到稳定，但保险人将大量的仍可自行承担的责任转移给了再保险人，既不利于自身资金的积累，也限制了公司的正常发展。自留额定得过高，虽然可使自身的保费收入增加，迅速地积累资金，但是高于公司承保能力的责任一旦发生索赔，势必严重影响公司的财务稳定性。虽然不同险种自留额的大小不同，但是保险公司在确定自留额时必须考虑一些技术性因素和非技术性因素。

（一）技术性因素

对保险公司来说，除了要遵守有关再保险的法律规定外，还要根据公司自身的偿付能力测定每一危险单位的自留额，即最大自留保险金额，这一点尤为重要。保险公司通常根据财务稳定性指标和纯费率测算出最大的自留额，超过自留额部分，需要办理再保险。自留额的确定，在实际业务中，保险公司需要顾及各方面的客观条件。

1. 社会发展经济周期。社会发展经济周期的不同阶段，对再保险安排中自留额的确定会产生一定的影响，而且不同险种受经济周期的影响程度也有所不同。一般情况下，在经济周期的高涨阶段，费率处于较高水平，业务量较大，发生道德风险的可能性小，自留额可以保持在较高水平；在经济周期的衰退阶段，由于业务量萎缩，道德风险的可能性加大；自留额应适当调低；在经济周期的萧条阶段，保险业务量大幅下降，又处于道德风险的高发期，自留额应尽可能地保持低水平；而到经济周期的复苏阶段，保险业务量开始回升，道德风险的可能性减小，自留额可以适当调高。

2. 保险公司的财务状况。保险公司的财务状况实际上是指保险公司偿付能力的大小，包括资本金、公积金和未分配盈余等项目。偿付能力强的保险公司，自留额可以定得高一些，而偿付能力差的保险公司，自留额应该定得低一些。

3. 原保险的业务量。保险公司的经营是以大数法则为基础的，承保的业务数量越大，越符合大数法则的要求，风险的同质性越容易得到统一，损失率的波动就越小，保险公司的财务就越稳定。因此，保险公司的业务量与自留额之间成正比。业务量越大，自留额越高。对于具体险种，虽然要根据该险种的实际经营情况来确定它的自留额，但其业务量大小仍是确定自留额大小的重要因素之一。

4. 原保险的业务质量。确定自留额时，对于不同种类的业务需要根据其特征分别加以考虑。对那些以往传统经验良好、质量较高的业务，可以确定较高的自留额。而对一些质量较次的业务，自留额应相对较低。例如，在人身保险中，对于标准体和次健体保单分别确定自留额时，标准体保单的自留额要高于次健体保单的自留额。

5. 保险标的本身的风险。保险标的本身风险的大小是决定自留额的最主要因素。风险越大，自留额越低。保险标的的风险包括两方面内容：损失赔付金额和损失概率，这两个因素都与保险标的的风险成正比，与自留额成反比。值得注意的是，损失赔付金额不同于保险金额，如果有两个保险金额和损失概率都相同的保险标的，显然每次损失赔付金额高的保险标的风险大，相应的自留额也低。

6. 原保险业务的风险结构。保险公司在确定自留额时，还需要考虑风险结构。风险结构从宏观上讲是指保险公司整体业务中各个险种的比例，从微观上讲是指具体各险种的业务量。保险公司一般每年都会编制一份各险种的风险结构表，主要内容包括险种、保额区间划分、每一区间的保单数量、每一区间的累计保额、每一区间的保费和平均费率、每一区间的赔款余额和赔付率。通过阅读分析险种风险结构表，保险公司可以清楚地了解各险种的具体经营情况，并根据每一区间的情况来确定自留额。因此，风险结构表有助于保险公司合理地确定自留额，尤其是超赔再保险安排时，风险结构表是一个必不可少的参考依据。

7. 原保险业务的风险累积。虽然保险人在计算费率及建立自留额模型时都假设各险种、各保险标的相互独立，但事实上独立性假设不一定能够完全满足。有些巨灾风险，虽然发生的频率很低，但是一旦发生，往往造成大面积的损失，使无数个独立的风险单位受损，出现风险的累积。风险积累与保险标的个数及保险标的的密集程度有关。保险标的越多，保险标的之间相关程度越大，风险累积程度越高；保险标的越密集，风险积累程度也就越高。因此，保险公司在确定自留额时，不仅要考虑对某一单独风险的承受能力，还要考虑风险积累。对风险累积程度高的保险组合，应适当降低自留额水平。在超赔再保险中，对洪水、地震、暴风雨等巨灾的自留额一般都规定在每一个单独风险单位自留额的3倍以上。

8. 再保险安排计划。保险公司在对承保业务进行再保险规划时，应注重对各种不同的再保险方式结合使用。如果再保险的安排方式比较单一，则该方式的边际效用也较小，应确定较低的自留额。如果能将各种再保险方式有机地结合起来，优势互补，则自留额确定时就有较大的选择空间。例如在比例再保险方式下的自留业务再安排赔付率超赔再保险，就可以提高比例再保险的自留额。

9. 再保险保费价格水平。再保险保费是再保险人提供再保险服务的"价格"，对于保险人来说则是分出风险的成本和代价。再保险保费和自留额成正比，即再保险保费越高，说明保险人为了分出业务所付出的代价越大，那么保险人倾向于自留较多的业务；否则，保险人将愿意分出较多的业务。

（二）非技术性因素

1. 国家有关保险法律和法规。由于自留额与保险公司的财务稳定性密切相关，因此，各国保险监管机关对保险公司具体业务自留额和总自留额均有限制。有的国家对保险公司每个风险单位自留额的最高限额在法律上作出规定。有的国家对保险公司承担的总的保险赔付与其资本金相比的倍数作出数量上的规定。还有一些国家采用法定再保险制度，强制要求保险公司将业务按一定比例进行分保，如韩国、泰国等一些发展中国家都曾经实行过或正在实行法定分保制度，法国、日本等发达国家也曾实行过与法定分保类似的分保政策。

2. 保险市场开放程度和监管特点。从世界各国监管制度发展历程来看，在一些保险市场较发达、开放程度较高的国家和地区，监管机关对保险公司的监管比较宽松，着重于对保险公司偿付能力的监管，而对产品费率、条款及保险公司的经营并没有严格的规定。而在一些保险市场比较封闭、发展相对落后的国家和地区，对保险公司的监管主要依靠一些严格的法律条款来进行。所以，对于在比较宽松的市场环境中的保险公司，在确定自留额时就可以根据自身的资本实力和保险组合的特点，制定比较适宜的自留额。而对处于监管比较严格市场环境中的保险公司，在确定自留额时，不论保险险种效益是好是坏、风险是低是高，首先必须满足有关法规的要求。

总之，自留额的确定是一项复杂的工作，没有固定的计算公式，因此，保险公司在制定自留额时必须综合考虑以上这些因素，并结合自身保险业务的实际情况，才有可能确定较为准确的自留额。

四、分出业务内部管理

商业保险公司的分出业务是在直接业务承保的基础上由分出部门负责办理的。分出业务的内部管理一般包括三个方面：明确分出部门的职责；协调分出部门和直接业务承保部门的关系，分清各自的责任；密切分出部门和财务部门之间的联系，以确保分出业务的效益。

（一）分出部门自身的职责

分出部门首先必须对其所要安排分出的业务有充分的了解，例如直接业务的承保条件、费率的水平、风险的分布状况等。其次，应了解同类业务在国际市场上的费率、承保条件以及分保情况。只有这样，才能根据业务的具体情况、分保市场的行情以及本公司的经营方针和自身的承保能力，安排好业务的分出。再次，根据掌握的市场情况和业务情况等，确定自留额和制订分保规划，并在此基础上，根据自留额、分保额、保费收入、赔款状况、分保费支出、分保手续费、利息及其他收益和费用开支等，对业务的经营结果进行测算，由此最终确定再保险方式。最后，与接受公司签订再保险合同，完成分出业务手续。

（二）分出部门和直接业务部门的联系

直接业务的承保与管理在承保部门，分保的安排在分出部门，但承保业务与分出业务之间联系密切。直接业务是分保业务的基础，分保的业务条件是由直接承保部门确定并通知分出部门的。一般来说，分出部门对承保条件的审查包括以下三个方面：①分保时应对外通知的项目是否填报完全、正确无误；②承保的条件是否符合分保合同规定；③限额是否超过合同容量、是否特约分保、是否需要办理临时分保。

在审核中如发现有什么问题或不清楚之处，应及时与直接承保部门联系。对分保接受人所提出的有关风险的具体问题，如危险单位的划分、最大可能损失等，分出部门的答复应以承保部门提供的资料（口头和书面）为依据，必要时，分出部门还可派人去现场查勘。

分出业务流程如图 8 - 3 所示。

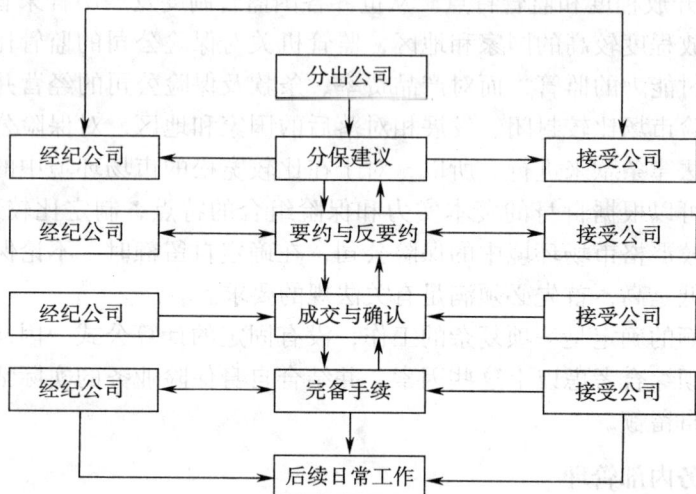

图 8 - 3　分出业务流程示意图

（三）分出部门和财务部门之间的联系

分保由分出部门安排完成之后，就应将合同摘要表、分保成分表以及账务的结算事项通知财务部门。合同条件如有变动，亦应通知财务部门。一般情况下，合同账单是在编制账单期以后 4 个星期内发送，账单发送后的 30 天之内结付。临时分保账单一般在业务起保后（分出成分确定之后）即编制，同时应尽快结付，每当遇到向接受人分摊现金赔款时，分出部门应将摊回比例通知财务部门，在财务部门编制好了账单之后，通知会计部门办理结算。一般情况下，分保接受人应在收到现金赔款账单后的 15 天之内结付。因此，财务部门应及时地将分保接受人对现金赔款的结付情况通报给分出部门，包括某些国家对外汇管理和限制的信息。分出部门在掌握和了解这些情况后，对存在问题的公司应及时采取措施，以防公司蒙受损失。因此，为了做好分出分保工作，承保部门、分出部门和财务部门都要密切联系、互相配合。

教学活动 2　再保险分入业务经营

【活动目标】

通过本部分的教学活动，使学生了解与熟悉保险公司再保险分入业务的经营实务流程，掌握其关键因素，并能够使用自己的语言简单描述和进行简单计算。

【知识准备】

一、分入业务经营的含义

分入业务经营是指为平衡风险、增加保费收入、争取盈利，对分入业务过程的计划、调节和控制，以及对分入业务的质量、分出人的资信情况进行调查审核。分入业务经营涉及面较广，其内容既包括承保前对分入业务的质量审核、分保建议的审查、分保分出人和分保经纪人资信情况的调查和研究，又包括对分入业务承保后的核算与考核、已接受业务的管理、已注销业务的未了责任及应收未收款项的管理。

（一）审核分入保险业务质量

接受公司在承保前对分入业务质量的审核是再保险经营的重要环节，因为它是接受分入业务的依据，是分保成交的决定性工作。分入业务质量审核的项目有：①分入业务来源的国家或地区的政治、经济和有关法律环境状况；②分入业务所在地区的市场行情和趋势、保险费率和佣金等情况；③分出公司提供的有关该业务过去的经营资料。审核上述内容的目的在于避免高风险因素、风险较集中和潜在损失巨大的业务分入。

（二）审核分保条件或分保建议书

在接受分入业务之前，接受公司对分出人提出的分保条件或建议要认真分析和研究，然后再作出承保决定。具体审核的主要内容包括：①分入业务种类、分保的方式方法、承保范围和地区；②分出公司的自留额与分保限额；③分保限额或责任限额与分保费之间的比率；④支付分保费的保证条件；⑤估计分入业务收益；⑥保费准备金和赔款金；⑦首席承保人的条件等。

（三）审核分保业务主体信誉

接受公司对分保分出人和分保经纪人资信情况的审核更为重要，即"再保险核保是信誉的核保工作"，这是保险界的共识，可见对主体的审核的重要性。接受公司对分保分出人和分保经纪人资信情况审核和研究的内容包括：①分出人的资金、财务状况；②分出人在当地市场的地位和声誉；③分出人的业务经营规模、分保策略；④分出人的经营与管理经验以及业绩，等等。

通过上述审查、研究，分保接受人根据自身承保能力，确定承保限额，慎重接受分入业务。对资信情况欠佳的分出人或对分入人不利的分保条件应当拒绝，对资信情况好的分出人或条件较优并有获利可能的分保应积极接受。同时，在与分出人协商并达成一致意见的基础上，选择对自身比较有利的分保方式。

（四）接受业务之后的管理

分入业务承保以后，分入公司要加强对分入业务成绩的考核，严格检验接受业务的质量，核对和审查合同文本，做好摘要表，审查账单和结算情况，做好登记和业务统计、赔款处理、未决赔款和未了责任记录，并将有关资料输进电脑。要注意必须与分出公司和经纪公司核对账务和办理结算。

二、分入业务经营原则

与直接保险业务的经营相比较，分入业务经营要更复杂一些，分保接受人应经常总结业务经营中的经验与教训，加强管理，才能取得好的经济效益。若能遵循一些基本原则，往往可获得较理想的效果。

为了克服在分入业务方面与分出人建立分保关系中的被动性，分入人在分入业务经营中主要有以下各项原则需要遵循：

1. 首先要制订全面的年度业务计划，建立在业务年度结束时进行核算的制度，确定是在业务当地还是在其他地方接受业务。

2. 要充分了解市场和分出公司的各项情况，加强人员之间的往来和接触，了解对方人员的作风、特点和技术水平等。

3. 对分入业务的接受应采取谨慎的态度，对确定接受业务的承保额度，一般要控制在自身资本总额的 1% 左右。

4. 要对分保经纪人进行详细的审查，审查的内容包括经纪人的资信、作风，特别是在付费方面是否迅速。

5. 要认真审核每一笔赔款是否属于承保范围、是否符合承保年度等，不应盲从首席接受人的决定。

6. 要有清楚的统计和分析，随时掌握收付情况，了解各地区、各业务种类、各经纪人、分出人所分来的业务的成绩。

7. 要提存充足的准备金，准备金不足是十分危险的。准备金中应包括未决赔款和已发生但尚未报案的赔款。有些险别的赔款结案时间拖延很长，如水险的共同海损理算，有的历时 4~5 年。所以，对再保险合同成绩的考核，要对会计和统计数字加以细致的分析，必须尽可能准确地掌握已发生的未决赔款和已发生未报案的赔款情况，以便编制决算表时有一个比较可靠的数据，并尽可能反映某一业务年度的经营成果。

8. 对分入业务应有超额赔款的分保安排，对于易受巨灾袭击的地区性业务，要安排巨灾超额赔款的保障。

9. 对代理人承办的分入业务应予以拒绝接受，对转分性质的分入业务应尽可能少接受或不接受，拒绝将承保权交由经纪公司、代理人等承办。

三、分入业务承保额的确定

自留额是分出公司对于危险所能承担的限额，承保额是接受公司对于分出公司转让的危险或责任所能接受或承担的限额。所以，自留额和承保额都是对于危险所能承担的责任限额。因此，关于确定承保额所要考虑的基本因素，如资本金和保费等，大致上与自留额相同。例如，某公司的资本为 1 000 万元，年保费收入为 3 000 万元，如果确定每一危险单位的承保额为资本金的 3%、保费的 1%，则每一危险单位的承保额以 30 万元为限。但对于不同的分保方式和业务种类，所考虑的因素还是有所不同的。

（一）比例合同的承保额

对于比例合同（如财产险的承保额）的承保额的确定应从两个方面考虑：一是合同的分保限额；二是业务量，即保费和所估计的赔款额。具体步骤是，先按规定的承保额分别计算出这二者的百分率，然后选择其中较低的百分率对分保限额加以计算，将所得的金额作为所接受的实际承保额。

接受公司对财产险比例合同的业务所规定的承保额为 30 万元，现由经纪公司介绍两笔财产险分保建议，对于所接受的实际承保额的计算如下：

第一笔，合同分保限额 500 万元，按规定的承保额 30 万元，为限额的 6%。估计保费 200 万元，据分保建议中所提供的资料，赔付率估计可高达 150%，据此，估计赔款为 300 万元，承保额 30 万元是赔款额的 10%。据此，选择这两者中较低的百分率，即 6%，对分保限额 500 万元加以计算，算出的金额为 30 万元，即实际承保额为 30 万元。

第二笔，合同分保限额 500 万元，按规定的 30 万元同样是限额的 6%。估计保费 300 万元，最高赔付率估计可达 200%，故赔款额可高达 600 万元，承保额 30 万元为估计赔款的 5%。因此，可按较低的百分率即 5% 对分保限额 500 万元加以计算，所得金额 25 万元作为所接受的实际承保额。

根据上述例子，可以发现这样一个规律：如果合同对于每个危险单位的分保限额较大，而业务量即保费较小，则可按分保限额来考虑接受的实际承保额；如果合同的分保限额较小而业务量较大，则应当按业务量和所估计的赔款额来考虑所接受的实际承保额。实际上述两笔业务，考虑到赔付率较高，应该拒绝承保。

其他财产险业务，如货运险和船舶险等，一般是可参照这一办法来考虑承保额的。但因考虑到港口和码头仓库的责任累积，承保额可规定得低一些，如 20 万元较为恰当。

关于人身意外险业务，则不应按每个人，而应按每艘船只或每架飞机可能的责任累积来考虑承保额。

（二）非比例合同的承保额

根据不同的超赔方式，非比例分保合同的承保额的确定方式略有差别，下面分别予以简单说明。

1. 险位超赔。关于财产险、水险、航空险和各种意外险的险位超赔，虽然合同的分保责任额是按每个危险单位或每次损失规定的，但所接受的承保额度的确定也应从两个方面考虑：第一是按分保责任额，第二是以所估计的年度最高损失额减去分保费后的可能亏损额。

例如，有一财产险的险位超额合同建议，分保责任额为超过 50 万元以后的 150 万元，按每次损失计算而无责任恢复限制，分保费总数为 100 万元。如果接受公司所规定的承保额度是 30 万元，现在来考虑实际要接受的承保额度。

第一，看承保额度对分保责任的百分率。本例分保责任限额是 150 万元，规定的承保额度 30 万元为限额的 20%。

第二，看承保额度对可能亏损的百分率。如果本例估计年度的最高损失为 3 个责任限额，计 450 万元，从中减去分保费 100 万元，余下的可能亏损额为 350 万元。规定的承保额度 30 万元为亏损额的 8.5%，按分保责任额 150 万元的 8.5% 计算，实际承保额为 12.75 万元。

虽然这种合同的分保责任额是按每个危险单位或每次损失规定，但接受公司应以合同作为一个整体或危险单位来考虑。因此，对该建议所要接受的承保额不应是分保责任额 150 万元的 20%（30 万元），而应是分保责任额的 8.5%（12.75 万元），后者较为合适。

2. 事故超赔。事故超赔一般是分层次安排分保。接受公司为了承保的目的，可将事故超赔分为三个层次，即低层、中层和高层，分别考虑和确定关于所要接受的承保额度。层次划分的一般界限如下：低层，是指预计有损失发生，且可能每年有一次赔付的层次；中层，仅在有较大的巨灾事故时才会有对损失的赔付，预计10年至39年的时间可能发生一次；高层，当在有严重的巨灾事故时才会有对损失的赔付，预计在40年或40年以上的时间可能发生一次。

根据对超赔层次的这种分类，如果接受公司对承保额度的规定一般为30万元，最高35万元，则对各层次所能接受的承保额度的确定大致如下：

低层应在10万元至15万元之间，一般应为10万元。值得注意的是，即使没有接受中层和高层的业务，接受30万元也是不合适的，因为在一年内可能有两个或更多的全损发生。

低层和中层同时接受，则共计承保额度应在15万元至25万元之间，一般为20万元，即如果低层接受10万元，中层是所余下的10万元。

对于高层，在没有接受低层和中层的情况下，可接受30万元或35万元。

如果所有层次都接受，共计承保额度最高不能超过35万元，一般为30万元。

上述确定承保额度的一般原则在实务中要与责任累积的因素联系起来考虑，如认为有责任累积的可能，应对上述所确定的承保额度作适当降低的调整，以便所承担的责任在责任累积的限额以内。

3. 损失中止超赔或赔付率超赔。从接受公司的承保目的出发，对这种超赔可分为两层，即低层和高层。对于低层，所接受的承保额度可确定为10万元，低层和高层同时接受，则最高不能超过30万元。由于赔付率超赔合同一般适用于农作物冰雹险和医疗事故险等，其赔付率的波动很大。所以，在实际工作中，对这种业务的接受应采取谨慎的态度。

（三）临时分保的承保额

临时分保所接受的承保额度的确定可分两种情况：第一是按最大可能损失，为10万元；第二是按某个地点，为30万元。

由于临时分保业务的安排经常是在合同分保限额之外的部分责任，因此，应考虑到与合同业务发生责任累积的可能性。

（四）规定最高接受限额

上面我们按分保的方式和业务种类对于所接受的承保额度的确定作了叙述。但为了防止每个合同和每笔临时分保业务所承担的责任过大，还可规定以分保责任额的10%作为最高的接受百分率。

四、再保险分入业务核保

（一）分入业务核保通常情况

分保业务的承保审核通常要考虑的情况包括下述三个方面的内容：①分入业务来源国家或地区的一般政治和经济形势，特别是有关通货和外汇管制方面的情况等；②分入业务的一般市场趋势，包括国际上和所在国或所在地区有关这种业务的费率和佣金等情况；③提供分保建议的分出公司和经纪公司的资信情况，包括其资本金、业务情况和经营作风等。

了解上述情况主要是依靠长期的从各方面所收集的资料的积累，如报刊上有关保险市场的信息、出访和来访所得到的资料、对分出公司和经纪公司年报的分析研究，以及在日常业务工作中所掌握的情况等。

（二）分入业务核保具体要点

1. 分入业务种类、分保方式和方法及承保范围和地区。对于可能分入的业务，首先要考虑业务种类，如财产险或意外险等。其次是看分出公司的安排方式和方法，是临时分保还是合同分保，是比例分保还是非比例分保。要考虑的因素还有：业务是否由住家、商业和工业危险混合组成；是直接业务的分保还是分入业务的转分保；责任范围是否包括后果损失险或地震险等；地区是仅限于分出公司所在国家或地区，还是世界范围，等等。

2. 分出公司的自留额与分保额之间的关系。了解这一问题是为了掌握分出公司对分保安排的意图和所预期的经营效果。例如，分出公司安排95%的成数分保合同，而自留额仅有5%，是比较小的，这说明它对业务的经营缺乏信心，因而不是想从业务的承保方面谋求收益，而是将自己置于代理人的地位，打算以向接受公司收取佣金的方式得到利益，因此，也很可能影响直接业务的承保质量。

3. 分保额与分保费之间的关系。掌握分保额与分保费的情况，分析这两者的相互关系，是审查分保建议质量的关键因素。所以，接受公司对此必须十分重视。

4. 分保条件。在对分保建议中有关业务种类和承保范围、分出公司的自留额以及分保限额和分保费是否平衡这些因素考虑之后，应对分保条件进行细致的审查。

对比例合同应审查的分保条件主要有分保手续费、纯益手续费、保费和赔款准备金、未满期保费和未决赔款的转移等。由于各个保险市场情况不同，这些条件在合同中的具体规定会有较大的差别。所以，应结合所掌握的市场情况，审查在建议中对这些条件的规定是否恰当，如分保手续费等是否符合当地市场情况。如果是续转业务，应结合过去的经营成果考虑；如合同是亏损的，应对分保手续费进行调整。

对非比例合同应审查的分保条件主要有分保费或费率及责任恢复的规定。分保费和责任恢复是有关接受公司的保费收入和责任的承担，所以应结合市场情况和建议中所提供的资料，审查这些条件在合同中的具体规定是否恰当和符合市场情况。

5. 对分入业务收益的估算。在分保建议中，分出公司一般应提供有关该业务过去的赔款和经营成果的统计资料。如果建议中缺少这些资料，接受公司可要求提供，以便对所建议的业务进行估算。对所提供的资料在审核时应注意以下几点：①如对合同有分保安排，则所提供的数字应以未扣除分保前的毛保费和赔款为基础。②要按所提供的业务的同样条件编制。如所提供的比例合同业务有未满期保费和未决赔款的转出和转入，则统计资料也应同样处理，以便进行比较。③毛保费、分保手续费、已付赔款、未决赔款、赔付率和盈亏率等项目应按业务年度进行统计，并至少要有5个业务年度的资料。

再保险综合实训

【实训目标】

通过本部分实训，使得学生能够在理论上和实务中掌握再保险的重点专有名词和基本理论，区分不同的再保险分出分入方式，能够按照不同方式计算分入公司的承保金额。

【实训任务】

一、重要名词

再保险　分出公司　分入公司　分保费　危险单位　自留额　分保额　共同保险　临时再保险　合约再保险　预约再保险　比例再保险　溢额再保险　超赔分保　法定再保险

二、思考讨论

1. 简述再保险的含义。
2. 简述再保险和原保险的关系。
3. 简述再保险和共同保险的关系。
4. 再保险的功能有哪些？
5. 什么是比例再保险？什么是非比例再保险？
6. 为什么说自留额的确定是再保险业务的核心？
7. 分入业务的经营管理原则有哪些？

三、情景模拟

溢额分保的计算

【模拟场景】

假设某溢额分保合同的自留额为40万元，现有3笔业务，溢额分保的责任、保费和赔款分担的结果如表8-3所示，根据表中数据进行分析。

表8-3　　　　　　　　　　　溢额分保计算示意表　　　　　　　　　单位：元

业务次序	总额100%			自留部分			分出部分			
	保险金额	保费	赔款	保险金额	保费	赔款	保险金额	比例	保费	赔款
第一笔	400 000	800	400	400 000	800	400	0	0	0	0
第二笔	800 000	1 600	600	400 000	800	300	400 000	50%	800	300
第三笔	2 000 000	4 000	8 000	400 000	800	1 600	1 600 000	80%	3 200	6 400
总　计	3 200 000	6 400	9 000	1 200 000	2 400	2 300	2 000 000	—	4 000	6 700

【实务操作】

根据表中数据计算：

原保险业务的赔付率 = 9 000/6 400 × 100% = 140.63%

自留业务的赔付率 = 2 300/2 400 × 100% = 95.83%

分出业务的赔付率 = 6 700/4 000 × 100% = 167.50%

由上述计算结果可知，在本合同项下，整个业务是亏损的，赔付率达140.63%。但分出公司略有盈余，赔付率为95.83%，而接受公司亏损较大，赔付率达167.5%。在某些情况下，溢额再保险合同双方的利益并非是完全一致的。而且可以清楚地看出，溢额再保险的自留额是固定不变的，分出公司和接受公司承担责任的比例是根据保险金额而变化的。

事故超赔分保的计算

【模拟场景】

假设有一超过100万元以上的100万元的巨灾事故超赔分保合同，一次台风持续了6天，该事故共造成损失400万元，则在分出公司和分入公司之间如何对该次事故造成的损失进行分摊？

【实务操作】

若按一次事故计算：

400万元赔款，原保险人先自负100万元赔款，再保险人承担100万元赔款，剩下200万元赔款仍由原保险人自负，原保险人共承担300万元赔款。

若按二次事故计算：

（对于台风等巨灾造成的保险事故，有时在合同中参照国际惯例规定，按照其连续持续的时间为一次保险事故，如本例中的72小时为一次事故，6天时间分为2次事故）

	分出公司	接受公司
第一个72小时损失150万元	100万元	50万元
第二个72小时损失250万元	100万元	100万元
金额合计	200万元	150万元

另外50万元由分出公司负责，即分出公司自己承担250万元，接受公司承担150万元。但在实际情况中，可能无法区分一次台风在某一时间内的损失，则应该由分出公司和接受公司各负责200万元赔款。

【参考文献】

[1] 杜鹃、陈玲：《再保险》，上海，上海财经大学出版社，2009。

[2] 米双红、龙卫洋：《再保险理论与实务》，北京，电子工业出版社，2011。

[3] 吴慧涵：《再保险原理与实务》，北京，清华大学出版社，2006。

[4] 胡炳志、陈之楚：《再保险》（第二版），北京，中国金融出版社，2006。

[5] 刘茂山：《国际保险学》，北京，中国金融出版社，2003。

[6] 孙迎春：《保险实务》，大连，东北财经大学出版社，2009。

教学项目九

保险营销

BAOXIAN YINGXIAO

【知识目标】

◇ 掌握保险营销概念

◇ 掌握保险营销的过程

◇ 熟悉保险营销技巧

◇ 正确认识保险营销定位

◇ 掌握保险营销的洽谈技巧

◇ 熟悉处理客户拒绝技巧

【能力目标】

◇ 掌握运用技巧划分准客户管理

◇ 正确使用技巧建立良好客户关系

◇ 正确运用营销知识捕捉信号促成签单

◇ 养成为客户提供优质服务的习惯

◇ 能够运用各种方法处理客户的异议

【引导案例】

保险营销的机会无处不在

【案情介绍】

美国人孟列·史威济是位保险营销业务人员，他非常喜欢打猎和钓鱼，业余时间最喜欢做的事是带着钓鱼竿和猎枪步行 25 英里去大森林体验自己的休闲时光。可是孟列总觉得打猎钓鱼有些浪费时间。有一天，当他依依不舍地离开心爱的净水湖，准备打道回府时突发奇想：在这荒山野地里会不会也有居民需要保险？那他不就可以既工作，又不影响自己打猎和钓鱼吗？

结果孟列发现果真有这种人：他们是阿拉斯加铁路公司的员工，他们散居在沿线

500 公里的各段路轨的附近。孟列主动开始了行动。他沿着铁路走了好几趟，那里的人都叫他"步行的孟列"，他成为那些与世隔绝的家庭最欢迎的人，那些人也成为了他的客户。孟列·史威济完成了令人震惊的业绩，在阿拉斯加的荒原，在没人愿意前来的铁路沿线，他一年之内就做成了上百万元的生意。孟列·史威济的成功值得每一个保险代理业务员深思。

【本案分析】

保险和客户无处不在，保险的机会随时都有。作为一名保险营销人员，只要留心自己的周围，总会找到开拓市场的机会，不但会给公司带来业务的增长，也会给自己带来很好的收益和巨大的收获。

学习任务一
全面认识保险营销

【学生任务】

◇ 要求学生在课前预习相关内容，结合已经学过的保险知识和市场营销知识来理解保险营销的相关内容，能够用自己的语言描述保险营销的含义与特征。

◇ 要求学生扩大课外阅读，掌握保险营销发展的前沿趋势，结合本部分内容，说明保险营销在保险运营中的重要作用，根据自身理解，结合具体案例写出不少于 1 000 字的书面课后作业。

◇ 将学生随机分组，按小组选出若干份作业在课堂上进行点评，学生间相互评出每一份书面文章的优劣；学生对作业进一步修改后提交教师，以便教师进行评价。

【教师任务】

◇ 指导学生在相关保险公司网站和专业网站上查找所需资料，如保险公司保险运营管理的法律法规、我国保险监管部门对于保险公司营销管理的具体要求与规定等；启发与引导学生理解保险营销的意义和作用。

◇ 提示学生完成书面文章作业所需要关注的主要知识点，如保险营销的技巧、准客户挖掘及管理与现实工作联系等。

◇ 指导学生分组，在小组内对学生进行不同的分工，对学生书面文章作业完成情况及时跟进，督促其按时完成。

◇ 对各小组进行的课堂点评适时指导，对于选出的作业予以及时、客观、公正的评价，准备回答学生可能提出的各种异议等。

教学活动1 初步认识保险营销

【活动目标】

通过本部分的教学活动，使学生熟练掌握保险营销及其相关的专有名词，理解其真正含义，并可以在保险实务中加以正确应用。

【知识准备】

保险营销是将市场营销的原理和方式方法运用于保险行业、保险市场、保险企业和保险商品的一门交叉学科。由于当今社会保险行业持续快速发展，社会大众的保险意识不断增强，保险市场日趋活跃，导致保险企业间的竞争越来越激烈。如何进行保险营销，占据更多的市场份额，是摆在每个保险企业面前的重要课题。

人们往往将"营销"与"推销"混为一谈，故而也把"保险营销"和"保险推销"当成同一件事，认为保险营销无非就是上门推销保险商品，或者通过其他渠道销售保险商品。其实保险营销的含义不止推销这么简单，我们要区分清楚"推销"与"营销"两者的含义，进而真正理解保险营销的内涵。

简单来说，"推销"就是产品的推广销售或促销。多年以来，推销主要被视为"执行要求"，即顾客决定其所需，然后业务员仅是接受顾客的要求。在销售中，了解顾客需要，提供信息或协助顾客作出决定是十分必要的。而"营销"涉及多项工作，比如寻找潜在顾客，确认其需求，开发适当的产品，进行促销，为产品定价等系列活动等。因此，营销包括了产品开发、研究、产品定价、渠道选择、沟通与服务等内容，包括了售前、售中和售后的一切活动。"推销"只不过是"营销"过程的一个组成部分而已。

一、保险营销的含义

保险营销，也称为保险市场营销，或者保险服务营销，是在不断变化和日益复杂的保险市场环境中，以保险保障服务为商品，以保险市场交易为中心，以满足投保人或被保险人的保险保障需求为核心，逐步实现保险企业经营目标的一系列活动。

正确理解保险营销的含义，需要从以下四个方面深入体会：

（一）保险营销的宗旨是使得保险顾客全面满意

相对而言，由于保险商品具有特殊性以及保险在我国发展的历史很短，许多人对保险商品一无所知或知之甚少，这就给保险商品的经营者们提出了更高的要求，要求他们从投保人和被保险人的利益出发，让人们买前顺心和可心，买后放心和省心。人们在购买有形商品时，都常常会因购买到了假冒伪劣的商品而懊丧不已，那么，怎么能让他们对保险商品这种无形商品放心大胆地购买呢？根本的一条就是通过良好的服务，让顾客产生对经营者以及其经营产品全面满意。

（二）保险营销的核心是一种社会交换的过程

保险营销活动之所以能够顺利进行，其核心是要提供保险商品，满足客户的保险保障需求，并且在公平合理的原则下进行交换与交易，使交易双方满意，从而使保险商品的营销活动得以最终完成。保险营销的社会价值交换过程包含了三个方面的意思：首先，保险人可以提供满足客户需要的保险商品；其次，保险人和客户进行公平合理的交换与交易；最后，这种社会价值交换过程中非常注重顾客服务，以使得交换过程循环进行下去。

（三）保险营销的起点是客户的保险保障需求

在人们的日常社会生活中，总会存在着多种多样的风险，人们总是要想出各种各样的办法去避免风险，使自己和家人得到幸福和安宁。从一定意义上说，保险商品就是一种趋利避害的商品，它能在灾害事故发生时，为投保人和被保险人免去一定的经济负担，并带来一定的物质上的补偿和精神上的安慰。人们除了有趋利避害的本能外，还有一种寻求保障和补偿的天性。因此，就保险商品的营销来说，发现客户的保险保障需求，并通过各种活动去设法满足这种需求，是其保险营销活动开展的起点，也是关键的一步。

（四）保险营销的手段是整体多样的营销活动

现代营销强调整体多样的营销活动，也就是说，不能把保险营销仅仅当做推销或促销，或者只是当做一项临时需要去"完成"的任务，而应当把保险营销当做一项长期的、周密的、细致的、整体的工作来进行。因此，保险营销的手段应包括营销战略的制定，市场调研和预测，消费者行为分析，产品设计与开发，保险商品的区别定价，营销渠道的选择，促销手段组合的运用，等等。

二、保险营销的原则

保险营销的原则，是指保险企业在保险市场营销活动过程中应该遵守的行为规范与准则。保险营销活动不是盲目地、不择手段地、随意地进行，而是应该遵循一定的指导原则，在这些原则的约束下开展各项活动。

（一）最大诚信原则

最大诚信原则是保险的基本原则之一，它对保险双方当事人都具有约束力。作为保险营销主体的保险企业及其营销人员，在实施保险营销活动中，也必须遵守这一原则。其一，应以诚相待，无欺于顾客，绝不损害顾客利益。其二，应严守职业道德，严格按规章制度办事。其三，应自觉维护保险企业信誉，诚心诚意为顾客服务。

（二）服务至上原则

市场营销活动是以满足顾客及其需求为核心的，而保险行业及保险产品的服务特性又决定了服务至上的重要性。因此，在组织与实施保险营销活动中，必须牢固树立"顾客第一、服务至上"的观念，自始至终遵循服务至上的原则。这一原则不仅表现在帮助顾客选择合适险种，提供宣传咨询服务上，还表现在续保、保全、制订新的保险计划、防灾防损、理赔等售后服务上。只有为顾客提供优质服务，才能使其产生信任感和依赖感，并长期吸引客户，保持市场份额。

（三）遵纪守法原则

遵纪守法原则，是指保险企业在组织和实施营销活动中，应以客户、社会及公众利益为重，自觉遵守国家有关法律和政策，依法进行经营管理和营销活动。遵纪守法原则适用于一切企业，作为国家重要经济行业和部门的保险业更应如此。只有自觉按照国家法律和政策办事，才能确保企业经营的长久稳健，确保保险营销活动的顺利进行。

（四）业务拓展原则

业务拓展是市场营销活动的出发点和基本目的之一，它既是保险企业分散风险、分摊损失、稳定经营的客观需要，也是在市场竞争中立足和发展的根本途径。因此，作为保险企业的一种经营策略和管理方法，在其市场营销活动中必须贯彻开拓市场、扩张业务的原则，不断开发新市场，努力扩大承保面，提高承保深度。

三、保险营销的特点

保险作为一种特殊的商品，其营销活动既有一般商品营销的共性，也有自己独到的特点。相较于其他商品营销，保险营销更加注意主动性、人性化和人际关系的维系。离开了主动性，保险营销就会陷入停滞，趋向灭亡；不注重人性化，保险营销就会缺乏活力，使保险营销缺乏吸引力；忽视与各方面维持良好的关系，就会使自己举步维艰，难以维系。因此，理解保险营销的特点，并在保险营销过程中加以利用和实践就至关重要了。

（一）保险营销注重以人为本

保险营销是以一种满足客户需求为出发点并以客户为中心的营销活动，因此在营销活动中非常注重以人为本。保险商品的经营者需要时刻面对顾客、面对员工、面对自己，并力求实现三者利益的均衡统一。

保险营销的最终目的是实现顾客满意。因此，保险经营者要面对顾客，要能够从顾客的需求出发，不断开发和提供满足顾客需求的产品和服务，要能够针对顾客对外界事物认知的特点，有的放矢地开展营销活动，要能够维护顾客的根本利益，向顾客提供满意的服务。

从某种意义上讲，员工也是顾客，令顾客满意，必须首先令员工满意。因为保险营销活动在很大程度上要通过员工们的共同努力来实现，如果没有员工的满意，又怎么能指望其行为令消费者满意呢？因此，关心员工的成长、注重员工道德的培养，使每个员工都树立起敬业精神和主动精神，是保证营销成功的关键。

保险营销者还必须要正确地面对自己，了解自己的所需所求，并使其经营活动令其自身满意。因为只有使其自身获得满意，才有可能实现令他人满意；有使其自身明确的需求，才可能要求其将自身的需求与员工的需求、顾客的需求、社会的需求统一起来。

（二）保险营销强调关系营销

现代营销是将企业的营销活动看做一个与消费者、竞争者、供应商、分销商、政府机构、监管部门和社会组织发生互动作用的动态过程。在这一过程中，建立与发展同相关个人及组织的良性关系是其营销成功的关键。

首先要建立并维持与顾客的良好关系。顾客是企业生存和发展的基础，市场竞争的实质是争夺顾客。因此，建立并维持与顾客的良好关系，强调以顾客为中心，强调顾客的高度参与，维持与顾客的密切联系，不断加深与顾客的感情，保持客户的满意度与忠诚度，是保险营销制胜的法宝。

其次要协调与政府机构和监管部门的关系。政府对经济生活进行干预是当今世界各国通行的做法。政府机构和监管部门出于维护社会整体利益，实现整个社会稳定，协调发展的目标，必然会制定各种政策、法规和法令对宏观经济进行管理和调节，这些宏观调控的手段和措施也必然会对企业经营产生影响。因此，作为保险经营者要采取积极的态度，协调与政府机构和监管部门的关系，积极与其合作，努力争取其理解和支持，为企业营销活动创造良好的外部环境。

另外还要促进与竞争者合作关系的形成。在当今市场竞争日趋激烈的形势下，视竞争者为仇敌，与竞争者势不两立的竞争原则已非上策；相反，促进与竞争者合作关系的形成，减少无益竞争，达到共存共荣的目的，是现代市场竞争对保险企业提出的新要求。

（三）保险营销推崇主动营销

世界各国的成功经验表明，保险企业都十分推崇主动营销。因为如果没有主动出击和主动沟通等营销活动的开展，许多营销活动就会难以顺利进行。

主动营销可以帮助客户认清需求。多数人对保险的需求是潜在的。尽管保险商品能够转移风险，提供一定的保障和补偿，但由于它是一种无形的、看不见摸不着的抽象商品，因此，对大多数人来说，人们似乎对它没有迫切性需求。保险营销人员通过主动地接近顾客、主动向顾客宣传、主动解答顾客的疑难问题、主动提供顾客所需要的一切服务等，可以帮助客户认清需求，使客户的潜在需求变为现实需求，实现投保人需求的转变。

主动营销可以"创造"客户需求。由于保险商品涉及的多是与人们的生死存亡相关的事件，因此，对很多人来说，他们对保险商品的需求是一种负需求。也就是说，人们因不喜欢或不了解保险商品，而对其采取消极回避的态度和行为。因此，保险营销者必须通过积极、主动的营销活动，扭转人们对保险商品的消极态度和行为，变负需求为正需求，从而"创造"客户的保险需求。

四、保险营销的主体

保险营销的主体指的是在保险市场上实施保险营销活动的当事人，主要分为两大类：一类是保险商品的供给方——保险人，一类是保险供需双方的桥梁——保险中介。

（一）保险人

1. 保险人的含义。保险人是指向投保人收取保险费，在保险事故发生时，对被保险人承担赔偿损失责任的保险企业。各国法律一般要求保险人具有法人资格，只有依法定程序申请批准，取得经营资格才可经营。如果保险人不具备法人资格，其所订保险合同无效；如属超出经营范围，合同效力则视具体情况而定。

我国《保险法》第十条规定："保险人是指与投保人订立保险合同，并按照合同约定承担赔偿或者给付保险金责任的保险公司。"我国规定保险人只能采取公司的形式，但是保险人的类型其实还包括其他形式。如果按照经营者的性质来划分，世界上保险业的主要组织形式有国家或政府保险组织、股份保险公司、相互保险公司、相互保险社等，但最主要的形式还是股份保险公司和相互保险公司。

2. 保险人的组织架构。保险公司各部门之间的运作是建立在各部门功能基础之上的。从人寿公司来看，它主要有营销、精算、核保、客户服务、理赔、投资、会计、法律、人力资源、信息系统等部门。

营销部门的职责主要是进行市场调查，与公司其他部门一起开发新产品和改进现有产品以适应客户的需要，准备广告促销活动，建立和维护公司产品的销售体系。

精算部门的职责是负责确保公司在精确的数理基础上运作。它要在研究预期死亡率和发病率的基础上厘定费率、确定公司的准备金，建立风险选择准则，确定公司产品的盈利水平。

核保部门的职责是确保公司被保险人的死亡率或发病率不超过费率厘定时预定的水平。此外，还参与再保险合同的协商和管理。

客户服务部的基本职责是为公司的客户包括代理人、经纪人、保单所有人和受益人等提供服务。客户服务部的人员负责提供信息咨询、帮助解释保单。

理赔部门的主要职责是负责审查保单所有人或受益人提出的索赔申请，确定索赔的有效性，将保险金交付给应受理的人。

人力资源部门规定有关雇佣、培训和解聘员工的制度，决定员工的福利水平，确保公司遵守政府的劳动法，管理雇员福利计划等。信息系统部门负责开发和维护公司的计算机系统，帮助提供和准备财务报表所需数据。

📖 【拓展阅读】
魏迎宁：保险市场主体将逐步增加

中国保监会前副主席魏迎宁于 2005 年 12 月 31 日出席《中国证券报》与中国人民大学联合主办的第四届"做大做强中国保险业"前沿专题系列讲座时表示，今后还可能进一步扩大保险资金运用渠道，不排除允许保险公司通过稳健方式参与基础建设投资和实业投资。目前中国保险业的市场主体还不够多，今后还要有计划、有步骤地增加市场主体。

对于二次启动《保险法》修改旨在放宽投资渠道的猜测，魏迎宁明确指出："如果为了放宽投资渠道，倒不一定要修改《保险法》。"因为除银行存款、国债这些投资渠道之外，其他的投资渠道可通过国务院规定就可以了。所以说现行《保险法》并不妨碍拓展资金应用渠道。不一定非得修改《保险法》不可。

魏迎宁表示，2004 年中国保监会批准了十几家财险、寿险、农业险、健康险、养老保险等新公司筹建，有的已经开业，市场主体逐渐增加，今后还会有计划、有步骤地继续增加市场主体。允许外资保险公司在中国开展团体寿险业务将会对中国保险市场产生良性影响。目前国内团险业务量比较小，在寿险业务量中的占比不到20%，而且规范程度也不如个人业务，存在"长险短做"的问题。随着企业年金保险业务和团险市场对外开放，团险市场将面临一个比较规范的发展。

（二）保险中介

保险中介是指介于保险人与保险顾客之间专门从事保险业务咨询与招揽、风险管理与安排、价值衡量与评估、损失鉴定与理赔等中介服务活动，并从中依法获取佣金或手续费的企业或个人。

保险中介是随着保险市场的发展而产生的，它是保险市场精细分工的结果。保险中介的出现推动了保险业的发展，使保险供需双方更加合理、迅速地结合，减少了供需双方的重复劳动，既满足了被保险人的需求，方便了投保人投保，又降低了保险企业的经营成本。保险中介的出现，解决了投保人或被保险人保险知识缺乏的问题，最大限度地帮助顾客获得最适合自身需要的保险商品。保险市场中介主要包括保险代理人、保险经纪人、保险公估人等。

1. 保险代理人。保险代理人是指根据保险人的委托，在保险人授权的范围内代为其办理保险业务，并依法向保险人收取代理手续费的企业或者个人。

2. 保险经纪人。保险经纪人是指基于投保人利益，代表投保人与保险人签订保险合同，并向保险人收取佣金的企业和个人。保险经纪人是代表投保人的利益并代其安排投保和提供咨询服务的，经纪人可以在授权范围内签发某种保险单。

3. 保险公估人。保险公估人是指依照法律规定设立，受保险人或保险客户委托，向委托人收取酬金，办理保险标的的查勘、鉴定、估损以及赔款的理算并予以证明的企业和个人。

五、保险营销的客体

保险营销的客体是保险营销主体用以满足客户保险保障需求的各种方式、手段和工具，指的就是保险产品，是保险企业提供的各种各样的险别险种。在现代营销学中，产品概念具有宽广的外延和丰富的内涵，是指所有能满足顾客需要和欲望的有形物品和无形服务的总和，是一个整体的概念，这种整体概念包括具有物质形态的商品实体和商品的性质、特色、品牌，也包括商品所带来的非物质形态的利益，如服务、策划等。

（一）保险产品的不同层次

1. 保险产品的核心层次。整体产品概念中最基础的一个层次就是核心利益，是指产品的基本功能或效用。顾客购买某种产品，不是为了获得它的所有权，而是由于它能满足自己某一方面的需求或欲望。就保险产品而言，其核心功能就是经济补偿，其外在的表现形式就是保险合同。被保险人遭受合同约定的风险事故时，按照保险合同和法律的规定，保险人对被保险人或受益人进行赔偿或给付。尽管保险中的投资连结保险将保险与投资功能结合在一起，但其基本功能仍然是提供保险保障，只不过保障的金额和投保人选择的投资账户的投资状况相关联。

2. 保险产品的形式层次。形式产品是指消费者需要的产品的具体外观，是核心产品的表现形式，是向市场提供的实体和劳务为顾客识别的面貌特征，主要包括产品质量、特色、款式、品牌、包装等。就保险商品而言，它提供的是一种保障承诺，但这是无形的，为了提高市场份额，需要将无形的服务有形化，提高保险产品的感知度，在保险合同、品牌、名称、广告等方面做足功课，让顾客很容易接近、感知、理解保险产品和保险公司。比如太平人寿的广告词"盛世中国，四海太平"、太平洋保险广告词"太平洋保险保太平"，这些都为保险公司树立了很好的品牌形象；有的保险公司会在客户生日的时候送去贺卡，这也是将保险产品有形化的一种方法，让顾客感觉到他们购买的是一份关爱和保障；为方便客户购买开设的网络渠道、电话服务及其他信息沟通服务、高效的投保服务流程，为方便理赔而开展的核保、核赔服务和快捷的理赔服务流程，这些都是保险公司服务的有形化，保险商品的使用价值如果脱离了服务也就没有了意义。

3. 保险产品的附加层次。附加产品指消费者购买产品时所获得的全部附加利益与服务，它包括安装、免费送货、提供信贷、售后服务、保证等。随着科学技术和管理技术的发展，各家企业提供的产品在核心利益上越来越接近，很难有很大的差异，所以附加产品层次成为企业在市场上能否取胜的关键。保险的附加值服务是指保险公司针对投保客户所提供的扩展性服务内容。在保险业发展日趋激烈的今天，许多保险公司已经把提升服务质量作为首要的战略目标。例如，发达国家的一些寿险公司拥有自己的急救医院和康复中心，随时为客户提供免费或低价的护理服务；一些寿险公司为客户提供家庭投资、理财的长远规划，对有理财知识需求的客户，通过讲座、咨询等方式提高他们的理财意识，增加相关的知识；持有长期寿险的客户，如遇到特殊紧急情况，可以向保险公司求救；如果被保险人的车辆受损或被盗，保险公司可以提供相同型号的车辆给他们。我国的保险业发展较晚，在产品附加值方面的发展还有待于完善，是各家保险公司今后努力的方向。

（二）保险产品的独特性质

保险产品是一种无形的服务，并且是一种在未来有可能提供的服务。消费者在购买之后可能并不能马上开始消费，而是在未来的某一个时刻或时期才可能消费保险产品。另外，从保险产品的生命周期来看，在产品设计部门和精算部门设计开发出保险产品，并设计出销售保险产品时所需要的合同、销售资料之后，就开始了商品的销售过程。因此，与一般商品不同的是，保险产品几乎没有生产过程，而主要是设计开发过程和销售过程，其所发生的成本也与一般商品不同。因此，作为服务的保险产品具有许多与一般商品不同的特性。

1. 保险产品是一种特殊的无形商品。保险产品是一种以风险为对象的特殊商品，是一种无形商品。这种不可感知性表现为形状的不可感知、性能的不可感知以及质量的不可感知。保险公司无法把保险产品展示给消费者，更无法让消费者试用保险产品。保险产品实际上是一种服务，并且是一种对未来所提供服务的一种承诺。

一般的服务产品在付费之后都能得到肯定的"服务"，如购买车票后肯定能"消费"乘车服务。而保险合同是射幸合同，保险产品的核心价值部分即经济补偿在付费购买时并不一定能够获得。因为合同约定的事件是有可能发生也有可能不发生的不确定性事件，因此，风险的不确定性导致了购买者在保险合同的有效期内，可能会获得的赔偿大大超过其缴纳的保费，也有可能由于保险事故未发生，而没有获得赔偿或给付。所以，对购买者个体而言，保险产品具有射幸性；但是从保险公司承保某一产品的总体上看，不存在射幸性，因为保险费与保险赔偿金额的关系是以科学的精算为基础的，原则上收入与支出应当保持平衡。

2. 保险产品是一种滞后消费的商品。一般商品在购买之后大多可以立刻开始消费，然而保险产品的消费具有一定的滞后性。消费者在购买了保险产品之后，可能从来不会消费，也可能在将来某一个时刻消费，或者在将来某一个时期内长时间地消费。例如，消费者购买了家庭财产保险，如果购买之后在保险期限内一直没有出险，那么尽管消费者购买了保险产品，但是并没有享受任何服务，或者说没有消费这个商品；如果消费者在保险期限内出险了，那么消费者在索赔的时候可以享受到保险公司的服务。如果消费者购买的是年金产品，那么在经历了缴费期并开始偿还之时，消费者就开始消费这个产品了，并且要在死亡之前一直都享受着这个产品。

保险产品实际上是对未来服务的一种承诺。因此，对于那些购买了保险产品但是因为没有出险而没有消费该商品的消费者而言，他们可能会感觉购买保险产品有些得不偿失，从而保险公司会失去这些顾客。因此，这对保险营销中的客户服务就提出了比较高的要求，要求保险公司不但要注重保险产品的销售和理赔，同时还要做好客户服务工作，为消费者提供各种有关风险的资讯、风险管理的建议等。只有这样，才能让那些没有出险的顾客仍然享受到服务，从而成为保险公司的忠实客户。

3. 保险产品是一种非渴求性消费商品。在市场营销学中，消费品按照人们的购买习惯，分为四类：一是方便品，指顾客经常购买或即刻购买，并几乎不作购买比较和购买努力的商品。这类产品包括烟草制品、肥皂和报纸等。二是选购品，指消费者在选购过程中，对产品的适用性、质量、价格和式样等基本方面要作有针对性比较的产品。这类产品包括家具、服装、旧汽车和重要器械等。三是特殊品，指具有独有特征和（或）品牌标记的产品，对这些产品，有相当多的购买者一般都愿意作出特殊的购买努力。这类产品通常包括特殊品牌和特殊式样的花色商品、小汽车、高保真度元器件、摄影器材以及男式西服。四是非渴求商品，指消费者未曾听说过或即便听说过一般也不想购买的产品。传统的非渴求商品有人寿保险、墓地、墓碑以及百科全书。保险产品就属此类。

保险产品是因应对风险、管理风险而生，它不可避免地涉及损失、死亡、疾病等事故。面对这些事故人们往往不愿正视，或讳莫如深，或谈之色变。因此，人们一般不愿主动购买保险产品，不会像逛商店选购商品一样去保险公司购买保险产品，这无形中增大了保险营销的难度。非渴求商品的特性决定了它需要作出诸如广告和人员推销的大量营销努力。一些最复杂的人员推销技巧就是在推销非渴求商品的竞争中发展起来的。

4. 保险产品是价格相对隐蔽的一种商品。保险产品的价格指的是保险费率，以寿险为例，保险费率是根据经验生命表中的死亡率、利息率以及保险公司的费用率来制定的，经过了科学的统计分析与精算，一经确定即相对固定，很长时期内变化的可能性很小。而且在销售时不允许讨价还价，买方只能作出取与舍的决定，没有与卖方商议价格的余地。

由于各保险公司所采用的预定利率、费用等因素不同，因而保险产品的实际价格不同。然而由于保险产品是一种复杂的商品，需要一定的经济学和财务知识才能比较各保险公司产品价格的高低。而由于每个公司所提供的服务、偿还的时间和偿还的金额之间不具有完全的可比性，所以保险产品的价格具有隐蔽性。消费者非常难以判断购买某种保险产品是否合算。这就要求保险的销售者在销售保险产品时采用各种手段进行比较，明确告诉消费者该产品的优点，而不能仅仅说该保险产品非常好，却说不出好在哪里。

六、保险营销的对象

保险营销的对象即保险营销的指向者、实施营销的目标和对象，又称准保户，我们一般都会称为客户。实务中的保险营销对象包括各类自然人和法人。保险营销的成功与否，最终取决于准保户的投保情况。保险产品作为一种特殊的无形商品，其客户具有与一般商品客户所不同的特点。

（一）保险客户的范围非常广泛

对于一般商品而言，某种商品总是有相对应的客户群。然而，由于保险产品的多样性，其有针对企业的团体保险、企业财产保险等，还有针对消费者的家庭财产保险、年金等。因此，保险产品这种无形的服务所针对对象的范围是非常广泛的，不但包括自然人，而且还包括法人，并且各种类型、各种行业的法人都可能是保险产品的客户。例如，核电站是核电站保险的客户，航运公司是海洋货物运输保险的客户，建筑公司是建筑工程保险的客户，所有自然人都是人身保险的客户，所有企业都是企业财产保险、人身保险团体险的客户等。保险产品所服务的对象包罗万象，任何企业和自然人都是保险公司的客户。

保险客户范围的广泛性，对保险营销活动产生了巨大的影响。首先，保险公司及其营销人员必须注意自己的公众形象。保险公司是为所有的企业和人服务的，保险公司在任何经营活动中都要考虑周到、全面，不能只片面注重某一类客户，否则必然失去其他客户。其次，保险营销人员在展业的时候，眼光必须长远，不能因为此时不是自己的客户而有所怠慢。最后，保险公司必须针对不同的客户实施不同的营销战略。只有这样，才能打开消费者的心扉，促使他们作出购买保险产品的决定。

📖 【拓展阅读】

中国保险业缘何唱"儿歌"

20世纪90年代初中国的寿险公司纷纷推出针对少年儿童的保险产品，如中保人寿的"66鸿运"，平安的"小儿终身平安"、"育英才"、"小福星终身寿险"，太平洋的"少儿乐"，友邦的"英才"，中宏的"儿童康宁"，等等。一段时期内，这些产品在市场上非常热销，以至于成为各家寿险公司业务的主要增长点。这一现象引起保险理论界和媒体的关注，媒体称中国保险业爱唱"儿歌"。

一般来说，家庭成员中最需要保险保障的首先是家庭收入的主要创造者——家长，而不是儿童。因为如果一旦家长因健康或遭受意外不能正常工作，就会造成家庭经济状况窘迫，甚至面临严重困境。可从我国国情看，"尊老爱幼"是我国的传统美德，这种传统心理驱使今日的家长首先考虑为子女添一份保障，添一份关爱。尽管有人根据保险理论断定中国保险业走入了"误区"，但从公司营销的角度看，这无疑是成功的，它了解了中国国情，迎合了中国老百姓的心理，选准了目标市场并开发了一个巨大的保险营销市场。

（二）保险客户的范围会发生变化

保险产品的客户范围并不是一成不变的，而是随着保险公司的内部和外界因素的变化而不断变化。其变化主要体现在两个方面：其一是客户范围在不断扩大；其二是某些准客户在发生变化，他们可能从一种保险产品的客户变成多种保险产品的客户。

导致保险产品的客户变化的主要原因大体有：

1. 收入的不断增加使更多的人产生了保险需求，成为保险产品的消费者。随着经济的发展，人们的生活水平不断提高，产生了保险需求，越来越多的人成为保险公司的客户。

2. 新的保险产品不断开发使客户范围发生变化。如今，许多新兴的险种例如责任保险、年金产品等使越来越多的自然人和法人成为了保险公司的客户。所以，随着时代的发展，保险产品的不断创新，保险公司的客户范围会不断地变化和扩大。

3. 相关法律法规的变化使客户范围发生变化。目前，出于分散风险、稳定社会的目的，许多国家都在不断地修改法律，不断地把一些险种纳入强制性保险的范畴，例如产品责任保险、建筑工程第三者责任险、货物运输保险等都被一些国家列为强制性保险。保险公司的客户也因相关法律法规的变化而不断扩大。目前我国已经确定了强制性机动车辆保险第三者责任险的法律地位。

教学活动2　了解保险营销的过程

【活动目标】

通过本部分的教学活动，使学生了解与熟悉保险企业进行保险营销的全部过程，了解其各个步骤的工作重点，并可以在保险实务中加以识别。

【知识准备】

保险营销过程是指保险企业在保险营销中科学合理地进行保险营销决策和实施营销活动所经历的一系列程序和步骤。它主要包括保险营销市场调研与市场预测，发现和分析保险市场机会、选择目标保险市场以及涵盖战略、制定营销策略以及组织执行和控制保险市场营销活动等。

保险营销的过程如图9-1所示。

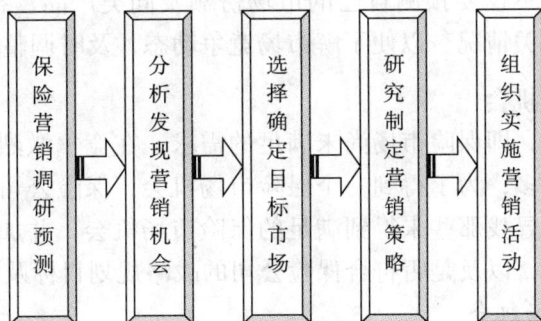

图9-1　保险营销的过程

一、保险营销调研预测

保险营销市场调研与市场预测，既是保险市场营销管理的重要环节和首要内容，也是保险企业研究和选择目标市场、制定营销策略、制定营销纲要和实施与控制营销计划的前提和基础，是任何保险企业的营销活动都不可避免的。

（一）保险市场营销调研

保险市场营销调研简称营销调研，是指保险企业运用科学的方法，有目的、有系统地收集、记录、整理和分析有关市场营销方面的各种信息及情报资料，提出解决问题的建议，确保营销活动高效稳步地发展。

保险市场营销调研的内容应包括企业营销活动的各个方面。但在不同时期的营销活动中，由于主导思想和遇到的问题不同，因而，各保险企业应根据自己的实际情况来确定各时期的调研内容和重点，并组织人力搞好营销调研。就一般情况而言，营销调研的基本内容包括以下三个方面：一是保险市场营销环境的调研，二是保险市场客户需求的调研，三是保险市场竞争对手营销实务的调研。

（二）保险市场营销预测

保险市场营销预测，是指保险企业在营销调研的基础上，借助科学方法对保险市场的供求变化及发展趋势等不确定因素，作出定性或定量的分析、预计及判断，为市场营销决策提供可靠的依据。市场营销调查和预测是紧密联系的两个环节，调查是预测的基础，预测是对调研结果的进一步科学分析和深化。两者都是营销管理的重要内容，也是制订营销计划、进行营销决策的前提。

保险市场营销预测的内容很广泛，包括宏观及微观两个方面。宏观预测是指对保险营销的宏观因素变化所作的分析与判断，微观预测则是对直接影响保险营销的重要因素所作的预计和推测。其主要内容包括以下四个方面：一是对保险市场需求潜量的预测，以便科学组织营销；二是对营销物资资源的预测，以便搞好新险种开发与老险种改造；三是对保险营销前景预测，包括对各险种的品种、费率、销售量、经济效益等方面的预测，以便制订营销计划与方法；四是对保险市场占有率预测，包括绝对市场占有率及相对市场占有率的预测。不仅要预测自己的市场份额及同类产品、替代产品的发展趋势，还应预测竞争对手的有关情况，以便了解市场竞争动态，及时调整竞争策略。

二、分析发现营销机会

所谓保险市场机会，即保险市场尚未满足的需求。在竞争激烈的买方保险市场，有利可图的营销机会并不多，为了得到一个保险市场机会，保险公司营销调研人员要进行专门的调研，千方百计寻找那些未得到满足的保险市场机会，并加以分析评估，看其对保险公司是否有利可图，以及是否符合保险公司的战略规划目标及资源优势等。

（一）分析保险市场机会

保险市场需求和保险市场竞争的发展变化，使任何一个保险公司都不可能永远依靠现有产品和保险市场长久地发展，必须寻找新的保险市场机会。但是保险市场机会与保险公司机会是有差别的，在概念上不能将两者混淆。所谓保险公司机会，就是对本保险公司的营销活动具有吸引力，利用这一机会可以获得竞争优势和差别利益的环境机会。保险市场未满足的需求在客观上只是一种环境机会，能否成为保险公司机会，要看其与保险公司战略规划所确定的目标范围是否一致，以及保险公司各方面的资源是否具备优势，即是否能比竞争者获得更大的差别利益。

（二）评估保险市场机会

某一保险市场机会能否成为保险公司的营销机会，还要看它是否适合保险公司的目标和资源。每一个保险公司在战略规划指导下，在特定时期和营销环境下，都具有一系列的目标，譬如利润、销售额、保险市场占有率等。有些保险市场机会不符合上述目标而不能成为保险公司的营销机会。例如，有些保险市场机会在短期内可以提高利润率，但却不利于保险公司的长期发展；还有的保险市场机会虽可以获得满意的销售额和利润，但保险公司又缺少必要的资金、设备和营销能力，或不能以合理的代价获取上述资源和条件。因此，类似的保险市场机会都无法利用。只有那些既能够发挥保险公司优势，又符合保险公司发展目标，同时也具备成功条件的保险市场机会，才能转化为公司的盈利机会。

三、选择确定目标市场

保险营销中的目标市场，就是保险公司决定要进入的那个保险市场部分，也就是保险公司选择并竭诚为之服务的顾客群体。在现代保险市场经济条件下，任何产品在保险市场都有许多顾客群，而且分散在各国和国内各个地区；任何保险公司都不可能满足所有顾客群的需要，也不可能满足同一顾客群中所有顾客的需要。因此，必须与同行业保险公司通过竞争和合作共同营造良好的保险市场环境，来满足顾客的需要。为了降低成本，提高保险公司经营效益，保险公司必须细分保险市场，必须根据自己的资源、特长和优势确定目标保险市场；同时，必须竭尽全力为目标保险市场顾客群服务，提高顾客的满意度和忠诚度。

保险公司在决定为一个或者多个子保险市场提供服务，即确定目标保险市场覆盖战略时，有三种策略可供选择。

（一）无差异保险市场营销

无差异保险市场营销是指保险公司在保险市场营销细分之后，不考虑各子保险市场的特性，而只注重子保险市场的共性，决定只推出单一产品，运用单一的保险市场营销组合，力求在一定程度上满足尽可能多的顾客需求。其优点是产品的品种、规格、款式简单，有利于标准化与大规模生产，有利于降低生产、存货、运输、研究、促销等的成本费用。但缺点是单一产品要以同样的方式广泛销售，很难得到需求多样性的广大客户的满意。特别是当同行业中有若干家保险公司实行无差异营销时，在较大的子保险市场中的竞争将会日趋激烈，而在较小的子保险市场中将会出现供不应求，往往出现子保险市场越大，利润反而越小的情况。

（二）差异化保险市场营销

差异化保险市场营销是指保险公司决定同时为几个子保险市场服务，设计、研制不同的产品，并在渠道、促销、定价等方面采取相应的措施，以适应各种保险市场的需要。其优点是保险公司的产品种类如果同时在几个子保险市场都占有优势，就会提高消费者对保险公司的信任感，进而提高重复购买率。而且，多样化的渠道和多种形式销售，亦会大大增加保险公司的总销售额。但缺点是会使保险公司的生产成本和市场营销费用（包括产品改进成本、生产成本、管理费用、存货成本、促销成本等）增加。

（三）集中性保险市场营销

集中性保险市场营销是指保险公司中所有力量，以一个或少数几个性质相似的子保险市场作为目标保险市场，以便在较少的子保险市场上占有较大的保险市场占有率。其优点是有利于为顾客服务，有利于在生产和保险市场营销方面实现专业化，有利于保险公司在特定保险市场取得优势地位，获得较高的投资收益率。但缺点是实行集中性保险市场营销有较大风险。因为目标保险市场比较狭窄，一旦保险市场情况突然恶化，保险公司可能陷入困境。

保险公司在研究选择上述目标保险市场覆盖战略时，需要主要考虑以下几个方面因素：一是保险公司自身拥有的资源，二是提供保险产品的同质性与否，三是目标保险市场的同质性与否，四是保险产品处于生命周期哪个阶段，五是在目标市场上竞争对手的强弱。

四、研究制定营销策略

在分析保险市场机会和选择确定目标保险市场后，保险公司就应该研究制定营销策略了。在商品经济时代，商品是最主要的因素，整个社会的生产、沟通和消费都是围绕商品展开的，与这一经济形态对应的营销方式是商品营销。商品营销关注的是如何成功地将商品从保险公司让渡到顾客手中，关注的重点是"交易"。为了达成交易的目的，商品营销为保险公司实践者提供了一组战术性策略组合，即业界非常流行的"4Ps"组合：产品（Product）、价格（Price）、地点（Place）、促销（Promotion）。

在服务经济时代，服务代替商品成为社会上的主要经济提供物，这不但体现在我们经常提起的服务业，甚至在制造业也得到了很好的体现，与其对应的服务营销也就产生了。与商品营销不同，服务营销强调"接触"。在向顾客提供服务的过程中，保险公司面临着许多与顾客进行接触的点，而对这些接触点的管理水平将最终决定顾客获得服务质量的高低。根据服务的特性和服务营销的需要，学者们将传统的"4Ps"组合策略扩展到"7Ps"组合策略，即增加了3个P：人（People）、有形展示（Physical）、过程（Process）。

进入21世纪，也进入了体验经济盛行的时代。在体验经济时代，人们在消费中不再单纯追求产品的功效或者质量，而是希望获得包含物质因素和精神因素的整体价值。由此产生的顾客价值理论认为，顾客在消费中是理性的，他们不仅关注消费的经济成本，也关注消费的精神成本。顾客价值理论的创新之处就在于保险公司是真正站在顾客的角度来看待产品和服务的价值。这种价值不是由保险公司决定的，而是由顾客决定的。在保险市场因素的推动下，一些保险公司开始尝试新的营销策略，开始注重针对顾客的价值设计和价值传递，努力在营销中提高顾客价值，降低顾客成本，实施"价值营销"策略。

五、组织实施营销活动

保险营销程序的最后一个环节就是组织实施保险市场营销活动，并对活动的过程和结果加以控制。保险市场营销执行是将保险市场营销策略转化为行动方案的过程，并保证这种任务的完成，以实现计划的既定目标。保险市场营销调研、分析保险市场机会、选择目标保险市场、制定保险市场营销战略是解决保险公司保险市场营销活动应该"做什么"和"为什么要这样做"的问题，而组织实施营销活动则是要解决"由谁去做"、"在什么时候做"和"怎样做"的问题。保险市场营销活动的成功实施主要依赖于以下几个因素：

（一）制订行动方案

为了有效地实施保险市场营销战略，必须制订详细的行动方案。这个方案应该明确保险市场营销战略实施的关键性决策和任务，并将执行这些决策和任务的责任落实到个人或小组。另外，还应包含具体的时间表，定出行动的确切时间。

（二）建立组织结构

保险公司的正式组织在保险市场营销执行过程中起决定性的作用，组织将战略实施的任务分配给具体的部门和人员，规定明确的职权界限和信息沟通渠道，协调保险公司内部的各项决策和行动。具有不同战略的保险公司，需要建立不同的组织结构。也就是说，结构必须同保险公司战略相一致，必须同保险公司本身的特点和环境相适应。组织结构具有两大职能：首先是提供明确的分工，将全部工作分解成管理的几个部分，再将它们分配给各有关部门和人员；其次是发挥协调作用，通过正式的组织联系沟通网络，协调各部门和人员的行动。

（三）决策报酬制度

为实施保险市场营销战略，保险公司还必须设计相应的决策和报酬制度。这些制度直接关系到战略实施的成败。就保险公司对管理人员工作的评估和报酬制度而言，如果以短期的经营利润为标准，则管理人员的行为必定趋于短期化，他们就不会有为实现长期战略目标而努力的积极性。

📖 【拓展阅读】

优秀保险营销人员的素质

对于一名优秀的保险营销人员而言，不仅要有现代的营销理念和良好的心理素质，还要有广博的业务知识和较强的社会交际能力。

一、树立现代的营销理念

营销理念是相对于推销观念而言的，推销观念是以企业现有产品为中心，以促销刺激需求和扩大销售为目的；营销理念是以企业的目标顾客及其需求为中心，以满足目标顾客需求和扩大销售为目的。树立营销理念就是要善于发现和了解目标顾客的保险需求，根据需求来推销不同的产品，将满足顾客需求的程度作为衡量营销业绩的标准。

二、培养良好的心理素质

优秀的保险营销人员必须有坚强的意志力，因为营销是一种思想性强、技术难度较大的工作，要有不怕拒绝、不怕失败、百折不挠的精神。优秀的营销人员应该有开朗的性格和真诚的态度，积极乐观的性格在推销时会有更强的感染力。优秀的营销人员还要有宽广的胸怀和成熟稳重的性格，因为人们的民族与信仰不同，家庭条件与个人需求千差万别，营销中发生摩擦与矛盾在所难免，营销人员襟怀坦荡、成熟稳重的性格更容易赢得顾客的理解与信任。

三、拥有广博的业务知识

优秀的保险营销员应这努力做到专业知识求其精、一般知识求其博。不仅要学习保险基础理论知识，如保险的产生与发展、保险的性质和职能等，还要学习保险合同及保险实务知识，如保险保障范围、保险费率的厘定、保险责任和保险理赔等。保险推销人员如果熟悉所在公司的历史、现状及经营程序，就会更好地为顾客服务。此外，保险营销人员要与各种类型的人交往，还应尽可能了解心理学、社会学、公共关系学、法律、经济学及琴棋书画等各方面的知识，以增加与顾客沟通、交流的机会。

四、具有较强的社交能力

优秀的保险营销人员应有较强的社会交际能力，应该热情、真诚、谈吐文雅、谨慎机敏、善于与各种各样的顾客交朋友，建立广泛而密切的联系，根据不同顾客的特点施展推销才华。

（四）开发人力资源

保险市场营销战略最终是由保险公司内部的工作人员来执行的，所以，人力资源的开发至关重要。这涉及人员的考核、选拔、安置、培训和激励等问题。在考核、选拔管理人员时，要注意将适当的工作分配给适当的人，做到人尽其才；为了激励员工的积极性，必须建立完善的工资、福利和奖惩制度。此外，保险公司还必须决定行政管理人员、业务管理人员和一线工人之间的比例。许多美国保险公司已经削减了公司的一级行政管理人员，目的是减少管理费用和提高工作效率。

（五）营销控制措施

保险营销控制计划，是保险营销管理的关键内容和重要环节，它不仅是指导与协调市场营销工作的重要工具，也是调整与实施保险营销策略的依据。在营销管理过程中，不可避免地会出现一些意外情况，公司需要一套控制措施，才能确保营销目标的实现。营销控制有年度控制计划、利润控制计划和战略控制计划三种类型。

学习任务二
保险营销实务操作

【学生任务】
◇ 要求学生课前预习相关内容，结合已经学习过的保险知识和市场营销的相关知识来理解保险营销实务操作的相关内容，能够用自己的语言来描述保险展业和保险服务的重要作用。

　　◇　要求学生扩大课外阅读，掌握行业发展的前沿趋势，结合本部分内容，说明保险实务中如何运用市场营销的手段促使保险业务的达成，根据自身的理解，结合案例在课堂提问中口头表达。

　　◇　将学生随机分组，按小组选出典型回答在课堂上进行点评，学生间相互评出每一口头表达情况的优劣，教师进行综合评价。

【教师任务】

　　◇　提示学生完成口头表达所需要关注的主要知识点，如展业、要约、要约的邀请、反要约、保险客户开发等，与相近的保险、经济专业名词的区别与联系，保险服务的最新国际趋势等。

　　◇　指导学生分组，在小组内对学生进行不同的分工，对学生口头表达作业完成情况及时跟进。

　　◇　对各小组进行的课堂点评适时指导，对于选出的作业予以及时、客观、公正的评价，准备回答学生有可能提出的异议等。

教学活动1　保险客户的开发

【活动目标】

　　通过本部分的教学活动，使学生深入理解保险营销的理念，树立以客户需求为导向的保险营销模式理念，提高在保险实际工作中的业务能力。

【知识准备】

　　由于保险商品的无形性，消费者要想从直观上了解产品信息，在很大程度上需要通过营销人员的宣传和介绍。通过营销人员与潜在保险客户的不断接触，保险消费者可以直接获得有关保险公司和保险商品的详尽信息，保险营销人员也可以直接全面地了解潜在客户的购买意图和态度。

一、潜在保险客户的分类

　　寻找、发掘潜在的保险客户是保险营销人员应当掌握的基本功。不但要找准路子，注意方法和侧重点，还须经常学习和借鉴好的方法、经验，不断培养各种兴趣、爱好，提高寻找发掘潜在客户的观察能力。这种观察鉴别力是多年经验的积累，是不断培养锻炼的结果。提高观察力，才能根据顾客的想法和动机，发掘到更多不同类型的潜在客户。

　　（一）内向型客户

　　这种类型的保险客户生活比较封闭，对于外界事物表现比较冷淡，一般与陌生人交往要保持相当的距离，对于自己的小天地之中的变化相当敏感。他们大多讨厌保险营销人员的过分热情，因为这与他们的性格格格不入。保险营销人员给予他们的第一印象将直接影响他们的购买决策。因此，保险营销人员需在初次拜见时就应给这种类型的客户留下良好的印象。

（二）随和型客户

这种类型的保险客户性格开朗，容易相处，内心防线较弱，对陌生人的戒备心理不如内向型客户强。这一类客户表面上是不喜欢当面拒绝人的。对于随和型客户，保险营销人员的幽默、风趣自会起到意想不到的效果。

（三）刚强型客户

这种类型的保险客户性格坚毅，个性严肃、正直，尤其对待自己的工作认真、思维缜密。这种类型的保险客户初次见面时难以接近，如果在拜访保险客户之前获知这类客户的特点，最好经第三者介绍，这样会对保险营销更为有利。

（四）神经质客户

这种类型的保险客户对外界事物、人物反应异常敏感，而且容易耿耿于怀；他们容易对自己已经作出的决策反悔；情绪不稳定，易激动。对这类保险客户最好顺其自然，并且能在合适的时机提出自己的观点。

（五）虚荣型客户

这种类型的保险客户在与人交往时喜欢表现自己，突出自己，不喜欢听别人过多的劝说，比较任性，而且嫉妒心比较重，爱面子，多喜欢恭维类型的话。对这种类型的客户，在整个保险营销过程中，保险营销人员不能表现太突出，不要造成对他极力劝说的印象。

（六）好斗型客户

这种类型的保险客户好胜、顽固，同时对事物的判断比较专横，而且喜欢将自己的想法强加于别人，征服欲很强。对这类客户，要准备好被他步步紧逼，必要时丢点面子也许会使事情好办得多。

（七）顽固型客户

这种类型的保险客户多为老年客户或者是在保险消费上有特别偏见的客户。不要试图在短时间内改变这类保险客户，否则容易引起对方强烈的抵触情绪和逆反心理。

（八）怀疑型客户

这种类型的保险客户对于保险产品甚至保险营销人员的人格都会提出质疑。建立起客户对保险营销人员的信任至关重要，端庄严肃的外表与谨慎的态度会有助于营销成功。

（九）沉默型客户

这种类型的保险客户在整个营销保险的过程中表现都很消极，对营销冷淡。面对这种客户，保险营销人员可以提出一些简单的问题刺激保险客户的谈话欲。避免关系更为僵化，以增加下次拜访成功的可能性。

二、保险潜在客户开发的模式

国外营销学者对营销活动的进程曾作过典型的归纳，其中比较有代表性的是两种基本模式，即所谓"爱达模式"和"迪帕达模式"。

（一）"爱达模式"

"爱达模式"将销售进程分为四个阶段。所谓"爱达"（AIDA），即由四个阶段活动的英语原文的第一个字母所构成，这四个阶段为：

1. 引起注意（Attention），即在销售活动中首先要吸引消费者对销售人员以及产品的注意。

2. 激发兴趣（Interest），即在引起消费者注意之后，努力使其能对产品产生浓厚的兴趣。

3. 促动欲望（Desire），即在消费者注意之后，促使其进一步形成拥有该产品的欲望。

4. 导致行动（Action），即消费者的欲望一旦形成，便采取方法驱使其迅速决策，产生购买行动，完成销售过程。

（二）"迪帕达模式"

"迪帕达模式"将销售进程分为六个阶段。"迪帕达"（DIPADA）同样是由各阶段英语原文的第一个字母所构成，这六个阶段为：

1. 发现需求（Discover），即销售人员首先应当去寻找和发现消费者的不同需求。

2. 激发兴趣（Interest），即对消费者需求进行适当引导，使其转化为对保险公司产品的兴趣。

3. 增强信任（Proof），即提供具有说服力的证据，证明产品可能满足消费者的需求，增强消费者对保险公司产品的信任度。

4. 促使接受（Accept），即通过积极的游说，促使消费者接受销售人员的建议。

5. 促动欲望（Desire），即在消费者对产品有所了解的基础上，促使其产生购买欲望。

6. 导致行动（Action），即消费者欲望一旦形成，便驱使其迅速决策，采取购买行动，完成销售过程。

"爱达模式"和"迪帕达模式"的基本过程差不多。但比较而言，"迪帕达模式"更重视对消费者需求的了解和满足，更符合以市场为导向的现代营销观念。只要能准确把握销售过程的各个环节，相应采取不同的销售策略，循序渐进、逐步深入，就可能取得完美的销售效果。

📖 **【拓展阅读】**

保险营销人员的客户开发技巧

客户开发技巧是一种对象各异、环境多变的营销手段，随机性很强，因此营销人员的销售技巧对保险商品销售活动的成败有很大影响。客户开发是一门艺术，变幻无穷，这里只介绍营销人员所应掌握的一些基本技巧。

一、把握时机

营销人员应能准确地把握时机，因人、因时、因地而宜地开展营销活动。一般而言，营销的最佳时机应选择在对方比较空闲、乐意同人交谈或正好有所需求时，如社交场合，旅行途中，茶余饭后或参观游览时，都是进行营销的较好时机，而应当避免在对方比较繁忙或心情不好时开展销售。有时候，环境的变化往往会造成对某些保险公司和产品有利的营销时机。营销人员应能及时抓住这些时机，不使其失之交臂。

二、善于辞令

语言是营销人员最基本的营销工具，所以营销人员必须熟练掌握各种语言技巧，充分发挥语言对消费者的影响力。具体来讲，一是要在各种场合下寻找到便于接近对方的话题；二是在谈话中要能牢牢把握交谈的方向，并使之逐渐转入营销活动的正题；三是善于运用适当的词句和语调使对方感到亲切自然；四是对消费者的不同意见不轻易反驳，而是在鼓励消费者发表意见的同时耐心地进行说服诱导。

三、注意形象

营销人员在销售过程中同时扮演着双重角色，一方面是保险公司的代表，另一方面又是消费者的朋友。因此营销人员必须十分重视自身形象的把握。在同顾客的接触中，应做到不卑不亢，给顾客留下可亲可敬的印象，以使顾客产生信任感，在同顾客进行的交易活动中应做到言必信、行必果，守信重诺，以维护自身和保险公司的声誉；应避免惹人讨厌地倾力销售，努力创造亲密和谐的销售环境。

四、培养感情

营销人员应重视发展同顾客之间的感情沟通，设法同一些主要的顾客群体建立长期关系，超越买卖关系建立起同他们之间的个人友情，形成一批稳定的顾客群。要做到这一点，营销人员往往不能局限于站在保险公司的立场上同顾客发生联系，而应学会站在顾客的立场上帮其出主意，当参谋，指导消费，选购商品，甚至可向其推荐一些非本保险公司的产品，以强化销售活动中的"自己人效应"。

三、保险客户开发的过程

（一）寻找潜在客户

保险营销人员通过有效的方法寻找潜在的客户，必须懂得如何淘汰那些没有价值的线索。对潜在的顾客，可以通过研究他们的财务能力、业务量、具体的需求、地理位置和连续进行业务的可能性来衡量他们的资格。销售人员应当给潜在客户打电话或者写信，以便确定是否访问他们。

（二）做好准备工作

营销人员应该尽可能多地了解潜在客户的情况，以及他们的性格和购买风格，可以通过向熟人和其他人咨询来了解情况。之后应该根据了解的情况确定访问目标，比如确定该客户是否有购买该险种的能力，他的确切需求是什么。然后决定采用哪种访问方法，可以选用上门拜访、电话访问或者寄出信函和宣传资料等方式。访问的最佳时机也必须考虑，因为许多潜在客户在一定的时间内十分繁忙，不适合的访问时间将会引起客户的反感，降低营销成功率。最后，我们还应该考虑对客户的全面营销战略，采用哪种销售方式或战略将是客户最能接受的。

（三）选择接近方法

要让双方的关系有一个良好的开端，初次见面十分重要。仪表、开场白和随后的谈论内容都对是否建立良好的第一印象起着关键作用。着装应根据会面的不同场合而定，应尽量与顾客的衣着相似，但都应该整洁、大方、庄重；对待顾客要热情而有礼貌；避免做一些令人分心的动作，如在地板上踱来踱去，或直勾勾地盯着对方看；开场白要明确，比如"某某先生，我是 ABC 公司的某某，我们公司和本人都非常感谢您对我的接见，我将尽力使这次访问对您有所裨益"。接下来便可以讨论一些主要问题，并深入了解对方需求。

（四）主动讲解示范

保险营销人员可以按照前述"爱达模式"和"迪帕达模式"对潜在客户进行保险商品的讲解和示范。在整个过程中，应该根据险种的保险范围，着重说明该险种能怎样满足顾客的需求，给顾客带来什么利益。这种利益是以满足顾客的实际需求为前提、保障需要为根本的。因此，在讲解和示范的时候，应该采用"需要—满足法"，即通过鼓励顾客多发言以了解顾客的真正需要为起点。这种方法要求保险营销人员有善于倾听别人意见并能解决实际问题的能力，保险营销人员需要扮演一个具有业务知识的咨询角色，他通过帮助客户购买保险来保障更多的利益。在讲解过程中，我们还可以借助小册子、挂图、保单样品以及在电脑中演示幻灯片、小宣传片等。

（五）处理抵触意见

保险营销人员向顾客介绍产品的过程中，总是有人会表现出抵触情绪。这些抵触有些是心理上的原因，有些是逻辑上的原因。心理抵触包括：对外来干预的抵触，喜欢自己养成的习惯，生性对事物漠不关心，对别人不愉快的联想，反对让别人摆布的倾向，预定的构思，不喜欢作决定，对金钱的过敏态度等。出于逻辑原因的抵触包括对保费、保险金额、购买时间、购买手续（体检等）以及对某个公司的抵触。要应付这些抵触情绪，我们应该采取积极的方法。请顾客说明他们反对的理由，向顾客提一些他们不得不回答的他们自己的反对意见的问题，否定他们意见的正确性，或者直接将对方的异议转变为购买的理由。保险营销人员应该受到全面的谈判技巧的训练，如何应付反对意见是谈判技巧的一部分。

（六）设法达成交易

设法达成交易是保险营销人员营销工作的最终目标所在。对于自己的工作缺少信心，或对要求顾客购买保险感到心有愧，或者不知道什么时候是达成交易的最佳心理时刻等，都会影响到最终能否达成交易。保险营销人员必须懂得如何从顾客那里发现可以达成交易的信号，包括顾客的动作、语言、评论和提出的问题。

（七）保险后续服务

保险后续服务是保证顾客感到满意并能继续购买所不能缺少的工作。交易达成后，保险营销人员就应该尽职尽责地履行各项签订保险合同的具体工作，并且在这之后制定一个后续工作的访问日程表，以保证客户能顺利购买，并及时提供指导和服务。通过这种访问，保险营销人员能及时地发现一些潜在的问题，帮助客户解决，使客户相信并对保险公司的服务感到信任。此外，保险营销人员还应该制订一个客户维护计划，确保不会丢失和遗忘客户。

四、寻找潜在客户的方法

寻找潜在客户就是找寻一些合适的营销对象，但与一般商品截然不同，保险产品是看不见和摸不着的，一般人不易明白其好处，就不会主动购买，所以保险营销人员必须主动寻找潜在客户。保险营销人员寻找潜在客户的方法很多，具体如下：

（一）陌生拜访法

陌生拜访是一种无预约性的拜访，是推销员有意识地在居民区、商业中心等地拜访居民、办公室人员等，通过拜访以寻找准客户，开拓顾客群。陌生拜访法是直接拜访素不相识的家庭或个人，所以在拜访前应有足够的心理准备。根据大数法则，只要被拜访的客户数量足够多，必然会寻找到投保的客户。

在运用陌生拜访法时要注意：①营销员要根据产品特色和本人优势，选准展业的行业和地区。②精心做好拜访前的准备，包括如何讲好第一句话，准备好名片，对保险公司和产品的介绍资料的准备，对各种可能提出的问题，如何进行回答的设想等。③第一次拜访的目的是取得准客户的姓名、地址、电话等联系方式，因此对客户的其他拒绝理由不要太在意。

（二）缘故利用法

缘故利用法就是利用人际关系，如亲朋关系、工作关系、商务关系等，寻找潜在客户，这是潜在客户开拓的一条捷径。这种方法的优点是推销员对潜在客户比较了解，容易接触，客户资料收集方便，容易挖掘客户的保险需求，成功率较高。缺点是由于亲朋好友人数有限，所以仅仅靠此方法是不行的。

（三）客户介绍法

客户介绍法就是请已投保的保户以口头、便条、信笺、电话等形式介绍新的准保户。这是寻找潜在客户的有效方法。介绍法的好处是可以大大地避免展业的盲目性，有助于未来业务员赢得新客户的信任。由于朋友或熟人的介绍，可以减少客户的直接拒绝，争取到面谈的机会，从而达到签单投保的目的。

（四）中心辐射法

选择有较大影响的中心人物为客户，然后利用中心人物的影响与协助，把该范围内可能的潜在客户发展为客户的方法，此方法中寻找中心人物是关键。优点是有利于节省时间和精力；同时又可借助于中心人物的威望，提高保险业和营销人员的威信。

中心人物的形成必须具备以下条件：①中心人物是热心的保险客户，对营销人员有相当的了解，愿意帮助营销人员拓展业务。②中心人物对营销人员的人格和能力具有绝对的信心。③中心人物必须对所推荐的人有一定的影响力。

（五）个人观察法

这种方法要求营销员有灵敏的嗅觉，不管是何人、何处的交谈活动，都随时保持职业的警觉，留意收集保险营销对象的线索。交通工具上、百货商店里、娱乐场所中，凡是有人群的地方都是营销员施展观察法的用武之地。

（六）中介咨询法

随着社会经济、文化的进步，咨询业应运而生，各类信息咨询公司如雨后春笋般涌现，营销人员可以利用这些咨询公司寻找潜在客户，只需花少量的咨询费，就可得到许多重要的资料。

（七）社交寻找法

这种方法是指利用参加各种社交会议的机会寻找准客户的方法。营销人员应尽可能地参加一些社交性的活动和会议，从而开阔眼界，广交各界人士，建立广泛的社会关系网，从而能够得到无穷无尽的客户来源。

（八）委托助手法

这种方法是营销人员通过委托有关人士来寻找潜在客户。在西方发达国家和日本，这种方法运用比较普遍，一些营销人员常花钱雇佣一些有关人士寻找潜在客户，自己则集中精力从事营销拜访工作。因此这种方法也叫"猎犬法"。

（九）资料查阅法

资料查阅法是指通过有关资料的查阅寻找有用的线索，寻找准客户。保险营销人员应通过查阅资料获取准保户。通常查阅的资料包括：

1. 统计资料。各行业、各单位以及专门的统计机关，每年都要编制和发布各种统计资料，这些统计资料对发掘潜在客户很有价值。

2. 报刊、广播和电视。尤其是地方性的报纸，常有些人物专访，并伴有照片和个人经历介绍，都在一定程度上折射出潜在客户的许多信息，营销员平时要多积累。

3. 工商管理公告。工商行政管理部门每年都要发布各种类型的公告，如商标注册公告、企业登记注册公告等，这些公告中都有有关企业情况的简要说明。

4. 电脑网络。网上聊天、网上购物已经成为时代的新宠，有意识地与对方谈及保险，会收到意外之喜。

5. 行业或职业的通讯录，例如某某学会、协会、年会、企业家名录等。

6. 电话簿、名片。目前，各地市都有专用的电话簿，不仅详细地登载了本地区企事业单位的名称、地址、电话，而且也登载了部分私人电话。另外，利用自己亲朋好友手中积存的名片，都可以从中寻找准客户。

教学活动2　保险客户服务

【活动目标】

通过本部分的教学活动，使学生熟练掌握保险售前、售中和售后服务的不同内容，出现争议时的处理方式，具备根据实际情况为客户解决问题的能力。

【知识准备】

一、保险客户服务的内涵

保险客户服务是指保险企业为社会公众而不仅仅是本企业客户所提供的一切有价值的活动。传统观念认为，保险公司的客户服务集中体现为经济赔偿与给付，只要对客户履行了赔付的保险责任，也就意味着为其提供了良好的服务。而现代化服务观念则认为，保险客户服务远非局限于此，其呈现出明显的外延扩张，围绕经济赔偿与给付这一核心所进行的各种附加性服务，均在保险客户公司的服务范畴之内。

保险客户服务的内容可以划分为根本的核心性服务和作为补充的附加性服务。核心性服务是提供保险保障，附加性服务包括咨询与申诉、防灾防损、契约保全、附加价值服务等。保险企业向客户提供的核心性服务必须十分明确，附加性服务围绕核心性服务展开。在同行业竞争激烈的情况下，以不影响核心性服务质量为前提，可以适当地增加附加性服务的比重和种类，以便争取到更多的客户。

但是，如果附加性服务增设不当或者超过了居于主导地位的核心性服务，则会喧宾夺主，带来适得其反的结果。比如，某保险公司增设有奖保险、附送赠品、为客户设计保险方案以及安排保额较大的客户外出旅游，假如客户并不觉得这些新增设的项目有很大的实惠和吸引力，这些新提供的项目又非本公司的独创之举，或者毫无新奇之处，就不能引起人们的特殊兴趣。然而，这些新设项目增加了行政管理费用，导致公司成本的上升。同时，公司的员工注意力分散于多种业务，无法集中于核心性服务上，对保险公司的经营活动也是不利的。

二、保险客户服务的特征

客户服务是保险行业生存的最基本的保障，现代化的营销是建立在服务的基础之上的，保险客户服务的质量直接影响客户资源的保护。

(一) 保险客户服务的无形性

保险客户服务是一种非实体形态的使用价值，它以活动的形式提供具有特殊使用价值的劳务。保险企业营销人员提供服务于客户的过程，也就是客户消费服务的过程，二者在时间上统一。由于保险客户服务是一种活动、一个过程，所以在保险客户服务中，保险营销人员与顾客必须直接见面，发生直接的联系。因此，在服务过程中，顾客只有积极加入其中，积极配合服务提供者的活动，才能得到完美的服务。

同时，保险营销人员只有牢固树立顾客第一、服务第一的观念，充分了解和掌握顾客的服务需求，才能提供能满足顾客需求的保险服务。顾客的积极参与及其在这一过程中主动与服务提供者沟通，服务提供者提供服务及其在服务过程中与顾客的互动行为，都影响着保险服务水平的高低，决定着保险企业和顾客的关系。因此，保险公司一方面要有效地引导顾客正确地扮演他们的角色，鼓励和支持他们参与服务过程；另一方面，也要了解和掌握不同客户需求的差异性，确保保险客户服务能够最大限度地满足不同顾客的要求。

(二) 保险客户服务的瞬时性

保险服务的生产与消费是同时进行的，这使得其使用价值不能脱离生产者和消费者而固定在一个耐久的物品上，当然也不可能像有些商品那样，被储存起来以备使用。保险客户服务的瞬时性，即不可储存性，要求保险公司及其营销服务人员必须有效地解决保险服务供给与需求时间上的矛盾。

(三) 保险客户服务的差异性

差异性是指保险客户服务构成成分经常变化，很难统一确定。保险客户服务是以人为中心的活动，人类个性的存在，使得对保险客户服务的提供和质量检验很难采用统一的标准。一方面，保险营销人员自身的文化程度、心理状态、专业知识、敬业精神等素质的不同，导致不同的保险营销人员提供同样内容的保险客户服务时会有不同的水准；另一方面，由于顾客直接参与保险客户服务过程，顾客本身的知识水平、兴趣爱好等因素的差异，也会直接影响保险客户服务的质量和效果。差异性可能使顾客对保险企业及其提供的服务产生形象混淆，即提供了良好的客户服务未必会得到恰如其分的评价。

（四）保险客户服务的完整性

在激烈的市场竞争下，仅仅是主动热情、耐心周到的保险客户服务，往往不能满足顾客的需求。顾客除了需要营销人员主动热情的服务之外，更需要营销人员为其科学地设计保险保障计划，圆满地解答各种疑难问题，更在乎购买保险商品后续期保费缴纳是否方便，出了保险事故能否得到及时赔付。很显然，如果营销人员的知识水平有限，缺乏系统的服务技能训练，不能给客户设计出科学的保障计划，不能圆满地解答各种疑问，尽管其笑容可掬，服务态度无可挑剔，也很难使客户满意。所以说，保险客户服务是完整的，它既强调服务态度，又强调服务质量和服务效果，而且对后者更为重视。

三、保险客户服务的内容

保险客户服务包括售前服务、售中服务和售后服务三个方面，每一个方面又包含着具体而详细的内容。

（一）售前服务

售前服务是指销售保险商品之前为顾客提供的涉及保险方面的服务，这是在精心研究人们保险需求心理的基础上，在他们未接触到保险商品之前，用一系列激励方法来激发顾客购买欲望而提供的各项服务。保险售前服务的内容十分丰富，一般有向顾客寄送保险资料、设计保险产品、上门服务、电话预约投保等，其核心是为顾客提供方便。售前服务具体包括以下各项内容。

1. 保险咨询服务。客户在选择投保之前，需要了解有关信息，例如保险公司的情况、推出的险种、保单条款的内容等。顾客期望得到的信息通常可以通过两种渠道传递给他们，一是保险公司，另一个就是保险营销人员。

（1）保险公司提供的资讯服务。保险公司向顾客传递保险资讯的一个重要手段就是通过广告。消费者在电视上、报纸上、户外广告、车身广告等上看到的大幅保险公司的广告，无非就是想传递三类资讯：第一类是理念信息，即有关保险公司的企业形象、企业精神、经营宗旨、管理目标等；第二类是视觉信息，即有关公司名称、徽标、办公条件、员工服饰等方面的信息；第三类是服务信息，包括服务项目、服务内容、险种信息、服务行为、服务方式方法等。

通过广告，保险公司一方面可以达到向顾客告知的目的，即把保险公司的名称、已经推出的险种、重大保险事故理赔情况及时准确地告诉客户；另一方面，也能向顾客说明保险公司的历史、现状和未来，说明保险公司的经营宗旨、组织机构、管理特色、服务项目、人员素质，说明各险种的保险对象、保险期限、保险金额、保险费率、保险责任、除外责任、保险金的申请程序等。与此同时，还可以宣传保险公司重合同、守信用、及时理赔，宣传保险公司热心社会公益事业，助人为乐，提高了声誉。

保险公司还可以以公关活动为契机，传递保险资讯。通过这些公关活动，不仅能够加深顾客对保险公司的了解，同时还能提高保险公司的知名度和信誉。

①保险新闻活动。保险新闻宣传，通过对推销业绩突出的展业能手、服务周到的内勤人员的宣传报道，能感染公众，提高企业的知名度；新险种面世报道，即对新推出的险种大力宣传；业绩报道，主要报道承保和理赔两个方面的业绩。

②新闻发布会（记者招待会）。利用新闻发布会向公众传递本公司的实力、信誉和诚信，其内容包括保险企业改革、对重大灾害事故的理赔、对重大活动的赞助等。

③保险赞助活动。通过无偿赞助体育活动和社会公益事业等，增加保险广告的影响力和说服力，树立保险企业热心社会公益事业和文化事业的形象，增进与公众之间的情感交流。

④保险摄影宣传。通过摄影宣传传播保险知识，扩大保险影响，提高保险信誉，树立保险企业的良好形象。

【拓展阅读】
中国平安人寿第十六届客户服务节

平安自成立以来，始终将"四大责任"作为公司的经营理念，即公司的一切行为都必须对股东、对员工、对客户和对社会负责。平安是中国第一家股份制商业保险公司，作为改革开放的先锋，平安在发展公司事业的同时，最大程度地承担了服务客户、回馈社会的责任。

平安对客户提供的不是一时的服务，而是一世的关爱。对客户，平安的承诺是：服务至上，诚信保障。平安销售的不仅是产品和保障，更是永恒的服务和爱心。在向客户提供一流的高品质服务的同时，我们进一步健全和完善了售后服务体系，服务项目包括续期收费、保单保全、咨询投诉、保险理赔、大型服务活动、急难援助、标准门店以及网上热线等。全国4 000余万平安寿险客户每天可以通过不同方式享受公司的优质服务。

一年一度的平安人寿客户服务节活动，是平安人回馈客户、回馈社会的集中体现。中国平安自1996年在同业中首创寿险客户服务月，并在2000年延伸为客户服务节以来，在这项全国性的大型活动中，相继开展了客户大回访、全国少儿系列比赛、公益活动、客户座谈、游园会、专家讲座等服务客户、回馈社会的系列活动，既让客户享受到公司的超值服务，也让更多的人了解保险。平安人寿客户服务节活动获得了广大客户和社会各界的好评，被国内同业竞相效仿。

平安的承诺是一直不变的，平安的关怀是一生一世的，平安的精神是永世不改的。走进第十六个年头的平安人寿客户服务节也将不断进步、不断完善，并满载着爱心来到客户身边。客户服务节在用丰富多彩的活动传递欢乐同时，还不断关注少年儿童成长、关注民生、关注环境保护、关注公益事业，用爱心回报广大客户、回馈社会。2011年5～8月，新一届客户服务节将张开爱的臂膀，欢迎您和您的家人倾情参加！愿客户服务节陪伴您度过愉快而满意的时光！

（2）营销人员提供的资讯服务。通常，保险公司通过媒体向公众传递的是比较宏观、比较综合的保险信息，对于普及保险知识、增强人们的保险意识、诱发公众购买保险都会起到一定的作用。但具体到顾客投保的险种有哪些，其中哪一种适合他，险种的保险责任、缴费标准、投保手续等信息，是无法通过保险公司的广告予以满足的。因此，只有通过保险营销人员与顾客面对面的交流，才能提供更为直接、详尽和有效的资讯。

营销人员向顾客提供的资讯服务基本上是通过对顾客亲自拜访进行的，即通过陌生拜访法、缘故利用法、多米诺骨牌法、群体开拓法、上街资讯法、人力协助法、借用他人的影响和信用法、随机拜访法等开拓办法与准保户会谈时，向他们介绍保险。

营销人员在向顾客传递保险信息时，除了用语言去解决外，还要辅之以必要的文字资料，起到画龙点睛的作用。文字资料包括保险宣传手册、保险宣传单、推销图片、顾客投保资料、报纸杂志的有关介绍、建议书、费率表、职业等级表、体检人员名册等；另外，钢笔、圆珠笔、计算器等文具也要携带齐全。

在回答顾客提问时，要做到深入浅出。保险商品是一种劳务商品，没有具体的实物形态，不能为人们提供一个直观的对象客体，不能以某种物理属性满足人们生产和生活上的需要。这就使得顾客不能凭感觉来辨别哪一险种适合自己，再加上类似"天书"的保险合同，更使得顾客对保险商品捉摸不透。所以，营销人员应做深入浅出的介绍，并对顾客提出的种种问题作出明确回答。为此，营销人员必须有广博的业务知识，特别是对保险专业知识、保险商品知识有精深的掌握。

2. 风险管理服务。

（1）帮助顾客识别风险。

①帮助顾客识别家庭风险。在人的一生中随时都面临着各种风险，例如伤害、疾病、年老的风险。风险的发生会危及人的身体和生命，造成生活的不便和经济困难。然而，许多顾客面对风险却可能熟视无睹，或者根本没有看到自己随时所面临的风险，或者庆幸风险事故不会落到自己头上。为此，营销人员需从顾客的切身利益出发，本着对顾客负责的态度，帮助其识别家庭风险，以寻求风险转移的对策。

②帮助企业识别风险。保险营销人员应深入到企业，根据企业提供的有关资料，利用适当的方法（常用的方法有生产流程分析法、资产财务分析法、风险列举法），协助企业进行风险识别。在风险识别中，保险营销人员应注意的重点是：仓库的存货有无易燃、易爆和易受损物品，对温度和湿度的敏感性如何；机器设备是否超负荷运转，有无过载、降温保护，电压是否稳定；建筑物结构状况，是否接近寿命周期；建筑物的承重墙体是否牢固；机动车辆的使用是否良好；有无正处于危险状态的财产；企业有无消防设施、报警系统、排风排水设施等。

（2）帮助顾客防范风险。

①帮助顾客做好家庭财务规划。制定家庭财务规划，首先应进行资料的收集、整理，资料包括顾客的职业、职位（职称）、家庭收入、家庭成员、遭遇困难时一般的处理方法、子女教育结婚计划、目前享受的福利与保障、有无重大开支计划等。然后，进行家庭财务规划，包括计算全家日常开销、购房基金、子女教育金、应急基金、晚年养

老费用等。

②帮助企业进行风险防范。从企业的角度看，进行风险处理无非两种方法：一是风险避免，二是风险转移。风险避免就是对某项风险直接设法避免，例如改变生产流程、改变生产地点等。风险转移就是以一定的代价把风险转移出去。确定是否将风险转移出去，关键是对风险自留与风险转移进行成本比较，保险营销人员的服务也正体现在这里。在下述情况下，风险自留对企业有利：自留费用低于保险人的附加费用；费用和损失分布于很长的时间，因而产生较大的机会成本；投资机会好，预期回报率高；企业有承受最大潜在损失的经济能力。

（二）售中服务

售中服务是指在保险商品买卖过程中，直接为保险交易活动提供的各种服务，它是销售实现的关键环节。售中服务的主要内容有以下几个方面。

1. 迎宾服务。迎宾服务是售前与售中服务的中间环节，既指纯服务性的迎宾服务，也指销售操作的第一程序。把迎宾视为售中服务是因为销售活动一般从这里开始，优质的迎宾服务带给顾客的第一印象是其他服务项目代替不了的。

2. 业务指导。对投保的客户进行保险业务指导，集中体现在指导投保书的填写上。投保书是构成完整保险合同的重要组成部分，为了体现客户的真实投保意愿，维护客户的利益，避免理赔纠纷和给客户带来不应有的损失，如实、准确、完整地填写投保书是非常重要的，保险人员有责任、有义务帮助客户填写好投保书。

3. 承保服务。承保服务是指从业务接洽、协商、投保、审核、验险、接受业务、制单、收取保费到复核签章、清分发送、归档保管这一系列的活动。

4. 建立档案。客户投保后要建立保户档案。以财险为例，其内容包括单位名称、法人代表、拥有的财产情况、坐落位置、防灾情况等。

（三）售后服务

1. 营销人员个人售后服务的内容。售后服务的中心原则就是把握一切机会与保户保持密切的联系。有许多营销人员在推销保单时频繁拜访、殷勤万分，但是在促成签约后，却对保户不闻不问，连一份小礼物、一张卡片甚至是一个电话都没有。在这种情况下，客户对于营销人员以及保险公司的印象就会大打折扣，之后要想再赢得客户的信任就不那么容易了。

许多资深营销人员的做法是：经常与保户取得联系，每到逢年过节或是保户生日之时，寄上贺卡和礼物以示问候；有的营销人员还会将自己近期所获得的荣誉告诉保户，让保户知道他是一个上进的营销人员，他一直在努力提高自己，以求为客户提供更专业、更优质的服务。只有真心诚意地将客户当朋友看待，他们才会充分信赖你，并介绍自己的亲朋好友成为你的客户。

2. 保险公司售后服务的内容。

（1）防灾防损服务。保险防灾防损可以降低赔付率，提高保险人的经济效益。保险防灾防损是指保险公司为了减少保险事故的发生，以及保险事故发生后尽量减少损失，对其所承保的保险标的可能发生的各种风险进行识别、分析和处理。保险防灾防损工作涉及的范围很广泛，包括灾害前的安全防范、灾害中的抢险救灾、灾害后的清理评估。

（2）定损理赔服务。理赔是指保险人在保险标的发生风险事故后，对被保险人提出的索赔要求，按照有关法律、法规的要求和保险合同的规定进行赔偿处理并支付保险金的行为。另外，由于风险存在的客观多样性和复杂性，被保险人发生的经济损失不一定都由承保风险引起；即使承保标的发生了保险事故，由于多种原因的限制，被保险人所获得的赔偿或给付额也不一定等于其损失额。因此，保险理赔涉及保险双方权利义务的实现，是保险经营的一项重要内容。

保险理赔是客户服务的最根本的体现，也是客户服务的敏感区间。客户对保险企业的意见或不满，大多数来自于定损理赔工作。所以，每一个保险企业都应严格遵循理赔制度，努力做好定损理赔工作，做到主动、及时、迅速、准确，务必使客户满意。

【知识链接】
财产保险续保时的注意事项

保险公司营销人员或客户服务人员在保险单到期前一个月应通知被保险人办理续保手续。一般应根据保险登记本填制"保险到期续保通知书"送交投保人，也可由营销人员逐户送达。以便到期前办妥续保手续，避免保险中断。

续保过程中应注意以下问题：

1. 投保人提出续保申请时，保险公司应及时审核保险标的，避免保险期间的中断；

2. 注意保险标的的所有权是否已转移，投保人是否还具有可保利益；

3. 根据保险标的的危险程度，对保险费率作出相应的调整；

4. 根据投保人上一年保单的赔付情况，适当调整承保条件和费率；

5. 充分考虑通货膨胀因素，使续保后的保险金额与生活费用指数的变化相一致，使被保险人获得充足的保险保障。

（3）契约保全服务。契约保全服务是指为确保保单的有效性而采取的一系列维护性工作。在寿险中，主要包括投保人、被保险人及受益人的变更，保额与交费标准的调整，保险期限与保险责任的变更等服务。在财产保险中，主要包括投保人及被保险人的变更、保额调整、保险风险变化与费率调整、交费方式变化、保险期限变化、争议调解、退保等服务。

（4）附加增值服务。它是指保险企业向客户提供的与保险保障无直接关系的超价值服务。附加增值服务具有内容新颖、富有创意、社会影响大的特点。有效加强与社会各方面的联系，沟通感情，树立公司的良好形象。它主要包括保户卡、急难救助卡、寿险磁卡、保户子女奖学金、承诺服务等延伸服务，以及各种赞助与联谊等活动。

保险营销综合实训

【实训目标】

通过本部分实训，使得学生能够在理论上和实务中掌握保险营销的相关重点专有名词和基本理论，全面理解以客户为中心的保险服务营销理念，领会掌握保险营销和保险客户服务流程步骤和工作重点。

【实训任务】

一、重要名词

保险营销　保险中介　保险代理人　保险经纪人　保险公估人　保险营销调研　保险市场预测　目标市场　"爱达模式"　"迪帕达模式"　保险客户服务　售前服务　售中服务　售后服务

二、思考讨论

1. 简述保险营销的含义和特征。
2. 简述保险营销的原则。
3. 简述保险产品的含义和特征。
4. 保险营销的过程内容有哪些？
5. 保险营销目标市场的覆盖战略有哪些？
6. 简述保险营销潜在客户的分类方式。
7. 保险潜在客户的开发模式有哪些？
8. 保险客户开发的过程有哪些步骤？
9. 简述保险客户服务的内容。

三、情景模拟

不足额投保引发赔偿纠纷

【模拟场景】

请注意保险营销人员张小姐的整个营销服务行为，然后找出她在整个与客户接触和服务过程中存在哪些问题。

张小姐今天早上要去和一位事先约好的客户签单，张小姐敲开了客户李某的家门，但是李某因临时有事出去了，李某的太太在家。在张小姐耐心细致地解答完了李太太的问题后，李太太决定签单。因为是初次促销成功，张小姐心里很激动，在填到保险金额时一不小心给填错了，她生怕李太太说她业务不精，慌乱之中涂改了一下。当张小姐问及李某的健康状况时，李太太说李某两年前曾患腰痛，详细情况记不太清了。张小姐想，多问了可能会引起李太太的不满，就在投保书的相关部分填了一个"曾患腰痛，目前已痊愈"。

当填到受益人一栏时，张小姐在谈话中已经感觉李太太是个比较忌讳的人，她不敢提到这个敏感的话题，就在身故受益人一栏填写了"法定"。保单填完后，李某还没有回来，张小姐就对李太太说："你们是一家人，谁签字都可以。"李太太就在投保书上代李某签了字。李太太希望尽快拿到保单，张小姐立刻承诺说："我会在三天以内把保单送到你的家中。"

【情景分析】

张小姐在整个签单过程中有哪些失误？正确的做法应该是什么？

1. 投保书的重要栏目不能涂改（重要栏目主要指被保险人姓名、身份证号码、保险金额、保费、健康告知、投保人和被保人签名等），投保书是保险合同的重要组成部分，如果发生涂改现象将影响到合同本身的法律效力，容易引致今后的理赔纠纷。

2. 健康告知不详细。对于被保险人的健康告知，切莫抱着"多一事不如少一事"的想法，因为一旦少问，就会引发核保不真实。这是造成核保时效延误的一大原因。

3. 投保人和被保险人的签名不得代签。投保书是投保人、被保险人真实意思的书面表示，它必须由投保人、被保险人亲笔签名才能产生法律效力，否则合同自始无效。

4. 张小姐承诺李太太的出单时间不能实现，因为张小姐的投保单会因为上述失误成为问题件而被退回，造成出单时间的延误。

【实务操作】

1. 正确的做法是：张小姐应该重新填写投保书。

2. 正确的做法是：张小姐全面向李太太了解李某患病的时间、症状、疾病诊断、就诊医院、治疗情况等并详细反映在投保书上。

3. 正确的做法是：张小姐应该等客户回来确认投保书内容无误并亲笔签名。

4. 正确的做法是：张小姐对客户的承诺应留有必要的余地，"如果相关的手续没有其他问题的话，我会在三天之内把保单送到您家中"。

代签名的行为往往不被业务员重视，有的甚至自己代投保人、被保险人签名，这种行为无异于"引火烧身"，轻则引起理赔纠纷，重则须承担法律责任。

例如个别居心不良的客户故意不如实告知，而在签名时又默许业务员代签，将不实告知的责任推卸给业务员（因为客户可以说投保书的各项告知与声明非其本人亲笔签名，故其不承担不实告知的责任）。这样业务员就会被牵涉进无谓的纷争中，得不偿失。

【参考文献】

[1] 李兵：《保险营销》，北京，中国金融出版社，2010。

[2] 孙迎春：《保险实务》，大连，东北财经大学出版社，2008。

[3] 张洪涛、郑功成：《保险学》（第三版），北京，中国人民大学出版社，2008。

[4] 粟芳：《保险营销学》，上海，上海财经大学出版社，2009。

[5] 杨忠海：《保险学原理》，北京，清华大学出版社，2008。

[6] 李星华、吕晓荣：《保险营销学》，大连，东北财经大学出版社，2005。

[7] 潘瑾、徐晶：《保险服务营销》，上海，上海财经大学出版社，2005。

高职高专系列教材书目

一、高职高专金融类系列教材

货币金融学概论	周建松	主编	25.00 元	2006.12 出版
货币金融学概论习题与案例集	周建松　郭福春等	编著	25.00 元	2008.05 出版
金融法概论（第二版）	朱　明	主编	25.00 元	2012.04 出版
（普通高等教育"十一五"国家级规划教材）				
商业银行客户经理	伏琳娜　满玉华	主编	36.00 元	2010.08 出版
商业银行客户经理	刘旭东	主编	21.50 元	2006.08 出版
商业银行综合柜台业务	董瑞丽	主编	36.00 元	2012.08 出版
（国家精品课程教材·2006）				
商业银行综合业务技能	董瑞丽	主编	30.50 元	2008.01 出版
商业银行中间业务	张传良　倪信琦	主编	22.00 元	2006.08 出版
商业银行业务与经营	王红梅　吴军梅	主编	34.00 元	2007.05 出版
商业银行服务营销	徐海洁	编著	27.00 元	2008.08 出版
商业银行基层网点经营管理	赵振华	主编	32.00 元	2009.08 出版
商业银行柜面英语口语	汪卫芳	主编	15.00 元	2008.08 出版
银行卡业务	孙　颖　郭福春	编著	36.50 元	2008.08 出版
银行产品	彭陆军	主编	25.00 元	2010.01 出版
反假货币技术	方秀丽　陈光荣 包可栋	主编	58.00 元	2008.12 出版
小额信贷实务	邱俊如	主编	23.00 元	2012.03 出版
商业银行审计	刘　琳　张金城	主编	31.50 元	2007.03 出版
商业银行会计实务	赵丽梅	编著	43.00 元	2012.02 出版
金融企业会计	唐宴春	主编	25.50 元	2006.08 出版
（普通高等教育"十一五"国家级规划教材）				
金融企业会计实训与实验	唐宴春	主编	24.00 元	2006.08 出版
（普通高等教育"十一五"国家级规划教材辅助教材）				
新编国际金融	徐杰芳	主编	39.00 元	2011.08 出版
国际金融概论	方　洁　刘　燕	主编	21.50 元	2006.08 出版
（普通高等教育"十一五"国家级规划教材）				
风险管理	刘金波	主编	30.00 元	2010.08 出版
外汇交易实务	郭也群	主编	25.00 元	2008.07 出版
外汇交易实务	樊祎斌	主编	23.00 元	2009.01 出版
国际融资实务	崔　荫	主编	28.00 元	2006.08 出版
理财学（第二版）	边智群　朱澍清	主编	39.00 元	2012.01 出版
（普通高等教育"十一五"国家级规划教材）				
投资银行概论	董雪梅	主编	34.00 元	2010.06 出版
金融信托与租赁	蔡鸣龙	主编	30.50 元	2006.08 出版

| 公司理财实务 | 斜志斌 | | 主编 | 34.00 元 | 2012.01 出版 |
| 证券投资概论 | 王 静 | | 主编 | 22.00 元 | 2006.10 出版 |

(普通高等教育"十一五"国家级规划教材/国家精品课程教材·2007)

金融应用文写作	李先智	贾晋文	主编	32.00 元	2007.02 出版
金融职业道德概论	王 琦		主编	25.00 元	2008.09 出版
金融职业礼仪	王 华		主编	21.50 元	2006.12 出版
金融职业服务礼仪	王 华		主编	24.00 元	2009.03 出版
金融职业形体礼仪	钱利安	王 华	主编	22.00 元	2009.03 出版
金融服务礼仪	伏琳娜	孙迎春	主编	33.00 元	2012.04 出版
合作金融概论	曾赛红	郭福春	主编	24.00 元	2007.05 出版
网络金融	杨国明	蔡 军	主编	26.00 元	2006.08 出版

(普通高等教育"十一五"国家级规划教材)

| 现代农村金融 | 郭延安 | 陶永诚 | 主编 | 23.00 元 | 2009.03 出版 |
| "三农"经济基础 | 凌海波 | 郭福春 | 主编 | 34.00 元 | 2009.08 出版 |

二、高职高专会计类系列教材

管理会计	黄庆平		主编	28.00 元	2012.04 出版
商业银行会计实务	赵丽梅		编著	43.00 元	2012.02 出版
理财学（第二版）	边智群	朱澍清	主编	39.00 元	2012.01 出版

(普通高等教育"十一五"国家级规划教材)

公司理财实务	斜志斌		主编	34.00 元	2012.01 出版
基础会计	田玉兰	郭晓红	主编	26.50 元	2007.04 出版
基础会计实训与练习	田玉兰	郭晓红	主编	17.50 元	2007.04 出版
新编基础会计及实训	周 峰	尹 莉	主编	33.00 元	2009.01 出版
财务会计（第二版）	尹 莉		主编	40.00 元	2009.09 出版
财务会计学习指导与实训	尹 莉		主编	24.00 元	2007.09 出版
高级财务会计	何海东		主编	30.00 元	2012.04 出版
成本会计	孔德兰		主编	25.00 元	2007.03 出版

(普通高等教育"十一五"国家级规划教材)

| 成本会计实训与练习 | 孔德兰 | | 主编 | 19.50 元 | 2007.03 出版 |

(普通高等教育"十一五"国家级规划教材辅助教材)

管理会计	周 峰		主编	25.50 元	2007.03 出版
管理会计学习指导与训练	周 峰		主编	16.00 元	2007.03 出版
会计电算化	潘上永		主编	40.00 元	2007.09 出版

(普通高等教育"十一五"国家级规划教材)

| 会计电算化实训与实验 | 潘上永 | | 主编 | 10.00 元 | 2007.09 出版 |

(普通高等教育"十一五"国家级规划教材辅助教材)

| 财政与税收（第三版） | 单惟婷 | | 主编 | 35.00 元 | 2009.11 出版 |
| 金融企业会计 | 唐宴春 | | 主编 | 25.50 元 | 2006.08 出版 |

(普通高等教育"十一五"国家级规划教材)

金融企业会计实训与实验	唐宴春		主编	24.00 元	2006.08 出版

（普通高等教育"十一五"国家级规划教材辅助教材）

会计综合模拟实训	施海丽		主编	46.00 元	2012.06 出版
会计分岗位实训	舒岳		主编	26.00 元	2012.06 出版

三、高职高专保险类系列教材

保险实务	梁涛 南沈卫	主编	35.00 元	2012.07 出版
保险营销实务	章金萍 李兵	主编	21.00 元	2012.02 出版
新编保险医学基础	任森林	主编	30.00 元	2012.02 出版
保险学基础	何惠珍	主编	23.00 元	2006.12 出版
财产保险	曹晓兰	主编	33.50 元	2007.03 出版

（普通高等教育"十一五"国家级规划教材）

人身保险	池小萍 郑祎华	主编	31.50 元	2006.12 出版
人身保险实务	朱佳	主编	22.00 元	2008.11 出版
保险营销	章金萍	主编	25.50 元	2006.12 出版
保险营销	李兵	主编	31.00 元	2010.01 出版
保险医学基础	吴艾竞	主编	28.00 元	2009.08 出版
保险中介	何惠珍	主编	40.00 元	2009.10 出版
非水险实务	沈洁颖	主编	43.00 元	2008.12 出版
海上保险实务	冯芳怡	主编	22.00 元	2009.04 出版
汽车保险	费洁	主编	32.00 元	2009.04 出版
保险法案例教程	冯芳怡	主编	31.00 元	2009.09 出版
保险客户服务与管理	韩雪	主编	29.00 元	2009.08 出版
风险管理	毛通	主编	31.00 元	2010.07 出版
保险职业道德修养	邢运凯	主编	21.00 元	2008.12 出版
医疗保险理论与实务	曹晓兰	主编	43.00 元	2009.01 出版

四、高职高专国际商务类系列教材

国际贸易概论	易海峰	主编	36.00 元	2012.04 出版
国际商务文化与礼仪	蒋景东 刘晓枫	主编	23.00 元	2012.01 出版
国际结算	靳生	主编	31.00 元	2007.09 出版
国际结算实验教程	靳生	主编	23.50 元	2007.09 出版
国际结算（第二版）	贺瑛 漆腊应	主编	19.00 元	2006.01 出版
国际结算（第三版）	苏宗祥 徐捷	编著	23.00 元	2010.01 出版
国际贸易与金融函电	张海燕	主编	20.00 元	2008.11 出版
国际市场营销实务	王婧	主编	28.00 元	2012.06 出版

如有任何意见或建议，欢迎致函编辑部： jiaocaibu@ yahoo. com. cn。